ALDOUS HUXLEY

ALDOUS HUXLEY

A filosofia perene
Uma interpretação dos grandes místicos do Oriente e do Ocidente

tradução
Adriano Scandolara

BIBLIOTECA AZUL

Copyright desta edição © Laura Huxley 1945
Copyright da tradução © Editora Globo s.a.

Todos os direitos reservados. Nenhuma parte desta edição pode ser utilizada ou reproduzida — em qualquer meio ou forma, seja mecânico ou eletrônico, fotocópia, gravação etc. — nem apropriada ou estocada em sistema de banco de dados sem a expressa autorização da editora. Texto fixado conforme as regras do Acordo Ortográfico da Língua Portuguesa (Decreto Legislativo nº 54, de 1995).

Título original: *The Perennial Philosophy*

Editor responsável: Lucas de Sena
Assistente editorial: Jaciara Lima da Silva
Preparação: Silvia Massimini Felix
Revisão: Erika Nakahata e Marcela Isensee
Diagramação: Ilustrarte Design e Produção Editorial
Indexação: Thamiris Leiroza
Capa: Thiago Lacaz
Ilustração de capa: Catarina Bessell
Foto do autor: Gjon Mili / The LIFE Picture Collection / Getty Images

CIP-BRASIL. CATALOGAÇÃO NA PUBLICAÇÃO
SINDICATO NACIONAL DOS EDITORES DE LIVROS, RJ

H989f
    Huxley, Aldous, 1894-1963
    A filosofia perene: Uma interpretação dos grandes místicos do Oriente e do Ocidente / Aldous Huxley ; tradução Adriano Scandolara. - 2. ed. - Rio de Janeiro : Biblioteca Azul, 2020.
    496 p. ; 21 cm.

    Tradução de: The perennial philosophy
    Inclui índice
    ISBN 978-65-5830-004-5

    1. Filosofia e religião. 2. Religião - Filosofia. I. Scandolara, Adriano. II. Título.

20-65938
                    CDD 201
                    CDU 2-1

Leandra Felix da Cruz Candido - Bibliotecária - CRB-7/6135

1ª edição, 2010
2ª edição, 2020 — 1ª reimpressão, 2022

Direitos exclusivos de edição em língua portuguesa para o Brasil adquiridos por
Editora Globo s.a.
Rua Marquês de Pombal, 25
Rio de Janeiro — RJ — 20230-240 — Brasil
www.globolivros.com.br

Sumário

Introdução   7

Capítulo I. Tu és isto   15

Capítulo II. Sobre a natureza do fundamento   47

Capítulo III. Personalidade, santidade, encarnação divina   69

Capítulo IV. Deus no mundo   103

Capítulo V. Caridade   139

Capítulo VI. Mortificação, desapego, vida correta   163

Capítulo VII. Verdade   205

Capítulo VIII. Religião e temperamento   237

Capítulo IX. Autoconhecimento   261

Capítulo X. Graça e livre-arbítrio   267

Capítulo XI. O bem e o mal   283

Capítulo XII. Tempo e eternidade   297

Capítulo XIII. Salvação, livramento, iluminação   321

CAPÍTULO XIV. Imortalidade e sobrevivência 337

CAPÍTULO XV. Silêncio 345

CAPÍTULO XVI. Oração 351

CAPÍTULO XVII. Sofrimento 363

CAPÍTULO XVIII. Fé 375

CAPÍTULO XIX. De Deus não se zomba 381

CAPÍTULO XX. *Tantum religio potuit suadere malorum* 389

CAPÍTULO XXI. Idolatria 399

CAPÍTULO XXII. Emocionalismo 405

CAPÍTULO XXIII. O milagroso 413

CAPÍTULO XXIV. Ritual, símbolo e sacramento 419

CAPÍTULO XXV. Exercícios espirituais 437

CAPÍTULO XXVI. Perseverança e regularidade 465

CAPÍTULO XXVII. Contemplação, ação e utilidade
social 469

Recomendações de leitura 481

Índice remissivo 487

Introdução

Philosophia perennis: a expressão foi cunhada por Leibniz; mas, a coisa — a metafísica que reconhece uma Realidade divina substancial no mundo das coisas, vidas e mentes; a psicologia que encontra na alma algo semelhante ou até mesmo idêntico à Realidade divina; a ética que insere o destino final do ser humano no conhecimento do Fundamento imanente e transcendental de todo ser —, essa coisa é imemorial e universal. Rudimentos da Filosofia Perene podem ser encontrados entre os conhecimentos tradicionais dos povos primitivos em todas as regiões do mundo e, em suas formas plenamente desenvolvidas, essa Filosofia tem lugar em qualquer uma das religiões mais nobres. Uma versão do Máximo Denominador Comum em todas as teologias antecedentes e subsequentes foi registrada por escrito pela primeira vez há mais de 25 séculos; desde então, esse tema inexaurível tem sido tratado de maneira incessante, da perspectiva de todas as tradições religiosas e nas principais línguas da Ásia e da Europa. Nas páginas seguintes, reuni várias seleções desses escritos, escolhidos sobretudo por conta de seu valor — porque ilustram, com efeito, algum ponto em particular do sistema geral da Filosofia Perene —, mas também por sua beleza intrínseca e memorabilidade. Essas seleções foram dispostas em vários capítulos e com meus próprios comentários embutidos, por assim dizer, feitos para ilustrar e conectar, desenvolver e, quando necessário, elucidar.

O conhecimento é uma função do ser. Quando há uma mudança no ser que conhece, há outra mudança correspondente na natureza e na quantidade do que se conhece. Por exemplo, o ser de uma criança é transformado pelo crescimento e pela educação, de modo a se tornar o ser de um adulto; entre os resultados dessa transformação, consta uma mudança revolucionária no modo de conhecer e na quantidade e no caráter das coisas conhecidas. Conforme o indivíduo cresce, seu conhecimento se torna mais conceitual e sistemático em forma, e seu conteúdo factual e utilitário se amplia muito. Mas esses ganhos são contrabalançados por certa deterioração na qualidade da apreensão imediata, um desgaste e uma perda do poder intuitivo. Ou consideremos, nesse ser, a mudança que o cientista é capaz de induzir mecanicamente por meio de seus instrumentos. Equipado com um espectroscópio e um refletor de seis polegadas, um astrônomo se torna, no que concerne à visão, uma criatura sobre-humana; e, até onde podemos esperar de modo natural, o conhecimento que essa criatura sobre-humana tem é muito diferente, tanto quantitativa quanto qualitativamente, daquele que pode ser adquirido por quem admira as estrelas apenas com olhos humanos, não modificados.

Tampouco são as mudanças no ser fisiológico e intelectual daquele que obtém conhecimento as únicas que afetam esse seu conhecimento. Aquilo que sabemos depende também daquilo que, como seres morais, nós mesmos escolhemos. "A prática", nas palavras de William James, "pode mudar nosso horizonte teórico, e isso se dá de forma dúplice: pode levar a novos mundos e assegurar novos poderes. O conhecimento que poderíamos nunca obter, ao permanecermos como somos, pode se tornar alcançável em consequência de poderes maiores e de uma vida mais nobre, que podemos conquistar moralmente." Ou, para dizermos de forma mais sucinta, "bem-aventurados os limpos de coração, porque eles verão a Deus". E essa mesma ideia foi expressa pelo poeta sufi Jalaladim Maomé Rumi, em termos de uma metáfora científica: "O astrolábio dos mistérios de Deus é o amor".

Este livro é uma antologia da Filosofia Perene; porém, por mais que seja uma antologia, contém apenas alguns extratos dos escritos de profissionais das letras e, ainda que ilustre uma filosofia, não apresenta quase nada da obra de filósofos profissionais. O motivo para isso é bastante simples. A Filosofia Perene se preocupa, antes de mais nada, com a Realidade única, divina, substancial do mundo múltiplo das coisas, vidas e mentes. Mas a natureza dessa Realidade única é tal que ela não pode ser apreendida diretamente e imediatamente, exceto por aqueles que optaram por cumprir certas condições, por via do amor, da pureza do coração e da pobreza no espírito. Por que precisa ser assim? Isso não sabemos. Trata-se apenas de um daqueles fatos que precisamos aceitar, gostemos ou não, por mais implausíveis e improváveis que possam parecer. Nada em nossa experiência cotidiana nos dá nenhum indício para supor que a água seja feita de hidrogênio e oxigênio; no entanto, quando sujeitamos a água a certos tratamentos drásticos, a natureza de seus elementos constituintes se torna manifesta. De maneira semelhante, nada em nossa experiência cotidiana nos dá muitos motivos para supor que a mente do homem sensorial comum tenha, como um de seus constituintes, algo que seja semelhante ou idêntico à Realidade substancial do mundo múltiplo; e, no entanto, quando a mente é sujeitada a certos tratamentos drásticos, o elemento divino, do qual ela é composta, pelo menos em parte, se torna manifesto, não só à própria mente, mas também, por seu reflexo no comportamento externo, às outras mentes. É apenas ao realizarmos experimentos físicos que podemos descobrir a natureza íntima da matéria e suas potencialidades. E é apenas ao realizarmos experimentos psicológicos e morais que podemos descobrir a natureza íntima da mente e suas potencialidades. Sob as circunstâncias ordinárias da vida sensorial mediana, essas potencialidades mentais permanecem latentes, não manifestas. Para que sejam percebidas, precisamos cumprir certas condições e obedecer a certas regras que são empiricamente válidas segundo a experiência.

Em relação aos profissionais das letras e da filosofia, são poucos aqueles nos quais se encontram evidências de terem tido qualquer avanço no cumprimento das condições necessárias para o conhecimento espiritual direto. Quando os poetas ou metafísicos falam do assunto da Filosofia Perene, geralmente é com conhecimento de segunda mão. Mas, em toda era, houve alguns homens e mulheres que escolheram cumprir as condições sob as quais, como questão de fato empírico bruto, tal conhecimento imediato pode ser obtido; e, entre eles, alguns deixaram relatos da Realidade que puderam apreender e tentaram relacionar, em um só sistema abrangente de pensamento, os fatos constatados com base nessa experiência com os fatos constatados com base em suas outras experiências. A esses exponentes da Filosofia Perene, aqueles que os conheceram geralmente deram os nomes de "santo", "profeta", "sábio", "iluminado". E, porque há bons motivos para supor que sabiam do que falavam, é sobretudo a eles — e não aos profissionais da filosofia ou das letras — que recorri em minhas seleções.

Na Índia, duas classes de escrituras são reconhecidas: os *Shruti*, ou escritos inspirados, que são sua própria autoridade, uma vez que se trata do produto da revelação imediata da Realidade definitiva; e os *Smriti*, que se baseiam nos *Shruti* e derivam deles a autoridade que detêm. "Os *Shruti*", nas palavras de Shânkara, "dependem da percepção direta. Os *Smriti* desempenham um papel análogo à indução, pois, como esta última, derivam sua autoridade de uma autoridade que não a própria." Este livro então é uma antologia, com comentários explicativos, de passagens derivadas dos *Shruti* e *Smriti* de várias épocas e lugares. Infelizmente, a familiaridade com as escrituras tradicionalmente sagradas tende a gerar não desprezo, mas algo que, para os propósitos práticos, é quase tão ruim quanto o desprezo — a saber, um tipo de insensibilidade reverente, um torpor do espírito, uma surdez interna ao sentido das palavras sagradas. Por esse motivo, ao selecionar material para ilustrar as doutrinas da Filosofia Perene, tal como foram formuladas no Ocidente, quase sempre recorri a fontes que não a Bíblia. Esses *Smriti* cristãos sobre os quais me debrucei se baseiam nos *Shruti* dos livros canônicos, mas têm a grande vantagem de ser menos conhecidos e, portanto, mais vívidos e mesmo mais audíveis, por assim dizer. Além disso, muitos desses *Smriti* são obra de homens e mulheres genuinamente santos, que se tornaram qualificados para saber em primeira mão do que estão falando. Por consequência, podem ser vistos como uma forma inspirada e autovalidada de *Shruti* — e isso em um grau muito maior do que os escritos ora inclusos no cânone bíblico.

Nos anos recentes, numerosas tentativas vêm sendo feitas para se desenvolver um sistema de teologia empírica. Mas, apesar da sutileza e do poder intelectual de autores como Sorley, Oman e Tennant, esses esforços chegaram a obter um sucesso apenas parcial. Mesmo nas mãos de seus expoentes mais capazes, a teologia empírica não é particularmente convincente. Creio que o motivo deve ser procurado no fato de que os teólogos empíricos confinaram suas atenções mais ou menos exclusivamente à experiência daqueles a quem os teólogos de uma escola mais antiga chamavam de "irregenerados" — quer dizer, a experiência de pessoas que não foram muito longe em cumprir as condições necessárias para o conhecimento espiritual. Mas é um fato, confirmado e reconfirmado ao longo de 2 mil ou 3 mil anos de história religiosa, que a Realidade definitiva não pode ser apreendida de forma clara e imediata, exceto por aqueles que se abriram ao amor, à pureza de coração e à pobreza em espírito. Sendo assim, não deve surpreender que uma teologia baseada nas experiências dessa boa gente, ordinária e impenitente, há de carregar pouco poder de convicção. Esse tipo de teologia empírica tem precisamente a mesma fundamentação da astronomia empírica baseada na experiência de observadores a olho nu. Sem auxílio, o olho detecta apenas um borrão pequeno e vago na constelação de Órion. Sem dúvida, uma teoria cosmológica imponente poderia se basear na observação desse borrão, mas, por mais engenhosa que possa ser tal teorização, ela nunca seria capaz de nos dizer tanto sobre as nebulosas galácticas e extragalácticas quanto a familiarização direta por um bom telescópio, câmera e espectroscópio. De maneira análoga, nenhuma teorização sobre tais indícios, como a que se pode ter, apenas obscuramente e de relance, dentro da esfera da experiência ordinária e irregenerada do mundo múltiplo, é capaz de nos dizer sobre a Realidade divina tanto quanto uma mente em estado de desapego, caridade e humildade pode apreender por vias diretas. A ciência natural é empírica; mas ela não se confina à experiência de seres humanos em sua condição meramente humana e não modificada. Sabe-se lá então por que os teólogos empíricos deveriam se sentir obrigados a se submeter a essa desvantagem. E é claro, na medida em que eles confinam a experiência empírica dentro de limites demasiado humanos, estão condenados ao perpétuo embrutecimento de seus melhores esforços. Partindo do material que decidiram considerar, mente nenhuma, por mais brilhantes que sejam seus dotes, seria capaz de inferir mais do que um conjunto de possibilidades ou, na melhor das hipóteses, certas probabilidades enganosas. A certeza autovalidada da consciência direta não pode, na própria natureza das coisas, ser conquistada senão por aqueles equipados com o "astrolábio moral" dos mistérios de Deus. Para quem não for um sábio ou santo, o melhor que se pode fazer, no campo da metafísica, é estudar a obra daqueles que o foram e que, na medida em que modificaram seu modo meramente humano de ser, foram capazes de obter um tipo e uma quantidade mais do que meramente humanos de conhecimento.

Capítulo I
Tu és isto

Ao se estudar a Filosofia Perene, podemos começar ou por baixo, com a prática e a moralidade; ou por cima, com uma consideração das verdades metafísicas; ou, enfim, pelo meio, no ponto focal onde a mente e a matéria, a ação e o pensamento, convergem na psicologia humana.

O portão inferior é o preferido pelos professores estritamente práticos — homens que, como Gautama Buda, não veem utilidade na especulação e cuja principal preocupação é apagar nos corações humanos as chamas medonhas da ganância, do ressentimento e das paixões mundanas. Pelo portão superior seguem aqueles cuja vocação é pensar e especular — os filósofos e teólogos natos. O portão médio dá entrada aos expoentes do que foi chamado de "religião espiritual" — os contemplativos devotos da Índia, os sufis do islã, os místicos católicos da Baixa Idade Média e, na tradição protestante, homens como Denk, Franck e Castellio, como Everard e John Smith, os primeiros quacres e William Law.

É por essa porta central, e apenas porque é central, que faremos nossa entrada pelo assunto deste livro. A psicologia da Filosofia Perene tem sua fonte na metafísica e deságua logicamente em um modo de vida e sistema ético característicos. Partindo desse ponto médio da doutrina, é fácil para a mente seguir em qualquer uma das outras direções.

Neste capítulo, confinaremos nossas atenções a não mais do que uma única característica dessa psicologia tradicional — a mais importante, aquela à qual todos os expoentes da Filosofia Perene dão maior ênfase, além de ser também, podemos acrescentar, a menos psicológica. Pois a doutrina a ser ilustrada neste capítulo pertence à autologia mais do que à psicologia — a ciência não do ego pessoal, mas do eterno Si-mesmo[1] no fundo dos seres particulares e individualizados, idêntico ou pelo menos semelhante ao Fundamento divino. Com base na experiência direta daqueles que cumpriram as condições necessárias de tais conhecimentos, esse ensinamento é expresso em sua forma mais sucinta na fórmula em sânscrito *tat tvam asi* (tu és isto); o Atman, ou Si-mesmo eterno imanente, é uno com Brahman, o Princípio Absoluto de toda a existência; e o destino final de todo

---

1 O termo usado em inglês aqui é *Self*. Sufixo que forma os pronomes reflexivos (*myself*, "eu mesmo", *yourself*, "você mesmo" etc.), a palavra também é um substantivo que aponta para essa característica reflexiva do ser e tem sido um conceito relevante na psicologia desde a época de William James, sobretudo na obra de Carl Jung, em que aparece como seu equivalente alemão, *Selbst* (suas traduções para o português tendem a verter o conceito como "si-mesmo", do qual derivamos nossa opção de tradução aqui). O *self*, ou si-mesmo, não é apenas o ser, nem mesmo o ego, mas o indivíduo como objeto de sua própria consciência. O termo em inglês também traduz o sânscrito *Atman*, o princípio primeiro e Si--mesmo verdadeiro de todos os indivíduos, para além de sua identificação com fenômenos da mente. Huxley distingue, por meio das maiúsculas, o *self*, o si-mesmo individual, do *Self*, o eterno Si-mesmo. Tal distinção foi mantida na tradução. (N. T.)

ser humano é descobrir esse fato pessoalmente, descobrir quem ele de fato é.

> Quanto mais Deus está em todas as coisas, mais Ele está fora delas. Quanto mais Ele está dentro, mais Ele está fora.
>
> Eckhart

Apenas o que é transcendente, que é completamente outro, pode ser imanente sem ser modificado pelo devir daquilo em que habita. A Filosofia Perene ensina que é desejável e de fato necessário conhecer o Fundamento espiritual das coisas, não apenas dentro da alma, mas também fora no mundo e, além do mundo e da alma, na alteridade transcendente — "no céu".

> Ainda que Deus esteja presente em toda parte, Ele, no entanto, está presente em ti apenas na parte mais profunda e mais central de tua alma. Os sentidos naturais não podem possuir a Deus nem te unir a Ele; não, tuas faculdades interiores de discernimento, vontade e memória podem apenas procurar a Deus, mas não podem ser o local de Sua habitação em ti. Mas há uma raiz ou profundidade em ti a partir da qual todas essas faculdades surgem, como linhas de um centro ou ramos do tronco de uma árvore. Essa profundidade é chamada de centro, fundo ou âmago da alma. Essa profundidade é a unidade, a eternidade — eu quase disse o infinito — de tua alma; pois é tão infinita que nada pode satisfazê-la ou dar-lhe repouso, senão o infinito de Deus.
>
> William Law

Esse trecho parece contradizer o que foi dito antes, mas não se trata de uma contradição real. Deus dentro e Deus fora — trata-se de duas noções abstratas que podem ser sustentadas pela compreensão e expressas em palavras. Mas os fatos aos quais essas noções se referem não podem ser percebidos e vivenciados exceto "na parte mais profunda e mais central de tua alma". E isso é verdade tanto para o Deus fora quanto para o Deus dentro. Contudo, ainda que essas duas noções abstratas precisem ser percebidas (para usar uma metáfora espacial) no mesmo lugar, a natureza intrínseca da percepção de Deus dentro é qualitativamente diferente da percepção de Deus fora, e cada uma delas, por sua vez, é diferente da percepção do Fundamento como simultaneamente dentro e fora — do Si-mesmo como aquilo que percebe e, ao mesmo tempo (nas palavras do *Bhagavad Gita*), como "aquilo através do qual todo este mundo é permeado".

Quando Svetaketu tinha doze anos de idade, ele foi enviado a um professor, com quem estudou até os 24 anos. Depois de aprender todos os Vedas, ele voltou para casa cheio de presunção, acreditando que era consumadamente bem-educado, e muito desdenhoso.

Seu pai lhe disse:

— Svetaketu, meu filho, estás tão cheio de tua erudição e tão desdenhoso; por acaso pediste para obter aquele conhecimento por meio do qual ouvimos o inaudível, por meio do qual percebemos o que não pode ser percebido e sabemos o que não se pode saber?

— O que é esse conhecimento, pai? — perguntou Svetaketu.

Seu pai lhe respondeu:

— Assim como, ao se conhecer um punhado de argila, conhece-se tudo que é feito de argila, a diferença repousando apenas no nome, mas a verdade sendo de que tudo é argila, assim também, meu filho, é esse conhecimento: conhecendo-o, conhece-se tudo.

— Mas certamente esses meus professores veneráveis são ignorantes desse conhecimento; pois, se o possuíssem, o teriam compartilhado comigo. O senhor pode, portanto, me dar esse conhecimento?

— Que assim seja — disse o pai. E ele continuou: — Traz-me o fruto da árvore *nyagrodha*.

— Aqui está, senhor.

— Quebra-o.

— Quebrei, senhor.

— O que vês aí?

— Algumas sementes, senhor, excessivamente pequenas.

— Quebra uma delas.

— Quebrei, senhor.

— O que vês aí?

— Absolutamente nada.

O pai disse:

— Meu filho, a essência sutil que não percebes aí, nessa própria essência habita o ser da imensa árvore *nyagrodha*. Naquilo que é a essência sutil, tudo que existe tem seu si-mesmo. Isso é o Verdadeiro, isso é o Si-mesmo, e tu, Svetaketu, és isto.

— Por favor, senhor — disse o filho —, dize mais.

A filosofia perene 19

— Que assim seja, meu filho — respondeu o pai. E disse: — Põe esse punhado de sal na água e vem me ver amanhã cedo.

O filho fez como lhe foi indicado.

Na manhã seguinte, o pai lhe disse:

— Traz-me o sal que puseste na água.

O filho procurou, mas não encontrou, pois o sal, é claro, tinha se dissolvido.

O pai disse:

— Prova da água da superfície do recipiente. Como está?

— Salgada.

— Prova do meio. Como está?

— Salgada.

— Prova do fundo. Como está?

— Salgada.

O pai disse:

— Joga essa água fora e vem aqui de novo amanhã de manhã.

Assim o filho fez, mas o sal não se perdeu; o sal existe para sempre.

Então o pai lhe disse:

— Aqui, da mesma forma, nesse teu corpo, meu filho, não percebes o Verdadeiro; mas lá ele está, de fato. Naquilo que é a essência sutil, tudo que existe tem seu si-mesmo. Isso é o Verdadeiro, isso é o Si-mesmo, e tu, Svetaketu, és isto.

Upanixade Chandogya

Todo aquele que deseja saber o que é "isto" que "tu és" pode começar seu trabalho em qualquer um dos três caminhos. Ele pode começar olhando para dentro de seu próprio *tu* particular e, por meio de um processo de "morrer para si-mesmo" — o si-mesmo em raciocínio, o si-mesmo em vontade e o si-mesmo em sentimento —, chegar por fim a um conhecimento do Si-mesmo, o Reino de Deus que está dentro. Ou então ele pode começar com os *tus* que existem fora de si e tentar perceber sua unidade essencial com Deus e, através de Deus, um com o outro e com seu próprio ser. Ou, por fim (e esse, sem dúvida, é o melhor método), ele pode procurar abordar o Isto definitivo, tanto por dentro quanto por fora, para que possa perceber a Deus de forma experimental como sendo, ao mesmo tempo, o princípio de seu próprio *tu* e de todos os outros *tus*, animados e inanimados. O ser humano completamente iluminado sabe, com a Lei, que Deus "está presente na parte mais profunda e mais central de sua própria alma"; mas ele também é, ao mesmo tempo, um daqueles que, nas palavras de Plotino, "enxergam todas as coisas, não no processo do devir, mas em Ser, e se enxergam no outro. Cada ser contém em si todo o mundo inteligível. Portanto, Tudo está em toda parte. O cada está no Todo, e o Todo, no cada. O homem como é agora deixou de ser o Todo. Mas, quando deixa de ser um indivíduo, ele se eleva novamente e penetra o mundo inteiro". É dessa intuição, mais ou menos obscura, da unidade que é o fundamento e princípio de toda multiplicidade, que a filosofia deriva sua fonte. E não apenas a filosofia, mas também toda a ciência natural. Toda ciência, na expressão de Meyerson, é a redução das multiplicidades em identidades. Adivinhando o Uno dentro e além dos muitos, encontramos uma plausibilidade intrínseca em qualquer explicação do diverso em termos de um único princípio.

A filosofia dos Upanixades reaparece, desenvolvida e enriquecida, no *Bhagavad Gita*, e por fim, sistematizada, no século IX de nossa era, por Shânkara. O ensinamento de Shânkara (ao mesmo tempo teórico e prático, como todos os expoentes da Filosofia Perene) é resumido em seu tratado em versos *Viveka-Chudamani* [A joia suprema da sabedoria]. Todas as seguintes passagens foram retiradas dessa obra convenientemente breve e pouco técnica:

O Atman é aquilo pelo qual todo o universo é permeado, mas nada o permeia; aquilo que é a causa do brilho de todas as coisas, mas que coisa alguma pode fazer brilhar [...]

A natureza da Realidade una deve ser conhecida por sua própria percepção espiritual clara; não pode ser conhecida por meio de um *pandit* (erudito). Da mesma forma, a lua só pode ser vista pelos próprios olhos de uma pessoa. Como pode ser conhecida pelos dos outros?

Quem senão o Atman é capaz de remover as cadeias da ignorância, paixão e ação autocentrada? [...]

A liberação não pode ser conquistada senão pela percepção da unidade do espírito individual com o Espírito universal. Não pode ser atingida nem pelo Yoga (treinamento físico), nem pela Sankhya (filosofia especulativa), nem pela prática das cerimônias religiosas, nem pela mera erudição [...]

A doença não é curada ao se pronunciar o nome do remédio, mas ao se tomar o remédio. O livramento não é atingido ao se repetir o nome "Brahman", mas pela experiência direta do Brahman [...]

O Atman é a Testemunha da mente individual e suas operações. É o conhecimento absoluto [...]

O sábio é aquele que compreende que a essência do Brahman e do Atman é a Pura Consciência e que percebe sua identidade absoluta. A identidade do Brahman e do Atman é afirmada em centenas de textos sagrados [...]

Casta, credo, família e linhagem não existem no Brahman [...] O Brahman não tem nem nome nem forma, transcende o mérito e o demérito, está além do tempo, do espaço e dos objetos da experiência dos sentidos. Tal é o Brahman, e "tu és Isto". Medita sobre essa verdade dentro de tua consciência.

Supremo, além do poder do discurso para expressá-lo, o Brahman pode, no entanto, ser apreendido pelo olho da pura iluminação. A Realidade pura, absoluta e eterna — tal é o Brahman, e "tu és Isto". Medita sobre essa verdade dentro de tua consciência.

Ainda que Uno, o Brahman é a causa do múltiplo. Não há outra causa. E, no entanto, o Brahman é independente da lei da causa. Tal é o Brahman, e "tu és Isto". Medita sobre essa verdade dentro de tua consciência.

A verdade do Brahman pode ser compreendida intelectualmente. Mas (mesmo naqueles que assim compreendem) o desejo de separação pessoal tem poder e raízes profundas, pois existe desde o tempo sem princípio. Ele cria a noção de que "eu sou o ator, eu sou aquele que vivencia". Essa noção é a causa da prisão à existência condicional, ao nascimento e à morte. Pode ser removida apenas pelo esforço honesto de viver constantemente em união com o Brahman. Para os sábios, a erradicação dessa noção e a ânsia de separação pessoal são chamadas de Liberação.

É a ignorância que faz com que nos identifiquemos com o corpo, o ego, os sentidos ou tudo aquilo que não é o Atman. Sábio é aquele que supera essa ignorância pela devoção ao Atman [...]

Quando um homem segue o caminho do mundo, o caminho da carne ou o caminho da tradição (ou seja, quando ele acredita em ritos religiosos e na letra das escrituras, como se fossem intrinsecamente sagradas), o conhecimento da Realidade não pode nele ascender.

Os sábios dizem que esse caminho tríplice é como uma corrente de ferro, prendendo os pés daqueles que aspiram a escapar da prisão deste mundo. Aquele que se liberta dessa corrente conquista o Livramento.

Shânkara

Nas formulações taoistas da Filosofia Perene há uma insistência, não menos enfática do que nos Upanixades, no *Gita* e nos escritos de Shânkara, na imanência universal do Fundamento espiritual de toda existência. O que segue agora é um trecho de um dos grandes clássicos da literatura taoista, o *Livro de Chuang-Tzu*, cuja maior parte parece ter sido escrita em torno da virada do quarto para o terceiro século antes de Cristo.

Não perguntes se o Princípio está nisso ou naquilo; ele está em todos os seres. É por esse motivo que lhe aplicamos os epítetos de supremo, universal, total [...] Ele ordena que todas as coisas sejam limitadas, mas ele próprio é ilimitado, infinito. No tocante à manifestação, o Princípio causa a sucessão de suas fases, mas não é essa sucessão. Ele é o autor das causas e efeitos, mas não é as causas e efeitos. É o autor das condensações e dissipações (morte e nascimento, mudanças de estado), mas não é, ele próprio, as condensações e dissipações. Tudo procede dele e está sob sua influência. Ele está em todas as coisas, mas não é idêntico aos seres, pois não é nem diferenciado nem limitado.

Chuang-Tzu

Do taoismo passamos para o budismo maaiana, que, no Extremo Oriente, chegou a ser associado intimamente ao taoismo, emprestando e tomando emprestado, até que os dois por fim se fundiram no que é conhecido como zen. O sutra Lankavatara, do qual o seguinte trecho foi extraído, são as escrituras que o fundador do zen-budismo expressamente recomendava aos seus primeiros discípulos.

Aqueles que raciocinam em vão sem compreender a verdade estão perdidos na selva dos *vijnanas* (as várias formas do conhecimento relativo), correndo aqui e ali e tentando justificar sua visão da substância do ego.

O si-mesmo percebido em sua consciência mais interna aparece em sua pureza; isso é o *Tathagata-garbha* (literalmente, o útero do Buda), que não é o reino daqueles dados ao mero raciocínio [...]

Pura em sua natureza e livre das categorias de finito e infinito, a Mente Universal é o útero do Buda, que é apreendido equivocadamente pelos seres sencientes.

Sutra Lankavatara

Uma só natureza, perfeita e que a tudo permeia, circula em todas as naturezas,
Uma Realidade, que a tudo abrange, contém em si mesma todas as realidades.
A Lua única se reflete sempre que há uma lâmina d'água.
E todas as luas nas águas são abraçadas por dentro pela única Lua.
O corpo do *Dharma* (o Absoluto) de todos os Budas entra em meu próprio ser.
E meu próprio ser se encontra na união com o deles [...]
A Luz Interior está além do louvor ou demérito;
Como o espaço, ela não conhece fronteiras,
Porém está aqui, dentro de nós, sempre retendo sua serenidade e plenitude.
É apenas ao caçá-la que tu a perdes;
Não podes tomá-la, mas igualmente não podes livrar-te dela,
E, enquanto nenhum dos dois podes fazer, ela segue seu próprio rumo.
Tu te calas e ela fala; tu falas e ela é muda;

O grande portão da caridade está escancarado, sem obstáculos à frente.

Yung-chia Ta-shih

Não tenho a competência necessária, tampouco é este o local adequado, para discutir as diferenças de doutrina entre o budismo e o hinduísmo. Basta apontar que, quando insistia que os seres humanos são, por natureza, "não Atman", era evidente que o Buda falava do si-mesmo pessoal, e não do Si-mesmo universal. Os brâmanes polemistas, que aparecem em certas escrituras do cânone páli, nunca sequer mencionam a doutrina vedanta da identidade do Atman e da Divindade e a não identidade do ego e do Atman. O que eles mantêm e Gautama nega é a natureza substancial e a persistência eterna da psique individual. "Como um homem sem inteligência que procura a morada da música no corpo do alaúde, também é aquele que procura a alma dentro do *skandhas* (o agregado material e psíquico, do qual o corpo mental individual é composto)." Sobre a existência do Atman que é Brahman, como em relação a outras questões metafísicas, o Buda se recusa a falar, com base na noção de que tais discussões não tendem à edificação ou ao progresso espiritual entre os membros de uma ordem monástica, como a que ele fundou. Mas, apesar de seus perigos, por mais envolvente que possa vir a se tornar, por ser a mais séria e nobre das distrações, o pensamento metafísico é inevitável e por fim necessário. Mesmo os hinaianistas[2]

---

2 Hinaiana e maaiana são duas das escolas do budismo. Hinaiana significa "pequeno veículo", e maaiana, "grande veículo". Há algum debate sobre o termo "hinaiana" ser ou não pejorativo. Como veremos com Huxley, o maaiana tem certas críticas aos ideais hinaianistas de Iluminação. (N. T.)

descobriram isso, e os maaianistas posteriores vieram a desenvolver, em conexão com a prática de sua religião, um sistema esplêndido e imponente de pensamento cosmológico, ético e psicológico. Esse sistema se baseava nos postulados de um idealismo estrito e professava dispensar a ideia de Deus. Mas a experiência moral e espiritual era forte demais para a teoria filosófica e, sob a inspiração da experiência direta, os autores dos sutras maaianas se flagraram usando toda a sua engenhosidade para explicar por que o *Tathagata* e os *bodisatvas* demonstravam uma caridade infinita para com seres que não existem de verdade. Ao mesmo tempo que estendiam as estruturas do idealismo subjetivo, de modo a abrir espaço para a Mente Universal, eles qualificaram a ideia da ausência da alma com a doutrina de que, se purificada, a mente individual pode se identificar com a Mente Universal ou útero do Buda; e, enquanto mantiveram essa ausência de deus, afirmaram que a Mente Universal realizável é a consciência interna do Buda eterno e que a mente do Buda está associada ao "grande coração compassivo" que deseja a libertação de todos os seres sencientes e abençoa com graça divina todos que se esforçarem a sério para conquistar o destino final do ser humano. Em resumo, apesar de seu vocabulário pouco auspicioso, os melhores sutras maaianas contêm uma formulação autêntica em relação à da Filosofia Perene — uma formulação que, em alguns aspectos (como veremos quando chegarmos ao capítulo "Deus no mundo"), é mais completa do que qualquer outra.

Na Índia e na Pérsia, o pensamento maometano veio a ser enriquecido pela doutrina de que Deus é imanente ao mesmo tempo em que é transcendente, enquanto à prática maometana foram acrescentados as disciplinas morais e os "exercícios espirituais", por meio dos quais a alma é preparada para a contemplação do conhecimento unificador da divindade. É um fato histórico significativo que o poeta santo Kabir seja tido como um correligionário tanto pelos muçulmanos quanto pelos hindus. A política daqueles cujo objetivo está além do tempo é sempre pacífica; são os idólatras do passado e do futuro, da memória reacionária e do sonho utópico, que perseguem e fazem guerra.

> Contemplai senão o Uno em todas as coisas; é o segundo que te leva a perder-te.
>
> Kabir

Que essa revelação sobre a natureza das coisas e a origem do bem e do mal não seja confinada exclusivamente ao santo, mas reconhecida, ainda que de forma obscura, por todos os seres humanos, é um fato comprovado pela própria estrutura da linguagem. Pois a língua, como Richard Trench apontou há muito tempo, com frequência é "mais sábia, não mais que o vulgar apenas, porém mais do que seus falantes mais sábios. Por vezes trancafia verdades outrora bem conhecidas, mas que caíram no esquecimento. Em outros casos, contém os germes de verdades que, embora nunca tenham sido discernidos de forma óbvia, o gênio de seus autores flagrou em um momento feliz de adivinhação". Por exemplo, é significativo que, nas línguas indo-europeias, como Darmsteter apontou, a raiz com o sentido de "dois" tenha conotação negativa. Tanto o prefixo grego *dys-* (como em "dispepsia") quanto o latino *dis-* (como em "desonroso") derivam de *duo*. O cognato *bis-* confere um sentido pejorativo em palavras do francês moderno como *bévue* ("deslize", literalmente "dupla visão"). Vestígios do "segundo que te leva a perder-te" podem ser encontrados, em inglês, em *dubious* (dúbio), *doubt* (dúvida), e em *Zweifel* em alemão — pois duvidar é ter duas (*Zwei*) mentes. Em Bunyan encontramos o Mr. Facing-both-ways, e as gírias modernas dos Estados Unidos falam em *two-timers*.[3] Obscuras e inconscientemente sábias, nossas línguas confirmam as descobertas dos místicos e proclamam a perversidade essencial da *divisão* — esta também uma palavra, por acaso, em que nosso velho inimigo, o dois, faz outra aparição decisiva.

Aqui é possível comentar que o culto da unidade no nível político é apenas um substituto idólatra para a religião genuína da unidade nos níveis pessoal e espiritual. Regimes totalitários justificam sua existência por meio de uma filosofia de monismo político, segundo a qual o Estado é Deus na terra, a unificação sob o calcanhar do Estado divino é a salvação, e todos os meios para tal unificação, por mais que intrinsecamente malignos, são corretos e podem ser usados sem qualquer escrúpulo. Esse monismo político leva, na prática, ao privilégio e poder excessivos de poucos e à opressão de muitos, ao descontentamento doméstico e à guerra no estrangeiro. Mas o privilégio e poder excessivos

---

3 *Mr. Facing-both-ways* literalmente significa sr. Olha-para-os-dois-lados, e é um personagem da obra *O peregrino* (1678), de John Bunyan. A gíria *two-timer*, do começo do século XIX, alude ao fato de o indivíduo estar se relacionando com duas pessoas ao mesmo (poderia ser traduzida como "duas caras" em português). (N. T.)

são tentações para o orgulho, a ganância, a vaidade e a crueldade; a opressão resulta em medo e inveja; a guerra produz ódio, sofrimento e desespero. Todas essas emoções negativas são fatais para a vida espiritual. Apenas os puros de coração e pobres em espírito podem chegar ao conhecimento unificador de Deus. Por isso, as tentativas de impor sobre as sociedades uma unidade maior do que seus membros individuais estão prontos para suportar fazem com que, psicologicamente, seja quase impossível para esses membros perceberem sua unidade com o Fundamento divino e um com o outro.

Entre os cristãos e os sufis, cujos escritos revisitaremos agora, a preocupação principal é com a mente humana e sua essência divina.

Meu Eu é Deus, não reconheço outro Eu exceto meu Deus em Si.

Santa Catarina de Gênova

Naqueles aspectos em que a alma difere de Deus, ela também difere de si mesma.

São Bernardo

Eu fui de Deus em Deus, até eles clamarem de mim em mim: "Ó tu que sois eu!".

Bajazeto de Bastam

Duas das anedotas registradas sobre esse santo sufi merecem ser citadas aqui. "Quando perguntaram a Bajazeto quantos anos ele tinha, ele respondeu: 'Quatro'. Disseram-

-lhe: 'Como é possível?'. E ele respondeu: 'Deus me foi velado pelo mundo durante setenta anos, mas eu O vi nos últimos quatro. O período durante o qual estamos sob o véu não pertence à vida'." Em outra ocasião, alguém bateu à porta do santo e perguntou: "Bajazeto está aqui?", e Bajazeto respondeu: "E há qualquer um aqui que não seja Deus?".

Para medir a alma, precisamos medi-la com Deus, pois o Fundamento de Deus e o Fundamento da Alma são uno e o mesmo.

Eckhart

O espírito possui a Deus essencialmente na natureza nua, e Deus é o espírito.

Ruysbroeck

Pois, por mais que ela afunde, toda afundada na unidade da divindade, ela jamais toca o fundo. Pois é da própria essência da alma que seja impotente para sondar as profundezas de seu criador. E aqui não se pode mais falar em alma, pois ela perdera sua natureza além, na unidade da essência divina. Lá não é mais chamada de alma, mas de ser imensurável.

Eckhart

Aquele que conhece e o que é conhecido são uno. Os simplórios imaginam que veriam a Deus, como se Ele fosse ficar ali e eles aqui. Não é assim. Deus e Eu somos uno em conhecimento.

Eckhart

"Eu vivo, mas não sou eu, senão o Cristo em mim." Ou talvez seja mais exato usar o verbo de forma transitiva e dizer: "Eu vivo, mas não sou eu, pois é o Logos que me vive" — ele me vive como o ator vive seu papel. Em tal caso, é claro, o ator é sempre infinitamente superior ao papel. Em relação à vida real, não existem personagens shakespearianos, há apenas Catões addisonianos ou então, mais comumente, grotescos Monsieurs Perrichons e tias do Charley que se acreditam Júlios Césares e príncipes da Dinamarca. Mas, por um decreto misericordioso, está sempre ao alcance de todas as *dramatis personae* que as falas grosseiras e estúpidas que elas pronunciam sejam transfiguradas sobrenaturalmente pelo equivalente divino de um Garrick.

> Ó meu Deus, por que ocorre neste velho e pobre mundo que Tu sejas tão grande e, no entanto, ninguém Te encontre, que Tu chames com a voz tão alta e ninguém Te escute, que Tu estejas tão próximo e ninguém Te sinta, que Tu Te dês a todos e ninguém saiba Teu nome? Os homens fogem de Ti e dizem que não podem Te encontrar; eles viram suas costas e dizem que não podem Te ver; eles tapam os ouvidos e dizem que não podem Te escutar.
>
> Hans Denk

Entre os místicos católicos dos séculos XIV e XV e os quacres do século XVII, abre-se uma vasta lacuna de tempo, maculada, no que diz respeito à religião, por guerras interdenominacionais e perseguições. Mas o abismo foi atravessado por uma sucessão de homens, a quem Rufus Jones, na única obra em inglês acessível dedicada a suas vidas e seus ensinamentos, chamou de "reformistas espirituais". Denk, Franck, Castellio, Weigel, Everard, os platonistas de Cambridge — apesar dos assassinatos e loucuras, a sucessão apostólica permanece ininterrupta. As verdades proferidas na *Theologia Germanica* — aquele livro a que Lutero professou tanto amor e do qual, se pudermos julgar com base em sua carreira, aprendeu tão, mas tão pouco — foram enunciadas de novo pelos ingleses durante a Guerra Civil e sob a ditadura cromwelliana. A tradição mística, perpetuada pelos reformistas espirituais protestantes, se tornou difusa, por assim dizer, na atmosfera religiosa da época quando George Fox teve sua primeira grande "abertura" e soube pela experiência direta que:

> Todos os homens são iluminados pela Luz Divina de Cristo, e eu a vi brilhar por todos; e que aqueles que acreditavam nela saíam da Condenação e vinham à Luz da Vida, e se tornavam filhos dela; e que aqueles que a odiavam e não acreditavam nela eram condenados por ela, por mais que fizessem sua profissão de Cristo. Isso eu vi na pura Abertura da Luz, sem ajuda de qualquer outro homem, tampouco pude saber onde encontrá-la nas escrituras, embora depois, ao procurá-la nas escrituras, eu a tenha encontrado.
>
> Do diário de Fox

A doutrina da Luz Interior chegou a uma formulação mais clara nos escritos da segunda geração de quacres. "Há", disse William Penn, "algo mais próximo de nós do que as escrituras, a saber, a Palavra no coração a partir da qual todas as escrituras se iniciam." E, pouco depois, Robert Barclay procurou explicar a experiência direta de *tat tvam asi* em termos de uma teologia augustiniana que, é claro, precisou ser bastante editada e ajustada até os fatos caberem nela. O homem, ele declarou em suas teses famosas, é um ser decaído, incapaz de fazer o bem, a não ser que unido à Luz Divina. Essa Luz Divina é Cristo dentro da alma humana e é tão universal quanto a semente do pecado. Todos os homens, pagãos ou cristãos, são dotados da Luz Interior, por mais que nada saibam da história externa da vida de Cristo. As justificativas são para aqueles que não resistem à Luz Interior e assim permitem um novo nascimento da santidade dentro de si.

> A bondade não precisa entrar na alma, pois já está lá, apenas é desapercebida.
>
> *Theologia Germanica*

> Quando as Dez Mil coisas são vistas em sua unidade, retornamos à Origem e permanecemos onde sempre estivemos.
>
> Sen T'sen

É porque não sabemos quem somos, porque não temos ciência de que o Reino dos Céus está dentro de nós, que nos comportamos em geral de forma tola, com frequência insana, por vezes criminosa, comportamento tão caracteristicamente humano. Somos salvos, liberados e iluminados ao percebermos o bem até então desapercebido que já está em nós, ao voltarmos ao Fundamento eterno e permanecermos onde, sem sabermos, sempre estivemos. Platão fala nesse mesmo sentido quando diz, na *República*, que "a virtude da sabedoria, mais do que qualquer coisa, contém um elemento divino que sempre permanece". E, no *Teeteto*, ele discute, com um argumento enfatizado com frequência pelos praticantes da religião espiritual, que é só ao nos tornarmos como Deus que podemos chegar a conhecer a Deus — e nos tornarmos como Deus significa nos identificarmos com o elemento divino que, de fato, constitui nossa natureza essencial, mas da qual, em nossa ignorância, na maior parte voluntária, optamos por permanecer ignorantes.

Estão no caminho da verdade aqueles que apreendem a Deus por meio do divino, Luz pela luz.

Fílon de Alexandria

Fílon de Alexandria foi o expoente da religião helenística de mistérios que cresceu, como nos demonstrou o professor Goodenough, no meio dos judeus da Dispersão, entre 200 a.C. e 100 d.C. Reinterpretando o Pentateuco como um sistema metafísico derivado do platonismo, neopitagorismo e estoicismo, Fílon transformou o Deus inteiramente transcendental e quase antropomorficamente pessoal do Velho Testamento na Mente Absoluta imanente-transcendente da Filosofia Perene. Mas nós ouvimos — mesmo dos escribas ortodoxos e fariseus daquele século portentoso que testemunhou, junto com a disseminação dos escritos de Fílon, os princípios do cristianismo e a destruição do Templo de Jerusalém, e mesmo dos guardiões da Lei — enunciações místicas significativas. Hillel, o grande rabi cujos ensinamentos sobre humildade e amor a Deus e ao homem nos parecem uma versão anterior e mais rudimentar dos sermões do Evangelho, teria dito as seguintes palavras a uma congregação nos pátios do Templo: "Se eu estou aqui" — é Jeová quem fala pela boca de seu profeta — "todo mundo está aqui. Se eu não estou aqui, ninguém está".

> O Amado é tudo em tudo; o amante meramente o vela;
> O Amado é tudo que vive; o amante, uma coisa morta.
>
> Jalaladim Maomé Rumi

Há um espírito na alma, intocado pelo tempo e pela carne, que flui do Espírito, permanece no Espírito, ele próprio inteiramente espiritual. Nesse princípio está Deus, sempre verdejante, sempre a florescer em todo o júbilo e glória de seu Si-mesmo real. Por vezes chamei a esse princípio de Tabernáculo da alma, por vezes chamei de Luz espiritual, ora digo que é uma Fagulha. Mas agora digo que é exaltado acima disso e daquilo mais do que os céus são exaltados acima da terra. Por isso, agora eu o batizo de maneira mais nobre [...] livre de todos os nomes e esvaziado de todas as formas. Ele é uno e simples, como Deus é uno e simples, e nenhum homem pode, de modo algum, contemplá-lo.

Eckhart

Formulações grosseiras de algumas das doutrinas da Filosofia Perene podem ser encontradas nos sistemas de pensamento de povos não civilizados do mundo, chamados de "primitivos". Entre os maoris, por exemplo, todo ser humano é visto como composto de quatro elementos — um princípio divino eterno conhecido como *toiora*; um ego, que desaparece depois da morte; uma sombra-fantasma, ou psique, que sobrevive à morte; e por fim um corpo. Entre os indígenas oglalas, o elemento divino é chamado *sican*, considerado idêntico ao *ton*, a essência divina do mundo. Outros elementos do ser são o *nagi*, ou personalidade, o *niya*, ou alma vital. Depois da morte, o *sican* é reunido ao Fundamento divino de todas as coisas, o *nagi* sobrevive no mundo fantasmagórico dos fenômenos psíquicos e o *niya* desaparece no universo material.

Em nenhum caso de sociedades "primitivas" do século xx podemos descartar a possibilidade de influência ou empréstimo de alguma cultura mais elevada. Por consequência, não temos o direito de discutir o passado com base no presente. Porque muitos selvagens contemporâneos têm uma filosofia esotérica que é monoteísta, com um monoteísmo por vezes da variedade do "Tu és Isto"; não temos o direito de inferir, assim, que os homens do Neolítico ou Paleolítico tivessem perspectivas semelhantes.

Mais legítimas e mais intrinsecamente plausíveis são as inferências que podem ser feitas com base no que sabemos de nossa própria fisiologia e psicologia. Sabemos que as mentes humanas já comprovaram sua capacidade de tudo, desde a imbecilidade à teoria quântica, do *Mein Kampf* e do sadismo à santidade de Filipe Néri, da metafísica às cruzadinhas, das políticas de poder à *Missa Solemnis*. Também sabemos que as mentes humanas estão, de algum modo, associadas aos cérebros humanos, e temos bons motivos para supor que não houve mudanças consideráveis no tamanho e conformação dos cérebros humanos nesses últimos bons milhares de anos. Por consequência, parece justificável inferir que as mentes humanas do passado remoto eram capazes de muitos e vários tipos e graus de atividade tanto quanto as mentes do tempo presente.

É, porém, certo que muitas atividades com as quais algumas das mentes do tempo presente se ocupam não ocuparam mente alguma no passado remoto. Para isso há vários motivos óbvios. Determinados pensamentos são praticamente impensáveis, exceto em termos de uma linguagem adequada e dentro do modelo de um sistema adequado de classificação. Onde esses instrumentos não existem, os pensamentos em questão não são exprimidos, nem mesmo concebidos. E isso não é tudo: o incentivo para desenvolver os instrumentos de certos tipos de pensamento não está sempre presente. Por longos períodos da história e pré-história, pareceria que homens e mulheres não desejaram prestar atenção, por mais que perfeitamente capazes, nos problemas que seus descendentes passaram a achar obsessivamente interessantes. Por exemplo, não há motivos para supor que, entre os séculos XIII e XX, a mente humana tenha sofrido qualquer mudança evolutiva, comparada com a mudança que ocorreu, digamos, na estrutura física da pata do cavalo durante um espaço maior de tempo geológico. O que aconteceu foi que os homens voltaram sua atenção de alguns aspectos da realidade para alguns outros aspectos. O resultado, entre outras coisas, foi o desenvolvimento das ciências naturais. Nossas percepções e nossa compreensão são direcionadas, em grande medida, por nossa vontade. Estamos cientes e pensamos a respeito das coisas que, por um motivo ou outro, queremos ver e compreender. Querer é poder, intelectualmente. As capacidades da mente humana são quase indefinidamente vastas. O que quer que tenhamos a vontade de realizar — seja chegar a um conhecimento unificador da Divindade, seja manufaturar um lança-chamas autopropulsionado —, nós conseguimos, contanto que a vontade seja suficientemente intensa e contínua. É claro que muitas das coisas às quais os homens modernos optaram por prestar atenção foram ignoradas por seus predecessores. Por consequência, os próprios meios para pensar de forma clara e frutífera sobre essas coisas permaneceram por ser inventados, não apenas durante as épocas pré-históricas, mas também na época da abertura da era moderna.

A falta de um vocabulário digno e um quadro de referências adequado, e uma ausência de qualquer desejo forte e contínuo de inventar esses instrumentos necessários do pensamento — eis dois motivos suficientes pelos quais tantas das potencialidades quase infinitas da mente humana permaneceram por tanto tempo não concretizadas. Outro motivo, igualmente lógico em seu próprio patamar, é o seguinte: muito do pensamento mais original e frutífero do mundo é concebido por pessoas de físico fraco e cuja mente é de todo avessa ao mundo prático. Por esse motivo e porque o valor do pensamento puro, seja analítico, seja integral, foi mais ou menos reconhecido, com clareza, em toda parte, provisões foram e ainda são tomadas por todas as sociedades civilizadas para dar aos pensadores uma medida de proteção contra as pressões e os desgastes ordinários da vida social. O eremitério, o monastério, a faculdade, a academia e o laboratório de pesquisa; o prato da coleta, as doações, o patrocínio e as bolsas com o dinheiro do contribuinte — tais são os principais mecanismos que foram usados pelos ativos para conservar aquela ave rara, o contemplativo religioso, filosófico, artístico ou científico. Em muitas sociedades primitivas, as condições são difíceis e não há acúmulo de riqueza. O contemplativo nato precisa lidar com a luta pela existência e pela predominância social sem proteção. O resultado, na maioria dos casos, é que ou ele morre jovem ou se vê desesperadamente ocupado só tentando se manter vivo para poder dedicar sua atenção a qualquer outra coisa. Quando isso acontece, a filosofia que prevalece será aquela do homem de ação intrépido e extrovertido.

Tudo isso lança uma luz — difusa, é verdade, e apenas secundária — sobre o problema da perenidade da Filosofia Perene. Na Índia, as escrituras são vistas não como revelações feitas em algum momento da história, mas como evangelhos eternos, existentes desde sempre até sempre, coetâneas do ser humano ou mesmo de qualquer outro tipo de ser corpóreo ou incorpóreo dotado de razão. Uma perspectiva semelhante foi exprimida por Aristóteles, que enxerga as verdades fundamentais da religião como eternas e indestrutíveis. Houve ascensões e quedas, períodos (literalmente "caminhos em torno" ou ciclos) de progresso e retrocesso; mas o grande fato de Deus como *primo mobile* de um universo que partilha de sua divindade sempre foi reconhecido. À luz do que sabemos sobre o homem pré-histórico (e o que sabemos não é mais do que algumas pedras lascadas, algumas pinturas, desenhos e esculturas) e do que podemos inferir legitimamente de outros campos de conhecimento mais bem documentados, o que pensar dessas doutrinas tradicionais? Minha própria perspectiva é que elas devem ser verdadeiras. Sabemos que os contemplativos natos, nos reinos tanto do pensamento analítico quanto do pensamento integral, emergiram em números consideráveis e em intervalos frequentes ao longo da história de que temos registro. Há, portanto, bons motivos para supor que tenham aparecido antes de registrarmos a história. Que muitas dessas pessoas tenham morrido jovens ou tenham sido incapazes de exercitar seus talentos é certo. Mas algumas delas hão de ter sobrevivido. Nesse contexto, é extremamente significativo que, entre tantos dos primitivos contemporâneos, dois padrões de pensamento se encontram — um padrão exotérico para a maioria, de tendências não filosóficas, e um padrão esotérico (com frequência monoteísta, com uma crença em um Deus não meramente de poder, mas de bondade e sabedoria) para os poucos iniciados. Não há motivo para supor que as circunstâncias fossem mais extremas para os homens pré-históricos do que o são para muitos dos selvagens contemporâneos. Contudo, se um monoteísmo esotérico do tipo que parece surgir de forma natural ao pensador nato é possível em sociedades selvagens modernas, cujos membros, em sua maioria, aceitam o tipo de filosofia politeísta que parece ser natural ao homem de ação, uma doutrina esotérica semelhante pode ter sido corrente nas sociedades pré-históricas. É verdade que é possível que as doutrinas esotéricas modernas tenham derivado de culturas mais elevadas. Mas permanece o fato significativo de que, se assim o foi, elas detinham ainda sentido para certos membros da sociedade primitiva e foram consideradas valiosas o bastante para ser preservadas com cuidado. Observamos que muitos pensamentos são impensáveis fora de um vocabulário e quadro de referência adequados. Mas as ideias fundamentais da Filosofia Perene podem ser formuladas em um vocabulário simplíssimo, e as experiências às quais as ideias se referem podem e de fato devem ser vivenciadas imediatamente e à parte de qualquer vocabulário que seja. Aberturas estranhas e teofanias são concedidas a crianças muito pequenas, que com frequência acabam sendo profunda e permanentemente afetadas por essas experiências. Não temos motivos para pressupor que o que acontece hoje a indivíduos dotados de pouco vocabulário não acontecesse na Antiguidade remota. No mundo moderno (como nos disseram Vaughan, Traherne e Wordsworth, entre outros), a criança costuma crescer e deixar para trás sua consciência direta do Fundamento único das coisas, pois o hábito do pensamento analítico é fatal para as intuições do pensamento integral, seja no nível "psíquico", seja no espiritual. Preocupações psíquicas podem e com frequência são um obstáculo imenso no caminho da espiritualidade genuína. Nas sociedades primitivas de hoje (e, supõe-se, nas do passado remoto), há muita preocupação e muito talento em relação ao pensamento psíquico. Mas umas poucas pessoas podem ter superado suas experiências psíquicas para chegarem àquelas genuinamente espirituais — assim como, nas sociedades industrializadas modernas, algumas poucas pessoas superam as preocupações predominantes com a matéria e, por via dos hábitos do pensamento analítico, que prevalecem, chegam à experiência direta do Fundamento espiritual das coisas.

Então, para sermos breves, tais são os motivos para se pressupor que as tradições históricas da Antiguidade oriental e de nossa própria Antiguidade clássica sejam verdadeiras. É interessante apontar que um distinto etnólogo contemporâneo, pelo menos, esteja em concordância com Aristóteles e os vedantistas. "A etnologia ortodoxa", escreve o dr. Paul Radin em seu *Primitive Man as Philosopher* [O homem primitivo como filósofo], "tem sido apenas uma tentativa entusiasmada e bastante acrítica de aplicação da teoria darwinista da evolução aos fatos da experiência social." E ele acrescenta que "nenhum progresso na etnologia será obtido até que os estudiosos se livrem de uma vez por todas da noção curiosa de que tudo possui uma história; até eles se darem conta de que certas ideias e certos conceitos são definitivos para o homem, como ser social, assim como reações fisiológicas específicas o são para ele como ser biológico". Entre esses conceitos definitivos, na visão do dr. Radin, consta o do monoteísmo. Tal monoteísmo com frequência não é mais do que o reconhecimento de um único poder obscuro e numinoso que governa o mundo. Mas pode, por vezes, ser genuinamente ético e espiritual.

A mania do século XIX de história e Utopianismo profético tendeu a cegar os olhos até mesmo de seus pensadores mais perspicazes aos fatos atemporais da eternidade. Assim encontramos T. H. Green escrevendo sobre a união mística como se fosse um processo evolutivo e não um estado em que o homem, como homem, sempre teve em seu poder realizar, como todas as evidências apontam. "Um organismo animal, que tem sua história no tempo, pouco a pouco se torna o veículo de uma consciência eternamente completa, que em si mesma não pode ter história, mas uma história do processo pelo qual o organismo humano se torna seu veículo." Mas o fato real é que apenas no tocante ao conhecimento periférico houve algum desenvolvimento histórico genuíno. Sem grande passagem de tempo e acúmulo de habilidades e informações, só é possível obter um conhecimento imperfeito do mundo material. Mas a percepção direta da "consciência eternamente completa", que é o fundamento do mundo material, é uma possibilidade ocasionalmente concretizada por alguns seres humanos em quase qualquer etapa de seu próprio desenvolvimento pessoal, desde a infância até a velhice, e em quase qualquer período da história da raça.

Capítulo II

Sobre a natureza do fundamento

Nosso ponto de partida foi a doutrina psicológica "Tu és Isto". A questão que agora naturalmente se apresenta é metafísica: o que é o Isto ao que tu podes te descobrir idêntico?

A essa pergunta, a Filosofia Perene plenamente desenvolvida tem dado, em todos os tempos e em todos os lugares, basicamente a mesma resposta. O Fundamento divino de toda a existência é um Absoluto espiritual, inefável em termos de pensamento discursivo, mas (em certas circunstâncias) suscetível de ser experimentado por vias diretas e apercebido pelo ser humano. Esse Absoluto é o Deus-sem-forma da fraseologia hindu e cristã. O destino final do ser humano, o motivo último da existência humana é o conhecimento unificador do Fundamento divino — o conhecimento que só pode vir àqueles que estão preparados para "morrer para o si-mesmo" e, desse modo, abrir espaço, por assim dizer, para Deus. Em qualquer dada geração de homens e mulheres, pouquíssimos conquistarão o destino final da existência humana; mas a oportunidade de chegar ao conhecimento unificador será, de um modo ou de outro, continuamente ofertada até que todos os seres sencientes percebam quem de fato são.

O Fundamento Absoluto de toda a existência tem um aspecto pessoal. A atividade do Brahman é Isvara, e Isvara se manifesta ainda na trindade hindu e, em uma distância maior, nas outras deidades e anjos do panteão indiano. De forma análoga, para os místicos cristãos, a Divindade inefável e sem atributos se manifesta em uma trindade de indivíduos, aos quais é possível predicar tais atributos humanos como bondade, sabedoria, misericórdia e amor, mas de maneira supereminente.

Por fim, há uma encarnação de Deus em forma humana, que possui as mesmas qualidades de caráter que o Deus pessoal, mas que as exibe sob as limitações necessariamente impostas pelo confinamento dentro de um corpo material nascido no mundo em um dado momento do tempo. Para os cristãos, houve e, *ex hypothesi*, só pode haver uma tal encarnação divina; para os indianos, é possível haver e já houve várias. No cristianismo, tanto quanto no Oriente, os contemplativos que seguem o caminho da devoção concebem e, de fato, percebem diretamente a encarnação como um fato da experiência renovado o tempo todo. Cristo está eternamente sendo engendrado dentro da alma pelo Pai, e o ato de Krishna de brincar é um símbolo pseudo-histórico de uma verdade eterna da psicologia e da metafísica — o fato de que, em relação a Deus, a alma pessoal é sempre feminina e passiva.

O budismo maaiana ensina essas mesmas doutrinas metafísicas em termos dos "três corpos" de Buda — *dharmakaya*, conhecido também como o Buda Primordial, ou Mente, ou a Luz Radiante do Nada; *sambhogakaya*, correspondente a Isvara ou ao Deus pessoal do judaísmo, cristianismo e islã; e, por fim, *nirmanakaya*, o corpo material, em que o Logos encarna sobre a terra como um Buda vivo e histórico.

Entre os sufis, *Al Haqq*, "o Real", parece ser pensado como o abismo da Divindade subjacente ao Alá pessoal, enquanto o Profeta é retirado da história e visto como a encarnação do Logos.

Alguma ideia da riqueza inexaurível da natureza divina pode ser obtida pela análise, palavra por palavra, da invocação com a qual se inicia o pai-nosso — "Pai nosso, que estais no céu". Deus é nosso — nosso no mesmo sentido íntimo que nossa consciência e vida são nossas. Mas também tão intimamente nosso, Deus é ainda transcendentalmente o Pai pessoal, que ama suas criaturas e para quem se jura amor e lealdade em retorno. "Pai nosso, que sois/estais":[4] quando consideramos o verbo isolado, percebemos que o Deus pessoal imanente-transcendente é também o Uno imanente-transcendente, a essência e o princípio de toda a existência. E, por fim, o ser de Deus está "no céu"; a natureza divina é alheia — e incomensurável — à natureza das criaturas nas quais Deus é imanente. É por isso que podemos atingir o conhecimento unificador de Deus apenas quando nos tornamos, em alguma medida, divinos, apenas quando permitimos que o reino de Deus venha a nós ao abrirmos mão de nosso próprio reino como criatura.

---

4 "Estais" é a tradução corrente em português. Outra tradução possível seria "que sois" ou, como é o caminho do argumento de Huxley, "que existis". Em inglês e em latim, o verbo (*to be*, *esse*) não faz distinção entre ser e estar. (N. T.)

Deus pode ser venerado e contemplado em qualquer um de seus aspectos. Mas persistir em venerar apenas um único aspecto excluindo todo o resto é correr um grave perigo espiritual. Portanto, se podemos abordar a Deus com a ideia preconcebida de que Ele é exclusivamente o rei pessoal, transcendental, onipotente do mundo, corremos o risco de nos embrenhar em uma religião de ritos, sacrifícios propiciatórios (por vezes da natureza mais horrenda) e observâncias legalistas. E isso é inevitável, pois, se Deus é uma potestade inatingível lá fora, dando ordens misteriosas, esse tipo de religião acaba sendo inteiramente adequado a tal situação cósmica. O melhor que se pode dizer do legalismo ritualístico é que ele melhora a conduta. Mas faz muito pouco para alterar o caráter e, por si próprio, não faz nada para modificar a consciência.

As coisas melhoram um bom tanto quando o Deus pessoal onipotente transcendente é visto também como um Pai amoroso. A veneração sincera de um tal Deus muda o caráter, bem como a conduta, e faz alguma coisa para modificar a consciência. Mas a transformação completa da consciência, que é a "iluminação", "o livramento", "a salvação", só pode vir quando Deus é pensado da forma como a Filosofia Perene afirma que Ele seja — ao mesmo tempo imanente e transcendente, pessoal e suprapessoal — e quando as práticas religiosas são adaptadas a essa concepção.

Quando Deus é visto como exclusivamente imanente, o legalismo e as práticas externas são abandonados e se passa a se concentrar na Luz Interior. Os perigos então são o do quietismo e o antinomianismo, uma modificação da consciência que é inútil ou até mesmo danosa, porque não é acompanhada pela transformação do caráter que é o pré-

-requisito necessário de uma transformação total, completa e espiritualmente frutífera da consciência.

Por fim, é possível pensar em Deus como um ser suprapessoal. Para muitos, essa concepção é demasiado "filosófica" para fornecer uma motivação adequada para se fazer qualquer coisa prática a respeito de suas crenças. Por isso, para eles, ela não tem valor nenhum.

Seria um erro, é claro, pressupor que as pessoas que veneram um aspecto de Deus, à exclusão de todo o resto, devem inevitavelmente incorrer nos tipos diferentes de problemas descritos antes. Se não forem teimosas demais em suas crenças já preestabelecidas, se se submeterem, dóceis, ao que lhes acontece no processo de veneração, o Deus que é tanto imanente quanto transcendente, pessoal e mais que pessoal há de poder revelar-se a elas em sua plenitude. Em todo caso, permanece o fato de que é mais fácil para nós alcançarmos nosso objetivo se não tivermos como obstáculo um conjunto de crenças errôneas ou inadequadas sobre o modo certo de se chegar lá e sobre a natureza daquilo que estamos procurando.

Quem é Deus? Não posso pensar em nenhuma resposta melhor do que: Ele que é. Nada é mais adequado a essa eternidade que é Deus. Se você chamar a Deus de bom, ou grande, ou bendito, ou sábio, ou qualquer outra coisa do gênero, está incluído nessas palavras, a saber: Ele é.

São Bernardo

O propósito de todas as palavras é ilustrar o sentido de um objeto. Quando são ouvidas, deveriam possibilitar a quem as ouve compreender seu sentido, e isso de acordo com as quatro categorias de substância, de atividade, de qualidade e de relação. Por exemplo, *vaca* e *cavalo* pertencem à categoria de substância. *Ele cozinha* ou *ele ora* pertencem à categoria de atividade. *Branco* e *preto* pertencem à categoria de qualidade. *Ter dinheiro* ou *possuir gado* pertencem à categoria de relação. Agora não existe nenhuma classe de substância à qual o Brahman pertença, nenhum gênero comum. Não pode, portanto, ser denotado por palavras que, como "ser", no sentido ordinário, signifiquem uma categoria de coisas. Tampouco pode ser denotado por qualidade, pois ele é sem qualidades; tampouco ainda por atividade, pois é sem atividade — "em repouso, sem partes ou atividade", segundo as escrituras. Tampouco pode ser denotado por relação, pois "não tem segundo" e não é o objeto de nada, mas seu próprio si-mesmo. Portanto, não pode ser definido por uma palavra ou ideia; como diz a escritura, é o Uno "diante do qual as palavras recuam".

Shânkara

Foi a partir do Inominado que o Céu e a Terra surgiram;
O nomeado é apenas a mãe que cuida das dez mil criaturas, cada uma segundo sua estirpe.
Na verdade, "apenas quem se purga para sempre do desejo pode ver as Essências Secretas".
Ele que nunca se purgou do desejo pode ver apenas os Resultados.

Lao Zi

Um dos maiores favores concedidos à alma, transitoriamente nesta vida, é possibilitar a ela que veja com distinção e sinta com profundidade que não é capaz absolutamente de compreender a Deus. Essas almas são, nesse aspecto, semelhantes em algum grau aos santos no céu, onde aqueles que O conhecem com maior grau de perfeição percebem com a maior clareza que Ele é infinitamente incompreensível; pois aqueles que têm a visão menos clara não percebem com tanta clareza como esses outros o quanto imensamente Ele transcende sua visão.

São João da Cruz

Quando saí da Divindade para a multiplicidade, então todas as coisas proclamaram: "Há um Deus" (o Criador pessoal). Agora, isso não pode me fazer ser abençoado, pois, por esse meio, eu me percebo como criatura. Mas, pela ruptura, sou mais do que todas as criaturas; não sou nem Deus nem criatura; eu sou aquele que fui e devo permanecer, agora e para sempre. Lá recebo um impulso que me eleva acima de todos os anjos. Por esse impulso eu me torno tão rico que Deus não é suficiente para mim, na medida em que Ele é apenas Deus em suas obras divinas. Pois, pela ruptura, percebo o que Deus e eu somos em comum. Lá sou o que eu era. Lá não aumento nem diminuo. Pois lá sou o imóvel que move todas as coisas. Aqui o homem conquistou de novo o que ele é eternamente e para sempre será. Aqui Deus é recebido dentro da alma.

Eckhart

A Divindade cedeu todas as coisas a Deus. A Divindade é pobre, nua e vazia como se nada fosse; ela nada tem, nada deseja, nada carece, nada obra, nada recebe. É Deus que tem o tesouro e a noiva em si, a Divindade é tão vazia como se nada fosse.

Eckhart

Podemos compreender algo do que está além de nossa experiência ao considerarmos casos análogos que se enquadram em nossa experiência. Assim, as relações subsistentes entre o mundo e Deus e entre Deus e a Divindade parecem ser análogas, em alguma medida, pelo menos, àquelas entre o corpo (e seu ambiente) e a psique, e entre a psique e o espírito. À luz daquilo que sabemos sobre o segundo — e o que sabemos, infelizmente, não é muita coisa —, talvez possamos formar algumas noções que não sejam irremediavelmente inadequadas sobre o primeiro.

A mente afeta o corpo de quatro formas — subconsciente, através da inteligência fisiológica incrivelmente sutil que Driesch hipostasiou sob o nome de enteléquia; consciente, por atos deliberados da vontade; subconsciente de novo, pela reação sobre o organismo físico de estados emocionais que nada tenham a ver com os órgãos e processos afetados pela reação; e, ou consciente ou inconsciente, em certas manifestações "supranormais". Fora do corpo, a matéria pode ser influenciada pela mente de duas formas — a primeira por meio do corpo, e a segunda, por processos "supranormais", recentemente estudados sob condições laboratoriais e descritos como "o efeito psicocinético". De modo semelhante, a mente pode estabelecer relações com outras mentes, seja de maneira indireta, ao comandar que o corpo realize atividades simbólicas, como falar ou escrever; seja de maneira "supranormal", pela abordagem direta da leitura de mentes, telepatia, percepção extrassensorial.

Consideremos agora essas relações um pouco mais de perto. Em alguns campos, a inteligência fisiológica trabalha por iniciativa própria, como quando dirige os processos incessantes de respiração, por exemplo, ou assimilação. Em outros, age ordenada pela mente consciente, como quando desejamos realizar alguma ação, mas não podemos comandar os meios musculares, glandulares, nervosos e vasculares ao fim desejado. O ato, à primeira vista simples, de imitação ilustra bem a natureza extraordinária dos feitos realizados pela inteligência fisiológica. Quando um papagaio (fazendo uso, lembremos, do bico, da língua e de sua garganta de pássaro) imita os sons produzidos pelos lábios, dentes, palato e cordas vocais de um homem que articula palavras, o que acontece precisamente? Em resposta ao desejo da mente consciente de imitar algum evento percebido de imediato ou recuperado da memória, de um modo ainda completamente incompreendido, a inteligência fisiológica põe em movimento um grande número de músculos, coordenando seus esforços com tal sofisticação em suas habilidades que o resultado é uma cópia mais ou menos perfeita do original. Operando em seu próprio nível, a mente consciente não apenas de um papagaio, mas do mais altamente dotado dos seres humanos ver-se-ia abismada por completo diante de um problema de complexidade comparável.

Como um exemplo do terceiro modo por meio do qual nossas mentes afetam a matéria, podemos citar o fenômeno muito bem conhecido da "indigestão nervosa". Em certas pessoas, sintomas de dispepsia aparecem quando a mente consciente está perturbada por emoções negativas como medo, inveja, raiva ou ódio. Essas emoções são dirigidas a eventos ou pessoas em seu ambiente externo; mas, de algum modo, têm efeitos adversos sobre a inteligência fisiológica, e esse desarranjo resulta, entre outras coisas, em "indigestão nervosa". Desde a tuberculose e a úlcera gástrica até as doenças cardíacas e mesmo cáries, já se descobriu que numerosas perturbações físicas estão intimamente ligadas a certos estados indesejados da mente consciente. Ao mesmo tempo, todo médico sabe que um paciente calmo e otimista tem muito mais chances de recuperação do que um paciente agitado e deprimido.

Por fim, chegamos a tais ocorrências como a cura pela fé e a levitação — ocorrências "supranormalmente" estranhas, mas, em todo caso, já averiguadas por provas massivas que são difíceis de se desconsiderar por completo. Precisamente de que forma a fé cura doenças (seja em Lurdes ou no consultório do hipnotizador) ou como são José de Cupertino foi capaz de ignorar as leis da gravitação, não sabemos (mas lembremos que não somos menos ignorantes em relação a como as mentes e os corpos interagem nas atividades cotidianas mais comuns). Do mesmo modo, não somos capazes de formar qualquer ideia sobre o *modus operandi* daquilo que o professor Rhine chamou de efeito psicocinético. Em todo caso, o fato de que um lance de dados pode ser influenciado pelos estados mentais de certos indivíduos parece agora estar estabelecido além da possibilidade de dúvida. E, se o efeito psicocinético pode ser demonstrado em laboratório e medido por métodos estatísticos, então é óbvio que a credibilidade intrínseca das evidências anedóticas esparsas a favor da influência da mente sobre a matéria, não meramente dentro do corpo, mas fora, no mundo externo, é portanto notoriamente ampliada. O mesmo vale para a percepção extrassensorial. Exemplos aparentes são constantes na vida ordinária. Mas a ciência é quase impotente para lidar com o caso particular, a ocorrência isolada. Promovendo sua inaptidão metodológica ao patamar de um critério de veracidade, os cientistas dogmáticos muitas vezes marcaram tudo que está além de sua competência limitada como irreal e até mesmo impossível. Mas, quando os testes para percepção extrassensorial podem ser repetidos sob condições padronizadas, o tema chega à jurisdição da lei das probabilidades e obtém (diante da oposição apaixonada) uma medida de respeitabilidade científica.

Para apresentarmos de forma muito chã e breve, tais são as coisas importantes que sabemos sobre a mente em relação à sua capacidade de influenciar a matéria. Com base nesse conhecimento modesto sobre nós mesmos, o que temos o direito de concluir quanto ao objeto divino de nossa quase total ignorância?

Primeiro, em relação à criação: se a mente humana pode exercer influência direta sobre a matéria, não apenas dentro, mas mesmo fora do corpo, então uma mente divina, imanente ao universo ou transcendente a ele, pode-se supor, seria capaz de impor formas sobre um caos preexistente de matéria informe ou talvez até mesmo trazer à existência as formas por intermédio do pensamento.

Uma vez criado ou formado divinamente, o universo precisa ser sustentado. A necessidade de uma recriação constante do mundo se torna manifesta, segundo Descartes, "quando consideramos a natureza do tempo ou da duração das coisas; pois essa coisa é de tal tipo que suas partes não são mutuamente dependentes e nunca coexistentes; e, por consequência, com base no fato de que existimos agora não necessariamente derivamos que haverá um momento posterior, a não ser que certa causa, a saber, aquilo que nos produziu, possa de certa forma continuamente nos reproduzir, isto é, nos conservar". Aqui parecemos ter algo análogo, no nível cósmico, àquela inteligência fisiológica que, em homens e animais inferiores, realiza, incansável, a tarefa de garantir que os corpos se comportem como deveriam. De fato, é plausível que a inteligência fisiológica possa ser vista como um aspecto especial do Logos geral que recria. Na fraseologia chinesa, é o Tao que se manifesta no nível dos corpos físicos.

Os corpos dos seres humanos são afetados pelos estados bons ou maus de espírito. De forma análoga, a existência, no cerne das coisas, de uma serenidade divina e boa vontade pode ser vista como uma das razões por conta das quais a doença do mundo, por mais que crônica, ainda não se revelou fatal. E se, no universo psíquico, houvesse consciências outras e mais do que humanas, obcecadas com pensamentos de perversidade, egoísmo e rebelião, isso daria conta de explicar talvez algo da maldade extravagante e improvável do comportamento humano.

Os atos desejados por nossas mentes se realizam ou pela via da instrumentalidade da inteligência fisiológica e do corpo ou, em casos muito excepcionais e de alcance limitado, por meios supranormais diretos da variedade psicocinética. De maneira análoga, as situações físicas desejadas por uma Providência divina podem ser arranjadas pela Mente perpetuamente criadora que sustenta o universo — nesse caso, a Providência parecerá realizar suas obras por meios totalmente naturais; de outro modo, muito excepcional, a Mente divina pode exercer ação direta sobre o universo a partir de fora, de certa forma — e, nesse caso, as obras da Providência e os dons da graça terão a aparência de milagres. De forma semelhante, a Mente divina pode optar por se comunicar com mentes finitas ou através da manipulação do mundo dos humanos e das coisas, de modo que uma mente em particular a ser alcançada naquele momento ache significativos; ou, então, pode haver comunicação direta através de algo que se parece com a transmissão de pensamento.

Na expressão de Eckhart, Deus, o criador e recriador do mundo, "se torna e destorna". Em outras palavras, Ele existe, em algum grau pelo menos, no tempo. Um Deus temporal poderia ter a natureza do Deus hebraico tradicional do Velho Testamento; ou poderia ser uma divindade limitada do tipo descrito por certos teólogos filosóficos do presente século; ou também poderia ser um Deus emergente, partindo de um princípio não espiritual no Alfa e se tornando aos poucos mais divino, conforme correm os éons, rumo a um Ômega hipotético (é impossível saber por que esse movimento deveria ser rumo a uma forma maior e melhor e não menor e pior, para cima em vez de para baixo ou por oscilações, para a frente e não em círculos. Parece não existir nenhum motivo para que um Deus que seja exclusivamente temporal — um Deus meramente do devir, sem base na eternidade — não possa estar à completa mercê do tempo como é a mente individual à parte do espírito. Um Deus do devir, que se torna, é um Deus também que se destorna, e pode ser esse destornar-se que prevaleça no fim, de modo que o último estágio de uma divindade emergente possa ser pior do que o primeiro).

O fundamento no qual a psique múltipla e presa ao tempo está arraigada é uma consciência simples e atemporal. Ao nos tornarmos puros de coração e pobres em espírito, podemos descobrir e nos identificar com essa consciência. No espírito não apenas temos, mas somos o conhecimento unificador do Fundamento divino.

De maneira análoga, Deus no tempo está fundamentado no agora eterno da Divindade amodal. É na Divindade que as coisas, vidas e mentes têm seu ser; é através de Deus que elas têm seu devir — um devir cujo objetivo e propósito é retornar ao Fundamento.

> Enquanto isso, eu lhes rogo que, pela verdade eterna e imperecível e pela minha alma, considerem; apreendam aquilo de que jamais se ouviu. Deus e a Divindade são tão distintos quanto o céu e a terra. O céu está mil milhas acima da terra, e assim está a Divindade acima de Deus. Deus se torna e se destorna. A quem quer que compreenda essa pregação, que seja bem-aventurado. Mas, mesmo que ninguém tenha estado aqui, eu ainda devo ter pregado ao mealheiro.
>
> Eckhart

Assim como santo Agostinho, Eckhart foi, em alguma medida, vítima de seus próprios talentos literários. *Le style c'est l'homme.*[5] Sem dúvida. Mas o oposto é também verdade, em parte. *L'homme c'est le style.* Já que temos um dom para escrever de certo modo, nós mesmos nos tornamos, em alguma medida, nosso modo de escrever. Moldamo-nos na semelhança de nosso tipo particular de eloquência. Eckhart foi um dos inventores da prosa alemã e foi tentado por essas habilidades recém-descobertas na expressão forçosa ao assumir posições extremas — a ser doutrinalmente a imagem dessas frases poderosas e hiperenfáticas. Uma declaração como essa nos leva a crer que ele desprezava o que os vedantistas chamam de "conhecimento inferior" do Brahman, não como o Fundamento absoluto de todas as coisas, mas como o Deus pessoal. Na realidade, ele, assim como os vedantistas, aceitava o conhecimento inferior como genuíno e pensava que a devoção ao Deus pessoal era a melhor preparação para o conhecimento unificador da Divindade. Outro ponto a se lembrar é que a Divindade sem atributos do vedanta, do budismo maaiana, do misticismo sufi e cristão é o Fundamento de todas as qualidades possuídas pelo Deus pessoal e pela Encarnação. "Deus não é bom, eu sou bom", diz Eckhart em seu modo violento e excessivo. O que ele quis dizer de verdade é: "Eu sou apenas humanamente bom; Deus é supereminentemente bom; a Divindade *é*; e essa 'existência' (*istigkeit*, no alemão de Eckhart) contém a bondade, o amor, a sabedoria e todo o resto em essência e princípio". Por consequência, a Divindade, para o expoente da Filosofia Perene,

---

5 Variação da frase "Le style est l'homme même" ("O estilo é o próprio homem"), de Georges-Louis Leclerc, conde de Buffon, escritor e naturalista francês. (N. E.)

não é nunca o mero Absoluto da metafísica acadêmica, mas algo mais puro em sua perfeição, a ser adorado de forma mais reverente até mesmo do que o Deus pessoal ou sua encarnação humana — um Ser em relação ao qual é possível sentir a mais intensa devoção e com quem é necessário (se se deseja chegar ao conhecimento unificador que é o destino final do ser humano) praticar uma disciplina mais árdua e implacável do que a imposta por qualquer autoridade eclesiástica.

Há uma distinção e diferenciação, segundo nossa razão, entre Deus e a Divindade, entre ação e repouso. A natureza frutífera das pessoas sempre obra pela diferenciação viva. Mas o Ser simples de Deus, segundo a sua natureza, é um Repouso eterno de Deus e de todas as coisas criadas.

Ruysbroeck

(Na Realidade unitivamente conhecida pelo místico), podemos não mais falar do Pai, Filho e Espírito Santo, nem de qualquer criatura, mas apenas de um único Ser, que é a própria substância das Pessoas Divinas. Lá estávamos nós todos antes de nossa criação, pois essa é nossa supraessência. Lá está a Divindade, em simples essência, sem atividade.

Ruysbroeck

A luz divina da fé é tão pura que, em comparação com ela, as luzes particulares não passam de impurezas; e mesmo ideias de santos, da Virgem Abençoada e a visão de Jesus Cristo em sua humanidade são impedimentos no caminho da visão de Deus em sua pureza.

J. J. Olier

Partindo de um católico devoto da Contrarreforma, essa declaração pode parecer meio perturbadora. Mas devemos nos lembrar de que Olier (que foi um homem de vida santa e um dos professores de religião mais influentes do século XVII) fala aqui de um estado de consciência ao qual poucas pessoas chegarão. Àqueles em estados ordinários de ser, ele recomenda outros modos de conhecimento. Um de seus penitentes, por exemplo, foi aconselhado a ler, como corretivo a são João da Cruz e outros expoentes da teologia mística pura, as revelações de santa Gertrude sobre os aspectos encarnados e até mesmo fisiológicos do divino. Na opinião de Olier, como na da maioria dos diretores das almas, sejam eles católicos ou indianos, era mera sandice recomendar a veneração do Deus-sem-forma a indivíduos em condição de compreender apenas os aspectos pessoais e encarnados do Fundamento divino. Essa é uma atitude perfeitamente razoável e temos justificativas para adotar uma política em conformidade com ela — contanto que sempre nos lembremos com clareza de que sua adoção pode ser acompanhada por certos perigos e desvantagens espirituais. A natureza desses perigos e desvantagens será ilustrada e discutida em outro capítulo. No presente, bastará citarmos os avisos de Fílon: "Aquele que pensa que Deus tem qualquer qualidade e não é Uno, não lesa a Deus, mas a si mesmo".

Deves amar a Deus como não Deus, não Espírito, não indivíduo, não imagem, mas como Ele é, um Uno puro, maciço e absoluto, apartado de toda duplicidade e em quem devemos eternamente afundar do nada ao nada.

Eckhart

O que Eckhart descreve como o Uno puro, o não Deus absoluto em quem devemos afundar do nada, ao nada é chamado, no budismo maaiana, de Luz Radiante do Nada. O que segue é parte de uma fórmula dirigida pelo sacerdote tibetano à pessoa no ato da morte.

Ó tu, de nobre nascimento, chega a hora de conheceres o Caminho. Tua respiração está prestes a cessar. No passado, teu mentor te pusera face a face com a Luz Clara; e agora estás prestes a vivenciá-la em sua Realidade no estado de *Bardo* (o "estado intermediário" imediatamente depois da morte, em que a alma é julgada — ou, melhor dizendo, em que ela julga a si mesma, escolhendo, de acordo com o caráter formado durante sua vida na terra, que tipo de pós-vida ela deverá ter). Nesse estado de *Bardo*, todas as coisas são como um céu sem nuvens, e o Intelecto nu, imaculado, é como um vazio translúcido sem centro ou circunferência. Nesse momento, conhece-te a ti mesmo e mantém-te nesse estado. Eu também, a essa hora, estou te pondo face a face.

O livro tibetano dos mortos

Voltando mais ainda no passado, encontramos nos primeiros Upanixades a descrição clássica do Uno Absoluto como um Nada Supraessencial.

A significância do Brahman é expressa por *neti neti* ("nem isso nem aquilo"); pois além disso, que se diz que não é assim, não há mais nada. Seu nome, porém, é "a Realidade da realidade". Isso quer dizer que os sentidos são reais e o Brahman é sua Realidade.

Upanixade Brihad Aranyaka

Em outras palavras, há uma hierarquia do real. O mundo múltiplo de nossa experiência cotidiana é real com uma realidade relativa, isto é, inquestionável em seu próprio nível; mas essa realidade relativa tem seu ser dentro e por causa da Realidade absoluta, que, a respeito da alteridade incomensurável de sua natureza eterna, jamais poderemos descrever, mesmo quando for possível que a apreendamos por vias diretas.

O trecho a seguir é de grande significância histórica, haja vista que era principalmente através da "Teologia Mística" e dos "Nomes Divinos" do autor do século v que escreveu sob o nome de Dionísio Areopagita que a cristandade medieval estabeleceu contato com o neoplatonismo e, assim, a muitos graus de separação, com a disciplina e o pensamento metafísicos da Índia. No século IX, João Escoto Erígena traduziu os dois livros para o latim, e desde então sua influência sobre as especulações filosóficas e a vida religiosa do Ocidente se tornou vasta, profunda e benéfica. Foi à autoridade do Areopagita que os expoentes cristãos da Filosofia Perene apelaram, sempre que foram ameaçados (e sempre estiveram sob ameaça) por aqueles cujos interesses primários eram o ritual, o legalismo e a organização eclesiástica. E porque Dionísio foi identificado, por um equívoco, com o primeiro convertido ateniense de são Paulo, sua autoridade era considerada quase apostólica; portanto, segundo as regras do jogo católico, não seria fácil descartar um apelo

A filosofia perene 65

a ele, mesmo para quem considerasse o valor de seus livros como menos que nada. Apesar da sua excentricidade irritante, os homens e mulheres que seguiram o caminho de Dionísio precisavam ser tolerados. E, uma vez livres para produzirem os frutos do espírito, um número deles chegou a um tal grau conspícuo de santidade que seria impossível até mesmo para os chefes da Inquisição espanhola condenar a árvore da qual tais frutos brotaram.

Os mistérios simples, absolutos e imutáveis da Verdade divina se ocultam na escuridão supraluminosa daquele silêncio que revela em segredo. Pois essa escuridão, apesar da mais profunda obscuridade, é claramente cintilante; e, apesar de estar além do toque e da vista, ela mais do que preenche nossas mentes cegas com esplendores de beleza transcendente [...] Ansiamos demasiadamente por morar nessa escuridão translúcida, ainda que não O vejamos nem saibamos vê-Lo, pois está além da visão e do conhecimento — pelo próprio fato de não O vermos nem O sabermos. Pois isso é ver e saber verdadeiramente e, por meio do abandono de todas as coisas, louvar a Ele, que está além e acima de todas as coisas. Pois esta não difere da arte daquele que entalha uma imagem vívida a partir da pedra: ao remover de seus entornos tudo aquilo que impede a visão clara da forma latente, revelando sua beleza oculta meramente ao privá--la. Pois acredito que seja mais digno louvá-Lo por privação do que por atribuição; pois damos atributos a Ele quando partimos de universais e chegamos ao intermediário e a particulares. Mas aqui O privamos de todas as coisas, saindo dos particulares aos universais, para que possamos conhecer abertamente o incognoscível, oculto em todas as coisas que possam ser conhecidas e sob todas elas. E contemplamos a luz além do ser, oculta sob toda luz natural.

Dionísio Areopagita

O mundo, tal como aparece ao senso comum, consiste em um número indefinido de eventos sucessivos e supostamente conectados, envolvendo um número indefinido de coisas individuais, vidas e pensamentos separados, o todo constituindo um cosmos presumivelmente ordenado. É para descrever, discutir e manejar esse universo de senso comum que as línguas humanas se desenvolveram.

Sempre que, por qualquer motivo, desejamos pensar sobre o mundo, não como ele aparece ao senso comum, mas como um contínuo, descobrimos que nossa sintaxe e nosso vocabulário tradicionais são bastante inadequados. Os matemáticos foram, portanto, compelidos a inventar sistemas simbólicos radicalmente novos para esse expresso propósito. Mas o Fundamento divino de toda existência não é um mero contínuo; ele está também fora do tempo e difere, não apenas em grau, mas em tipo, dos mundos aos quais a linguagem tradicional e as linguagens da matemática são adequados. Daí, em todas as exposições da Filosofia Perene, a frequência do paradoxo, da extravagância verbal, por vezes até mesmo da aparente blasfêmia. Ninguém inventou ainda um Cálculo Espiritual, em termos dos quais possamos falar com coerência do Fundamento divino e do mundo concebido como sua manifestação. No presente, portanto, devemos ser pacientes com as excentricidades linguísticas daqueles compelidos a descrever uma ordem de experiência em termos de um sistema simbólico, que é relevante aos fatos de uma ordem bastante diferente.

Até o momento, então, no que diz respeito a uma expressão plenamente adequada da Filosofia Perene, existe um problema semântico que é, no limite, insolúvel. Esse fato deve sempre estar na mente de todos que leem suas formulações. Apenas assim poderemos compreender, ainda que de forma remota, aquilo de que se está falando. Consideremos, por exemplo, aquelas definições negativas do Fundamento transcendente e imanente. Em declarações como as de Eckhart, Deus é igualado ao nada [*nothing*]. E, em certo sentido, essa equação é exata, pois Deus certamente não é coisa alguma [*no thing*]. Na expressão usada por Escoto Erígena, Deus é um "Isto", não um "O Quê". Em outras palavras, o Fundamento pode ser denotado como estando *lá*, mas não é definido por ter qualidades. Isso significa que o conhecimento discursivo *sobre* o Fundamento não é meramente, como todo conhecimento inferencial, uma coisa a um grau de separação, ou mesmo vários graus, da realidade da familiaridade imediata; por conta da própria natureza de nossa linguagem e de nossos padrões comuns de pensamento, ele é e deve ser um conhecimento paradoxal. O conhecimento direto *do* Fundamento não pode ser adquirido exceto pela união, e a união pode ser conquistada apenas pela aniquilação do ego que se autocontempla, a barreira que separa o "tu" do "Isto".

Capítulo III

Personalidade, santidade, encarnação divina

Em inglês, as palavras de origem latina tendem a carregar conotações de uma certa superioridade intelectual, moral e estética — conotações que, via de regra, não estão presentes em seus equivalentes anglo-saxões. *Maternal*, por exemplo, significa o mesmo que *motherly*; e *intoxicated*, o mesmo que *drunk*, bêbado — mas, ainda que sutil, que importante diferença de tom há entre elas! E quando Shakespeare precisou de um nome para um personagem cômico, foi Sir Toby Belch que ele escolheu, não Cavalier Tobias Eructation.[6]

A palavra "personalidade" deriva do latim, e sua ascendência é tida no mais alto grau de respeito. Por algum estranho motivo filológico, o equivalente saxão de *personality* raras vezes é usado. O que é uma pena. Pois, se o fosse — com uso tão corrente quanto o de *belch* com o sentido de *eructation* —, eu me pergunto se as pessoas fariam um rebuliço reverencial tão grande sobre a coisa denotada como fazem certos filósofos, moralistas e teólogos da língua

---

6 Belch significa "arroto", que tem o mesmo sentido denotativo que "eructação" (*eructation*), mas conotações muito distintas. Toby e Tobias são o mesmo nome, mas, em inglês, os tons latinos de Tobias tornam o nome mais erudito do que o banal "Toby". (N. T.)

inglesa em tempos recentes. A "personalidade", eles afirmam e repetem, é a forma mais alta da realidade com a qual estamos familiarizados. Mas é certo que algumas pessoas pensariam duas vezes antes de enunciar ou aceitar essa afirmação se, em vez de *personality*, a palavra empregada fosse seu sinônimo teutônico, *selfness*.[7] Pois *selfness*, por mais que tenha o exato mesmo sentido, não traz consigo nada da alta classe das conotações que acompanham *personality*. Pelo contrário, seu sentido primário nos chega incrustado de discórdia, por assim dizer, como notas que soam de um sino rachado. Pois, como todos os expoentes da Filosofia Perene vêm constantemente insistindo, a consciência obsessiva que o homem tem de ter (e sua insistência em ser) um si-mesmo à parte é o obstáculo final e mais formidável para o conhecimento unificador de Deus. Ser um "eu", um si-mesmo, é, para eles, o pecado original, e morrer para o si-mesmo, em sentimento, vontade e intelecto, é a virtude final, que a tudo abarca. É a memória dessas enunciações que convoca os tons desfavoráveis com os quais a palavra *selfness* está associada. Já os tons demasiado favoráveis de *personality* são evocados em parte por suas origens latinas intrinsecamente solenes, mas também pelas reminiscências do que já foi dito sobre as "pessoas" [*persons*] da Trindade. Mas as pessoas da Trindade nada têm em comum com as pessoas de carne e osso de nossa familiaridade cotidiana — nada, quer dizer, exceto aquele Espírito que habita seu interior, com o qual devemos e pretendemos nos identificar, mas que a maioria de nós prefere ignorar em prol de

7 A qualidade de si-mesmo (*self*), individualismo, egoísmo. (N. T.)

nosso individualismo [*selfness*] separado. Que a esse individualismo antiespiritual, que eclipsa a Deus, tenha sido dado o mesmo nome aplicado ao Deus que é Espírito é, no mínimo, infeliz. Como todos os erros semelhantes, é provável que seja, de algum modo obscuro e subconsciente, um erro voluntário e deliberado. Amamos nosso individualismo; queremos que nosso amor seja justificado, portanto o batizamos com o mesmo nome aplicado pelos teólogos ao Pai, Filho e Espírito Santo.

> Mas agora perguntar-me-ás como te será possível destruir a consciência nua de teu próprio ser. Talvez julgues que, se a destruísses, destruirias todos os demais obstáculos — o que é sem dúvida uma ideia correta! Todavia, eu declaro que sem uma graça muito especial, concedida por Deus livremente, e sem a capacidade para receber essa mesma graça, nunca chegarás a destruir a consciência nua de teu próprio ser.
>
> A capacidade de que falo nada mais é do que uma profunda e intensa dor espiritual [...]
>
> Todos têm suas mágoas, mas quem sente maior desgosto é quem está consciente de existir. Qualquer outro sofrimento, comparado com a consciência de existir, é como uma brincadeira de crianças. Bem se pode entristecer a sério, não quem se apercebe daquilo que é, mas antes quem está consciente de existir. E quem nunca conheceu essa dor, bem se pode condoer deveras, pois ainda não experimentou a dor perfeita.
>
> Uma tal dor purifica a alma e livra-a do castigo que merece por causa do pecado. Além disso, também capacita a alma para receber aquela alegria em que o homem perde totalmente a consciência de seu próprio ser. A dor de

que falo, se for bem concebida, estará cheia de um desejo santo, pois de outro modo ninguém deste mundo poderia aguentá-la. E digo isso porque, se a alma não achasse um certo conforto em sua boa prática, nunca seria capaz de suportar a pena que a consciência de seu próprio ser lhe provoca. Com efeito, o que normalmente acontece é o seguinte: quando um homem quer alcançar um autêntico conhecimento de Deus em pureza de espírito (tanto quanto isso é possível neste mundo!), logo percebe que não é capaz, pois encontra sua consciência como que ocupada e preenchida com o bloco asqueroso e fétido que é ele mesmo. Ora, esse bloco sempre terá que odiá-lo, desprezá-lo e abandoná-lo, se quiser ser um discípulo perfeito, instruído pelo próprio Deus no monte da perfeição. Por isso, quase endoidece de tristeza! [...]

Toda alma deve experimentar em si mesma essa dor e esse desejo, da forma que expliquei ou de outro modo. E isso Deus o concede aos seus discípulos espirituais, instruindo-os como Lhe apraz e segundo a capacidade que eles revelam no corpo e na alma, em grau e temperamento. Assim, um dia, eles poderão se unir plenamente a Deus em caridade perfeita — mas só aquela que é possível alcançar neste mundo, por concessão divina.

A nuvem do não saber[8]

Qual é a natureza desse "bloco asqueroso e fétido" de individualismo ou personalidade, que exige um arrependi-

8 Na tradução de Lino Correia Marques de Miranda Moreira (Petrópolis: Vozes, 2013). (N. T.)

mento tão apaixonado, pelo qual se precisa morrer, antes de se obter qualquer "conhecimento de Deus em pureza de espírito"? A hipótese mais tímida e descompromissada é a de Hume. "A humanidade", diz ele, "nada mais é do que um feixe ou uma coleção de percepções distintas, que se sucedem uma à outra com uma rapidez inconcebível e na qual estamos em perpétuo fluxo e movimento." Uma resposta quase idêntica é dada pelos budistas, cuja doutrina de *anatta* é a negação de qualquer alma permanente que exista além do fluxo das experiências e de vários *skandhas* psicofísicos (que correspondem intimamente aos "feixes" de Hume), constituintes dos elementos mais duradouros da personalidade. Hume e os budistas dão uma descrição suficientemente realista do individualismo em ação; mas não são capazes de explicar como ou por que os feixes se tornam feixes. Por acaso são seus átomos constituintes de experiências que se reúnem por vontade própria? E, em caso positivo, por quê? Ou por quais meios? E dentro de que tipo de universo não espacial? Dar uma resposta plausível a essas questões em termos de *anatta* é tão difícil que somos forçados a abandonar a doutrina em prol da noção de que, além do fluxo e dentro dos feixes, existiria algum tipo de alma permanente, por meio da qual a experiência é organizada e a qual, por sua vez, faz uso dessa experiência organizada para se tornar uma personalidade particular e única. Essa é a perspectiva do hinduísmo ortodoxo, em relação ao qual o pensamento budista representa um desvio, e de quase todo pensamento europeu desde antes da época de Aristóteles até os dias atuais. Mas, ao passo que a maioria dos pensadores contemporâneos tenta descrever a natureza humana em termos de uma dicotomia de psique e físico que interagem, ou de uma integridade inseparável desses dois elementos dentro de entes corpóreos particulares, todos os expoentes da Filosofia Perene, de uma forma ou de outra, afirmam que o ser humano é um tipo de trindade composta de corpo, psique e espírito. O individualismo ou a personalidade é um produto dos primeiros dois elementos. O terceiro elemento (o *quidquid increatum et increabile*, o incriado e incriável, como o chamara Eckhart) é semelhante ou talvez idêntico ao Espírito divino que é o Fundamento de todo ser. O destino final do ser humano, o propósito de sua existência, é amar, saber e se unir à Divindade imanente e transcendente. E essa identificação do si-mesmo com o não si-mesmo espiritual só pode ser conquistada ao se "morrer para" o individualismo e se viver para o espírito.

O que poderia começar a negar o si-mesmo se não houvesse no homem algo diferente do si-mesmo?

William Law

O que é o homem? Um anjo, um animal, um vazio, um mundo, um nada cercado de Deus, indigente de Deus, capaz de Deus, cheio de Deus, se assim desejar.

Bérulle

A vida da criatura separada, em oposição à vida em união com Deus, é apenas uma vida de vários apetites, fomes e quereres, e não é possível que chegue a ser qualquer coisa que não isso. O próprio Deus não pode fazer uma criatura seja em si mesma, de sua própria natureza, qualquer coisa que não um estado de vazio. A mais nobre das vidas naturais e criaturescas não pode ir além disso; ela só pode ser uma capacidade nua para a bondade, e não é possível que seja uma vida boa e feliz senão pela vida de Deus habitando nela e em união com ela. E essa é a vida dupla que, de toda necessidade, deve ser unida em cada criatura boa, perfeita e feliz.

William Law

As escrituras dizem dos seres humanos que há um homem externo e, com ele, um homem interno.

Ao homem externo pertencem aquelas coisas que dependem da alma, mas estão conectadas à carne e se mesclam com ela, bem como as funções cooperativas de vários membros, como o olho, o ouvido, a língua, a mão e assim por diante.

As escrituras falam de tudo isso como o homem velho, o homem terreno, a pessoa externa, o inimigo, o servo.

Dentro de nós todos está a outra pessoa, o homem interior, a quem as escrituras chamam de novo homem, o homem celeste, o jovem, o amigo, o aristocrata.

Eckhart

A semente de Deus está em nós. Com um fazendeiro inteligente e esforçado, ela vingará e crescerá até chegar a Deus, a quem pertence a semente; e seus frutos, do mesmo modo, serão da natureza de Deus. Sementes de pera crescem e se tornam pereiras, sementes de nozes se tornam nogueiras, e sementes de Deus se tornam Deus.

Eckhart

O arbítrio é livre e estamos à vontade para nos identificarmos ou de forma exclusiva com nosso ser individual e seus interesses, visto como se fosse independente do Espírito que habita seu interior e da Divindade transcendente (nesse caso, seríamos passivamente condenados ou ativamente diabólicos), ou de forma exclusiva com o divino dentro e fora (nesse caso, seríamos santos), ou, por fim, com nós mesmos em algum momento ou em dado contexto, e com algo espiritual que não é o si-mesmo em outros momentos e outros contextos (nesse caso, seríamos cidadãos comuns, teocêntricos demais para nos perdermos por completo, mas egocêntricos demais para atingirmos a iluminação e o livramento total). Haja vista que o anseio humano jamais pode ser satisfeito, exceto pelo conhecimento unificador de Deus, e que o corpo mental é capaz de uma enorme variedade de experiências, estamos livres para nos identificarmos com um número quase infinito de objetos possíveis — com os prazeres da gula, por exemplo, ou da intemperança e da sensualidade; com dinheiro, poder ou fama; com nossa família, vista como uma posse ou, na verdade, uma extensão e projeção de nosso individualismo; com nossos bens e propriedades, nossos hobbies, nossas coleções; com nossos talentos artísticos ou científicos; com algum ramo favorito de conhecimento, algum "assunto especial" fascinante; com nossas profissões, nossos partidos políticos, nossas igrejas; com nossas dores e doenças; com nossas memórias de sucesso ou azar, nossas esperanças, medos e esquemas para o futuro; e, por fim, com a Realidade eterna dentro da qual e através da qual todo o resto tem seu ser. E estamos livres, é claro, para nos identificarmos com mais de uma dessas coisas ao mesmo tempo ou sucessivamente. Daí a combinação assombrosamente improvável de traços que compõem uma personalidade complexa. Assim sendo, um homem pode ser o mais astucioso dos políticos e a vítima de seu próprio palavrório, pode ter uma paixão por conhaque e dinheiro e uma paixão de igual intensidade pela poesia de George Meredith, por meninas menores de idade e por sua própria mãe, além de corridas de cavalo e histórias de detetive e bem de seu país — tudo isso acompanhado por um medo furtivo do fogo do inferno, um ódio por Espinosa e um registro imaculado como frequentador de sua paróquia. Uma pessoa nascida com um tipo de constituição psicofísica será tentada a se identificar com um conjunto de interesses e paixões, enquanto uma pessoa com outro tipo de temperamento, a fazer identificações muito distintas. Mas não é obrigatório que as pessoas sucumbam a essas tentações (ainda que extremamente poderosas, se o viés constitucional for bem marcado); podem resistir a elas e com frequência de fato resistem, podem se recusar a uma identificação que seria muito fácil e natural; podem se tornar melhores e alheias ao próprio si-mesmo. Nesse contexto, o breve artigo a seguir sobre "Como os homens se comportam em crise" (publicado em uma edição recente da *Harper's Magazine*) é de grande significância:

"Um jovem psiquiatra, que serviu em cinco missões de combate da Oitava Divisão das Forças Aéreas da Inglaterra como observador médico, diz que, em horas de grande estresse e perigo, é provável que os homens reajam de maneira bastante uniforme, ainda que sob circunstâncias normais eles sejam consideravelmente distintos em personalidade. Ele participou de uma missão durante a qual o avião B-17 e sua tripulação sofreram tantas perdas que a sobrevivência parecia impossível. Ele já havia estudado as personalidades da tripulação 'em solo' e descobriu que representavam uma grande diversidade de tipos humanos. Mas, sobre seu comportamento em horas de crise, ele relatou o seguinte:

"'Suas reações eram extremamente semelhantes. Nos momentos de combate violento e de emergências urgentes que surgiram nesse meio-tempo, todos agiram com uma precisão lacônica no interfone e de forma decisiva em ação. O artilheiro de cauda, o artilheiro de direita e o navegador sofreram ferimentos severos no começo do combate, mas todos os três mantiveram um empenho incessante e eficaz em seus deveres. O fardo do trabalho emergencial recaiu sobre o piloto, o engenheiro e o artilheiro da torreta, e todos funcionaram com prontidão, com uma eficácia habilidosa e sem perda de movimento. O fardo das decisões, durante, mas particularmente depois do combate, repousava em essência sobre o piloto e, em detalhes secundários, sobre o copiloto e o bombardeiro. As decisões a que chegaram com cuidado e rapidez, uma vez tomadas, foram obedecidas sem questionamentos e se revelaram excelentes decisões. No período em que, por um momento, se esperava o pior, planos alternativos de ação foram traçados sem demora e sem nada mais em mente que não a segurança de toda a tripulação. A essa altura, todos estavam em silêncio, inabalavelmente animados e prontos para qualquer coisa. Em momento algum houve paralisia, pânico, pensamentos caóticos, juízos falhos, confusos ou autocentrados.

"'Seria impossível inferir, com base em seu comportamento, que este era um homem de humores instáveis e aquele era um homem tímido, quieto e introspectivo. Todos se tornaram externamente calmos, precisos em raciocínio e rápidos em ação.

"'Tal comportamento é típico de tripulantes que têm um conhecimento íntimo do que é o medo, portanto podem usar seus concomitantes fisiológicos, sem deixar que eles os distraiam; que foram bem treinados, sendo capazes de direcionar suas ações com clareza; e têm uma confiança pessoal maior ainda que aquela que já é inerente a uma equipe unificada.'"

Vemos então que, quando chegou o momento de crise, cada um desses jovens se esqueceu da personalidade particular que havia construído com os elementos fornecidos por sua hereditariedade e pelo ambiente em que cresceu; um resistiu à tentação normalmente irresistível de se identificar com seus humores do momento; outro, à tentação de se identificar com seus devaneios particulares, e assim por diante com os demais; e todos eles se comportaram do mesmo modo incrivelmente semelhante e admirável. Era como se a crise e o treinamento preliminar para a crise os tivessem retirado de suas personalidades divergentes e os conduzido a um mesmo patamar mais elevado.

Por vezes, a crise sozinha, sem qualquer treinamento preparatório, já basta para fazer um homem se esquecer de seu "eu" de sempre e se tornar, por um tempo, algo bastante distinto. É assim que as pessoas mais improváveis, sob a influência do desastre, se transformam temporariamente em heróis, mártires, trabalhadores desprovidos de si, em prol do bem de seus companheiros. Com muita frequência, também a proximidade da morte produz efeitos parecidos. Por exemplo, Samuel Johnson se comportou de uma dada maneira durante quase toda a sua vida e de outra no período da doença, um pouco antes de morrer. Sua personalidade fascinantemente complexa, que foi motivo de deleite para seis gerações de boswellianos[9] — o cafajeste erudito e glutão, o fanfarrão de coração gentil, o intelectual supersticioso, o cristão convicto e fetichista, o homem corajoso aterrorizado pela morte —, se tornou, naquele momento da morte real, simples, única, serena e centrada em Deus.

Por mais paradoxal que possa parecer, para um grande número de pessoas é muito mais fácil se comportar de forma desprovida de si em momentos de crise do que quando a vida segue seu rumo normal em sua tranquilidade costumeira. Quando as coisas vão bem, não há nada para nos fazer esquecer de nosso precioso individualismo, nada (exceto nossa vontade de mortificação e conhecimento de Deus) para distrair nossa mente das distrações com as quais escolhemos nos identificar; estamos em perfeita liberdade para chafurdarmos à vontade em nossa personalidade! E como chafurdamos! É por esse motivo que todos os mestres da vida espiritual insistem com tanto vigor em relação à importância das pequenas coisas.

---

9 Referência ao biógrafo escocês James Boswell (1740-1795), que ficou famoso por sua biografia do escritor inglês Samuel Johnson, publicada em 1791. Por conta de sua representação íntima e multifacetada, procurando tratar não apenas da figura pública de Johnson, mas dele como um ser humano, *A vida de Samuel Johnson* se tornou um marco para o gênero. (N. T.)

Deus exige o cumprimento fiel das mais insignificantes banalidades que nos foram dadas a fazer em vez da aspiração mais ardente a coisas às quais não fomos convocados.

São Francisco de Sales

Não há ninguém no mundo que não possa chegar, sem dificuldades, à mais eminente perfeição cumprindo com amor deveres comuns e obscuros.

J. P. de Caussade

Alguns medem o valor das boas ações apenas por suas qualidades naturais ou por sua dificuldade, dando preferência ao que é visível ou brilhante. Tais homens esquecem que as virtudes cristãs, que são as inspirações de Deus, devem ser vistas da perspectiva da graça, não da natureza. A dignidade e a dificuldade de uma boa ação certamente afetam o que é tecnicamente chamado de seu valor acidental, mas todo o seu valor essencial parte apenas do amor.

Jean-Pierre Camus (citando são Francisco de Sales)

O santo é aquele que sabe que cada momento de nossa vida humana é um momento de crise; pois a todo instante somos convocados para tomar uma decisão de extrema importância — escolher entre o caminho que leva à morte e à escuridão espiritual e o caminho que leva à luz e à vida; entre interesses exclusivamente temporais e a ordem eterna; entre nossa vontade pessoal, ou de alguma projeção de nossa personalidade, e a vontade de Deus. Para estar apto a lidar com as emergências de seu modo de vida, o santo passa pelo treinamento adequado de seu corpo e mente, assim como o soldado. Mas, enquanto os objetivos do treinamento militar são limitados e simplíssimos — a saber: tornar os homens corajosos, calculistas e cooperativamente eficazes em matar outros homens, com quem eles não tiveram nenhum desentendimento pessoal —, os objetivos do treinamento do espírito são de uma especialização muito menos estreita. Aqui o objetivo primário é levar os seres humanos a um estado em que, por não mais haver, entre eles e a Realidade, obstáculos que eclipsem a Deus, eles podem continuamente cultivar a consciência do Fundamento divino de seu próprio ser e de todos os outros seres; o objetivo secundário, como meio para esse fim, é vir ao encontro de todas as circunstâncias, mesmo as mais triviais, da vida cotidiana, sem malícia, ganância, autoafirmação ou ignorância voluntária, mas consistentemente com amor e compreensão. Porque seus objetivos não são limitados, porque, para quem ama a Deus, cada momento é um momento de crise, o treinamento espiritual é de uma dificuldade e circunspecção incomparáveis em relação ao treinamento militar. Bons soldados são muitos, mas poucos os santos.

Observamos que, em emergências críticas, os soldados treinados especificamente para lidar com esse tipo de coisa tendem a esquecer as idiossincrasias natas e adquiridas com as quais o normal é identificarem seu ser e, na transcendência de seu individualismo, se comportarem do mesmo modo, unívoco e suprapessoal. O que é válido para os soldados também é para os santos, mas com esta diferença importante: que o objetivo do treinamento espiritual é alienar as pessoas de seu "eu" em *todas* as circunstâncias da vida, enquanto o objetivo do treinamento militar é fazer o mesmo somente em certas circunstâncias bastante especiais e em relação apenas a certas classes de seres humanos. Não é possível que seja de outro modo; pois tudo que somos, desejamos e fazemos depende, em última análise, do que acreditamos ser a Natureza das Coisas. A filosofia que racionaliza políticas de poder e justifica a guerra e o treinamento militar é sempre (qualquer que seja a religião oficial dos políticos e generais) alguma doutrina loucamente irreal de idolatria nacional, racial ou ideológica, tendo como seus corolários inevitáveis as noções de *Herrenvolk* e das "raças inferiores sem Lei".

As biografias dos santos são testemunho inequívoco do fato de que o treinamento espiritual leva a uma transcendência da personalidade, não meramente nas circunstâncias especiais de batalha, mas em todas as circunstâncias e em relação a todas as criaturas, de modo que o santo "ama seus inimigos" ou, se for um budista, sequer reconhece a existência de inimigos, mas trata a todos os seres sencientes, humanos ou sub-humanos, com a mesma compaixão e boa vontade desinteressada. Aqueles que vencem pelo conhecimento unificador de Deus determinam seu curso começando dos pontos de partida mais diversos. Um é um homem, outro, uma mulher; um nasce ativo, o outro, contemplativo. Não há dois indivíduos que herdem o mesmo temperamento e constituição física, e suas vidas se passam em ambientes profundamente dissimilares no que se refere aos seus aspectos materiais, morais e intelectuais. Em todo caso, na medida em que são santos e possuem o conhecimento unificador que faz deles "perfeitos como seu Pai que está no céu e é perfeito", é assombroso o quanto são semelhantes entre si.

Suas ações são uniformemente abnegadas e eles se mantêm tranquilos o tempo todo, de modo que, a cada momento, sabem quem são e qual é seu parentesco verdadeiro com o universo e seu Fundamento espiritual. Até mesmo das pessoas comuns e medianas, pode-se dizer que seu nome é Legião — mais ainda no caso de personalidades de complexidade excepcional, que se identificam com uma vasta diversidade de humores, anseios e opiniões. Nos santos, pelo contrário, não há divisão nem em suas mentes nem em seus corações. Eles são, na verdade, singulares e profundamente simples, por maiores que possam ser seus dotes intelectuais. A multiplicidade da Legião dá lugar ao foco unívoco — não ao foco perverso da ambição ou cobiça, do desejo por poder e fama, nem mesmo aos focos mais nobres, mas ainda demasiado humanos, da arte, erudição e ciência, vistas como fins em si mesmas, mas ao foco supremo, mais que humano, que é o próprio fim dessas almas, que, consciente e consistentemente, perseguem o destino final do ser humano, o conhecimento da Realidade eterna. Em uma das escrituras do cânone páli, há uma anedota significativa sobre o brâmane Drona, que, "ao ter visto o Abençoado sentado ao pé de uma árvore, perguntou-lhe: 'Tu és um *deva*?'. E o Exaltado respondeu: 'Não sou'. 'Tu és um *gandharva*?' 'Não sou.' 'Tu és um *yaksha*?' 'Não sou.' 'Tu és um homem?' 'Não sou um homem.' Ao brâmane que perguntou o que ele seria, o Abençoado respondeu: 'Essas influências perversas, esses anseios, cuja não destruição teriam me individualizado como um *deva*, um *gandharva*, um *yaksha* (três tipos de seres sobrenaturais) ou homem, eu as aniquilei por completo. Que tu saibas, pois, que eu sou Buda'".

Aqui podemos comentar, de passagem, que é apenas quem tem esse foco que pode ser realmente capaz de venerar a um único Deus. O monoteísmo como teoria pode ser sustentado até mesmo por uma pessoa cujo nome é Legião. Mas, quando se trata de passar da teoria à prática, do conhecimento discursivo à familiaridade imediata com o Deus único, não é possível haver monoteísmo exceto onde houver univocidade de coração. O conhecimento está no conhecedor de acordo com o modo deste. Onde o conhecedor é polipsíquico, o universo que ele conhece por experiência imediata é politeísta. O Buda se recusou a fazer qualquer declaração a respeito da Realidade divina definitiva. Tudo de que ele falava era o *nirvana*, que é o nome da experiência que vem àquele que é totalmente unívoco e desprovido de si. A essa mesma experiência outros deram o nome de união com o Brahman, com Al Haqq, com a Divindade imanente e transcendente. Mantendo, nesse sentido, a atitude de um operacionalista estrito, o Buda falava apenas da experiência espiritual, não da entidade metafísica suposta pelos teólogos de outras religiões, como também do budismo, como o objeto (haja vista que, na contemplação, o conhecedor, o que é conhecido e o conhecimento são todos um só) e, ao mesmo tempo, sujeito e substância da experiência.

Quando falta a um homem discernimento, sua vontade vagueia em todas as direções, depois de inumeráveis objetivos. Aqueles privados de discernimento podem citar as letras da escritura, mas na verdade negam sua verdade interior. Estão plenos de desejos mundanos e famintos pelas recompensas do céu. Usam lindas figuras de linguagem; ensinam rituais elaborados, que pressupõem obter prazer e poder aos que os praticarem. Mas, na verdade, nada compreendem senão a lei do carma que acorrenta os homens ao renascimento.

Aqueles cujo discernimento é arrebatado por tal palavrório se tornam profundamente apegados ao prazer e ao poder. E assim não podem desenvolver aquela concentração unívoca da vontade, que leva o homem a se tornar absorto em Deus.

Bhagavad Gita

Entre os eruditos e mentalmente ativos, a hagiografia é uma forma de literatura bastante impopular. O fato não é nada surpreendente. Os eruditos e mentalmente ativos têm um apetite insaciável pela novidade, pela diversidade e pela distração. Mas os santos, por mais excelsos que sejam seus talentos e qualquer que seja a natureza de suas atividades profissionais, estão todos preocupados incessantemente com apenas um assunto — a Realidade espiritual e os meios pelos quais eles e seus semelhantes podem chegar ao conhecimento unificador dessa Realidade. Quanto às suas ações — estas são de uma uniformidade tão monótona quanto a de seus pensamentos; pois, em todas as circunstâncias, comportam-se com altruísmo, paciência e caridade infatigáveis. Não é por acaso, portanto, que as biografias de tais homens e mulheres permanecem sem terem quem as leia. Para cada pessoa dotada de boa educação formal que saiba qualquer coisa de William Law, há duzentas ou trezentas que leram *A vida de Samuel Johnson*, de Boswell, seu contemporâneo mais jovem. Por quê? Porque, até seu leito de morte, Johnson se entregou às mais fascinantes e múltiplas personalidades, ao passo que Law, apesar de toda a superioridade de seus talentos, era quase absurdamente simples e singular. Legião prefere ler sobre Legião. É por esse motivo que, em todo o repertório da épica, do teatro e do romance, quase não se encontram representações de santos teocêntricos legítimos.

> Ó amigo, tem esperança por Ele enquanto viveres, sabe enquanto viveres, compreende enquanto viveres; pois em vida se encontra o livramento.
> Se tuas cadeias não forem quebradas enquanto viveres, qual a esperança de livramento na morte?
> É senão um sonho vazio o de que a alma há de se unir a Ele porque partiu do corpo;
> Se Ele for encontrado agora, será encontrado então;
> Senão, habitaremos somente a Cidade da Morte.
>
> Kabir

A figura na forma de um sol (a descrição é a do frontispício da primeira edição de *Regra da perfeição*) representa a vontade de Deus. As faces plantadas aqui no sol representam as almas vivendo na vontade divina. Essas faces estão dispostas em três círculos concêntricos, mostrando os três graus da vontade divina. O primeiro grau, ou externo, significa as almas da vida ativa; o segundo, da vida contemplativa; o terceiro, da vida de supereminência. Fora do primeiro círculo há muitas ferramentas como pinças e martelos, denotando a vida ativa. Mas em torno do segundo círculo nada acrescentamos, para significar que, nesse tipo de vida contemplativa, sem quaisquer outras especulações ou práticas, deve-se seguir a liderança da vontade de Deus. As ferramentas estão no chão e à sombra, tanto quanto as obras externas são elas mesmas repletas de escuridão. Essas ferramentas, porém, são tocadas por um raio do sol, a fim de demonstrar que as obras podem ser esclarecidas e iluminadas pela vontade de Deus.

A luz da vontade divina pouco brilha nas faces do primeiro círculo; muito mais no segundo; enquanto as do terceiro círculo, mais interior, são resplandecentes. Os traços do primeiro aparecem com mais clareza; os do segundo, menos; e os do terceiro mal se veem. Isso significa que as almas do primeiro grau estão muito em si mesmas; as do segundo grau estão menos em si próprias e mais em Deus; aquelas do terceiro grau quase nada são em si e são todas em Deus, absortas em sua vontade essencial. Todas essas faces têm seus rostos fixos na vontade de Deus.

Benet Canfield

É em virtude de sua absorção em Deus, e apenas porque não identifica seu ser com os elementos natos e adquiridos de sua personalidade privada, que o santo é capaz de exercitar sua influência, de forma inteiramente não coerciva e portanto benéfica, sobre os indivíduos e até mesmo sociedades. Ou, para sermos mais exatos, é por ter se purgado do si-mesmo que a Realidade divina pode usá-lo como um canal de graça e poder. "Eu vivo, porém não sou eu, mas Cristo — o eterno Logos — que vive em mim." O que é verdadeiro para o santo deve *a fortiori* ser verdadeiro também para o avatar ou encarnação de Deus. Se, na medida em que foi um santo, são Paulo era um "não eu", então é certo que Cristo também era um "não eu"; e falar, como fazem muitos homens liberais da Igreja hoje, em venerar a "personalidade de Jesus" é um absurdo. Pois, é óbvio, se Jesus tivesse permanecido contente apenas em ter uma personalidade, como todos nós, nunca teria exercido o tipo de influência que de fato exerceu e nunca teria ocorrido a ninguém considerá-lo uma encarnação divina e identificá-lo com o Logos. Que ele tenha passado a ser visto como o Cristo se deveu ao fato de que ultrapassou o individualismo e se tornou o condutor corporal e mental através do qual uma vida sobrenatural, suprapessoal, pôde fluir para dentro deste mundo.

As almas que chegaram ao conhecimento unificador de Deus são, na expressão de Benet Canfield, "quase nada em si e todas em Deus". Esse resíduo evanescente do si-mesmo persiste porque, em alguma leve medida, eles ainda identificam seu ser com alguma idiossincrasia psicofísica nata, algum hábito adquirido de pensamento ou sentimento, alguma convenção ou preconceito corrente e ainda não analisado no ambiente social. Jesus estava quase todo absorto na vontade essencial de Deus; mas, apesar disso, ele pode ter retido ainda alguns elementos do si-mesmo. Em que grau havia qualquer "Eu" associado ao seu "Não Eu" mais que pessoal, é dificílimo julgar com base nas provas existentes. Por exemplo, será que Jesus interpretava sua experiência da Realidade divina e suas próprias inferências espontâneas dessa experiência em termos das noções apocalípticas fascinantes correntes em seus círculos judaicos contemporâneos? Alguns estudiosos de destaque argumentaram que a doutrina da dissolução iminente do mundo era o núcleo central de seus ensinamentos. Outros, igualmente eruditos, são da opinião de que isso lhe foi atribuído pelos autores dos evangelhos sinópticos e que o próprio Jesus não identificava sua experiência e seu pensamento teológico com opiniões localmente populares. Qual lado tem razão? Só Deus sabe. Nesse assunto, como em tantos outros, as provas existentes não permitem uma resposta certa e desprovida de ambiguidade.

A moral disso tudo é óbvia. A quantidade e a qualidade dos documentos biográficos sobreviventes são tais que não temos meios de saber como era de fato a personalidade residual de Jesus. Mas, se os evangelhos nos dizem pouquíssimo sobre o "eu" que foi Jesus, eles compensam essa deficiência ao nos dizerem, de forma inferencial, nas parábolas e discursos, um bom tanto do "não eu" espiritual, cuja presença manifesta no homem mortal foi o motivo pelo qual seus discípulos o chamaram de Cristo e o identificaram com o Logos eterno.

A biografia de um santo ou avatar é valiosa apenas na medida em que lança luz sobre os meios pelos quais, nas circunstâncias de uma vida humana particular, o "eu" foi purgado para abrir espaço para o "não eu" divino. Os autores dos evangelhos sinópticos não escolheram escrever uma tal biografia, e nenhum tipo de crítica textual ou conjectura engenhosa é capaz de trazê-la à existência. No curso dos últimos cem anos, uma vasta quantidade de energia foi investida na tentativa de fazer com que os documentos nos concedam mais evidências do que de fato contêm. Por mais lamentável que seja a falta de interesse dos evangelistas no gênero da biografia e quaisquer que sejam as objeções que se possa ter às teologias de Paulo e João, não há dúvida de que seus instintos eram essencialmente válidos. A seu próprio modo, cada um escreveu sobre o "não eu" eterno de

Cristo, em vez de seu "eu" histórico; a seu próprio modo, cada um enfatizou esse elemento na vida de Jesus do qual, porque é mais que pessoal, todas as pessoas podem participar (a natureza do individualismo é tal que uma pessoa não pode ser parte de outra. Um "eu" pode conter ou ser contido por algo que é ou menos ou mais que um "eu", nunca pode conter ou ser contido por um outro "eu").

A doutrina de que Deus pode encarnar em forma humana é encontrada na maioria das principais formulações históricas da Filosofia Perene — no hinduísmo, no budismo maaiana, no cristianismo e no maometismo dos sufis, que igualavam o Profeta ao eterno Logos.

> Quando a bondade enfraquece,
> Quando o mal se avoluma,
> Eu crio um corpo para mim.
>
> A cada era eu retorno
> Para livrar os santos,
> Para destruir o pecado do pecador,
> Para firmar a piedade.
>
> Quem conhece a natureza
> Da minha tarefa e meu santo nascimento
> Não renasce
> Quando parte do seu corpo;
> Ele vem a Mim.
>
> Fugindo do medo,
> Da luxúria e da raiva,

Ele se esconde em Mim,
Seu refúgio e segurança.
Purificados pela labareda do meu ser,
Em Mim muitos encontram um lar.

Bhagavad Gita

Então o Abençoado disse: "Vasetha, sabe que, de tempos em tempos, nasce um *Tathagata* no mundo, um ser plenamente Iluminado, abençoado e digno, de sabedoria e bondade abundantes, feliz com o conhecimento dos mundos, sem igual como guia aos mortais errantes, um professor para deuses e homens, um Buda Abençoado. Ele compreende por completo este universo, como se o tivesse visto face a face [...] A Verdade ele proclama tanto em letra quanto em espírito, amável em sua origem, amável em seu progresso, amável em sua consumação. Uma vida superior ele proclama em toda a sua pureza e toda a sua perfeição.

Sutra Tevigga

Krishna é uma encarnação do Brahman, Gautama Buda do que os maaianistas chamam de *dharmakaya*, Quididade,[10] a Mente, o Fundamento espiritual de todo ser. A doutrina cristã da encarnação da Divindade em forma humana difere das da Índia e do Extremo Oriente na medida em que afirma que houve e só pode haver um único avatar.

---

10 A palavra, do latim *quid* (o pronome interrogativo "que"), traduz aqui o termo *Suchness*, a qualidade do que é dado, a existência em si, o que, por sua vez, é um equivalente inglês para o conceito budista *Tathata*, em sânscrito e páli. (N. T.)

O que fazemos depende, em grande medida, do que pensamos. E, se o que fazemos é perverso, há bons motivos empíricos para pressupor que nossos padrões de pensamento são inadequados à realidade material, mental ou espiritual. Pelo fato de os cristãos acreditarem que só houve um único avatar, a história cristã foi desgraçada por mais cruzadas sangrentas, guerras interdenominacionais, perseguições e imperialismo proselitista do que a história do hinduísmo e do budismo. Doutrinas absurdas e idólatras, afirmando a natureza quase divina de Estados soberanos e seus governantes, levaram os povos orientais, não menos do que os ocidentais, a inúmeras guerras políticas; mas, porque não acreditavam em uma revelação exclusiva em um único instante do tempo ou na semidivindade de uma organização eclesiástica, é notável como os povos orientais se mantiveram alheios aos assassinatos em massa em nome da religião, que foram tão pavorosamente frequentes na cristandade. E, ainda que, nesse quesito importante, o nível da moralidade pública seja mais baixo no Ocidente do que no Oriente, os níveis de santidade excepcional e de moralidade individual ordinária, a partir do que se pode julgar com base nas evidências disponíveis, nunca foram mais altos. Se a árvore for, de fato, reconhecida pelos frutos, então nos parece filosoficamente injustificável que o cristianismo tenha se afastado da Filosofia Perene.

O Logos desce da eternidade para o tempo com o único propósito de auxiliar os seres, cuja forma corpórea ele assume, a sair do tempo e entrar na eternidade. Se a aparência do avatar no palco da história tem a enorme importância que tem, é por conta do fato de que, através de seus ensinamentos e por seu estado como o canal de graça e poder divino que ele realmente é, ele aponta os meios pelos quais os seres humanos podem transcender as limitações da história. O autor do quarto evangelho afirma que o Verbo se fez carne; mas, em outra passagem, acrescenta que a carne "para nada aproveita"[11] — quer dizer, nada em si, mas é claro que é muito aproveitável como meio para a união com o Espírito imanente e transcendente. Nesse contexto, é bem interessante considerar o desenvolvimento do budismo. "Sob as formas de imagens religiosas ou místicas", escreve R. E. Johnston em seu *Buddhist China* [China budista], "o maaiana exprime o universal, enquanto o hinaiana não é capaz de se libertar da dominação do fato histórico". Nas palavras do renomado orientalista Ananda K. Coomaraswamy, "o crente maaianista é avisado — precisamente como o é o venerador de Krishna nas escrituras vaishnavitas de que Krishna Lila não é uma história, mas um processo eternamente a se desdobrar no coração do homem — de que questões de fato histórico são desprovidas de significância religiosa" (exceto, devemos acrescentar, na medida em que apontam para ou constituem eles próprios os meios — por mais remotos ou aproximados, sejam eles políticos, éticos ou espirituais — através dos quais os homens possam conquistar o livramento do eu e da ordem temporal).

No Ocidente, os místicos obtiveram algum sucesso em tentar liberar o cristianismo de sua servidão infeliz ao fato histórico (ou, para sermos mais precisos, àquela mistura variada de registros contemporâneos com inferência

---

11 Jo 6,63, na tradução Almeida Corrigida Fiel. (N. T.)

e fantasia subsequentes, aceita em diferentes épocas como fato histórico). Com base nos escritos de Eckhart, Tauler e Ruysbroeck, de Boehme, William Law e dos quacres, seria possível extrair um cristianismo espiritualizado e universalizado, cujas narrativas deveriam se referir não à história como foi ou como alguém depois pensou que devesse ter sido, mas ao "processo eternamente a se desdobrar no coração do homem". Infelizmente, porém, a influência dos místicos nunca foi poderosa o bastante para trazer uma revolução maaianista radical no Ocidente. Apesar deles, o cristianismo permanece uma religião em que a pura Filosofia Perene foi revestida, ora mais, ora menos, por uma preocupação idólatra com os eventos e coisas no tempo — eventos e coisas vistos não meramente como meios úteis, mas como fins, de uma sacralidade intrínseca e de fato divina. Além do mais, tais acréscimos à história, como os que se fizeram ao longo dos séculos, foram tratados com imprudência, como se fossem mesmo parte da história — um procedimento que pôs uma arma poderosa nas mãos dos polemistas protestantes e depois nas dos polemistas racionalistas. Teria sido mais sábio admitir o fato perfeitamente compreensível de que, quando a severidade de Cristo Juiz acabou recebendo uma ênfase indevida, os homens e mulheres sentiram a necessidade de personificar a compaixão divina sob uma nova forma, com o resultado de que a figura da Virgem, mediadora do mediador, entrou em cena com maior proeminência. E quando, ao longo do tempo, sentiu-se que a Rainha do Céu chegava a inspirar mais reverência do que deveria, a compaixão foi repersonificada na figura doméstica de são José, que se tornou o mediador da mediadora do mediador.

Desse exato mesmo modo, os adoradores budistas sentiram que o Sakyamuni histórico, com sua insistência nos temas de calma, discernimento e a morte completa ao si-mesmo como meios de liberação, era severo e intelectual demais. O resultado foi que o amor e a compaixão que Sakyamuni também havia inculcado passaram a ser personificados em Budas como Amida e Maitreya — personagens divinos completamente removidos da história, na medida em que suas carreiras temporais se situam no passado ou no futuro distante. Aqui é possível comentar que os vastos números de Budas e bodisatvas de que falam os teólogos maaianistas são comensuráveis com a vastidão de sua cosmologia. O tempo, para eles, não tem começo, e os inúmeros universos, cada um dos quais sustenta seres sencientes de toda variedade possível, nascem, evoluem, entram em decadência e morrem, só para repetirem o mesmo ciclo outra vez — de novo e de novo, até a consumação final inconcebivelmente remota, quando todo ser senciente em todos os mundos ganhar o livramento do tempo na Quididade ou *Buddhatva*, estado búdico eterno. Esse pano de fundo cosmológico do budismo tem afinidades com a visão do universo mantida pela astronomia moderna — sobretudo com a versão oferecida na teoria recém-publicada do dr. Weiszäcker sobre a formação dos planetas. Se a hipótese de Weiszäcker estiver correta, a produção de um sistema planetário seria um episódio normal na vida de todas as estrelas. Há 40 bilhões de estrelas só em nosso sistema galáctico e, além de nossa galáxia, outras galáxias, indefinidamente. Se, como não podemos deixar de acreditar, as leis espirituais que governam a consciência são uniformes em todo o universo capaz de ter planetas e supostamente sustentar a vida, então é certo que há muito espaço e, ao mesmo tempo, a necessidade agônica e desesperada, sem dúvida, das inúmeras encarnações redentoras de tal Quididade, tema em que as multidões resplandecentes de maaianistas adoram insistir.

> De minha parte, penso que a principal razão que motivou o Deus invisível a se tornar visível na carne e interagir com os homens foi para levar os homens carnais, que só são capazes de amar carnalmente, ao amor saudável de sua carne e, depois, aos poucos, ao amor espiritual.
>
> São Bernardo

A doutrina de são Bernardo do "amor carnal a Cristo" foi admiravelmente resumida pelo professor Étienne Gilson em seu livro *The Mystical Theology of St. Bernard* [A teologia mística de são Bernardo]: "O conhecimento de si-mesmo já expandido em amor carnal *social* pelo vizinho, tão semelhante a si no sofrimento, é agora mais uma vez expandido em amor carnal por Cristo, o modelo da compaixão, haja vista que, para nossa salvação, Ele se tornou o Homem das Dores. Esse então é o lugar ocupado no misticismo cisterciense pela meditação sobre a humanidade visível de Cristo. É não mais que um princípio, mas um princípio absolutamente necessário [...] É claro que a caridade é espiritual em essência, e um amor desse tipo não pode ser mais do que seu primeiro momento. Ele está preso demais aos sentidos, a não ser que saibamos como fazer uso dele com prudência e nos apoiemos nele como algo apenas a ser ultrapassado. Ao se expressar desse modo, Bernardo meramente codificou os ensinamentos de sua própria experiência; pois temos dele que era muito dado à prática desse amor sensível no princípio de sua 'conversão'; mais tarde, passou a considerar um avanço tê-lo superado; não tê-lo esquecido, quer dizer, mas acrescentado outro, que o supera como o racional e o espiritual superam o carnal. Em todo caso, esse começo já é um auge.

"Esse afeto sensível por Cristo sempre foi apresentado por são Bernardo como um amor de uma ordem relativamente inferior, precisamente por conta desse caráter sensível, pois a caridade é de uma pura essência espiritual. Em retidão, a alma deveria ser capaz de entrar em união direta, em virtude de seus poderes espirituais, com o Deus que é puro espírito. A Encarnação, além do mais, deveria ser vista como uma das consequências da transgressão do homem, de modo que o amor pela pessoa de Cristo, a bem da verdade, está embutido na história de uma queda que não precisava e não deveria ter acontecido. São Bernardo ainda aponta, em vários lugares, que esse afeto não pode, com segurança, se sustentar sozinho, mas necessita do suporte daquilo que chamou de 'ciência'. Ele tinha exemplos próximos dos desvios nos quais mesmo a devoção mais ardorosa pode recair quando não se alia nem é governada por uma teologia sã."

Será que as muitas teorias fantásticas e mutuamente incompatíveis de expiação e penitência que foram enxertadas na doutrina cristã da encarnação divina podem ser vistas como elementos indispensáveis de uma "teologia sã"? Parece-me difícil imaginar que seja plausível a alguém que tenha estudado a história dessas noções, tal como exposta, por exemplo, pelo autor da Epístola aos Hebreus, por Atanásio e Agostinho, por Anselmo e Lutero, por Calvino e Hugo Grócio, que seja plausível nos dar uma resposta afirmativa. No presente contexto, bastará chamar a atenção para uma das mais amargas de todas as amargas ironias da história. Para o Cristo dos evangelhos, os advogados lhe pareciam mais distantes do Reino dos Céus, mais desesperadoramente impenetráveis à Realidade do que quase qualquer outra classe de seres humanos, exceto os ricos. Mas a teologia cristã, sobretudo a das Igrejas ocidentais, foi o produto de mentes imbuídas do legalismo judaico e romano. Em casos muito variados, as revelações imediatas do avatar e do santo teocêntrico foram racionalizadas dentro de um sistema, não por filósofos, mas por juristas especulativos e metafísicos. Por que precisa ser tão extremamente difícil aquilo que o abade John Chapman chama de "o problema de *reconciliar* (não apenas unir) o misticismo ao cristianismo"? Simplesmente porque muito do pensamento romano e protestante foi feito por aqueles mesmos advogados que Cristo considerava casos peculiares de uma incapacidade de compreender a verdadeira Natureza das Coisas. "O abade (Chapman se refere, pelo visto, ao abade Marmion) diz que são João da Cruz é como uma esponja cheia de cristianismo. É possível espremê-lo todo, e uma teoria mística completa (em outras palavras, a pura Filosofia Perene) permanece. Por consequência, por quinze anos, mais ou menos, eu odiei são João da Cruz e o chamei de budista. Eu amava santa Teresa e a relia de novo e de novo. Ela é uma cristã em primeiro lugar e, apenas em segundo, uma mística. Então descobri que eu desperdiçara quinze anos, no que diz respeito à prece."

A filosofia perene 99

Agora vê o sentido destes dois ditados de Cristo: "Ninguém vem ao Pai, senão por mim", quer dizer, por minha vida. O outro ditado, "Ninguém pode vir a mim, se o Pai que me enviou não o trouxer", isto é, ninguém vem à minha vida e me segue, exceto quando movido e atraído por meu Pai, isto é, pelo Bem Simples e Perfeito, sobre o qual disse são Paulo: "Quando vier o que é perfeito, então o que o é em parte será aniquilado".

Theologia Germanica

Em outras palavras, deve haver uma imitação de Cristo antes de alguém poder se identificar com o Pai; e deve haver uma identidade ou semelhança essencial entre o espírito humano e o Deus que é Espírito para que a ideia de se imitar o comportamento terreno da Divindade encarnada possa vir à mente de qualquer um. Os teólogos cristãos falam da possibilidade de "deificação", mas negam que haja uma identidade de substância entre a Realidade espiritual e o espírito humano. No vedanta e no budismo maaiana, bem como entre os sufis, espírito e Espírito são tidos como a mesma substância; Atman é Brahman; Tu és Isto.

Quando não são iluminados, os Budas não são mais do que seres ordinários; quando há iluminação, seres ordinários se transformam de pronto em Budas.

Hui Neng

Todo ser humano pode, portanto, tornar-se um avatar por adoção, mas não por seus próprios meios, sem auxílio. Ele precisa que alguém lhe mostre o caminho, e necessita do auxílio da graça divina. Para que os homens e mulheres possam assim ser instruídos e auxiliados, a Divindade assume a forma de um ser humano ordinário, que precisa conquistar o livramento e a iluminação do modo prescrito pela divina Natureza das Coisas — a saber, pela caridade, pela morte total ao si-mesmo e por uma consciência total e unívoca. Assim iluminado, o avatar pode revelar o caminho da iluminação aos outros e ajudá-los a se tornarem de fato o que são potencialmente. *Tel qu'en Lui-même enfin l'éternité le change.*[12] E é claro que a eternidade que nos muda em nós mesmos não é a experiência da mera persistência depois da morte corporal. Não haverá mais experiência de uma Realidade atemporal então, a não ser que um conhecimento idêntico ou similar seja obtido dentro do mundo do tempo e da matéria. Por preceito e exemplo, o avatar nos ensina que esse conhecimento transformador é possível, que todos os seres sencientes serão chamados a ele e que, mais cedo ou mais tarde, de um jeito ou de outro, todos deverão enfim ser levados a ele.

---

12 "Tal qual a si-mesmo, enfim a eternidade o muda." O verso é de Mallarmé, em "A tumba de Edgar Poe", de 1876. (N. T.)

Capítulo IV
Deus no mundo

"Tu és Isto": "Contemplai senão o Uno em todas as coisas" — Deus dentro e Deus fora. Há um caminho para a Realidade pelo interior e por meio da alma e há um caminho para a Realidade pelo interior e por meio do mundo. É duvidoso pressupor que o objetivo final possa ser atingido ao se seguir em qualquer um desses caminhos em detrimento do outro. O terceiro caminho, melhor e mais difícil, é o que leva ao Fundamento divino, ao mesmo tempo em quem percebe e naquilo que é percebido.

> A Mente nada mais é do que o Buda, e o Buda nada mais é do que um ser senciente. Quando a Mente assume a forma de um ser senciente, nada lhe foi subtraído; quando se torna um Buda, nada lhe foi acrescentado.
>
> Huang Po

Todas as criaturas sempre existiram eternamente na essência divina, assim como no exemplar delas. Na medida em que se conformavam à ideia divina, todos os seres eram, antes de sua criação, unos com a essência de Deus (Deus cria dentro do tempo o que era e está na eternidade). Eternamente, todas as criaturas são Deus em Deus [...] Na medida em que estão em Deus, são a mesma vida, a mesma essência, o mesmo poder, o mesmo Um, e nada menos.

Suso

A imagem de Deus se encontra essencial e pessoalmente em toda a humanidade. Cada um a possui por inteiro, completa e indivisa, e todos juntos não possuem mais do que um sozinho. Desse modo, somos todos um, intimamente unidos em nossa imagem eterna, que é a imagem de Deus e a fonte em nós de toda a nossa vida. Nossa essência criada e nossa vida estão ligadas a ela, de forma imediata, no tocante à causa eterna.

Ruysbroeck

Deus, que, em sua substância simples, Se encontra todo por igual em toda parte, na prática encontra-Se nas criaturas racionais de modo distinto de como Se encontra nas irracionais, e nas boas criaturas racionais de outro modo do que nas más. Ele Se encontra nas criaturas irracionais de tal modo que não pode ser compreendido por elas; pelas racionais, porém, pode ser compreendido por via do conhecimento; mas apenas pelas boas pode ser compreendido também pela via do amor.

São Bernardo

Quando é que um homem se vê em mero entendimento? Eu respondo: "Quando vê uma coisa separada da outra". E quando é que um homem está acima do mero entendimento? Isto eu te digo: "Quando um homem vê Tudo em tudo, então ele se encontra além do mero entendimento".

Eckhart

Há quatro tipos de *dhyana* (disciplinas espirituais). Quais são esses quatro tipos? Eles são, primeiro, o *dhyana* praticado pelos ignorantes; segundo, o *dhyana* devotado à investigação do sentido; terceiro, o *dhyana* com a Quididade como seu objeto; quarto, o *dhyana* dos *Tathagatas* (Budas).

O que se quer dizer com o *dhyana* praticado pelos ignorantes? É aquele ao qual recorrem os iogues que se exercitam nas disciplinas de *sravakas* e *pratyekabuddhas* (os contemplativos e "Budas solitários" da escola hinaiana), que, ao perceberem que não existe substância no ego, que o corpo é uma sombra e um esqueleto, transiente, impuro e repleto de sofrimento, agarram-se persistentemente a essas noções, vistas como fatos e não de outra forma. Então, partindo delas, eles avançam por etapas até atingirem a cessação, onde não há mais pensamentos. Esse é o chamado *dhyana* praticado pelos ignorantes.

O que então é o *dhyana* devotado à investigação do sentido? É o que é praticado por aqueles que, tendo ido além da privação de ego das coisas, além da individualidade e generalidade, além da intangibilidade de tais ideias como "si-mesmo", "outro" e "ambos", tão caras aos filósofos, prosseguem, examinam e acompanham o sentido dos vários aspectos da condição de bodisatva. Esse é o *dhyana* devotado à investigação do sentido.

Qual é o *dhyana* que tem o *Thatata* (ou a Quididade) como seu objeto? Quando o iogue reconhece que o discernimento das duas formas de privação do ego são mera imaginação e que, lá onde ele se estabelece na realidade da Quididade, não há emergência de nenhum discernimento — isto é o que eu chamo de *dhyana* com a Quididade como seu objeto.

Qual é o *dhyana* dos *Tathagatas*? Quando o iogue, ao entrar na etapa de se tornar um *Tathagata* e habitar o êxtase tríplice que caracteriza a autorrealização conquistada pela nobre sabedoria, se dedica, pelo bem de todos os seres, à realização de obras incompreensíveis — a isso eu chamo de *dhyana* dos *Tathagatas*.

Sutra Lankavatara

Quando os seguidores do zen não conseguem ir além do mundo de seus sentidos e pensamentos, todos os seus feitos e movimentos são desprovidos de significado. Mas, quando se aniquilam os sentidos e pensamentos, todas as passagens à Mente Universal são bloqueadas e, então, nenhuma entrada se torna possível. A Mente original deve ser reconhecida junto com as obras dos sentidos e do pensamento — só que ela não lhes pertence, tampouco é independente delas. Não construas tuas visões sobre teus sentidos e pensamentos, não fundamentes teu entendimento sobre teus sentidos e pensamentos; mas, ao mesmo tempo, não procure a Mente distante de teus sentidos e pensamentos, não tentes apanhar a Realidade rejeitando teus sentidos e pensamentos. Quando não estiveres nem apegado nem desapegado a eles, então poderás desfrutar da liberdade sem obstruções, então terás teu assento da iluminação.

Huang Po

Todo ente individual, desde o átomo até os mais altamente organizados dos corpos vivos e a mais exaltada das mentes finitas, pode ser contemplado, como na expressão de René Guénon, como um ponto onde um raio da Divindade primordial encontra uma das emanações diferenciadas, criaturescas, da energia criativa dessa mesma Divindade. A criatura, como criatura, pode estar muito distante de Deus, no sentido de que lhe falta a inteligência para descobrir a natureza do Fundamento divino de seu ser. Mas a criatura em sua essência eterna — como o ponto de encontro da criaturidade e da Divindade primordial — é um dos infinitos pontos onde a Realidade divina está inteira e eternamente presente. Por causa disso, entes racionais podem chegar ao conhecimento unificador do Fundamento divino e entes irracionais e inanimados podem revelar aos racionais a plenitude da presença de Deus em suas formas materiais. A visão que o poeta ou o pintor tem do divino na natureza, a ciência do adorador de uma presença divina no sacramento, símbolo ou imagem — essas coisas não são inteiramente subjetivas. É verdade que nem todos são capazes de ter essas percepções, pois o conhecimento é uma função do ser; mas a coisa conhecida é independente do modo e da natureza do conhecedor. O que o poeta e o pintor enxergam e tentam registrar para nós é algo que está de fato lá, à espera de ser apreendido por qualquer um que tenha o tipo certo de faculdades. De maneira semelhante, na imagem ou objeto sacramental o Fundamento divino está de todo presente. A fé e a devoção preparam a mente do adorador para perceber o raio da Divindade em seu ponto de interseção com o fragmento em particular da matéria à sua frente. De maneira incidental, ao serem adorados, tais símbolos se tornam os centros de um campo de força. Os anseios, as emoções e imaginações daqueles que se ajoelham e, durante gerações, se ajoelharam diante do santuário criam, por assim dizer, um vórtice duradouro no meio psíquico, de modo que a imagem ganha uma vida divina secundária, inferior, projetada nela por seus adoradores, além de viver sua vida divina primária, que, em comum com todos os outros seres animados e inanimados, ela possui em virtude de sua relação com o Fundamento divino. A experiência religiosa dos sacramentalistas e adoradores de imagens pode ser perfeitamente genuína e objetiva; mas não é sempre nem necessariamente uma experiência de Deus ou da Divindade. Pode ser — e talvez, na maioria dos casos, seja de fato — uma experiência do campo de força gerado pelas mentes de adoradores do passado e do presente, projetado sobre o objeto sacramental, onde ele "gruda", por assim dizer, em uma condição que poderia ser chamada de "objetividade de segunda mão", à espera de ser percebido por mentes dotadas de uma afinidade adequada. O quanto essa experiência é realmente desejável, teremos de discutir em outro capítulo. Tudo que precisa ser dito aqui é que o desprezo do iconoclasta pelos sacramentos e símbolos, considerados nada além de pantomimas com pedra e madeira, não tem muita justificativa.

> *The workman still in doubt what course to take.*
> *Whether I'd best a saint or hog-trough make,*
> *After debate resolved me for a saint;*
> *And so famed Loyola I represent.*[13]

---

13 "Tinha um grande dilema o artesão./ Se eu viro um santo ou um cocho p'ra leitão,/ Pois decidiu que um santo é mais vantagem;/ E do ilustre Loiola ora sou a imagem." O poema, escrito em 1679, a "Sátira IV", de John Oldham (1653-1683), está na voz de um bloco de madeira. (N. T.)

O satirista protestante, demasiado protestante, esqueceu-se de que Deus está no cocho não menos do que na imagem convencionalmente sagrada. "Ergue a pedra e lá tu me encontrarás", afirma Jesus no mais conhecido dos *Logia Iesu* dentre os papiros de Oxirrinco, "fende a madeira, e lá estarei." Aqueles que se derem conta, pessoal e imediatamente, da verdade desse dito e, junto com ele, da verdade do "Tu és Isto" do bramanismo estarão completamente libertados.

O *sravaka* (literalmente "ouvinte", o nome dado pelos budistas maaianas aos contemplativos da escola hinaiana) não consegue perceber que a Mente, como é em si mesma, não tem etapas nem causação. Disciplinando-se na causa, ele obtém o resultado e se mantém no *samadhi* (contemplação) do Vazio perpetuamente, éons a fio. Porém, iluminado dessa forma, o *sravaka* não está, de forma alguma, no caminho certo. Do ponto de vista do bodisatva, isso é como sofrer a tortura do inferno. O *sravaka* se enterrou no Vazio e não sabe como sair de sua contemplação e quietude, pois não tem nenhum acesso à natureza do Buda em si.

Mozi

Quando a Iluminação é aperfeiçoada, um bodisatva se vê livre da prisão das coisas, mas não procura ser livrado delas. Ele não odeia o *samsara* (o mundo do devir) nem ama o *nirvana*. Quando a Iluminação perfeita brilha, não é nem prisão nem livramento.

Sutra Prunabuddha

O toque da terra é sempre revigorante ao filho da terra, mesmo quando ele procura um Conhecimento suprafísico. É possível mesmo dizer que o suprafísico pode ser dominado de verdade apenas em sua plenitude — suas alturas, sempre podemos alcançar —, mesmo quando temos os pés firmes no físico. "A terra é Sua base", diz o Upanixade sempre que visualiza o Si-mesmo que se manifesta no universo.

Sri Aurobindo

"Suas alturas, sempre podemos alcançar." Para aqueles entre nós que ainda estão se debatendo no lodo das regiões inferiores, a expressão soa como se tivesse um quê de ironia. Em todo caso, à luz até mesmo da familiaridade mais distante com as alturas e a plenitude, é possível compreender o que seu autor quis dizer. Descobrir o Reino de Deus exclusivamente dentro de si é mais fácil do que descobri-lo, não apenas lá, mas também no mundo externo de mentes, coisas e criaturas vivas. É mais fácil porque as alturas interiores se revelam àqueles que estão prontos para excluir de sua perspectiva tudo que está fora. E, ainda que essa exclusão possa ser um processo doloroso e mortificante, o fato é que é menos árduo do que o processo de inclusão, através do qual chegamos ao conhecimento da plenitude, bem como às alturas da vida espiritual. Onde há concentração exclusiva nas alturas, evitam-se as tentações e distrações e há uma negação e uma supressão generalizadas. Mas, quando a esperança é conhecer Deus de forma inclusiva — perceber o Fundamento divino no mundo, bem como na alma —, é preciso não evitar as tentações e distrações, mas se submeter a elas e usá-las como oportunidades para avançar; não deve haver nenhuma supressão das atividades voltadas aos exteriores, mas uma transformação delas, para que se tornem sacramentais. A mortificação se torna mais criteriosa e sutil; há uma necessidade de estar consciente, desperto, e do exercício constante, nos níveis do pensamento, sentimento e conduta, de algo semelhante ao tato e ao gosto de um artista.

É na literatura dos budismos maaiana e sobretudo zen que encontramos os melhores relatos da psicologia do homem para quem *samsara* e *nirvana*, tempo e eternidade, são uma única mesma coisa. De forma mais sistemática, talvez mais do que em qualquer outra religião, o budismo do Extremo Oriente ensina o caminho rumo ao Conhecimento espiritual em sua plenitude, bem como em suas alturas, pelo interior e por meio do mundo, bem como da alma. Nesse contexto, podemos apontar para o fato, de grande significância, de que a incomparável pintura de paisagem da China e do Japão era, em essência, uma arte religiosa, inspirada pelo taoismo e pelo budismo; na Europa, pelo contrário, a pintura de paisagens e a poesia do "culto à natureza" foram artes seculares que surgiram quando o cristianismo entrou em declínio e derivavam pouca ou nenhuma inspiração dos ideais cristãos.

"Cego, surdo, mudo!

"Indefinidamente além do alcance dos artifícios imaginativos!"

Nesses versos, Seccho já fez o trabalho para ti de varrer tudo para longe — o que vês e o que não vês, o que ouves e o que não ouves, e o que discutes e o que não discutes.

Tudo isso é completamente deixado de lado, e obténs a vida do cego, do surdo e do mudo. Aqui se põe um fim a todas as imaginações, artifícios e cálculos; não mais serão utilizados. Aqui é onde jaz o ponto mais alto do zen, aqui é onde temos a verdadeira cegueira, verdadeira surdez e verdadeira mudez, cada uma em seu aspecto sem arte e sem efeito.

"Acima dos céus e abaixo dos céus!

"Que ridículo, que desalento!"

Aqui Seccho ergue com uma mão e abaixa com a outra. Diz-me o que ele acha ridículo, o que para ele é um desalento. É ridículo que essa pessoa muda não seja muda de verdade, que o cego não seja cego enfim; é um desalento que aquele que não é nada cego seja cego a tudo isso, que aquele que não é surdo seja surdo a tudo isso.

"Li-lou não sabe discriminar a cor certa."

Li-lou viveu na época do reinado do imperador Huang. Diz-se que era capaz de distinguir a ponta de um fio de cabelo à distância de cem passos. Sua vista era extraordinária. Quando o imperador Huang fez um cruzeiro pelo rio Ch'ih, ele deixou cair sua preciosa joia na água e fez com que Li a buscasse. Mas ele fracassou. O imperador fez Ch'ih-kou buscá-la; mas ele também fracassou. Depois Hsiang-wang recebeu as ordens de recuperá-la e conseguiu. Daí os versos:

"Quando Hsiang-wang desce, a pedra preciosa brilha com mais fulgor;

"Mas, por onde Li-lou caminha, as ondas elevam-se até o céu."

Quando chegamos a essas esferas mais elevadas, mesmo os olhos de Li-lou são incapazes de discriminar a cor certa.

"Como pode Shih-kuang reconhecer a melodia misteriosa?"

Shih-kuang era o filho de Ching-kuang de Chin, na província de Chiang, sob a dinastia Chou. Seu outro nome era Tzu-yeh. Ele era capaz de distinguir com clareza os cinco sons e as seis notas; era capaz até de ouvir as formigas brigando do outro lado de um monte. Quando Chin e Ch'u estavam em guerra, Shih-kuang conseguia discernir, só de dedilhar de leve as cordas de seu alaúde, que o combate seria desfavorável para Ch'u. Apesar de sua sensibilidade extraordinária, Seccho declara que ele é incapaz de reconhecer a melodia misteriosa. Afinal, alguém que não seja nada surdo é, na verdade, surdo. A mais primorosa das notas das esferas mais elevadas está além da audição de Shih-kuang. Diz Seccho, não serei um Li-lou nem um Shih-kuang; pois:

"Que vida se compara a esta? Sentado quieto à janela,

"Eu assisto às folhas caírem e às flores se abrirem, no que as estações vêm e vão."

Ao se atingir esse estágio de percepção, ver é não ver, ouvir é não ouvir, pregar é não pregar. Come-se quando se tem fome, dorme-se quando se está cansado. Deixa que as folhas caiam, deixa que as flores se abram como quiserem. Quando as folhas caem, eu sei que é outono; quando as flores se abrem, sei que é primavera.

Tendo varrido a tudo, deixando tudo limpo diante de ti, Seccho agora abre uma passagem, dizendo:

"Tu compreendes ou não?

"Uma barra de ferro sem um buraco!"

Ele fez tudo que podia por ti; está exausto — pode apenas se voltar e te apresentar essa barra de ferro sem um buraco. É uma expressão das mais significativas. Olha e vê por teus próprios olhos! Se hesitares, errarás o alvo para sempre.

Yengo (o autor deste comentário) agora ergueu seu cajado e disse: "Tu vês?". Então bateu em sua cadeira e disse: "Tu ouves?". Descendo da cadeira, disse: "Acaso conversamos sobre qualquer coisa que seja?".

Qual é precisamente a importância daquela barra de ferro sem buraco? Não vou fingir que sei. O zen sempre se especializou no *nonsense* como meio de estimular a mente a seguir rumo ao que está além do sentido; então talvez o propósito da barra resida precisamente em sua falta de propósito e em nossa reação perturbada, perplexa, a essa falta de propósito.

Em sua raiz, a Sabedoria divina é toda Brahman; no caule é toda ilusão; na flor é toda Mundo; no fruto, toda Liberação.

Tantra Tattva

Os *sravakas* e *pratyekabuddhas*, quando atingem o oitavo estágio da disciplina do bodisatva, se tornam tão embriagados com o êxtase da tranquilidade mental que não conseguem se dar conta de que o mundo visível nada mais é do que a Mente. Ainda estão no reino da individualização; sua revelação ainda não é pura. Os bodisatvas, por outro lado, são vivos aos seus votos originais, fluindo do amor que a tudo abarca em seus corações. Eles não entram no *nirvana* (um estado separado do mundo do devir); eles sabem que o mundo visível nada mais é do que uma manifestação da própria Mente.

Condensado do sutra Lankavatara

Só um ser consciente compreende o que se quer dizer com
movimento;
Àqueles não dotados de consciência, o movimento é inin-
teligível.
Se te exercitares na prática de manter a mente imóvel
A imobilidade que ganhas é a daquele que não tem cons-
ciência.
Se desejares te tornar realmente imóvel
O imóvel está no próprio movimento,
E esse imóvel é o imóvel de verdade.
Não há semente búdica onde não há consciência.

Repara bem o quanto são variados os aspectos do imóvel,
E sabe que a realidade primeira é imóvel.
E apenas quando se atinge essa realidade
Compreendem-se as operações verdadeiras da Quididade.

Hui Neng

Essas declarações sobre o *primo mobile* que é ele próprio
imóvel nos fazem lembrar Aristóteles. Mas entre Aristóteles e os expoentes da Filosofia Perene das grandes tradições
religiosas há esta vasta diferença: a preocupação primária de
Aristóteles é a cosmologia, já a dos Filósofos Perenes, a liberação e a iluminação; Aristóteles se contenta em saber sobre
o *primo mobile*, a partir de fora e em teoria; o objetivo dos
Filósofos Perenes é obter consciência direta dele, conhecê-
-lo de forma unificada, para que você e os outros também se
tornem aquilo que é imóvel. Esse conhecimento unificador
pode ser o conhecimento nas alturas ou o conhecimento na
plenitude ou o conhecimento, ao mesmo tempo, nas alturas

e na plenitude. O conhecimento espiritual exclusivamente nas alturas da alma era rejeitado pelo budismo maaiana como inadequado. A semelhante rejeição ao quietismo dentro da tradição cristã será abordada no capítulo "Contemplação, ação e utilidade social". Enquanto isso, é interessante apontar que o problema que suscitou um debate tão acrimonioso ao longo da Europa do século XVII já havia surgido entre os budistas em uma época consideravelmente anterior. Mas, ao passo que, na Europa católica, o resultado da batalha em torno de Molinos, Madame Guyon e Fénelon, para todos os intentos e propósitos, acabou sendo a extinção do misticismo pela maior parte de dois séculos, os dois lados na Ásia foram tolerantes o bastante para concordar que discordavam. A espiritualidade hinaiana continuou a explorar as alturas interiores, enquanto os mestres maaianistas mantiveram não o ideal do *arhat*,[14] mas do bodisatva, e apontaram o caminho ao conhecimento espiritual em sua plenitude, tanto quanto em suas alturas. O que segue agora é um relato poético de um santo zen do século XVIII, sobre o estado daqueles que foram capazes de perceber o ideal zen.

> Subsistindo com o imparticular que está nos particulares,
> Indo ou retornando, permanecem para sempre imóveis.
> Apanhando o não pensar que repousa nos pensamentos,
> A cada ato seu ouvem a voz da Verdade.
> Como é infindo o céu da contemplação!

14 Do sânscrito para "meritório", o *arhat* é aquele que, segundo o budismo hinaiana, atingiu o *nirvana*. Para o budismo maaiana, porém, como Huxley comenta, essa conquista é imperfeita e não é a Iluminação de verdade. (N. T.)

Como é transparente o luar da quádrupla Sabedoria!
No que a Verdade se revela em sua tranquilidade eterna,
Esta própria terra é a Terra de Lótus da Pureza,
E esse corpo é o corpo do Buda.

Hakuin

O intento da Natureza não é nem comida, nem bebida, nem trajes, nem conforto, nem mais nada que deixe Deus de fora. Tu gostando ou não, tu sabendo-o ou não, a Natureza secretamente busca e caça, e tenta descobrir os rastros de onde se pode encontrar a Deus.

Eckhart

Qualquer pulga como ela é, em Deus, é mais nobre do que o mais alto dos anjos em si mesmo.

Eckhart

Meu homem interior se deleita nas coisas não como criaturas, e sim como o dom de Deus. Mas, ao homem em meu âmago mais profundo, prova-se não do dom de Deus, mas da perenidade.

Eckhart

Os porcos comem bolotas, mas não consideram nem o sol que lhes deu vida, nem a influência dos céus sob a qual foram nutridas, nem a própria raiz da árvore de onde vieram.

Thomas Traherne

Tua fruição do mundo nunca está certa até que toda manhã despertes no Céu; tu te vejas no palácio do teu Pai; e olhes para os céus, a terra e o ar como júbilos celestiais; tendo uma estima tão venerável de tudo, como se estivesses dentre os Anjos. A noiva de um monarca, nos aposentos de seu marido, não se deleita tanto quanto tu.

Nunca desfrutarás direito do mundo até que o próprio mar flua em tuas veias, até te vestires com o céu e te coroares com as estrelas; até que te percebas o único herdeiro do mundo inteiro, mais ainda, porque os homens vivem nele e cada um é um único herdeiro tanto quanto tu. Até que possas cantar e regozijar-te e deleitar-te em Deus, como os avarentos com ouro e reis com cetros, tu nunca poderás desfrutar do mundo.

Até que teu espírito preencha o mundo todo, e as estrelas sejam tuas joias; até que estejas tão familiarizado com os caminhos de Deus em todas as eras quanto com sua própria calçada e mesa; até estares intimamente familiarizado com a sombra do nada do qual todo o mundo foi feito; até amares os homens de modo a desejar sua felicidade com uma sede igual ao zelo pela tua própria; até te deleitares em Deus por ser bom a todos; nunca poderás desfrutar do mundo. Até que o sintas mais do que tuas propriedades, e estejas mais presente no hemisfério, considerando as glórias e belezas lá, do que em tua própria casa; até que te lembres do quão tarde foste feito e da maravilha que foi teres surgido; e mais te regozijares no palácio de tua glória do que se tivesse sido feito esta manhã.

E, mais além, nunca terás desfrutado do mundo direito até que ames a beleza de desfrutá-lo, até que estejas cobiçoso e sincero em persuadir os outros a desfrutarem-no. E assim odeies perfeitamente a corrupção abominável dos homens em desprezarem-no tanto que preferirias sofrer as chamas do inferno a deliberadamente seres culpado de seus erros.

O mundo é um espelho de Beleza Infinita, porém homem nenhum o vê. Ele é um Templo de Majestade, porém homem nenhum o contempla. É o Paraíso de Deus. Ele é mais ao homem desde que caiu do que era antes. É o lugar dos Anjos e o Portão do Céu. Quando Jacó despertou de seu sonho, disse: "Deus está aqui, e eu não o soube". Quão pavoroso é este lugar! Não é nenhum outro lugar que não a Casa de Deus e o Portal do Céu.

Thomas Traherne

Antes de prosseguirmos com a discussão dos meios através dos quais é possível chegar à plenitude, bem como às alturas, do conhecimento espiritual, consideremos brevemente a experiência daqueles que foram privilegiados em "contemplar o Uno em todas as coisas", mas não fizeram o esforço para perceberem-no dentro de si. Uma boa quantidade de material dos mais interessantes sobre o tema se encontra em *Consciência cósmica* de Bucke. Tudo que precisa ser dito aqui é que tal "consciência cósmica" pode chegar sem ser procurada e está dentro da natureza do que os teólogos católicos chamam de "graça gratuita". Pode-se ter uma graça gratuita (o poder da cura, por exemplo, ou o dom da previsão) enquanto em estado de pecado mortal, e o dom não é nem necessário, tampouco suficiente para a salvação. Na melhor das hipóteses, tais arroubos súbitos de "consciência cósmica", como descritos por Bucke, são meros convites incomuns a se fazer maiores esforços pessoais na direção das alturas interiores do conhecimento, bem como na de suas plenitudes externas. Em diversos

A filosofia perene 119

casos, o convite não é aceito; o dom é valorizado pelo prazer extático que traz; sua chegada é lembrada com nostalgia e, se quem o recebe calha de ser poeta, descrito com eloquência — como Byron, por exemplo, escreveu em uma passagem esplêndida de *A peregrinação de Childe Harold*, e Wordsworth em *Tintern Abbey* e *O prelúdio*. Nessas questões, nenhum ser humano pode supor ser capaz de passar julgamentos definitivos sobre qualquer outro ser humano; mas é, ao menos, permissível dizer que, com base em evidências biográficas, não há motivos para pressupor que Wordsworth ou Byron tenham alguma vez feito algo a sério com as teofanias que descreveram; tampouco há qualquer evidência de que essas teofanias tenham sido elas mesmas suficientes para transformar seu caráter. Um egoísmo enorme, o qual atestam De Quincey, Keats e Haydon, parece ter permanecido com Wordsworth até o fim. E Byron continuou sendo uma figura fascinante e tragicomicamente byroniana depois de ter contemplado o Uno em todas as coisas, tanto quanto antes.

Nesse contexto é interessante comparar Wordsworth a outro grande amante da natureza e homem das letras, são Bernardo. "Seja a Natureza teu professor", diz o primeiro; e afirma, na sequência, que:

> *One impulse from the vernal wood*
> *Will tell you more of man,*
> *Of moral evil and of good,*
> *Than all the sages can.*[15]

---

15 "Do impulso do bosque vernal/ Mais sobre o homem pode ser dito,/ Da moral, do bem e do mal,/ Do que diz qualquer erudito." (N. T.)

São Bernardo fala no que parecem ser linhas similares. "O que sei das ciências divinas e das sagradas escrituras, aprendi dos bosques e campos. Não tive nenhum outro mestre que não as faias e os carvalhos." E, em outra de suas cartas, diz: "Escuta um homem de experiência: aprenderás mais nos bosques do que nos livros. As árvores e as pedras hão de ensinar-te mais do que poderás adquirir da boca de um mestre". As expressões são semelhantes, mas sua significância interior é bastante diferente. Na linguagem de Agostinho, pode-se desfrutar apenas de Deus; não se pode desfrutar das criaturas, elas só podem ser usadas — usadas com amor, com compaixão e apreciando-as com admiração e desapego, como meios para o conhecimento daquilo de que se pode desfrutar. Wordsworth, como todos os outros literatos do culto à Natureza, prega a fruição das criaturas em vez de seu uso para a obtenção de fins espirituais — um uso que, como veremos, acarreta uma grande autodisciplina para o usuário. Para são Bernardo, não é preciso dizer que seus correspondentes estão ativamente praticando essa autodisciplina e que a Natureza, ainda que eles a amem e prestem atenção nela como a um professor, está apenas sendo usada como um meio até Deus, não desfrutada como se fosse Deus. A beleza das flores e paisagens não deve ser aproveitada apenas como quem erra "solitário como uma nuvem" pelo campo, tornando-se uma mera lembrança agradável quando se está em um "humor vago e pensativo" no sofá em sua biblioteca, depois do chá. A reação deve ser um pouco mais vigorosa e deliberada. "Aqui, meus irmãos", diz um antigo autor budista, "estão as raízes das árvores, aqui estão lugares vazios; meditai." A verdade, é claro, é que o mundo é apenas para aqueles que o mereceram; pois, nas palavras de Fílon de Alexandria, "por mais que um homem seja incapaz de se fazer digno do criador do cosmo, ele pode ainda tentar fazer-se ser digno do cosmo. Ele deve se transformar de homem em natureza do cosmo e se tornar, se podemos dizer nesses termos, um pequeno cosmo". Para aqueles que não passaram a merecer o mundo, seja por meio de se fazerem dignos de seu criador (isto é, pelo desapego e pela total autonegação), seja menos arduamente, pelo meio de se fazerem dignos do cosmo (ao trazerem ordem e uma medida de unidade à confusão múltipla da personalidade humana indisciplinada), o mundo é, em termos espirituais, um lugar perigosíssimo.

Que *nirvana* e *samsara* são uma coisa só é um fato da natureza do universo; mas é um fato que não pode ser plenamente percebido ou experienciado diretamente, exceto por almas que tenham feito grandes avanços em sua espiritualidade. Para essa boa gente, ordinária e impenitente, aceitar essa verdade da boca alheia e tentar colocá-la em prática não seria mais do que flertar com o desastre. Toda a história funesta do antinomianismo existe para nos avisar do que acontece quando homens e mulheres fazem aplicações práticas de uma teoria meramente intelectual e não fruto de uma percepção maior, de que tudo é Deus e Deus é tudo. E, em comparação com o espetáculo do antinomianismo, não é menos lastimável a vida francamente respeitável e equilibrada dos cidadãos de bem que se esforçam ao máximo para viverem de forma sacramental, mas não têm de fato a menor familiaridade direta com aquilo que a atividade sacramental representa. O dr. Oman, em seu *The Natural and the Supernatural* [O natural e o sobrenatural], escreve longos trechos sobre o tema de que "a reconciliação com o evanescente é a revelação do eterno"; e, em um volume recente, *Science, Religion and the Future* [Ciência, religião e o futuro], Canon Raven aplaude o dr. Oman por ter declarado os princípios de uma teologia em que não pode haver nenhuma antítese definitiva entre a natureza e a graça, a ciência e a religião, na qual, de fato, se observam os mundos do cientista e do teólogo como sendo um só. Tudo isso está de completo acordo com o taoismo e o zen-budismo, bem como com tais ensinamentos cristãos como *Ama et fac quod vis*, Ama e faze o que quiseres, de Agostinho, e os conselhos do padre Lallemant aos contemplativos teocêntricos para que saiam e ajam sobre o mundo, haja vista que suas ações são as únicas capazes de lhe fazer qualquer bem real. Mas o que nem o dr. Oman nem Canon Raven deixam claro o bastante é que a natureza e a graça, *samsara* e *nirvana*, o perecer perpétuo e a eternidade, são na verdade e experiencialmente unos apenas para as pessoas que cumpriram certas condições. *Fac quod vis* no mundo temporal — mas apenas depois de ter aprendido a arte infinitamente difícil de amar a Deus com toda a sua mente e coração, bem como ao seu vizinho também. Se não tiver aprendido essa lição, você será apenas um excêntrico antinomianista ou criminoso, ou então um cidadão de bem que não deixou para si tempo algum para compreender nem a natureza nem a graça. Os evangelhos são perfeitamente claros sobre o processo, o único por meio do qual é possível que um homem ganhe o direito de viver no mundo como se nele estivesse em casa: é preciso se submeter a uma negação total de si mesmo, à completa e absoluta mortificação. Em um dado período de sua trajetória, o próprio Cristo parece ter assumido austeridades, não apenas da mente, mas do corpo. Há o registro de seu jejum de quarenta dias e da declaração, evidentemente derivada de sua experiência pessoal, de que certos demônios não podem ser expulsos senão por aqueles que jejuaram e rezaram (o santo Cura d'Ars, cujo conhecimento de milagres e penitência corporal se baseia em experiências pessoais, insiste na correlação íntima entre extremas austeridades corporais e o poder de receber respostas a orações peticionárias de modo que são por vezes supranormais). Os fariseus foram severos com Jesus, porque ele veio "comendo e bebendo" e era amigo de "publicanos e pecadores";[16] eles ignoravam ou não estavam cientes do fato de que esse profeta, à primeira vista mundano, já havia rivalizado com o próprio são João Batista em austeridades físicas e praticava as mortificações espirituais que consistentemente pregava. O padrão da vida de Jesus é, em essência, semelhante ao do sábio ideal, cuja carreira é delineada nas "dez figuras do apascentar do boi", tão populares entre os zen-budistas. O boi bravo, que simboliza o ser impenitente, não regenerado, é capturado, obrigado a mudar de direção, então domesticado e mudado de preto para branco. A regeneração vai tão longe que, por um período, o boi se perde por completo, de modo que nada permanece em cena senão uma lua cheia, que simboliza a Mente, a Quididade, o Fundamento. Mas essa não é a última etapa. No fim, o boiadeiro volta ao mundo dos homens, montado sobre seu boi. Porque agora ama —

16 Mt 11,19.

e ama na medida de se identificar com o objeto divino de seu amor —, ele pode fazer o que quiser, pois o que lhe apraz é o que apraz à Natureza das Coisas. Ele se encontra em companhia de bebedores de vinho e açougueiros; ele e todos eles são convertidos em Budas. Para ele, há a completa reconciliação com o evanescente e, por meio dessa reconciliação, a revelação do eterno. Mas, para a boa gente, ordinária, impenitente, não regenerada, a única reconciliação com o evanescente é da complacência com as paixões, as distrações de que desfrutam e às quais se submetem. Dizer a tais pessoas que a evanescência e a eternidade são a mesma coisa, sem qualificar de imediato essa declaração, é positivamente fatal — pois, na prática, elas não são a mesma coisa, exceto para o santo; e não há nenhum registro de que qualquer pessoa tenha chegado à santidade sem que, no começo de sua carreira, tenha se comportado como se a evanescência e a eternidade, a natureza e a graça, fossem profundamente distintas e, em muitos aspectos, incompatíveis. Como sempre, o caminho da espiritualidade é um fio de navalha entre abismos. De um lado há o perigo da mera rejeição e escapismo; do outro, o perigo da mera aceitação e fruição de coisas que deveriam ser usadas apenas como instrumentos ou símbolos. A legenda em versos que acompanha a última das "figuras do apascentar do boi" afirma o seguinte:

Mesmo além dos limites definitivos estende-se uma passagem,
Por meio da qual ele retorna aos seis reinos da existência.
Todos os afazeres mundanos agora são uma obra budista,
E onde quer que vá ele encontra seus ares caseiros.
Como uma pedra preciosa, ele se destaca mesmo na lama,

Como ouro puro, ele reluz mesmo na fornalha.

Pela estrada sem fim (do nascimento e morte) ele caminha, suficiente em si mesmo.

Em todas as circunstâncias, ele se move tranquilo e desapegado.

Os meios através dos quais o destino final do ser humano pode ser atingido são descritos e iluminados em detalhes no capítulo "Mortificação, desapego, vida correta". Este capítulo, por sua vez, se preocupa sobretudo com o disciplinamento da vontade. Mas o disciplinamento da vontade deve ter como seu acompanhamento um disciplinamento não menos minucioso da consciência. Precisa haver uma conversão, súbita ou não, que seja não apenas do coração, mas também dos sentidos e da mente que percebe. O que segue é um relato breve dessa *metanoia*, como os gregos a chamavam, essa total e radical "mudança de ideia".

É nas formulações da Filosofia Perene elaboradas na Índia e no Extremo Oriente que esse tema recebe o mais sistemático dos tratamentos. O que é prescrito é um processo de discernimento consciente entre o si-mesmo pessoal e o Si-mesmo que é idêntico ao Brahman, entre o ego individual e o útero do Buda ou Mente Universal. O resultado desse discernimento é uma repulsa, mais ou menos súbita e completa, da consciência e a percepção de um estado "amental" [*no-mind*], que pode ser descrito como a liberdade do apego perceptual e intelectual ao princípio do ego. Esse estado "amental" existe sobre o fio da navalha, por assim dizer, entre o descuido do homem sensorial comum e a avidez excessiva do zelote pela salvação. Para conquistá-la, deve-se andar com delicadeza e, para mantê-la, deve-se combinar o mais intenso estado de alerta com uma passividade tranquila, concentrada na autonegação, a determinação mais indomável com uma perfeita submissão à orientação do espírito. "Quando o amental é procurado pela mente", diz Huang-Po, "esse ato faz dele um objeto em particular do pensamento. Há apenas o testemunho do silêncio; ele vai além do pensamento." Em outras palavras, nós, como indivíduos separados, não devemos tentar pensá-lo, mas apenas nos permitir ser pensados por ele. De maneira semelhante, no *Vajracchedika Prajñaparamita Sutra* [sutra do Diamante] lemos que, se um bodisatva, em sua tentativa de perceber a Quididade, retiver um pensamento de um ego, uma pessoa, um ente separado, ou uma alma, ele deixa de ser um bodisatva. Algazali, o filósofo do sufismo, também enfatiza a necessidade de humildade intelectual e docilidade. "Se o pensamento que for apagado do 'eu' ocorrer a alguém que está em *fana* (um termo mais ou menos equivalente ao 'amental', ou *mushin*, do zen), eis uma falha. O estado mais elevado também precisa ser apagado do apagamento." Há um apagamento-do-apagamento extático nas alturas interiores do Atman-Brahman; e há outro, um apagamento-do-apagamento mais abrangente, não apenas nas alturas interiores, mas também dentro e por meio do mundo, no conhecimento consciente e cotidiano de Deus em sua plenitude.

Um homem deve se tornar verdadeiramente pobre e tão livre de sua vontade criaturesca quanto no momento em que nasceu. E isso eu te digo, pela verdade eterna, que, enquanto *desejares* cumprir a vontade de Deus e tiveres qualquer anseio pela eternidade e por Deus, não serás verdadeiramente pobre. Obtém a verdadeira pobreza espiritual aquele que nada quer, nada sabe, nada deseja.

Eckhart

O Caminho Perfeito desconhece a dificuldade,
Exceto no que se recusa a ter preferências.
Apenas quando liberto do ódio e do amor
Ele se revela plenamente e sem disfarce.

Um décimo de polegada de diferença,
E o céu e terra se separam.
Se desejares vê-lo diante dos olhos,
Não tenhas pensamentos fixos nem contrários nem favoráveis.

Opor teus gostos contra teus desgostos —
Tal a doença da mente.
Quando não se compreende o sentido profundo do Caminho,
Perturba-se sem propósito a paz de espírito. [...]

Não busques os emaranhados externos,
Não habites o vazio interior;
Sê, na unidade das coisas, sereno,
E o dualismo desaparece sozinho.

Quando te esforças para conquistar a quietude cessando o movimento,
A quietude conquistada estará sempre em movimento.

Enquanto te demorares em tal dualismo,
Como podes dar conta da unidade?

Quando não se apanha a unidade por completo,
Sustenta-se a perda de dois modos:
A negação da realidade externa é sua asserção,
E a asserção do Vazio (o Absoluto) é sua negação. [...]

As transformações que correm no mundo vazio que nos confrontam
Parecem reais por conta da Ignorância.
Não te esforces para procurar o Verdadeiro,
Apenas cessa de valorizar opiniões. [...]

Os dois existem por conta do Uno;
Mas não se prendem nem mesmo a esse Uno.
Quando a mente não se turva,
As dez mil coisas nada ofendem. [...]

Se um olho nunca cai no sono,
Todos os sonhos cessarão sozinhos;
Se a Mente retiver sua incondicionalidade,
As dez mil coisas serão uma só substância.

Quando o mistério profundo de uma Quididade é sondado,
De repente esquecemos os emaranhados externos;
Quando as dez mil coisas são vistas em sua unidade,
Retornamos à origem e permanecemos onde sempre estivemos. [...]

Um em tudo,
Tudo em Um —
Se isso apenas for percebido,
Não há mais por que se preocupar com a imperfeição!

Quando a Mente e cada mente que crê não se dividem,
E indivisa é cada mente que crê e a Mente,
Aqui é onde as palavras fracassam,
Pois não é nem passado, presente ou futuro.

O Terceiro Patriarca do zen

Faz o que fazes agora, sofre o que sofres agora; faz isso com toda santidade, nada precisa ser alterado, exceto teu coração. A santidade consiste em *intencionar* o que nos acontece pela ordem de Deus.

De Caussade

O vocabulário do francês do século XVII é muito distinto daquele do chinês do século VII. Mas o conselho que ambos dão é semelhante em seus fundamentos. A conformidade à vontade de Deus, a submissão, a docilidade às orientações do Espírito Santo — na prática, se não verbalmente, tudo isso é o mesmo que a conformidade ao Caminho Perfeito, recusando-se a ter preferências e nutrir opiniões, mantendo os olhos abertos para que os sonhos cessem e a Verdade se revele.

O mundo habitado pela boa gente ordinária e impenitente é sobretudo tedioso (tanto que precisam distrair a mente com todo tipo de "diversões" artificiais para não terem ciência dele), por vezes breve e intensamente prazeroso, por vezes mesmo desagradável e até agoniante. Para aqueles que passaram a merecer o mundo ao se tornarem dignos de ver Deus dentro dele, bem como dentro de suas próprias almas, ele se reveste de um aspecto bastante distinto.

O grão era o trigo dourado e imortal, que não deve jamais ser ceifado, tampouco jamais fora colhido. Eu pensava que ele existisse de sempre até sempre. A poeira e as pedras da rua eram tão preciosas quanto ouro. Os portões a princípio eram o fim do mundo. As árvores verdes, quando as vi pela primeira vez por um dos portões, me transportaram e arrebataram; sua doçura e beleza incomuns fizeram meu coração saltar, quase louco de êxtase, que coisas estranhas e maravilhosas eram. Os Homens! Ó que luz venerável do dia, e algo infinito por trás de tudo aparecia; que falava de minha expectativa e movimentava meu desejo. A cidade parecia estar no Éden ou ter sido construída no céu. As ruas eram minhas, o templo era meu, as pessoas eram minhas, suas roupas e ouro e prata eram meus, bem como seus olhos reluzentes, sua bela tez e seus rostos corados. Os céus eram meus, bem como o sol e a lua e as estrelas, e todo o mundo era meu; e eu o único espectador, o único a desfrutar dele [...] E foi assim que, com muito barulho, fui corrompido e levado a aprender sobre os cantos sujos do mundo, os quais agora eu desaprendo, tornando-me como se fosse uma criança pequena outra vez, para que possa entrar no Reino de Deus.

Thomas Traherne

Portanto eu vos dou outro pensamento, que é ainda mais puro e mais espiritual: No Reino do Céu tudo está em tudo, tudo é uno, e tudo é nosso.

Eckhart

A filosofia perene 131

A doutrina de que Deus está no mundo tem um corolário prático importante — a sacralidade da Natureza e a impiedade e sandice dos esforços arrogantes do ser humano em querer se tornar seu mestre em vez de um colaborador inteligentemente dócil. As vidas sub-humanas e até mesmo as coisas devem ser tratadas com respeito e compreensão, não oprimidas brutalmente para servirem a fins humanos.

O senhor do Oceano do Sul era Shu, o senhor do Oceano do Norte era Hu, e o senhor do Centro era o Caos. Shu e Hu continuamente se encontravam na terra do Caos, que os tratava muito bem. Eles consultaram de que modo poderiam recompensá-lo por sua generosidade e disseram: "Os homens todos têm sete orifícios para os propósitos de ver, ouvir, comer e respirar, enquanto este senhor sozinho não tem nenhum. Vamos tentar fazer um para ele". Agindo de acordo com esse propósito, eles cavaram um orifício nele a cada dia. Ao final de sete dias, Caos estava morto.

Chuang-Tzu

Nessa parábola delicadamente cômica, Caos é a Natureza em estado de *wu-wei* — a não assertividade ou equilíbrio. Shu e Hu são as imagens vivas de pessoas ocupadas que se acreditam capazes de melhorar a Natureza, que tentaram transformar pradarias em campos de trigo e acabaram produzindo desertos; que proclamaram com orgulho a Conquista dos Ares e descobriram que haviam derrotado a civilização; que derrubaram vastas florestas a fim de fornecer o papel necessário à alfabetização universal que deixou o mundo inteiro seguro para a inteligência e a democracia e obtiveram a erosão generalizada dos solos, revistas de literatura de segunda e órgãos de propaganda fascista, comunista, capitalista e nacionalista. Em resumo, Shu e Hu são devotos da religião apocalíptica do Progresso Inevitável e seu credo é que o Reino dos Céus está fora de nós, no futuro. Chuang-Tzu, por outro lado, como todos os bons taoistas, não tem nenhum desejo de importunar a Natureza para propósitos temporais subservientes mal considerados, que se desviem do destino final do ser humano, tal como formulado pela Filosofia Perene. Seu desejo é trabalhar com a Natureza, de modo a produzir condições materiais e sociais em que os indivíduos possam se dar conta do Tao em todos os níveis, do fisiológico até o espiritual.

Em comparação com os taoistas e budistas do Extremo Oriente, a atitude dos cristãos para com a Natureza tem sido curiosamente insensível e muitas vezes dominadora e violenta. Inspirando-se em um comentário infeliz no Gênesis, os moralistas católicos consideraram os animais como meras coisas que os homens podem explorar para seus próprios fins. Assim como a pintura de paisagem, o movimento humanitário na Europa tem sido uma questão quase completamente secular. No Extremo Oriente, ambas as coisas eram, em essência, religiosas.

Os gregos acreditavam que o húbris era quase sempre acompanhado pela nêmesis; que, se você fosse longe demais, levaria uma pancada na cabeça para lembrar que os deuses não toleram a insolência dos mortais. Na esfera das relações humanas, a mente moderna compreende a doutrina do húbris e a entende como verdadeira, em sua maior parte. Desejamos que o orgulho seja castigado, e observamos que, de fato, ele muitas vezes o é.

Ter poder em excesso sobre seus semelhantes, ser rico demais, violento demais, ambicioso demais — tudo isso é um convite ao castigo e, como vemos a longo prazo, o devido castigo de um jeito ou de outro chega. Mas os gregos não pararam por aí. Porque viam a Natureza como sendo, de algum modo, divina, sentiam que precisava ser respeitada e estavam convencidos de que uma falta hubrística de respeito pela Natureza seria castigada por uma nêmesis vingadora. Em *Os persas*, Ésquilo dá os motivos — os motivos definitivos metafísicos — para a derrota dos bárbaros. Xerxes foi punido por duas ofensas — um imperialismo arrogante dirigido contra os atenienses e um imperialismo arrogante dirigido contra a Natureza. Sua intenção era escravizar seus semelhantes e escravizar o mar ao tentar construir uma ponte sobre o Helesponto.

> ATOSSA. Com artes jungiu o Helesponto de modo a passar.
> ESPECTRO DE DARIO. Assim fez de modo a fechar o grande Bósforo?
> ATOSSA. Assim é, um nesse entendimento um Nume ajudou.
> ESPECTRO DE DARIO. *Pheû*! Veio Grande Nume, de modo a não pensar bem.[17]

Hoje reconhecemos e condenamos o primeiro tipo de imperialismo, mas a maior parte de nós ignora a existência e mesmo a própria possibilidade do segundo. No entanto,

17 Na tradução de Jaa Torrano. Referência: Torrano, Jaa. Ésquilo, Persas (texto integral). *Letras Clássicas*, n. 6, 2002, pp. 197-228. (N. T.)

é certo que o autor de *Erewhon*[18] não era nenhum tolo, e, agora que estamos pagando um preço sinistro pela alardeada "conquista da Natureza", esse livro parece mais atual do que nunca. E Butler não era a única pessoa do século XIX a demonstrar ceticismo para com o Progresso Inevitável. Uma geração antes dele, mais ou menos, Alfred de Vigny escrevia sobre a nova maravilha tecnológica de seus dias, a máquina a vapor — redigindo em um tom muito distinto do de seu grande contemporâneo, Victor Hugo, sem suas bravatas e trombeteios.

> *Sur le taureau de fer, qui fume, souffle et beugle,*
> *L'homme est monté trap tôt. Nul ne connaît encor*
> *Quels orages en lui porte ce rude aveugle,*
> *Et le gai voyageur lui livre son trésor.*[19]

E mais adiante, no mesmo poema, ele acrescenta:

> *Tous se sont dit: "Allons" mais aucun n'est le maître*
> *D'un dragon mugissant qu'un savant a fait naître.*
> *Nous sommes joués à plus fort que nous tous.*[20]

---

18 *Erewhon*, um anagrama de *nowhere* [lugar nenhum], é um romance satírico, publicado por Samuel Butler em 1872, que descreve a descoberta de um país fictício com esse mesmo nome que o autor utiliza para satirizar a Inglaterra da época. (N. T.)

19 "Ao boi de aço que muge, que sopra e fumega,/ Cedo o homem subiu. Ninguém sabe o vindouro/ Furacão que em si traz essa besta cega,/ E o viajante feliz lhe cede seu tesouro." (N. T.)

20 "Todo mundo diz: 'Vamos', ninguém tem poder/ Sobre o dragão que muge e um sábio fez nascer./ Nós entramos em um jogo mais forte que nós." (N. T.)

Olhando em retrospecto, sobre toda a carnificina e devastação, podemos ver que De Vigny estava perfeitamente correto. Nenhum daqueles alegres viajantes, dos quais Victor Hugo era o mais vociferantemente eloquente, tinha a menor noção do lugar aonde aquela Maria Fumaça engraçadinha os levava. Ou então tiveram uma noção muito clara que se mostrou inteiramente falsa. Pois estavam convencidos de que a Maria Fumaça os levava a todo vapor rumo à paz universal e à irmandade do ser humano, enquanto os jornais, que eles tinham tanto orgulho de saber ler, em meio aos estrondos do trem rumo ao seu destino utópico a não mais de cinquenta anos dali, eram a garantia de que a liberdade e a razão logo triunfariam por toda parte. A Maria Fumaça agora se tornou o avião bombardeiro de quatro motores carregado de fósforo branco e explosivos de grande poder de destruição, e a imprensa livre, por toda parte, é servil a seus patrocinadores, sejam eles um grupo influente ou o governo. E, no entanto, por algum motivo inexplicável, os viajantes (já longe de estar felizes) ainda se agarram à religião do Progresso Inevitável — que, em última análise, é a esperança e a fé (a contrapelo de toda a experiência humana) de que é possível conseguir algo pelo preço de nada. Quão mais sã e mais realista é a visão dos gregos, de que é preciso pagar por cada vitória e que, para algumas vitórias, o preço cobrado é tão alto que supera qualquer vantagem que se pudesse obter! O ser humano moderno não mais vê a Natureza como divina, em qualquer sentido, e sente-se perfeitamente livre para se comportar em relação a ela como um conquistador e tirano arrogante. Os espólios do imperialismo tecnológico foram enormes; mas, enquanto isso, a nêmesis vem garantindo que receberemos tudo com juros. Por exemplo, será que a habilidade de viajar em doze horas de Nova York a Los Angeles deu mais prazer à raça humana do que as bombas e o fogo lançados nos deram dores? Não há nenhum método conhecido para computar a quantidade de felicidade ou benefícios no mundo em geral. O que é óbvio, porém, é que as vantagens geradas pelos avanços tecnológicos recentes — ou, na fraseologia grega, pelos atos recentes de húbris direcionados à Natureza — costumam ser acompanhadas por desvantagens correspondentes, ganhos em uma direção acarretam perdas em outras e que nunca conseguimos nada exceto às custas de outra coisa. Se o lucro líquido dessas operações de crédito e débito é um Progresso genuíno em virtude, felicidade, caridade e inteligência é algo que jamais poderemos determinar de forma definitiva. É porque a realidade do Progresso nunca poderá ser determinada que os séculos XIX e XX precisaram tratá-la como um artigo de fé religiosa. Aos expoentes da Filosofia Perene, a pergunta sobre o Progresso ser ou não inevitável ou até mesmo real é uma questão de relevância individual. Para eles, o importante é que homens e mulheres individuais cheguem ao conhecimento unificador do Fundamento divino, e o que lhes interessa no que diz respeito ao ambiente social não é o quanto ele é ou não progressista (o que quer que esses termos queiram dizer), mas o grau em que auxilia ou impede os indivíduos em seu avanço rumo ao destino final do ser humano.

Capítulo V
Caridade

Aquele que não ama não conhece a Deus; porque Deus é amor.

1Jo 4,8

Pelo amor Ele pode ser apanhado e retido, mas já pelo pensamento, não, nunca.

A nuvem do não saber

Quem quer que estude para chegar à contemplação (isto é, o conhecimento unificador) deverá começar com uma inquisição minuciosa sobre si mesmo, sobre o quanto ele ama. Pois o amor é o poder que move a mente (*machina mentis*), que a retira do mundo e faz ascender às alturas.

São Gregório, o Grande

O astrolábio dos mistérios de Deus é o amor.

Jalaladim Maomé Rumi

Céus, fazei sempre assim! Fazei com que o homem rodeado do supérfluo e saturado de prazeres, que põe vossas leis a seu serviço, e não quer ver porque não sente, sinta imediatamente vosso poder.

Shakespeare[21]

O amor é infalível; não tem nenhum erro, pois todos os erros são a carência do amor.

William Law

Podemos amar apenas aquilo que conhecemos e jamais podemos chegar ao conhecimento pleno daquilo que não amamos. O amor é um modo de conhecimento. Quando o amor é suficientemente desinteressado e intenso, o conhecimento se torna o conhecimento unificador e, assim, assume a qualidade da infalibilidade. Quando não há um amor desinteressado (ou, para sermos mais breves, quando não há caridade), existe apenas o autoamor enviesado e, por consequência, apenas um conhecimento parcial e distorcido tanto de si mesmo quanto do mundo das coisas, vidas, mentes e espírito além do si-mesmo. O homem "saturado de prazeres" põe as leis dos céus a seu serviço — o que significa dizer que subordina as leis da Natureza e o espírito aos seus próprios anseios. O resultado é que ele "não sente" e, portanto, se faz incapaz de conhecimento. Sua ignorância é, no limite, voluntária; se ele não for capaz de ver, é porque "não intenciona ver". É inevitável que tal ignorância voluntária traga uma recompensa negativa. Nêmesis acompanha húbris — por vezes de forma espetacular, como quando o homem que cega a si próprio (Macbeth, Otelo, Lear) cai na ar-

21 Referência: Shakespeare, William. *O rei Lear*. Trad. Millôr Fernandes. Porto Alegre: LPM, 1997. (N. T.)

madilha que sua ambição, possessividade ou vaidade petulante armaram para ele; por vezes de forma menos óbvia, como nos casos em que o poder, a prosperidade e a reputação persistem até o fim, mas às custas de uma impenetrabilidade cada vez maior à graça e à iluminação, uma inabilidade cada vez mais completa para escapar, agora e no futuro, da prisão sufocante do "eu" e da separação. Como pode ser profunda a ignorância espiritual por meio da qual aqueles que subordinam as leis dos céus são castigados, como indica o comportamento do cardeal Richelieu em seu leito de morte. O padre que o acompanhou instava o grande homem a preparar sua alma para a ordália de perdoar a todos os seus inimigos. "Eu nunca tive quaisquer inimigos", respondeu o cardeal com a sinceridade calma de uma ignorância que longos anos de intriga, avareza e ambição tornaram tão absoluta quanto seu poder político, "salvo aqueles do Estado." Como Napoleão, mas de forma diferente, ele sentiu o poder dos céus, porque havia se recusado a sentir caridade e, portanto, se recusado a saber toda a verdade sobre sua própria alma e tudo o mais.

> Aqui na terra o amor de Deus é melhor que o conhecimento de Deus, na medida em que é melhor conhecer as coisas inferiores do que amá-las. Ao conhecermos, nós as elevamos, de certo modo, à nossa inteligência, ao passo que, ao amarmos, nós nos rebaixamos ao seu nível e podemos nos tornar subservientes a elas, como o avarento ao seu ouro.
>
> São Tomás de Aquino (paráfrase)

Seu comentário parece, à primeira vista, incompatível com o que o antecede. Mas, na realidade, são Tomás não faz mais do que distinguir entre as várias formas de amor e conhecimento. É melhor conhecer-amar a Deus do que apenas saber sobre Deus, sem amor, por meio da leitura de um tratado de teologia. O ouro, por outro lado, nunca deve ser conhecido com o amor — ou melhor, concupiscência — de um avarento, mas sim de forma abstrata, como um investigador científico o conhece, ou então com o amor-conhecimento do trabalho de um ourives, não por seu valor monetário nem pelo bem de possuí-lo, mas apenas porque é belo. E isso também se aplica a todas as coisas criadas, todas as vidas, todas as mentes. É ruim conhecê-las/amá-las com apego e cupidez autocentrados; é um pouco melhor conhecê-las com o desapego do interesse científico; é melhor suplementar o conhecimento sem cupidez, abstrato, com o amor-conhecimento desinteressado e verdadeiro, com a qualidade do prazer estético, ou da caridade, ou de ambos combinados.

> Podemos construir um ídolo da própria verdade; pois a verdade apartada da caridade não é Deus, mas sua imagem e ídolo, que não devemos nem amar nem venerar.
>
> Pascal

Por um tipo de acidente filológico (que é provável que não seja nenhum acidente, mas uma das expressões mais sutis da vontade de ignorância e escuridão espiritual profundas do ser humano), a palavra "caridade" passou, no inglês moderno, a ser sinônimo de "fazer doações" e quase nunca é usada em seu sentido original, significando a mais alta e divina forma de amor. Devido a esse empobrecimento, que fez com que nosso vocabulário de termos psicológicos e espirituais se tornasse, na melhor das hipóteses, bastante inadequado, a palavra "amor" precisou assumir um fardo adicional. "Deus é amor", repetimos de modo lisonjeiro, e devemos "amar ao próximo como a nós mesmos"; mas o amor infelizmente representa tudo, desde o que acontece nas telonas, quando dois rostos em *close* se encontram, arrebatados, ao que acontece quando um homem como John Woolman ou Peter Claver se preocupa com os negros escravizados, porque são templos do Espírito Santo — desde o que acontece quando as multidões gritam, cantam e balançam bandeiras no Sportpalast, em Berlim, ou na praça Vermelha, ao que acontece quando os contemplativos solitários se tornam absortos na prece da simples admiração. A ambiguidade vocabular leva a uma confusão de pensamento; e, em questões de amor, a confusão do pensamento serve de forma admirável ao propósito de uma natureza humana dividida e impenitente determinada a realizar o melhor dos dois mundos — isto é, servir a Deus enquanto na verdade serve a Mamon, a Marte ou a Príapo.

Sistematicamente, ou por via de breves aforismos ou parábolas, os mestres da vida espiritual descreveram a natureza da verdadeira caridade e a distinguiram de outras formas mais baixas de amor. Consideremos suas principais características em ordem. Primeiro, a caridade é desinteressada, não procura nenhuma recompensa nem se permite ser diminuída por nenhum mal devolvido em troca de seu bem. Deus deve ser amado pelo que Ele próprio representa, não por conta de seus dons, e as pessoas e coisas devem ser amadas pelo bem de Deus, porque são templos do Espírito Santo. Além do mais, como a caridade é desinteressada, ela deve, por necessidade, ser universal.

A filosofia perene 143

O amor não busca nenhuma causa ou fruto além de si; ele é seu próprio fruto, sua própria fruição. Eu amo porque amo; eu amo para que eu possa amar [...] De todas as emoções e afetos da alma, o amor é o único através do qual a criatura, ainda que não em termos de igual para igual, é capaz de tratar o Criador e retribuir algo semelhante ao que lhe foi dado [...] Quando Deus ama, Ele só deseja ser amado, sabendo que o amor fará com que todos que O amem sejam felizes.

São Bernardo

Pois o amor não tem quaisquer segundas intenções, nada deseja senão crescer, pois tudo lhe é como o óleo para sua chama; ele precisa ter aquilo que deseja e não pode se decepcionar, porque tudo (incluindo indelicadezas da parte do amado) naturalmente o ajuda a viver de sua própria maneira e realizar sua própria obra.

William Law

Aqueles que me maldizem são na verdade meus bons amigos.
Quando, ao ser caluniado, nem preferência nem inimizade me aprazem,
Cresce em mim o poder do amor e da humildade, que nasce do jamais nascido.

Kung-chia Ta-shih

Algumas pessoas desejam ver a Deus com seus olhos como quem vê uma vaca, e amá-Lo como amam sua vaca — pelo leite, pelo queijo e pelos lucros que ela lhes traz. Assim é com as pessoas que amam a Deus pelo bem da riqueza exterior e conforto interior. Elas não amam a Deus corretamente quando

O amam para obter vantagens próprias. De fato, verdade vos digo, qualquer objeto que tenhas em mente, por melhor que possa ser, será uma barreira entre ti e a Verdade mais profunda.

Eckhart

Eu, um mendigo, Senhor, te peço
Mais do que mil reis poderiam pedir.
Cada um quer algo, que pede de Ti.
Eu venho pedir-Te que Tu me dês a Ti mesmo.

Ansari de Herat

Nada quero com um amor que fosse por Deus ou em Deus. Esse é um amor que o amor puro não pode sustentar; pois o amor puro é o próprio Deus.

Santa Catarina de Gênova

Como a mãe, mesmo arriscando a própria vida, protege seu filho, seu único filho, que assim seja a boa vontade desmedida entre todos os seres. Que a boa vontade desmedida prevaleça no mundo inteiro, acima, abaixo, ao redor, imaculado, sem nenhuma mistura com nenhum sentimento de interesses distintos ou opostos. Se um homem permanece firme nesse estado de espírito o tempo todo em que estiver desperto, então terá concretizado o ditado: "Mesmo neste mundo foi encontrada a santidade".

Sutra Metta

Aprende a olhar com os mesmos olhos todos os seres, vendo um só Si-mesmo em tudo.

Bhagavata Purana

A segunda marca que distingue a caridade é que, diferente das formas baixas de amor, ela não é uma emoção. Ela começa como um ato da vontade e é consumada como uma consciência puramente espiritual, um amor-conhecimento unificador da essência de seu objeto.

> Que todos compreendam que o amor real a Deus não consiste em derramar lágrimas, nem naquela meiguice ou ternura pela qual costumamos ansiar, apenas porque nos consolam, mas em servir a Deus na justiça, fortitude da alma e humildade.
>
> Santa Teresa

> O valor do amor não consiste em sentimentos nobres, mas em desapego, em paciência sob todas as tribulações, pelo bem de Deus a quem amamos.
>
> São João da Cruz

> Por amor eu não quero dizer nenhuma ternura natural, que se encontra mais ou menos nas pessoas de acordo com sua constituição; mas sim um princípio mais amplo da alma, fundado na razão e na piedade, que nos torna meigos, amáveis e gentis para com todas as criaturas como criaturas de Deus e por Seu bem.
>
> William Law

A natureza da caridade ou do amor-conhecimento de Deus é definida por Shânkara, o grande santo vedantista e filósofo do século IX, no dístico 32 de seu *Viveka-Chudamani*:

Entre os instrumentos da emancipação, o supremo é a devoção. A contemplação da forma verdadeira do Si-mesmo real (o Atman que é idêntico ao Brahman), diz-se, é a devoção.

Em outras palavras, a forma mais alta de amor a Deus é uma intuição espiritual imediata, pela qual "o conhecedor, o que é conhecido e o conhecimento se tornam um só". Os meios para esse amor-conhecimento supremo do Espírito pelo espírito e os primeiros estágios dele são descritos por Shânkara nos versos que antecedem seu poema filosófico e consistem em atos de uma vontade direcionada à negação da individualidade em pensamento, ao sentimento e à ação, à falta de desejo e ao desapego ou (para usar um termo cristão correspondente) "santa indiferença", à aceitação feliz das aflições, sem autopiedade e sem pensar em retribuir o mal com outro mal, por fim direcionada à percepção alerta e concentrada da Divindade, que é ao mesmo tempo transcendente e, porque transcendente, imanente em todas as almas.

É evidente que nenhum objeto distinto que seja aprazível à vontade possa ser Deus; e, por esse motivo, se a vontade é se unir a Ele, é preciso se esvaziar, atirar para longe todo afeto transtornado do desejo, toda satisfação que se possa distintamente ter, alta ou baixa, temporal ou espiritual, para que, purificado e purgado de todas as satisfações, júbilos e desejos insubmissos, se possa ser inteiro ocupado, com todos os afetos, em amar a Deus. Pois, se a vontade pode, de qualquer modo que seja, compreender a Deus e se unir a Ele, isso não pode se dar através de nenhuma capacidade do desejo, mas apenas pelo amor; e, como todo deleite, doçura e júbilo, aos quais a vontade é sensível, não são o amor, segue que nenhuma dessas impressões aprazíveis pode ser um meio adequado de unir a vontade a Deus. Esses meios adequados consistem em um ato da vontade. E, porque um ato da vontade é bastante distinto de um sentimento, é por um ato que a vontade se une a Deus e repousa n'Ele; e esse ato é amar. Essa união nunca opera pelo sentimento ou exercício do desejo, pois estes permanecem na alma como objetivos e fins. É apenas como motivos do amor que os sentimentos podem servir, se a vontade for inclinada a seguir em frente e a nada mais [...]

Para aquele que é tolíssimo, quando a doçura e o deleite espirituais lhe falham, vem-lhe o pensamento de que, por isso, Deus o abandonara; e quando os reencontra outra vez, se regozija e celebra, pensando que, desse modo, ele veio a possuir a Deus.

Mais tolo ainda é aquele que procura por doçura em Deus, regozija-se nela e sobre ela repousa; pois nisso ele não procura a Deus com a vontade ancorada no vazio da fé e da caridade, mas apenas na doçura e no deleite espirituais, que são coisas criadas, seguindo em sua própria vontade e prazer [...] É impossível para a vontade conquistar a doçura e o êxtase da união divina senão pelo desapego, pela recusa de desejar todos os prazeres das coisas do céu e da terra.

São João da Cruz

O amor (o amor sensível das emoções) não unifica. É verdade, ele une no ato, mas não une na essência.

Eckhart

O motivo pelo qual o amor sensível mesmo do mais excelso dos objetos não pode unir a alma ao Fundamento divino em essência espiritual é que, como todas as emoções do coração, o amor sensível intensifica o individualismo, que é o obstáculo final no caminho de tal união. "Os condenados estão em movimento eterno sem nenhuma mescla de repouso; nós, mortais, que ainda estamos nessa peregrinação, temos ora movimento, ora repouso [...] Apenas Deus tem repouso sem movimento." Por consequência, é apenas se habitarmos na paz de Deus que ultrapassa toda compreensão que podemos habitar no conhecimento e no amor de Deus. E, para chegarmos à paz que ultrapassa toda compreensão, precisamos seguir pelo caminho da paz muito ordinária e humilde que pode ser compreendida por todos — a paz entre nações e dentro delas (pois guerras e revoluções violentas têm, para a maioria dos envolvidos nelas, o efeito de eclipsar, mais ou menos totalmente, a Deus); a paz entre indivíduos e dentro da alma individual (pois discussões pessoais e medos, amores, ódios, ambições e distrações particulares, a seu modo mesquinho, não são menos fatais ao desenvolvimento da vida espiritual do que as grandes calamidades). Precisamos trazer, por meio de um ato da vontade, a paz que está ao nosso alcance para que sejamos dignos de receber aquela outra paz, que é o fruto do Espírito e a condição, como implicou são Paulo, do conhecimento-amor unificador de Deus.

É por meio da tranquilidade da mente que podes transmutar essa falsa mentalidade de morte e renascimento na claríssima Mente Intuitiva. Nisso, percebes a Essência da Mente primordial e iluminadora. Deves ter esse como o ponto de partida para tuas práticas espirituais. Tendo harmonizado teu ponto de partida com teu objetivo, poderás, por vias das práticas corretas, obter teu destino verdadeiro de Iluminação perfeita.

Se desejas tranquilizar a mente e restaurar sua pureza original, deves prosseguir como farias para purificar um vaso com água barrenta. Primeiro deixas assentar, até que o sedimento se acomode no fundo, e a água então ficará límpida, correspondente ao estado da mente antes de ser perturbada pelas paixões que a conspurcam. Na sequência, vais coar a água pura com cuidado [...] Quando a mente se torna tranquilizada e concentrada em perfeita unidade, então todas as coisas serão vistas, não em sua separação, mas em unidade, na qual não há espaço para as paixões entrarem, e a qual é a plena conformidade com a pureza misteriosa e indescritível do *nirvana*.

Sutra Surangama

Essa identidade do Uno no Uno e com o Uno é a origem e a fonte da qual irrompe o Amor que ilumina.

Eckhart

O progresso espiritual, como tivemos oportunidade de descobrir em diversos outros contextos, é sempre espiral e recíproco. A paz das distrações e agitações emocionais é o caminho da caridade; e a caridade, ou amor-conhecimento unificador, é o caminho para a paz superior de Deus. E o mesmo é válido para a humildade, que é a terceira marca característica da caridade. A humildade é uma condição necessária para a mais alta forma de amor, e a mais alta forma de amor possibilita a consumação da humildade em total autonegação.

Buscas ser um peregrino na estrada do Amor?
A primeira condição é que te tornes humilde como pó e cinzas.

Ansari de Herat

Tenho apenas uma palavra a dizer-te sobre o amor ao próximo, a saber, que nada a não ser a humildade pode moldar-te a ele; nada a não ser a consciência de tua própria fraqueza pode tornar-te complacente e piedoso para com a dos outros. Responderás: eu entendo bem que a humildade produza tolerância para com os outros, mas como adquiro a humildade, para começar? Isso se dá por duas coisas combinadas; nunca deves separá-las. A primeira é a contemplação do abismo profundo, do qual a mão todo-poderosa de Deus te retirou e sobre o qual Ele te detém, por assim dizer, suspenso. A segunda é a presença do Deus que a tudo penetra. É apenas ao se contemplar e amar a Deus que podemos aprender a esquecer a nós mesmos, a medir devidamente o nada que nos ofusca e nos acostumarmos, em gratidão, a nos diminuir sob a grande majestade que absorve a todas as coisas. Ama a Deus e serás humilde; ama a Deus e abrirás mão de teu amor por ti mesmo; ama a Deus e amarás tudo que Ele te der para amar por amor a Ele.

Fénelon

Os sentimentos, como vimos, podem ser úteis como causas para a caridade; mas a caridade na condição de caridade tem seus princípios na vontade — a vontade da paz e humildade em si, a vontade de paciência e bondade para com as outras criaturas; a vontade do amor desinteressado que "nada pede e nada recusa". Mas a vontade pode ser fortalecida pelo exercício e confirmada pela perseverança. Isso pode ser observado com grande clareza no seguinte registro — maravilhoso por conta de sua vivacidade boswelliana — de uma conversa entre o jovem bispo de Belley e seu amado amigo e mestre, Francisco de Sales.

Certa feita perguntei ao bispo de Genebra o que se deve fazer para obter a perfeição. "Deves amar a Deus com todo o teu coração", ele respondeu, "e ao próximo como a ti mesmo."

"Não perguntei onde repousa a perfeição", repliquei, "mas como obtê-la." "A caridade", ele disse outra vez, "que é tanto os meios quanto o fim, é o único caminho pelo qual podemos alcançar aquela perfeição que é, afinal, nada senão a própria Caridade [...] Assim como a alma é a vida do corpo, a caridade é a vida da alma."

"Tudo isso eu sei", eu disse. "Mas quero saber *como* se deve amar a Deus com todo o coração e ao próximo como a si próprio."

Mas, novamente, ele respondeu: "Devemos amar a Deus com todo o nosso coração e ao próximo como a nós mesmos".

"Continuo no mesmo lugar", respondi. "Diz-me como posso adquirir tal amor."

"O melhor caminho, o mais curto e mais fácil, para amar a Deus com todo o coração é amá-Lo cordialmente e por inteiro!"

Ele não dava outra resposta. Por fim, porém, o bispo disse: "Há muitos além de ti que me procuram para que eu lhes fale sobre métodos, sistemas e caminhos secretos rumo à perfeição, e eu só posso lhes dizer que o único segredo é um amor cordial a Deus, e o único modo de se obter esse amor é amando. Tu aprendes a falar falando, a estudar estudando, a correr correndo e a trabalhar trabalhando; e assim é que se aprende a amar a Deus e ao homem: amando. Todos que pensam ser possível amar de qualquer outro modo se enganam. Se queres amar a Deus, segue amando-O mais e mais. Começa como mero aprendiz, e o próprio poder do amor há de te levar a te tornares um mestre da arte. Aqueles que mais progrediram continuamente seguirão em frente, nunca acreditando terem chegado ao fim; pois a caridade deve seguir aumentando até darmos nosso último suspiro".

Jean-Pierre Camus

A passagem daquilo que são Bernardo chama de "amor carnal" da sagrada humanidade rumo ao amor espiritual da Divindade, do amor emocional que só é capaz de unir o amante e o amado em ato rumo à caridade perfeita que os unifica em substância espiritual, se reflete na prática religiosa como a passagem da meditação, discursiva e afetiva, à contemplação inspirada. Todos os autores cristãos insistem que o amor espiritual da Divindade é superior ao amor carnal da humanidade, que serve como introdução e meio ao destino final do ser humano em amor-conhecimento unificador do Fundamento divino; mas todos insistem, com a mesma ênfase, que o amor carnal é uma introdução necessária e um meio indispensável. Os autores orientais concordariam que isso é verdadeiro para muitas pessoas, mas não todas, pois há aqueles que são contemplativos natos, capazes de "harmonizar seu ponto de partida com seu objetivo" e embarcar diretamente no Yoga do Conhecimento. É com base no ponto de vista do contemplativo nato que o maior dos filósofos taoistas escreve o seguinte trecho:

> Aqueles que, de um modo especial, enxergam o Céu como Pai e têm, por assim dizer, um amor pessoal por ele, quanto mais deveriam amar aquilo que está acima do Céu como Pai! Outros homens, de modo especial, enxergam seus governantes como sendo melhores do que eles próprios e, por assim dizer, estariam dispostos pessoalmente a morrer por eles. Quanto mais deveriam morrer por aquilo que é mais verdadeiro do que um governante! Quando as fontes secam, os peixes se veem todos juntos na terra seca. Então eles se mantêm úmidos com sua própria umidade e se lambuzam com seu próprio muco. Mas não se deve comparar isso ao que ocorre quando se esquecem uns dos outros em um rio ou lago.
>
> Chuang-Tzu

O "muco" do amor pessoal ou emocional tem uma semelhança remota com as águas do ser espiritual da Divindade, mas é de qualidade inferior e (precisamente porque o amor é emocional e, portanto, pessoal) de quantidade insuficiente. Ao terem causado a secura das fontes divinas, por sua ignorância voluntária, por terem feito o mal e sido maus, os seres humanos podem fazer algo para mitigar os horrores de sua situação ao se "lambuzarem com seu próprio muco". Mas não pode haver felicidade ou segurança temporais ou livramento na eternidade, até que abram mão de pensar que o muco lhes basta e, ao se abandonarem ao que é de fato seu elemento, trazerem de volta as águas eternas. Para os que buscam primeiro o Reino de Deus, todos os outros serão acrescentados. Para os que, como os idólatras modernos do progresso, primeiro procuram todo o resto na expectativa de que (depois de dominarem o poder atômico e depois da próxima revolução, ou duas ou três) o Reino de Deus será acrescentado, deles tudo será tirado. E, no entanto, continuamos confiando no progresso, tendo o muco pessoal como a forma mais elevada de umidade espiritual e preferindo uma existência agonizante e impossível na terra seca ao amor, ao júbilo e à paz em nosso oceano nativo.

O culto dos amantes é distinto de todos os outros;
Os amantes têm uma religião e fé só suas.

Jalaladim Maomé Rumi

A alma vive por conta daquilo que ama mais do que no corpo que ela anima. Pois ela não tem sua vida no corpo, mas sim dá vida ao corpo e vive naquilo que ama.

São João da Cruz

A temperança é o amor que se entrega por inteiro a Ele, que é seu objeto; a coragem é o amor que suporta feliz a todas as coisas pelo bem d'Ele, que é seu objeto; a justiça é o amor que serve apenas a Ele, que é seu objeto e governa, portanto, com retidão; a prudência é o amor que faz distinções sábias entre o que o impede e o que o auxilia.

Santo Agostinho

As marcas distintivas da caridade são o desinteresse, a tranquilidade e a humildade. Mas onde há desinteresse não há nem ganância, a sede por vantagem pessoal, nem medo de perdas ou castigos pessoais; onde há tranquilidade não há nem anseio ou aversão, mas uma vontade firme de se conformar ao Tao ou Logos divino em todos os níveis de existência e uma consciência firme da Quididade divina e de quais têm de ser as relações que se devem estabelecer com ela; e onde há humildade não há censura ou glorificação do ego ou qualquer alter ego projetado às custas dos outros, reconhecidos como tendo as mesmas falhas e fraquezas, mas também a mesma capacidade de transcendê-las no conhecimento unificador de Deus, como se tem em si mesmo. Decorre disso que a caridade é a raiz e a substância da moral, e que, onde há pouca caridade, será inevitável que haja muito mal. Tudo isso foi resumido na fórmula de Agostinho: "Ama e faze o que quiseres". Entre as elaborações posteriores do tema agostiniano, podemos citar os escritos de John Everard, um daqueles teólogos de mentalidade espiritual do século XVII cujos ensinamentos caíram nos ouvidos moucos de facções em guerra e, quando a revolução e a ditadura militar terminaram, caíram nos ouvidos ainda mais moucos dos clérigos da Restauração de seus sucessores da era Augustana (o grau dessa mouquidão pode ser julgado com base no que escreveu Swift de seus amados e moralmente perfeitos Houyhnhnms.[22] O tema

---

22 Houyhnhnms é uma raça fictícia de cavalos inteligentes, descrita na última parte do romance satírico de Jonathan Swift *As viagens de Gulliver*, de 1726. (N. E.)

de suas conversas, bem como de sua poesia, consistia em coisas tais como "amizade e benevolência, as operações visíveis da natureza ou antigas tradições; os limites e as fronteiras da virtude, as regras infalíveis da razão". Em nenhum momento ideias de Deus, caridade ou livramento passam por suas mentes, o que demonstra com suficiente clareza o que o reitor da paróquia de São Patrício pensava da religião por meio da qual ganhava seu sustento).

> Soltai o homem que encontrara o Guia vivo dentro de si e deixai que ele negligencie o exterior, se puder! Assim como poderias dizer a um homem que ama sua esposa: "Tens a liberdade de espancá-la, feri-la e matá-la, se quiseres".
>
> John Everard

Com base nisso segue que, onde há caridade, não pode haver coerção.

> Deus não força ninguém, pois o amor não pode compelir, e o serviço de Deus, portanto, é uma coisa de perfeita liberdade.
>
> Hans Denk

Mas, apenas porque é incapaz de compelir, a caridade tem um tipo de autoridade, um poder não coercivo, através do qual se defende e faz com que sua vontade benévola seja feita no mundo — nem sempre, é claro, nem inevitável ou automaticamente (pois os indivíduos e as organizações, mais ainda, podem ter blindagens impenetráveis contra a influência divina), mas, em um número surpreendentemente alto de casos.

O céu arma com piedade aqueles que não gostaria de ver destruídos.

Lao Zi

"Ele me abusou, me espancou, me derrotou, me roubou" — naqueles que nutrem tais pensamentos o ódio jamais cessará.

"Ele me abusou, me espancou, me derrotou, me roubou" — naqueles que não nutrem tais pensamentos o ódio cessará.

Pois o ódio não cessa pelo ódio em momento algum — essa é uma lei antiga.

Dhammapada

Nossos atuais arranjos econômicos, sociais e internacionais se baseiam, em grande medida, em um desamor organizado. Começamos com uma falta de caridade para com a Natureza, de modo que, em vez de tentarmos cooperar com o Tao ou o Logos nos níveis inanimados e sub-humanos, tentamos dominar e explorar, desperdiçamos os recursos minerais da terra, arruinamos seu solo, devastamos suas florestas, derramamos imundícies em seus rios e gases venenosos no ar. Do desamor em relação à Natureza avançamos para o desamor em relação à arte — um desamor tão extremo que, com efeito, matamos todas as artes úteis ou fundamentais e armamos vários tipos de produção em massa, por via de máquinas, no lugar. E é claro que esse desamor pela arte é, ao mesmo tempo, um desamor pelos seres humanos que precisam realizar tarefas à prova de erros e à prova de graça impostas por nossos substitutos mecânicos da arte e pela burocracia interminável conectada à produção e à distribuição em massa. A produção e a distribuição em massa acompanham o financiamento em massa, e os três conspiraram para expropriar números cada vez maiores de pequenos donos de terra e equipamentos produtivos, reduzindo assim a liberdade da maioria e ampliando a capacidade de uma minoria de exercer um poder coercivo sobre a vida de seus companheiros. Essa minoria coerciva e controladora é composta de capitalistas privados e burocratas do governo, ou de ambas as classes de chefes em colaboração — e, é claro, a natureza coerciva e, portanto, essencialmente desamorosa do controle permanece a mesma, não importa se os chefes se denominam "diretores da companhia" ou "servidores públicos". A única diferença entre esses dois tipos de dominadores oligárquicos é que os primeiros derivam seu poder mais da riqueza do que de sua posição dentro de uma hierarquia convencionalmente respeitada, enquanto os segundos derivam seu poder mais da posição do que da riqueza. Sobre essa estrutura bastante uniforme de relações desamorosas outras são impostas, com ampla variação de uma sociedade para outra, conforme as condições e hábitos locais de se pensar e sentir. Seguem alguns exemplos: o desdém e a exploração das minorias não brancas vivendo entre maiorias brancas, ou de maiorias não brancas governadas por minorias de imperialistas brancos; o ódio aos judeus, católicos, maçons ou qualquer outra minoria cujo idioma, hábitos, aparência ou religião sejam diferentes dos da maioria local. E a suprema superestrutura da falta de caridade é o desamor organizado das relações entre um Estado soberano e outro — um desamor que se expressa na presunção axiomática de que é correto e natural que organizações nacionais se comportem como ladrões e assassinos, armados até os dentes e prontos, à primeira oportunidade favorável, a roubar e matar (o quanto essa suposição é axiomática sobre a natureza do Estado-nação é demonstrado pela história da América Central. Enquanto os territórios da América Central, delimitados de forma arbitrária, eram províncias do império colonial espanhol, houve paz entre seus habitantes. Mas, no começo do século XIX, os vários distritos administrativos do império espanhol romperam sua aliança com a metrópole e decidiram se tornar nações no modelo europeu. O resultado: de imediato entraram em guerra umas com as outras. Por quê? Porque, por definição, um Estado nacional soberano é uma organização que tem o direito e dever de coagir seus membros a roubar e matar na maior escala possível).

"Não nos deixei cair em tentação" deveria ser o princípio guia de toda organização social, e as tentações a ser evitadas e, na medida do possível, eliminadas por meio dos arranjos econômicos e políticos adequados são as tentações contra a caridade, o que significa dizer: contra o amor desinteressado por Deus, pela natureza e pelo ser humano. Primeiro, a disseminação e a aceitação geral de qualquer forma de Filosofia Perene servirá em algum grau para preservar os homens e as mulheres da tentação pela adoração idólatra de qualquer coisa temporal — a adoração pela Igreja, a adoração pelo Estado, a adoração pelo futuro revolucionário, a adoração humanista do "eu", tudo que é em essência e por necessidade oposto à caridade. Depois vem a descentralização, a difusão da posse privada de terras e meios de produção em menor escala, o desencorajamento de monopólios, seja do Estado, seja de corporação, a divisão de poder econômico e político (a única garantia, como lorde Acton nunca cansou de insistir, da liberdade civil em um estado de direito). Esses rearranjos sociais fariam muito para evitar que indivíduos, organizações e governos ambiciosos pudessem cair na tentação de se comportar de forma tirana; como cooperativas, as organizações profissionais controladas de forma democrática e as câmaras municipais livrariam as massas das tentações de permitir que seu individualismo descentralizado se tornasse austero demais. Mas é claro que nenhuma dessas reformas intrinsecamente desejáveis poderia ser executada enquanto se tiver como certo e natural que Estados soberanos devam estar preparados para guerrear um com o outro. Pois a guerra moderna não pode ser declarada exceto por países com uma indústria de bens de capital superdesenvolvida; países em que o poder econômico é detido ou pelo Estado ou por alguns monopólios de corporações que sejam fáceis de taxar e, se necessário, nacionalizar temporariamente; países onde as massas de trabalhadores são desprovidas de propriedade e, portanto, de raízes, transferíveis com facilidade de um lugar para outro, altamente regimentadas pela disciplina industrial. Qualquer sociedade descentralizada de pequenos proprietários livres e libertados de qualquer coerção, com uma economia balanceada, estaria, em um mundo belicoso como o nosso, à mercê de uma nação cuja produção seja altamente mecanizada e centralizada, cujas pessoas não tenham propriedade e sejam fáceis, portanto, de coagir e cuja economia seja desigual. É por isso que o desejo de países subdesenvolvidos industrialmente como o México e a China é se torna-

A filosofia perene 161

rem como a Alemanha, a Inglaterra ou os Estados Unidos. Enquanto permanecer o desamor organizado da guerra e a preparação para a guerra, não pode haver mitigação, nem em larga escala, nem em escala nacional ou mundial, do desamor organizado de nossas relações econômicas e políticas. A guerra e a preparação para a guerra são as tentações imediatas que fazem com que os arranjos atuais e ruins da sociedade, que eclipsam a Deus, se tornem progressivamente piores conforme a tecnologia se torna progressivamente mais eficaz.

Capítulo VI

Mortificação, desapego, vida correta

Esse tesouro do Reino de Deus fora escondido pelo tempo, pela multiplicidade, pelas obras da própria alma ou brevemente por sua natureza criaturesca. Mas, na medida em que a alma é capaz de se separar dessa multiplicidade, nessa mesma medida ela revela dentro de si o Reino de Deus. Aqui a alma e a Divindade são uma só.

Eckhart

"Que se vá o nosso reino" é o corolário necessário e inevitável de "Venha a nós o Vosso reino". Pois, quanto mais há do si-mesmo, menos há de Deus. A plenitude divina e eterna da vida só pode ser obtida por aqueles que perderam, de maneira deliberada, a vida parcial, separada, dos anseios e do autointeresse, do pensamento, do sentimento, do desejo e do agir egocêntricos. A mortificação ou a morte deliberada para o si-mesmo é um tema inculcado, com uma firmeza inexorável, nas escrituras canônicas do cristianismo, hinduísmo, budismo e da maioria das religiões do mundo, principais ou secundárias, e por todos os santos teocêntricos e reformistas espirituais que já viveram e expuseram os princípios da Filosofia Perene. Mas essa autonegação nunca é vista (pelo menos por ninguém que saiba do que está falando) como um fim em si. Ela possui apenas valor instrumental como os meios indispensáveis para outra coisa. Nas palavras daquele que já tivemos oportunidade de citar nos capítulos anteriores, é necessário que todos nós "aprendamos a natureza verdadeira e o valor de toda autonegação e mortificação".

Quanto à sua natureza, consideradas apenas em si mesmas, nada têm de bondade ou santidade, tampouco há qualquer parte real de nossa santificação, não são o verdadeiro alimento ou nutrição da Vida Divina em nossa alma, não há nelas nenhum poder de santificar ou dar vida; seu único valor consiste nisto, que removem os impedimentos à santidade, derrubam todo obstáculo entre Deus e nós, abrindo caminho para o espírito de Deus que santifica e aviva, para que opere em nossas almas, cuja operação de Deus é a única coisa capaz de fazer emergir a Vida Divina na alma ou ajudá-la no menor grau de santidade real ou vida espiritual [...] Daí que podemos aprender o motivo pelo qual tantas pessoas não apenas perdem o benefício, como se veem em situação ainda pior por suas mortificações. Isso se dá porque confundem toda a sua natureza e valor. Elas praticam a mortificação pela mortificação, como um bem em si mesmo; acreditam que sejam partes reais da santidade e, assim, repousam nela e não olham além, mas se tornam cheias de autoestima e autoadmiração por seu próprio progresso em se mortificarem. Isso faz delas juízes autossuficientes, morosos e severos de todos que não chegam ao seu nível de mortificação. E assim sua autonegação só faz para elas o mesmo que a complacência para com os outros: elas detêm e impedem a operação de Deus em sua alma, e, em vez de ser autonegações reais, fortalecem e mantêm o reino do "eu".

William Law

A extração e destruição das paixões, ainda que seja um bem, não é o bem definitivo; a descoberta da Sabedoria é o bem que ultrapassa todos os outros. Quando esta for encontrada, todos os povos cantarão.

Fílon de Alexandria

Vivendo dentro da religião (como posso falar por experiência), se não se estiver no caminho correto de preces e outros exercícios entre Deus e nossa alma, sua natureza se torna ainda pior do que jamais seria caso se tivesse vivido no mundo. Pois o orgulho e o amor-próprio, arraigados na alma pelo pecado, encontram meios de se fortalecer excessivamente na religião, se a alma não estiver no caminho que possa ensiná-la e auferir-lhe a verdadeira humildade. Pois, por meio das correções e contradições da vontade (que não podem ser evitadas por ninguém que viva em uma comunidade religiosa), eu encontro meu coração endurecido, como dizem, como se fosse uma pedra; e nada seria capaz de suavizá-lo a não ser seguir o caminho da oração, pelo qual a alma se inclina a Deus e aprende d'Ele a lição de verdadeiramente humilhar-se.

Dama Gertrude More

Uma vez, quando reclamei da obrigação de comer carne e evitar a penitência, ouvi que às vezes havia mais amor-próprio do que desejo de penitência nessas dores.

Santa Teresa

Que os mortificados são, em alguns respeitos, muitas vezes piores do que os não mortificados é um lugar-comum da história, da ficção e da psicologia descritiva. Assim, um puritano pode praticar todas as virtudes cardinais — prudência, fortitude, temperança e castidade — e permanecer um homem mau por inteiro; pois, em muitos desses casos, tais virtudes são acompanhadas e, de fato, conectadas causalmente aos pecados de orgulho, inveja, raiva crônica e falta de caridade, levados por vezes ao ponto da crueldade ativa. Confundindo os meios com o fim, o puritano se considera santo por conta de ser austero como um estoico. Mas a austeridade estoica é a mera exaltação de um lado mais honroso do ego às custas dos menos honrosos. A santidade, pelo contrário, é a completa negação do si-mesmo à parte, em seus aspectos honrosos não menos do que desonrosos, e o abandono à vontade de Deus. Na medida em que há apego ao "eu" e ao "meu", não há apego ao Fundamento divino, logo, não se chega ao seu conhecimento unificador. A mortificação precisa ser levada a cabo, guiada à "santa indiferença" (nos termos de são Francisco de Sales) pelo desapego; do contrário, ela meramente transfere a vontade de si de um canal a outro, não apenas sem diminuir seu volume total, mas por vezes de fato fazendo-o crescer. Como de costume, a corrupção dos melhores é o pior tipo de corrupção. A diferença entre o estoico mortificado, mas ainda orgulhoso, e o hedonista não mortificado consiste nisto: ao segundo, sendo mole, indolente e, em seu coração, envergonhado de si mesmo, faltam a energia e a motivação para poder fazer mal ao seu próprio corpo, mente e espírito; o primeiro, porque tem todas as virtudes secundárias e despreza os que não são como ele, está moralmente equipado a desejar e é capaz de fazer mal na maior escala possível e com uma consciência perfeitamente tranquila. Tais fatos são óbvios; e, no entanto, no jargão religioso atual, a palavra "imoral" é reservada quase com exclusividade aos que caem na autocomplacência carnal. Os cobiçosos e ambiciosos, os durões respeitáveis e os que mascaram sua sede de poder e domínio sob o tipo certo de discurso idealista, não apenas escapam das culpas, como ainda são vistos como modelos de virtude e piedade. Os representativos das Igrejas organizadas começam depositando auréolas na cabeça das pessoas que se esforçam ao máximo para começar guerras e revoluções, depois seguem se perguntando, queixosos, o porquê de o mundo estar essa bagunça.

A mortificação, ao contrário do que muitos imaginam, não é uma questão primariamente de austeridades físicas severas. É possível que, para certas pessoas em certas circunstâncias, a prática de austeridades físicas severas possa ser útil para fazê-las avançar rumo ao destino final do ser humano. Na maioria dos casos, no entanto, parece que o que se ganha com tais autoridades não é a liberação, mas algo bastante diferente — a obtenção de poderes "psíquicos". A habilidade de receber respostas a orações peticionárias, o poder de curar e realizar outros milagres, o dom de ver o futuro ou ler as mentes alheias — tais coisas, pelo que parece, muitas vezes têm uma conexão causal com jejuns, vigílias e dor autoinfligida. A maioria dos grandes santos teocêntricos e professores espirituais já admitiu a existência de poderes supranormais, porém apenas para condená-los. Pensar que tais *siddhis*, como os indianos os chamam, têm qualquer coisa a ver com a liberação é, como dizem, uma ilusão perigosa. Tais coisas são ou irrelevantes à questão principal ou, se valorizadas e estimadas em excesso, um obstáculo para o avanço espiritual. Tampouco são elas as únicas objeções às austeridades físicas. Levadas ao extremo, podem ser perigosas para a saúde — e, sem boa saúde, os esforços, firmes e persistentes, exigidos pela vida espiritual são muito difíceis de ser conquistados. E, sendo difíceis, dolorosas e, no geral, visíveis, as austeridades físicas são uma tentação para a vaidade e para o espírito competitivo de quebra de recordes. "Quando te entregavas à mortificação física, tu eras grande, tu eras admirado." Assim escreve Suso sobre suas próprias experiências — experiências que o levaram, como Gautama Buda muitos séculos antes, a abrir mão da penitência corporal. E santa Teresa comenta o quanto é mais fácil impor grandes penitências sobre si mesma do que sofrer em paciência, caridade e humildade as cruzes ordinárias da vida familiar (o que não evitou que ela mesma, por acaso, praticasse até o dia de sua morte as formas mais excruciantes de autotortura. Se essas austeridades a auxiliaram de fato a chegar ao conhecimento unificador de Deus ou se ela as valorizava e persistia nelas por conta dos poderes psíquicos que auxiliavam a desenvolver, não há como determinar).

> Nosso querido santo (Francisco de Sales) desaprovava o jejum descomedido. Ele dizia que o espírito não poderia suportar o corpo quando sobrenutrido, mas, se subnutrido, era o corpo que não suportava o espírito.
>
> Jean-Pierre Camus

Quando a vontade, no momento em que sente qualquer alegria em coisas sensíveis, se eleva nessa alegria até Deus, e quando as coisas sensíveis a levam à oração, ela não deve negligenciá-las, e sim fazer uso delas para um exercício dos mais santos; porque as coisas sensíveis, nessas condições, são subservientes ao fim para o qual Deus as criou, a saber, serem ocasiões de fazer d'Ele mais conhecido e amado.

São João da Cruz

Quem não está cônscio da liberdade do espírito entre as coisas do sentido e prazer — coisas que deveriam servir de motivação à oração — e cuja vontade nelas repousa e se alimenta delas, deve se abster de seu uso; pois para ele tais são um impedimento na estrada até Deus.

São João da Cruz

Um homem pode declarar que é incapaz de jejuar; mas será que ele pode declarar que não pode amar a Deus? Outro pode afirmar que é incapaz de preservar a virgindade ou de vender todas as suas posses para dar aos pobres; mas será que ele pode me dizer que é incapaz de amar a seus inimigos? Tudo que é necessário é olhar dentro do próprio coração, pois o que Deus pede de nós não se encontra longe.

São Jerônimo

Qualquer um que deseje pode obter toda a mortificação que quiser, e mais ainda, dos incidentes da vida cotidiana ordinária, sem recorrer a penitências corporais severas. Lemos aqui algumas regras determinadas pelo autor de *Sancta Sophia* para a dama Gertrude More:

Primeiro que ela deve fazer tudo que pertença a ela por qualquer lei, humana ou Divina. Em segundo lugar, que deve se abster de fazer coisas proibidas a ela por lei humana ou Divina ou inspiração Divina. Em terceiro lugar, ela deve suportar, com tanta paciência e resignação quanto possível, todas as cruzes e contradições à sua vontade natural infligidas pela mão de Deus. Tais, por exemplo, são a aridez, as tentações, aflições e dores corporais, doenças e enfermidades; ou, de novo, a perda de amigos ou falta de confortos e bens necessários. Tudo isso deve ser suportado com paciência, não importa se as cruzes partem diretamente de Deus ou por meio de suas criaturas [...] Tais, de fato, foram mortificações o bastante para dama Gertrude, ou para qualquer outra alma, e não havia necessidade de se recomendar ou impor outras.

Augustine Baker

Em resumo, a melhor mortificação é a que resulta na eliminação da vontade própria, do interesse próprio, do pensamento, do desejo e da imaginação autocentrados. É improvável que austeridades físicas extremas causem esse tipo de mortificação. Mas a aceitação do que nos acontece (à parte, é claro, de nossos próprios pecados) no curso da vida cotidiana *é sim* capaz de produzir tais resultados. Se exercícios específicos de autonegação forem empreendidos, precisam ser inconspícuos, não competitivos e não devem fazer mal à saúde. Portanto, em matéria de dieta, para a maioria das pessoas há de ser mortificante o suficiente restringir o consumo de todas as coisas que os especialistas não consideram saudáveis. E, em referência às relações sociais, a autonegação deve assumir a forma não de atos exibicionistas de pretensa humildade, mas de controle da língua e dos humores — ao se evitar dizer qualquer coisa que seja frívola ou não caridosa (o que significa, na prática, evitar cerca de 50% da conversa do dia a dia), e em se comportar com calma e com um entusiasmo comedido quando as circunstâncias externas ou o estado de nosso corpo nos predispuser à ansiedade, à melancolia ou ao estímulo excessivo.

Quando um homem pratica caridade para renascer no céu, para obter fama, para ser recompensado ou por medo, não pode tal caridade obter qualquer efeito puro.

Sutra sobre a distinção e proteção do *dharma*

Quando o príncipe Wen Wang saiu em um passeio de inspeção em Tsang, encontrou um velho que pescava. Mas sua pescaria não era pescaria de verdade, pois não pescava para pegar peixes, e sim para se divertir. Então Wen Wang quis empregá-lo na administração do governo, mas temia as possíveis objeções de seus próprios ministros, tios e irmãos. Por outro lado, se ele deixasse o velho em paz, não seria capaz de imaginar privar as pessoas de tal influência.

Chuang-Tzu

Deus, se eu Te venerar por medo do inferno, queima-me no inferno. E se eu Te venerar pela esperança do Paraíso, exclui-me do Paraíso; mas se eu Te venerar pelo que és, não me prives de Tua Beleza eterna.

Rabia de Baçorá

Rabia, a santa sufi, pensa e sente em termos de teísmo devocional; o teólogo budista, em termos de lei moral pessoal; o filósofo chinês, com seu humor característico, em termos políticos; mas todos os três insistem na necessidade de desapego do interesse próprio — e insistem nisso com a mesma ênfase que a de Cristo ao condenar os fariseus por sua piedade egocêntrica, assim como faz Krishna no *Bhagavad Gita* quando diz a Arjuna que cumpra os deveres de suas ordens divinas sem um anseio pessoal ou medo dos frutos de suas ações.

> Certa vez perguntaram a santo Inácio de Loiola o que ele sentiria se o papa suprimisse a Companhia de Jesus. "Um quarto de hora de orações", ele respondeu, "e eu nada mais pensaria disso."

Esta é, talvez, a mais difícil de todas as mortificações — atingir uma "santa indiferença" ao sucesso ou fracasso temporais aos quais se devotam suas melhores energias. Se houver triunfo, tudo estará bem; caso contrário, tudo estar bem também, ainda que de modo que, a uma mente limitada e circunscrita pelo tempo, sejam aqui e agora inteiramente incompreensíveis.

> Com "um homem sem paixões" eu quero dizer um homem que não permite que o bem ou o mal perturbem sua economia interior, mas sim que aceita o que acontece e não acrescenta nada à soma de sua mortalidade.
>
> Chuang-Tzu

A disposição adequada para a união com Deus não é que a alma deva compreender, sentir, provar ou imaginar qualquer coisa sobre o tema da natureza de Deus ou qualquer outra coisa que seja, mas deva permanecer naquela pureza e amor que são a resignação perfeita e o completo desapego de todas as coisas que não sejam pura e simplesmente Deus.

São João da Cruz

A inquietude é sempre vaidade, porque a nada serve de bom. Sim, mesmo que todo o mundo, e todas as coisas nele, fosse lançado em confusão, a inquietude ainda seria vaidade.

São João da Cruz

Suficiente não apenas ao tempo, mas também ao espaço é o mal que deriva da inquietude. A agitação sobre os acontecimentos aos quais somos impotentes para alterar, seja porque ainda não ocorreram, seja porque estão ocorrendo a uma distância inacessível de nós, nada obtém além da inoculação aqui e agora do mal remoto ou antecipado que é o objeto de nossa aflição. Ouvir quatro ou cinco vezes por dia a voz de locutores ou comentaristas, ler os jornais matutinos e todos os semanais e mensais — hoje isso é descrito como "ter um interesse inteligente em política". São João da Cruz o teria chamado de complacência com uma curiosidade ociosa e o cultivo de uma inquietude pela inquietude.

Falta-me muito pouco, e o que me falta pouco desejo ter. Já mal tenho desejos, mas, se eu fosse nascer outra vez, não teria mais nenhum. Devemos nada pedir e nada recusar, mas nos abandonarmos aos braços da Providência divina

A filosofia perene 173

sem desperdiçar tempo com nenhum desejo, exceto com a vontade que Deus tem para nós.

São Francisco de Sales

Segue o suficiente rumo ao Vazio,
Agarra-te firme à Quietude
E, das dez mil coisas, a nenhuma senão aquelas em que possas trabalhar.
Eu as contemplei, aonde retornam.
Vê, todas as coisas, não importa como floresçam,
Retornam à raiz da qual cresceram.
Esse retorno à Raiz é chamado Quietude;
A Quietude se chama submissão ao Destino;
O que se submete ao Destino se torna parte do sempre-será;
Conhecer o sempre-será é ser iluminado;
Não conhecê-lo é seguir cego rumo ao desastre.

Lao Zi

Meu desejo era poder me unir aos "Solitários" (de Caldey Island), em vez de ser o Superior e ter de escrever livros. Mas é claro que não desejo que meu desejo seja cumprido.

Abade John Chapman

Nada devemos desejar além do que acontece de momento a momento, o tempo inteiro, no entanto, exercitando-nos na bondade.

Santa Catarina de Gênova

Na prática da mortificação, como em outros campos, o avanço segue pelo fio da navalha. De um lado espreita a Cila da austeridade egocêntrica, do outro a Caríbdis do quietismo apático. A santa indiferença inculcada pelos expoentes da Filosofia Perene não é nem o estoicismo nem a mera passividade. É, na verdade, uma resignação ativa. Renuncia-se à vontade do si-mesmo, não para que a vontade entre de férias, mas para que a vontade divina possa usar a mente e o corpo mortificados como seu instrumento para o bem. Ou podemos dizer, junto com Kabir, que "o devoto que busca é aquele que mescla em seu coração as correntes dúplices do amor e do desapego, como se mesclam as correntes do Ganges e do Jumna". Até pormos um fim aos apegos particulares, não pode haver amor a Deus com todo o nosso coração, nossa mente e nossa força, tampouco pode haver caridade universal para com todas as criaturas pelo bem de Deus. Daí vemos os ditos severos nos evangelhos sobre a necessidade de renunciar inclusive aos elos familiares. E se o Filho do Homem não tem nenhum lugar onde possa repousar a cabeça, se o *Tathagata* e os bodisatvas "têm seus pensamentos despertos para a natureza da Realidade sem se demorarem em nada que seja", isso é porque um amor verdadeiramente divino que, como o sol, lance a mesma luz sobre o justo e o injusto é impossível para uma mente aprisionada em preferências e aversões privadas.

A alma que se apega a qualquer coisa, por maior que seja o bem que haja nela, não chegará à liberdade da união divina. Pois seja uma corda forte ou um fio fino e delicado o que prende o pássaro, não importa, se prendê-lo com firmeza; pois, até que a amarração se rompa, o pássaro não pode voar.

Assim é a alma, detida pelas amarras dos afetos humanos, por menores que possam ser, e, enquanto eles perdurarem, não pode chegar a Deus.

São João da Cruz

Há alguns que foram recém-libertados de seus pecados e, ainda que estejam resolutos em amar a Deus, mesmo assim são noviços e aprendizes, moles e fracos [...] Têm amor a um número de coisas supérfluas, vãs e perigosas ao mesmo tempo que amam ao Nosso Senhor. Ainda que amem a Deus acima de todas as coisas, continuam derivando prazer de muitas coisas que não amam de acordo com Deus, mas ao Seu lado — coisas como leves desvios em palavras, gestos, roupas, passatempos e frivolidades.

São Francisco de Sales

Há almas que obtiveram algum progresso no amor divino e cortaram todo o amor que tinham por coisas perigosas; no entanto, ainda têm amores perigosos e supérfluos, porque amam o que Deus lhes ordena que amem, mas com excesso e um amor demasiadamente apaixonado... O amor por nossos parentes, amigos e benfeitores está de acordo com Deus, mas é possível amá-los em excesso; também nossas vocações, por mais espirituais que possam ser; e nossos exercícios devocionais (pelos quais devemos ter grande amor) podem ser amados de forma desproporcional, quando os valorizamos acima da obediência e do bem geral ou pensamos neles como fins e não apenas como meios.

São Francisco de Sales

Os bens de Deus, que ultrapassam toda medida, só podem ser contidos por um coração vazio e solitário.

São João da Cruz

Imagina que um barco atravessa um rio e outro barco, vazio, está prestes a se chocar com ele. Mesmo um homem que se irrita facilmente não perderia a cabeça. Mas imagina que haja alguém no segundo barco. Então o ocupante do primeiro gritaria para que ele se desviasse. E, se ele não ouvisse na primeira vez, nem mesmo quando chamado três vezes, os xingamentos seriam inevitáveis. No primeiro caso, não haveria raiva, mas no segundo sim — porque, no primeiro caso, o barco estava vazio e, no segundo, ocupado. E assim é com o ser humano. Se ele puder passar vazio pela vida, quem poderia lhe fazer mal?

Chuang-Tzu

Quando o coração chora pelo que perdeu, o espírito ri pelo que encontrou.

Aforisma sufi anônimo

É ao perdermos a vida egocêntrica que salvamos a vida até então latente e por ser descoberta que compartilhamos com o Fundamento divino na parte espiritual de nosso ser. Essa vida recém-descoberta é "mais abundante" do que a outra e de um tipo diferente e superior. Possuí-la é estar liberado para o eterno, e a liberação é a beatitude. Assim é necessariamente; pois o Brahman, que é uno com o Atman, não é apenas Ser e Conhecimento, mas também a Perfeita Felicidade, e, depois do Amor e da Paz, o fruto final do Espírito é o Júbilo.

A mortificação é dolorosa, mas a dor é uma das precondições para ser abençoado. Esse fato da experiência espiritual é por vezes obscurecido pela linguagem em que é descrito. Portanto, quando Cristo diz que ninguém pode entrar no Reino dos Céus exceto aqueles que se tornarem como crianças, é fácil esquecermos (de tão tocantes que são as imagens evocadas por essa simples frase) que um homem não pode se tornar como uma criança exceto se escolher empreender o caminho mais extenuante e minucioso de autonegação. Na prática, o comando de que devemos ser como crianças é idêntico ao de que devemos perder a própria vida. Como Traherne deixa claro no belo trecho citado no capítulo "Deus no mundo", não é possível conhecer a Natureza criada em toda a sua beleza essencialmente sacra a não ser que se desaprendam todos os aparatos sujos da humanidade adulta. Visto pelas lentes manchadas de esterco do interesse próprio, o universo ganha a aparência singular de um monturo; e, com todo esse tempo de uso, as lentes passam a se confundir com os olhos, de modo que o processo de "limpar as portas da percepção" muitas vezes se parece, sobretudo nos primeiros estágios da vida espiritual, com uma dolorosa operação cirúrgica. Mais tarde, é verdade, mesmo essa autonegação pode acabar imbuída do gozo do Espírito. Sobre esse ponto, o seguinte trecho de *A escada da perfeição*, obra do século XIV, é bastante iluminador:

> Muitos homens têm as virtudes da humildade, paciência e caridade para com o próximo, apenas em razão e vontade, e não derivam delas nenhum deleite espiritual; pois muitas vezes sentem rancores, um peso e amargura ao praticarem-nas, mas ainda assim as praticam, porém apenas movidos

pela razão do pavor de Deus. Esse homem tem tais virtudes em razão e vontade, mas não o amor a elas em seus afetos. No entanto, quando, pela graça de Jesus e por exercícios do espírito e do corpo, a razão se transforma em luz e a vontade em amor, então ele pratica as virtudes em afeto; pois tendo roído a casca amarga da noz, por fim ele a quebra e se nutre do miolo; quer dizer, as virtudes que lhe eram pesadas a princípio agora se tornam elas mesmas um deleite e prazer.

Walter Hilton

Enquanto eu for isso ou aquilo ou possuir isso ou aquilo, não sou todas as coisas nem possuo todas as coisas. Torna-te puro até que não sejas nem isso nem aquilo; então serás onipresente e, não sendo nem isso nem aquilo, serás todas as coisas.

Eckhart

Esse argumento que Eckhart enfatiza de forma tão dramática nessas linhas já foi proposto muitas vezes pelos moralistas e psicólogos da vida espiritual. É apenas ao renunciarmos à nossa preocupação com o "eu" e o "meu" que podemos possuir de verdade o mundo em que vivemos. Tudo é nosso, contanto que nada seja visto como nossa propriedade. E não apenas tudo pertence a nós; como pertence a todos.

True love in this differs from dross and clay,
That to divide is not to take away.[23]

---

23 "Do amor é a essência não qual pó ou argila,/ Pois não se perde nada ao dividi-la." A citação é do poeta Percy Bysshe Shelley. Huxley, porém, ou se confunde, ao citar os versos supostamente de memória, ou o parodia. O original diz "ouro e argila". (N. T.)

Não é possível que haja um comunismo completo exceto nos bens do espírito e, em algum grau também, da alma, e apenas quando esses bens forem possuídos pelos homens e mulheres em estado de desapego e autonegação. Algum grau de mortificação, deve-se notar, é um pré-requisito indispensável para a criação e fruição até mesmo dos bens meramente intelectuais e estéticos. Aqueles que optam pelas profissões de artista, filósofo ou homem da ciência, em muitos casos, escolhem uma vida de pobreza e trabalho árduo e não recompensado. Mas essas não são as únicas mortificações que precisam suportar. Quando um artista olha para o mundo, ele precisa negar sua tendência humana ordinária de pensar nas coisas de forma utilitária, visando apenas a suas necessidades. De maneira semelhante, o filósofo crítico precisa mortificar suas tentações comuns, enquanto o pesquisador necessita resistir com firmeza às tentações de simplificar demais o pensamento e pensar de formas tradicionais, tornando-se dócil às conduções do Fato misterioso. E o que é verdadeiro dos criadores de bens estéticos e intelectuais também o é daqueles que desfrutam de tais bens, quando criados. Há demonstrações repetidas, ao curso de toda a história, de que essas mortificações não são banais. Pensa-se, por exemplo, em Sócrates, intelectualmente mortificado, e a cicuta com a qual seus compatriotas, não mortificados, o recompensaram. Pensa-se nos esforços heroicos que precisaram ser feitos por Galileu e seus contemporâneos para romper com as convenções aristotélicas do pensamento, e nos esforços não menos heroicos que têm de ser feitos por qualquer cientista hoje que creia haver mais no universo do que o que pode ser descoberto pelas receitas, honradas pelo tempo, de Descartes. Tais mortificações têm sua recompensa em um estado de consciência que corresponde, em um nível inferior, à beatitude espiritual. O artista — e o filósofo e homem da ciência, que também são artistas — conhece a perfeita felicidade da contemplação estética, da descoberta e da posse desapegada.

Os bens do intelecto, as emoções e a imaginação são bens reais, mas não são o bem final, e caímos em idolatria quando as tratamos como fins em si mesmos. A mortificação da vontade, do desejo e da ação não basta; deve haver mortificação também nos campos do conhecimento, do pensamento, do sentimento e da imaginação.

> As faculdades intelectuais do homem se veem, por conta da Queda, em um estado muito pior do que seus apetites animais e exigem uma autonegação muito maior. E, quando se gratifica e se é complacente com a força natural de sua própria vontade, seu próprio entendimento e sua própria imaginação, tornando-os aparentemente suntuosoas e honrados com os tesouros adquiridos do estudo beletrista, eles serão tão úteis para ajudar o pobre homem decaído a se assemelhar a Cristo quanto as artes da culinária, bem e devidamente estudadas, ajudariam um professor do Evangelho no estudo e prática da abstinência cristã.
>
> William Law

Porque a palavra é alemã e escrita com K, durante a Primeira Guerra, *Kultur* foi um objeto de escárnio e desdém. Tudo isso mudou desde então. Na Rússia, a Literatura, a Arte e a Ciência se tornaram as pessoas de uma nova Trindade humanista. Tampouco é o culto à Cultura algo confinado à União Soviética, mas é praticado pela maior parte dos intelectuais nas democracias capitalistas. Jornalistas inteligentes e calejados, que escrevem sobre todas as outras coisas com o cinismo condescendente de pessoas que sabem tudo sobre Deus, o Ser Humano e o Universo e conseguem enxergar o que está além de todo espetáculo absurdo, não cabem em si quando o assunto é Cultura. Com uma franqueza e um entusiasmo que, dadas as circunstâncias, parecem impronunciavelmente ridículos, eles nos convidam a partilhar de suas emoções claramente religiosas diante da Alta Cultura, tão bem representada, nas artes, pelos murais mais recentes ou centros cívicos; insistem que, enquanto a sra. X seguir escrevendo seus romances inimitáveis e o sr. Y, suas críticas à moda de Coleridge, o mundo, apesar de todas as aparências contrárias, haverá de fazer sentido. Chegou até mesmo a invadir as escolas e faculdades essa mesma sobrevalorização da Cultura, a mesma crença de que a Arte e a Literatura são fins em si mesmos e podem florescer no isolamento a partir de uma filosofia de vida razoável e realista. Entre os educadores "avançados", há muitos que parecem pensar que tudo ficará bem enquanto permitirem aos adolescentes que "se expressem" e encorajarem as crianças pequenas a ser "criativas" nas aulas de arte. Mas, infelizmente, massinha de modelar e autoexpressão não serão soluções para os problemas educacionais. Tampouco o será a tecnologia ou a orientação vocacional; nem os clássicos ou as listas de cem melhores livros. As críticas a seguir, feitas à educação, já foram elaboradas há mais de dois séculos, mas seguem tão relevantes hoje quanto foram no século XVII:

Nada sabe do que devia saber aquele que acredita que sabe tudo sem ver onde e de que modo se relaciona a Deus, aos anjos e aos homens e a todas as criaturas na terra, no céu e no inferno, no tempo e na eternidade.

Thomas Traherne

Em todo caso, algumas coisas eram falhas também (em Oxford sob o governo da Comunidade da Inglaterra, entre 1649 e 1660, antes da restauração da monarquia). Nunca houve um tutor que ensinasse professamente a *felicidade*, ainda que esta seja a senhora de todas as outras ciências. Tampouco houve qualquer um de nós que estudasse essas coisas senão como *estrangeiros*, que deveríamos ter estudado segundo nossa própria fruição. Estudamos para informar nosso conhecimento, mas não sabíamos para qual fim estávamos estudando. E, na falta de objetivos para um fim certo, erramos no caminho.

Thomas Traherne

No vocabulário de Traherne, *felicidade*[24] quer dizer "beatitude", que é idêntica na prática à liberação, que, por sua vez, é o conhecimento unificador de Deus nas alturas interiores, bem como na plenitude que está fora tanto quanto dentro.

---

24 A palavra usada em inglês por Traherne é *felicity*, que, apesar de, em um sentido ordinário, ser entendida como sinônimo de *happiness* (o termo mais comum para "felicidade"), é mais rara e traz consigo um eco da *felicitas* latina: *felix* descreve não apenas alguém que é "alegre", mas afortunado, abençoado pelos deuses. (N. T.)

O que segue é um relato das mortificações intelectuais que precisam ser praticadas por todos cujas preocupações primárias são o conhecimento da Divindade nas alturas interiores da alma.

Bem-aventurado é o homem que, ao apagar continuamente todas as imagens e, por meio da introversão e alçando sua mente a Deus, por fim se esquece e deixa para trás tais obstáculos. Pois apenas por tais meios ele pode operar internamente, com seu intelecto e afeto nus, puros e simples, tendo como objeto o mais puro e simples possível de todos, Deus. Portanto, vemos que teu exercício sobre Deus dentro de ti pode depender inteiramente e apenas de teu intelecto, afeto e vontade nus. Pois, de fato, esse exercício não pode ser realizado por nenhum órgão corporal ou pelos sentidos externos, mas apenas pelo que constitui a essência do homem — a compreensão e o amor. Se, portanto, desejares uma escada segura e um caminho breve para chegar ao fim da verdadeira e perfeita felicidade, então, com uma mente resoluta, deseja com franqueza e aspira à limpidez contínua do coração e pureza da mente. Soma a isso a calma constante e a tranquilidade dos sentidos, e uma tranquilização dos afetos do coração, fixando-os o tempo inteiro no que está acima. Trabalha para simplificar o coração, para que, sendo imóvel e estando em paz contra qualquer vão fantasma que o invada, possas sempre ter o Senhor dentro de ti, a tal ponto como se tua alma já tivesse adentrado o agora perpetuamente presente da eternidade — isto é, o estado de deidade. Subir até Deus é entrar em si. Pois aquele que sobe e entra e vai acima e além de si é quem realmente ascende até Deus.

A mente precisa então se elevar acima de si e dizer: "Ele de quem necessito mais do que tudo está acima de tudo que conheço". E, levado assim rumo às trevas da mente, reunindo em si esse bem todo-suficiente, ele se prende e se torna, por hábito, fixado ao bem supremo que há no interior. Assim continua até te tornares imutável e chegares à vida verdadeira que é o Próprio Deus, perpetuamente, sem nenhuma vicissitude do espaço ou tempo, repousando naquela quietude interior e mansão secreta da deidade.

Alberto Magno (?)

Alguns homens amam ao conhecimento e discernimento como as melhores e mais excelentes de todas as coisas. Eis então que o conhecimento e o discernimento passam a ser amados mais do que aquilo que se discerne; pois a falsa luz natural ama seu conhecimento e seus poderes, que são em si mais do que aquilo que se conhece. E, se fosse possível a essa falsa luz natural compreender a Verdade simples, como está em Deus e na verdade, ela ainda não perderia sua propriedade, isto é, não seria capaz de partir de si e de suas próprias coisas.

Theologia Germanica

A relação entre ação moral e conhecimento espiritual é circular, como se diz, e recíproca. O comportamento daquele que se vê desprovido de si permite que se chegue ao conhecimento, e isso possibilita o desempenho de outras ações que refletem ainda mais genuinamente esse estado e que, por sua vez, ampliam a capacidade do agente de conhecer. E assim por diante, se tudo correr bem e houver uma perfeita docilidade e obediência, de maneira indefinida. O processo é resumido em alguns versos do Upanixade Maitrayana. Um homem realiza uma ação correta (que inclui, é claro, a atenção e meditação corretas), e isso permite que ele veja de relance o Si-mesmo subjacente à sua individualidade separada. "Tendo visto a si-mesmo como o Si-mesmo, ele se torna desprovido de si (e age, portanto, com altruísmo) e, em virtude dessa ausência de si, ele deve ser concebido como incondicionado. Esse é o mistério mais elevado, que pressagia a emancipação; por meio da ausência de si ele não partilha do prazer nem da dor (em outras palavras, entra em um estado de desapego ou santa indiferença), mas obtém o absoluto" (ou, como diz Alberto Magno, "se torna imutável e chega àquela vida verdadeira que é o Próprio Deus").

Quando a mortificação é perfeita, seu fruto mais característico é a simplicidade.

Um coração simples amará a tudo que é mais precioso na terra, marido ou mulher, pai ou filho, irmão ou amigo, sem estragar sua singularidade; coisas externas não terão atrativos senão na medida em que levam as almas a Ele; todo exagero ou irrealidade, afetação e falsidade deve fugir de tal pessoa, como o orvalho seca sob o brilho do sol. Sua única motivação é agradar a Deus, e daí emerge a total indiferença ao que os outros dizem e pensam, de modo que as palavras e ações são perfeitamente simples e naturais, como são apenas ao seu olhar. Tal simplicidade cristã é a própria perfeição da vida interior — Deus, sua vontade e prazer, seu único objeto.

N. Grou

E aqui vemos um relato mais estendido da questão, de autoria de um dos maiores mestres da análise psicológica.

No mundo, quando as pessoas chamam alguém de simples, geralmente querem dizer que é uma pessoa tola, ignorante ou crédula. Mas a simplicidade real, longe de ser tola, é quase sublime. Todos os bons homens gostam dela e a admiram, tomam cuidado para não pecarem contra ela, observam-na nos outros e sabem o que ela envolve; no entanto, não são capazes de a definir com precisão. Devo dizer que a simplicidade é uma retidão da alma que combate o ensimesmamento. Não é a mesma coisa que a sinceridade, que é uma virtude muito mais humilde. Muitos são sinceros sem ser simples. Nada dizem a não ser aquilo que acreditam ser verdade, nada buscam parecer senão aquilo que são. Mas estão o tempo inteiro pensando em si mesmos, pesando cada palavra e pensamento, habitando em si mesmos com a apreensão de terem feito de mais ou de menos. Tais pessoas são sinceras, mas não são simples. Não estão à vontade com os outros, nem os outros com elas. Nada é fácil, franco, livre ou natural nelas. Sente-se a impressão de que seria mais fácil gostar de pessoas menos admiráveis, que não fossem tão rígidas.

Estar absorto no mundo ao seu redor e nunca voltar o pensamento para o interior, como é a condição cega de alguns que foram levados pelo que é agradável e tangível, é um extremo oposto à simplicidade. E estar absorto em si em todas as questões, seja no dever a Deus ou ao homem, é o outro extremo, que faz da pessoa sábia em seu próprio juízo — reservada, ensimesmada, perturbada pela menor coisa que atrapalhe sua autocomplacência interior. Tal falsa sabedoria, apesar de sua solenidade, é pouca coisa menos vã e tola do que a sandice daqueles que se atiram de cabeça nos prazeres mundanos. Um se embriaga com as coisas que o cercam, o outro pelo que acredita estar fazendo por dentro; mas ambos estão em um estado de embriaguez, e este está pior do que aquele, porque parece ser sábio, mas não o é de verdade, e assim essas pessoas não tentam se curar. A simplicidade real repousa no *juste-milieu* igualmente livre da falta de consideração e da afetação, em que a alma não se permite se afogar em coisas externas, de modo que não seja capaz de refletir, nem seja dada aos refinamentos infinitos, que é o que o ensimesmamento induz. Essa alma que olha aonde vai sem perder tempo discutindo sobre cada passo ou olhando para trás perpetuamente é a que possui a verdadeira simplicidade. Tal simplicidade é, de fato, um grande tesouro. Como devemos obtê-la? Eu daria tudo que possuo por ela; é a pérola rara das sagradas escrituras.

No primeiro passo, então, a alma deve se afastar de todas as coisas externas e olhar para dentro de si de modo a conhecer seus próprios interesses reais; até o momento, tudo muito certo e natural; até aí temos apenas um autoamor instruído, que procura evitar a embriaguez do mundo.

No passo seguinte, à contemplação de si a alma deve somar a contemplação de Deus, a quem ela teme. Essa é uma abordagem débil à sabedoria real, mas a alma ainda está muito absorta em si mesma: ela não se satisfaz em temer a Deus; ela quer ter certeza de que O teme e teme não temê-Lo, dando voltas em um círculo perpétuo de ensimesmamento. Todo esse habitar inquieto no si-mesmo é algo muito distante da paz e da liberdade do amor real; mas tal ainda está à distância; a alma precisa seguir por uma temporada de tribulações e, se ela fosse atirada a um estado de repouso, não saberia como aproveitá-lo.

O terceiro passo é quando, ao cessar toda autocontemplação inquieta, a alma começa a habitar em Deus em vez disso e gradualmente se esquece de si n'Ele. Ela se torna repleta d'Ele e cessa de se alimentar de si mesma. Tal alma não está cega às suas faltas nem indiferente aos seus próprios erros; ela tem mais consciência deles do que nunca, e a luz mais forte que é lançada sobre eles os mostra de maneira mais chã, mas seu autoconhecimento vem de Deus, por isso não há inquietação nem perturbação.

Fénelon

Como são admiráveis a sutileza e a acuidade desse trecho! Uma das demonstrações mais extraordinárias, porque mais gratuita, da vaidade do século xx é a presunção de que ninguém sabia nada de psicologia antes dos dias de Freud. Mas a verdade real é que a maioria dos psicólogos modernos compreende os seres humanos menos do que os melhores de seus antecessores. Fénelon e La Rochefoucauld sabiam tudo sobre a racionalização superficial das motivações profundas e desonrosas no subconsciente e tinham plena ciência de que a sexualidade e a vontade de poder eram, com muita frequência, as forças em efeito operando sob a máscara educada da *persona*. Maquiavel traçou a distinção de Pareto entre "resíduos" e "derivações" — entre as motivações reais e carregadas de interesse próprio para a ação política e as teorias, princípios e ideais requintados

A filosofia perene 189

nos termos em que tais ações são explicadas e justificadas ao público crédulo. A avaliação de Pascal da virtude e racionalidade humanas, como eram a do Buda e de santo Agostinho, em termos realistas, não poderia ser mais pessimista. Mas nenhum desses homens, mesmo La Rochefoucauld, mesmo Maquiavel, tinha ciência de certos fatos que os psicólogos do século xx escolheram ignorar — o fato de que a natureza humana é tripartida, consistindo em um espírito, além de um corpo e uma mente; o fato de que vivemos na fronteira entre dois mundos, o temporal e o eterno, o físico-vital-humano e o divino; o fato de que, embora nada seja em si mesmo, o ser humano é "um nada cercado de Deus, indigente de Deus, capaz de Deus e preenchido com Deus, se assim desejar".

A simplicidade cristã, sobre a qual escrevem Grou e Fénelon, é a mesma coisa que a virtude tão admirada por Lao Zi e seus sucessores. Segundo esses sábios chineses, os pecados pessoais e desarranjos sociais se devem ao fato de que os homens se separaram de sua fonte divina e vivem segundo sua própria vontade e noções, não de acordo com o Tao — que é o Grande Caminho, o Logos, a Natureza das Coisas, no que ele se manifesta em todos os planos, desde o físico, passando pelos planos animal e mental, até o espiritual. A iluminação vem quando cedemos nossa vontade própria e nos tornamos dóceis às obras do Tao no mundo ao nosso redor e em nossos próprios corpos, mentes e espíritos. Por vezes os filósofos taoistas escrevem como se acreditassem no Bom Selvagem de Rousseau e (sendo chineses, portanto mais preocupados com o que é concreto e prático do que o meramente especulativo) se dão à prescrição de métodos através dos quais os governantes podem reduzir a complexidade da civilização e, assim, preservar seus súditos contra as influências corruptoras das convenções de pensamento, sentimento e ação que são obras do homem e, logo, eclipsam o Tao. Mas os governantes, para realizar essa tarefa para as massas, devem eles mesmos ser sábios; e, para se tornar sábio, é preciso se livrar de toda a rigidez da idade adulta impenitente e se tornar de novo tal como uma criança pequena. Pois apenas o que é suave e dócil está vivo de verdade; aquilo que conquista e sobrevive a todas as coisas é o que se adapta a tudo, que sempre procura o lugar mais baixo — não a rocha dura, mas a água que desgasta as colinas eternas. A simplicidade e espontaneidade do sábio perfeito são os frutos da mortificação — a mortificação da vontade e, por meio da calma e meditação, da mente. Apenas o artista dotado da mais alta disciplina pode recapturar, em um nível superior, a espontaneidade da criança com seu primeiro estojo de aquarelas. Nada é mais difícil do que ser simples.

"Posso perguntar", disse Yen Hui, "no que consiste o jejum do coração?"

"Cultiva a unidade", respondeu Confúcio. "Tu ouves não com teus ouvidos, mas com a mente; não com tua mente, mas com a própria alma. Mas deixa que a audição cesse nos ouvidos. Deixa que as operações da mente cessem nela mesma. Então a alma será uma existência negativa, respondendo em passividade ao que é externo. Em tal existência negativa, apenas o Tao pode habitar. E esse estado negativo é o jejum do coração."

"Então", disse Yen Hui, "o motivo pelo qual eu não consegui fazer uso desse método é minha própria individualidade. Se eu conseguisse fazer uso dele, minha individualidade desapareceria. É isso que queres dizer com estado negativo?"

"Exatamente", respondeu o mestre. "Deixa-me te dizer. Se podes entrar no domínio desse príncipe (um mau governante a quem Yen Hui ambiciona reformar) sem ofender seu amor-próprio, feliz se ele te ouvir, passivo se não; sem ciência, sem drogas, simplesmente vivendo lá em um estado de completa indiferença — chegarás perto do sucesso [...] Olha pela janela. Por meio dela, uma sala vazia se torna uma paisagem radiante; mas a paisagem cessa lá fora. Nesse sentido, podes usar teus ouvidos e olhos para a comunicação interior, mas deixar toda a sabedoria (no sentido de máximas convencionais, livrescas) fora de tua mente. Esse é o método para regenerar toda a criação."

Chuang-Tzu

A mortificação pode ser vista, nesse contexto, como o processo de estudo através do qual aprendemos enfim a reagir de forma espontânea aos eventos — reações em harmonia com o Tao, com a Quididade, com a Vontade de Deus. Aqueles que se tornaram dóceis à divina Natureza das Coisas, aqueles que respondem às circunstâncias, não com anseio ou aversão, mas com o amor que permite que faças o que quiseres com espontaneidade; aqueles que podem dizer, de verdade, "Não eu, mas Deus em mim" — tais homens e mulheres são comparados, pelos expoentes da Filosofia Perene, às crianças, aos loucos e simplórios, e até mesmo, às vezes, como no trecho a seguir, a bêbados.

Um homem bêbado que cai do carro, ainda que possa sofrer, não morre. Seus ossos são os mesmos do que os dos outros, mas ele encontra seu acidente de outro modo. Seu espírito está em uma condição de segurança. Ele não está consciente do correr do carro; tampouco o está de cair dele. Ideias de vida, morte, medo e coisas semelhantes não podem penetrar seu peito; e assim ele não sofre do contato com a existência objetiva. Se tal segurança pode ser obtida com vinho, quanto maior não é a segurança que podemos obter de Deus?

Chuang-Tzu

É por meio de uma longa obediência e trabalho árduo que o artista chega à espontaneidade fácil e ao domínio consumado. Sabendo que jamais poderá criar nada de sua própria vontade partindo das camadas superiores, por assim dizer, de sua consciência pessoal, ele se submete com obediência às operações da "inspiração"; e sabendo que a mídia com a qual trabalha tem sua própria natureza, que não pode ser ignorada nem conquistada com violência, ele se torna seu servo paciente e, desse modo, obtém a liberdade perfeita de expressão. Mas a vida também é uma arte, e aquele que busca se tornar um artista consumado em vida deve seguir, em todos os níveis de seu ser, os mesmos procedimentos como aqueles pelos quais o pintor ou o escultor ou qualquer outro artista chega à sua própria perfeição delimitada.

O cozinheiro do príncipe Hui estava cortando um boi. Cada golpe de seu facão, cada movimento de seus ombros, cada passo de seu pé, cada *vuuush* de carne cindida, cada *chhk* do facão estava em perfeita harmonia — rítmico como a Dança do Pomar de Amoreiras, simultâneo como os acordes de Ching Shou.

"Muito bem!", gritou o príncipe. "Tu és hábil de fato."

"Senhor", respondeu o cozinheiro, "sempre fui devoto do Tao. É melhor do que ser hábil. Quando comecei a cortar as carcaças de boi, eu via diante de mim simplesmente os bois inteiros. Depois de três anos de prática, eu não via mais o animal inteiro. E agora trabalho com minha mente e não com meu olho. Quando meus sentidos me avisam para parar, mas minha mente clama para que eu continue, volto aos princípios eternos. Sigo tais aberturas ou cavidades quantas haja, segundo a constituição natural do animal. Não tento cortar juntas e menos ainda ossos inteiros.

"Um bom cozinheiro troca sua faca uma vez por ano — porque ele corta. Um cozinheiro ordinário, uma vez por mês — porque ele golpeia. Mas eu tenho este facão há dezenove anos e, por mais que eu tenha cortado já muitos milhares de bois, seu fio ainda está tão bom quanto um recém-amolado. Pois nas juntas há sempre interstícios e, sendo o fio do facão desprovido de grossura, eles existem para que eu insira o que não tem grossura em tais interstícios. Por esses meios, os interstícios se ampliam, e a lâmina terá muito espaço de folga. Foi assim que mantive meu facão por dezenove anos, como se recém-amolado.

"Em todo caso, quando me deparo com uma parte dura, que encontra a lâmina com dificuldade, eu sou todo cuidados. Fixo meus olhos nela. Detenho minha mão e aplico a lâmina gentilmente, até que, com um *hwah*, a parte cede como terra desmanchando sobre o solo. Então retiro a lâmina e fico olhando; por fim, limpo meu facão e o guardo com cautela."

"Bravo!", gritou o príncipe. "Com as palavras deste cozinheiro, aprendi como cuidar de minha vida."

Chuang-Tzu

Nos primeiros sete ramos de seu Caminho Óctuplo, o Buda descreve as condições que devem ser cumpridas por qualquer um que deseje chegar à contemplação correta do que é o oitavo e último ramo. O cumprimento dessas condições acarreta empreender um caminho de mortificação mais abrangente e minucioso — a mortificação do intelecto e da vontade, do anseio e da emoção, pensamento, discurso, ação e, por fim, modo de ganhar a vida. Certas profissões são mais ou menos completamente incompatíveis com a conquista do destino final do ser humano; e há certos modos de ganhar a vida que causam tantos males físicos — e sobretudo intelectuais e espirituais — que, mesmo que praticados por um espírito desapegado (o que, no geral, é impossível), ainda exigiriam o desdém de qualquer um dedicado à tarefa de libertar não apenas a si mesmo, como aos outros. Os expoentes da Filosofia Perene não se contentam em evitar e proibir a prática de profissões criminosas, como cafetinagem, falsificação, extorsão e outras coisas do tipo; eles também evitam pessoalmente os perigos de um grande número de formas de ganhar a vida vistas como legítimas, e avisam os outros desses perigos. Assim, em muitas sociedades budistas, a manufatura de armamentos, a preparação de bebidas alcoólicas e a venda de carnes no atacado pelo açougueiro não eram, como são na cristandade contemporânea, recompensadas com riqueza, amizades e influência política, mas deploradas como negócios que, pensava-se, ofereciam dificuldades particulares para que seus praticantes e outros membros da comunidade em que eram praticadas pudessem obter a iluminação e a liberação. De forma semelhante, na Europa medieval, aos cristãos era proibido ganhar a vida com juros monetários ou monopólios. Como Tawney e outros demonstraram, foi só depois da Reforma que a mesquinharia dos cupons, a usura e as apostas em ações e commodities se tornaram atividades respeitáveis e receberam aprovação eclesiástica.

Para os quacres, a carreira militar é e sempre foi um ganha-pão errado — a guerra é, aos seus olhos, anticristã, não apenas porque causa sofrimento, mas porque propaga o ódio, valoriza a fraude e a crueldade, infectando sociedades inteiras com raiva, medo, orgulho e falta de caridade. Tais paixões eclipsam a Luz Interior, portanto deve-se enxergar as guerras por meio das quais são suscitadas e intensificadas, não importando seu resultado político imediato, como cruzadas para assegurar no mundo um lugar para a escuridão espiritual.

Descobriu-se, como questão de experiência, que é perigoso determinar regras detalhadas e inflexíveis para a vida correta — perigoso porque a maioria das pessoas não vê motivo para viver com retidão excessiva e, como consequência, elas respondem com hipocrisia ou com uma rebelião abertamente declarada contra essa imposição de um código rígido demais. Na tradição cristã, por exemplo, faz-se uma distinção entre os preceitos, que se aplicam a todos, individualmente, e os conselhos de perfeição, que se aplicam apenas àqueles que se sentem atraídos à renúncia total "do mundo". Os preceitos incluem o código moral ordinário e o mandamento de amar a Deus com todo o seu coração, sua força e sua mente, além de amar ao próximo como a si mesmo. Alguns daqueles que se esforçam a sério para obedecer a este último e maior mandamento descobrem que não conseguem fazê-lo com todo o seu coração a não ser que sigam os conselhos e cortem todas as conexões com o mundo. Em todo caso, é possível para homens e mulheres obterem essa "perfeição", que é o livramento no conhecimento unificador de Deus, sem abandonar seu casamento ou vender tudo que possuem e dar o dinheiro aos pobres. A pobreza efetiva (não possuir nenhum dinheiro) de modo algum acarreta sempre uma pobreza afetiva (ser indiferente ao dinheiro). Um homem pode ser pobre, mas estar desesperadamente preocupado com o que o dinheiro pode comprar, cheio de anseios, inveja e uma amarga autopiedade. Outro pode ter dinheiro, mas nenhum apego ao dinheiro ou às coisas, aos poderes e privilégios que o dinheiro pode comprar. "A pobreza evangélica" é uma combinação de pobreza efetiva e pobreza afetiva; mas uma pobreza genuína do espírito é possível mesmo naqueles que não são efetivamente pobres. Observa-se daí que os problemas do modo certo de ganhar a vida, na medida em que estão além da jurisdição do código moral comum, são estritamente pessoais. O modo como qualquer problema individual se apresenta e a natureza da solução adequada dependem do grau de conhecimento, sensibilidade moral e visão espiritual conquistados pelo indivíduo em questão. Por esse motivo, não há regras universalmente aplicáveis que possam ser formuladas, exceto nos termos mais gerais. "Aqui estão meus três tesouros", diz Lao

Zi. "Guardai-os e protegei-os! O primeiro é a misericórdia, o segundo, a frugalidade, o terceiro, a recusa a ser proeminente entre todas as coisas sob o céu." E, quando um estranho pede a Jesus para decidir uma disputa entre ele e seu irmão sobre uma herança, ele se recusa a ser o juiz desse caso (haja vista que desconhece as circunstâncias) e apenas pronuncia um aviso geral contra a cobiça.

Gasan instruía seus discípulos certo dia: "Aqueles que condenam matar, que desejam poupar a vida de todos os seres conscientes, têm razão. É bom proteger até mesmo animais e insetos. Mas e aquelas pessoas que matam o tempo e as que destroem riquezas e as que assassinam a economia de sua sociedade? Não deveríamos ignorá-las. Mais uma vez: e aquele que prega sem ter chegado à iluminação? Ele mata o budismo".

De *101 histórias zen*

Certa vez nobre Ibrahim, sentado em seu trono,
Ouvira um clamor e ruído de gritos no telhado,
E passos pesados no telhado de seu palácio.
Ele disse a si mesmo: "Que pés pesados são esses?".
Ele gritou da janela: "Quem vai lá?".
Os guardas, cheios de confusão, bateram continência, dizendo:
"Somos nós, estamos em uma busca".
Ele disse: "O que buscais?". Eles disseram: "Nossos camelos".
Ele disse: "E quem procura por camelos em um telhado?".
Eles disseram: "Nós seguimos teu exemplo,
Que buscas união com Deus, sentado em teu trono".

Jalaladim Maomé Rumi

De todos os problemas sociais, morais e espirituais, o do poder é o mais cronicamente urgente e o de mais difícil solução. A sede de poder não é um vício do corpo, por consequência não tem nenhuma das limitações impostas pela fisiologia cansada ou saciada sobre a gula, a intemperança e a luxúria. Crescendo mais a cada satisfação sucessiva, o apetite pelo poder pode se manifestar indefinidamente, sem as interrupções da fadiga ou de enjoo corporais. Além do mais, a natureza da sociedade é tal que, quanto mais alto um homem sobe em sua hierarquia política, econômica ou religiosa, maiores são as oportunidades e recursos para exercitar o poder. Mas subir a escada hierárquica costuma ser um processo lento, e é raro que os ambiciosos cheguem ao topo antes da idade avançada. Quanto mais envelhece, mais chances tem o amante do poder para se refestelar em seu pecado constante, mais ele continua a se submeter a tentações, e mais glamourosas elas se tornam. A esse respeito, sua situação é profundamente diferente da situação do dissoluto, pois este pode nunca abandonar seus vícios por vontade própria, mas, pelo menos, conforme sua idade avança, ele descobre que seus vícios o abandonam; mas aquele nunca os abandona nem é abandonado por eles. Em vez de levar o amante do poder a um alívio misericordioso de seus vícios, a idade os intensifica ao facilitar a satisfação de seus anseios em escalas mais amplas e de formas mais espetaculares. É por isso que, nas palavras de Acton, "todos os grandes homens são maus". Será que podemos, então, nos surpreender se as ações políticas realizadas, em uma excessiva maioria dos casos, não pensando no bem público, mas apenas ou, pelo menos, primariamente para gratificar a sede de poder de homens maus, sejam, com frequência, autoentorpecentes ou até mesmo desastrosas?

L'état c'est moi, diz o tirano; e isso é verdade, é claro, não apenas do autocrata no ápice da pirâmide, mas de todos os membros da minoria governante através dos quais ele governa e que são, de fato, os verdadeiros governantes da nação. Além do mais, enquanto as políticas que gratificam a sede de poder da classe governante obtiverem sucesso e enquanto o preço do sucesso não for caro demais, mesmo as massas dos governados sentirão que elas próprias são o Estado — uma vasta e esplêndida projeção do ego intrinsecamente insignificante do indivíduo. O homem pequeno pode satisfazer sua sede de poder de forma vicária por meio das atividades do Estado imperialista, assim como o grande homem; a diferença entre eles é de grau, não de natureza.

Nunca foi elaborado nenhum método para controlar a manifestação política da sede de poder. Como o poder, por sua própria essência, é indefinidamente expansivo, não pode ser detido senão pela colisão com outro poder. Daí que qualquer sociedade que valorize a liberdade, no sentido de governança por jurisprudência em vez de interesses de classe ou decreto pessoal, deve garantir que o poder de seus governantes seja dividido. A unidade nacional significa servidão nacional a um único homem e à oligarquia que o suporta. A desunião organizada e equilibrada é a condição necessária da liberdade. A Oposição Leal a vossa majestade é a mais leal de todas, porque é a seção mais genuinamente útil à comunidade que ama a liberdade. Além do mais, haja vista que o apetite pelo poder é de pura natureza mental e, portanto, insaciável e invulnerável à doença ou idade avançada, nenhuma comunidade que valorize a liberdade pode dar aos seus governantes longos períodos de ofício. A Ordem dos Cartuxos, que "nunca foi reformada, porque nunca se deformou", deve sua longa imunidade à corrupção ao fato de que seus abades eram eleitos por períodos de um único ano. Na Roma antiga, a quantidade de liberdade sob a lei se flagrava em uma proporção inversa à duração do ofício dos magistrados. Essas normas para se controlar a sede de poder são fáceis de formular, mas muito difíceis, como a história nos mostra, de implementar na prática. E são particularmente difíceis de se implementar em um período como o presente, quando o maquinário político santificado pelo tempo vem se tornando obsoleto em face das rápidas mudanças tecnológicas e quando a prática salutar de desunião organizada e equilibrada exige instituições novas e mais adequadas para ser incorporada.

O erudito historiador católico Acton era da opinião de que todos os grandes homens são maus; o místico e poeta persa Rumi pensava que procurar a união com Deus enquanto se ocupa um trono era uma empreitada não menos sem sentido do que procurar camelos em meio às chaminés. Uma nota um pouco mais otimista se encontra em são Francisco de Sales, cujas visões sobre o assunto foram registradas por seu discípulo boswelliano, o jovem bispo de Belley.

> *"Mon Père"*, eu disse um dia, "como é possível para aqueles que detêm cargos altos praticar a virtude da obediência?"
>
> Francisco de Sales respondeu: "Eles têm mais e mais excelentes maneiras de fazê-lo do que seus inferiores".
>
> Como não compreendi sua resposta, ele prosseguiu e disse: "Aqueles que estão sujeitos à obediência costumam

estar sujeitos apenas a um superior… Mas aqueles que são eles próprios os superiores têm um campo mais vasto para a obediência, mesmo quando mandam; pois, se tiverem em mente que Deus é quem os colocou acima dos outros homens e lhes concede o poder que têm, então exercitarão seu poder a partir da posição de obediência a Deus e, assim, mesmo enquanto mandam, obedecerão. Além do mais, não existe nenhuma posição tão alta que não esteja sujeita a um superior espiritual no que diz respeito à consciência e à alma. Mas há um ponto ainda mais alto de obediência ao qual todos os superiores podem aspirar, mesmo aquele a que são Paulo alude quando diz: "Porque, sendo livre para com todos, me fiz servo de todos". É por via dessa obediência universal a todos que nos tornamos "todas as coisas a todos os homens"; e, servindo a todos pelo bem de Nosso Senhor, estimamos a todos como nossos superiores".

De acordo com essa regra, muitas vezes observei como Francisco de Sales tratava a todos, mesmo as pessoas mais insignificantes que o abordavam, como se fosse ele o inferior, nunca repelindo a ninguém, nunca se recusando a entrar em colóquio, a falar ou ouvir, nunca revelando o menor sinal de cansaço, impaciência ou irritação, por mais inoportuna ou fora de horário que fosse sua interrupção. Aos que lhe perguntavam por que ele desperdiçava assim seu tempo, sua resposta era: "É a vontade de Deus; é o que Ele requer de mim; o que mais preciso pedir? Enquanto faço isso, não me é exigido fazer nada mais. A Santa Vontade de Deus é o centro a partir do qual tudo que fazemos deve irradiar; todo o resto é mero cansaço e excitação".

Jean-Pierre Camus

Vemos então que é possível um "grande homem" ser bom — bom o bastante até mesmo para aspirar ao conhecimento unificador do Fundamento divino — contanto que, enquanto exerce o poder, cumpra duas condições. Primeiro, ele deve negar a si mesmo todas as vantagens pessoais do poder e deve praticar a paciência e a calma, sem as quais não pode haver amor nem ao homem nem a Deus. E, segundo, ele deve perceber que o acidente de possuir poderes temporais não lhe dá autoridade espiritual, que pertence apenas aos visionários, vivos ou mortos, que obtiveram a revelação direta da Natureza das Coisas. Uma sociedade em que o chefe é louco o suficiente para crer que é um profeta é uma sociedade condenada à destruição. Uma sociedade viável é aquela em que os qualificados a ver indicam os objetivos a ser almejados, enquanto aqueles cujo negócio é governar respeitam a autoridade e dão ouvidos aos conselhos dos que veem. Em teoria, pelo menos, isso era bem compreendido na Índia e, até a Reforma, na Europa, onde "nenhuma posição era tão alta que não estivesse sujeita a um superior espiritual no que dizia respeito à consciência e à alma". Infelizmente as Igrejas tentaram unir o melhor dos dois mundos — combinar a autoridade espiritual com o poder temporal, manejado diretamente ou a um grau de distância do trono. Mas a autoridade espiritual pode ser exercitada apenas por aqueles dotados de perfeito desinteresse e cujas motivações estão além de qualquer suspeita. Uma organização eclesiástica pode se chamar de Corpo Místico de Cristo, mas, se seus prelados forem escravocratas e governantes estatais, como eram no passado, ou se a corporação for capitalista em larga escala, como é o caso hoje, título nenhum, por mais honorífico que possa ser, é capaz de ocultar o fato de que, ao passar por julgamento, ela o faz como uma parte interessada, com alguma agenda política ou econômica. Em questões que não dizem respeito direto aos poderes temporais da corporação, é verdade, os clérigos individuais podem demonstrar o mais perfeito desinteresse, como já provaram de fato em alguns casos — e, por consequência, possuíram e possuem uma autoridade espiritual genuína, como foi o caso de são Filipe Néri. Desprovido de qualquer poder temporal, ele exerceu, no entanto, uma influência prodigiosa sobre toda a Europa do século XVI. Mas, apesar dessa influência, é impossível saber se os esforços do Concílio de Trento para reformar a Igreja romana a partir de dentro teriam tido grande sucesso.

Na prática real, quantos foram os grandes homens que cumpriram ou cumprirão um dia as condições que são as únicas que tornam inócuo o poder tanto para o governante quanto para os governados? É óbvio que pouquíssimos. Exceto pelo intermédio dos santos, o problema do poder é, no fim, insolúvel. Mas, haja vista que o autogoverno genuíno é possível apenas em grupos muito pequenos, as sociedades em escala nacional ou supranacional serão sempre governadas por minorias oligárquicas, cujos membros chegam ao ápice por conta de sua sede de poder. Isso significa que esse problema sempre surgirá e, como não pode ser resolvido exceto por pessoas como Francisco de Sales, sempre será motivo de transtornos. E isso, por sua vez, significa que não podemos esperar que as sociedades de massa do futuro sejam muito melhores do que as do passado durante os breves períodos em que chegaram a seus pontos mais altos.

Capítulo VII

Verdade

Por que essa tua eloquência quanto a Deus? O que quer que digas d'Ele não é vero.

Eckhart

Na literatura religiosa, a palavra "verdade" tem um uso indiscriminado, com pelo menos três sentidos distintos e muito diferentes entre si. Assim, por vezes é tratada como sinônimo de "fato", como quando se afirma que Deus é a verdade — com o sentido de que Ele é a Realidade primordial. Mas é claro que esse não é o sentido da palavra em uma expressão como "adorar a Deus em espírito e em verdade". Aqui a palavra "verdade" obviamente significa a apreensão direta do Fato espiritual, em oposição ao conhecimento de segunda mão *sobre* a Realidade, formulada em frases e aceita com base na autoridade ou porque um argumento elaborado de postulados anteriores é logicamente convincente. E, por fim, há o sentido mais ordinário da palavra, como na frase "Esta declaração é verdade", em que a intenção é afirmar que os símbolos verbais que compõem a declaração correspondem aos fatos aos quais ela se refere. Quando Eckhart escreve que "O que quer que digas d'Ele não é vero", não está afirmando que todas as declarações teológicas são falsas. Na medida em que pode haver qualquer correspondência entre símbolos humanos e o Fato divino, algumas declarações teológicas são tão verdadeiras quanto se é possível formular. Eckhart, ele mesmo um teólogo, teria admitido isso com certeza. Mas, além de teólogo, Eckhart era um místico e, sendo um místico, ele compreendia com grande vivacidade o que o semanticista moderno tenta com tanto afinco (e, no entanto, sem sucesso) martelar nas mentes contemporâneas — a saber, que as palavras não são o mesmo que as coisas e que um conhecimento das palavras sobre fatos de modo algum equivale a uma apreensão direta e imediata dos próprios fatos. O que Eckhart realmente afirma é o seguinte: o que quer que se diga sobre Deus nunca pode, sob nenhuma circunstância, ser a "verdade" nos primeiros dois sentidos dessa palavra tão abusada e ambígua. Por implicação, são Tomás de Aquino dizia a exata mesma coisa quando, depois de sua experiência em contemplação inspirada, ele se recusou a prosseguir com sua obra teológica, declarando que tudo que escrevera até aquele momento era uma mera palha em comparação com o conhecimento imediato que lhe fora concedido. Duzentos anos antes, em Bagdá, o grande teólogo maometano Algazali havia também se voltado da consideração das verdades sobre Deus à contemplação e apreensão direta da Verdade-como-Fato, da pura disciplina intelectual dos filósofos à disciplina moral e espiritual dos sufis.

A moral disso tudo é óbvia. Sempre que ouvimos falar ou lemos sobre "a verdade", devemos fazer uma pausa longa o bastante para nos perguntar em quais dos três sentidos listados anteriormente a palavra no momento está sendo usada. Ao tomarmos essa simples precaução (e tomá-la é um ato genuinamente virtuoso de honestidade intelectual), nós nos poupamos de muita confusão mental e suas perturbações desnecessárias.

Desejando atrair os cegos,
O Buda, brincando, deixou que as palavras escapassem de sua áurea boca;
Céu e terra desde então foram preenchidos de emaranhados de espinhos.

Dai-o Kokushi

Não há verdade mais em toda parte,
O Verdadeiro não se encontra em lugar algum
Se tu dizes que vês o Verdadeiro,
Essa vista não é a verdadeira.
Quando o Verdadeiro é deixado para si mesmo,
Nada há de Falso nele, pois é a própria Mente.
Quando a Mente em si não se libera do falso,
Nada é verdadeiro, em lugar algum o Verdadeiro se encontra.

Hui Neng

O Buda de fato nunca pregou a verdade, haja vista que é preciso percebê-la dentro de si mesmo.

Sutra Lamkara

Quanto mais longe se viaja, menos se sabe.

Lao Zi

"Escutai isto!", gritou o Macaco. "Depois de todas as dificuldades que tivemos para chegar aqui vindos da China e depois de terdes ordenado em especial que recebêssemos as escrituras, Ananda e Kasyapa fizeram uma entrega fraudulenta da mercadoria. Eles nos deram exemplares em branco; eu vos digo, de que nos serve isso?"

"Não precisas gritar", disse o Buda, sorrindo, "[...] a bem da verdade, são esses rolos em branco que são as verdadeiras escrituras. Mas eu bem entendo que as pessoas na China são tolas e ignorantes demais para acreditar nisso, então o melhor é entregar-lhes exemplares com alguma coisa escrita."

Wu Cheng'en

Os filósofos de fato são bem espertos, mas carentes de sabedoria;
Quanto aos outros, ou são ignorantes ou pueris!
Tomam um punho vazio como se contivesse algo real e o dedo que aponta como o objeto ao qual se aponta.
Porque aderem ao dedo como se fosse à Lua, todos os seus esforços se perdem.

Yoka Daishi

O que se conhece como os ensinamentos do Buda não são os ensinamentos do Buda.

Sutra do Diamante

"Qual é o ensinamento supremo do budismo?"
"Tu não o compreenderás até que o tenhas."

Shitou Xiqian

O tema da Filosofia Perene é a natureza da Realidade eterna e espiritual, mas a linguagem em que ela deve ser formulada foi desenvolvida para o propósito de lidar com fenômenos dentro do tempo. É por isso que, em todas essas formulações, encontramos um elemento de paradoxo. A natureza da Verdade-como-Fato não pode ser descrita por meio de símbolos verbais que não tenham uma correspondência adequada a ela. Na melhor das hipóteses, é possível sugeri-la em termos de *non sequiturs* e contradições.

A esses paradoxos inevitáveis alguns escritores espirituais escolheram acrescentar enormidades deliberadas e calculadas de linguagem — provérbios severos, exagerações, extravagâncias irônicas ou cômicas, feitas para perturbar e chocar o leitor, despertando-o da complacência satisfeita que é o pecado original do intelecto. Desse segundo tipo de paradoxo os mestres do taoismo e do zen-budismo gostavam muito. Estes, de fato, fizeram uso de paralogismos e até mesmo do *nonsense* como meios de "tomar o Reino do Céu pela violência". Encorajavam-se os aspirantes à vida da perfeição a praticarem a meditação discursiva com base em alguma fórmula completamente ilógica. O resultado era um tipo de redução ao absurdo de todo o processo discursivo autocentrado e centrado no mundano, uma ruptura súbita com a "razão" (na linguagem da filosofia escolástica) em prol de um "intelecto" intuitivo, capaz de apreender revelações genuínas do Fundamento divino de todo ser. Esse método nos parece estranho e excêntrico, mas o fato é que ele funcionava a ponto de produzir em muitas pessoas a *metanoia* final, a transformação da consciência e do caráter.

O uso da extravagância quase cômica pelo zen para enfatizar suas verdades filosóficas vistas como as mais importantes é bem ilustrado no primeiro dos trechos supracitados. Não é para imaginarmos a sério que o objetivo da pregação de um avatar seja fazer troça com a raça humana. Mas, nesse ínterim, o autor obteve sucesso em perturbar nossa complacência habitual sobre o universo verbal caseiro em que normalmente vivemos a maior parte do tempo. As palavras não são fatos, que dirá ainda o Fato primordial. Se as levarmos a sério demais, iremos nos perder em uma floresta de emaranhados de espinhos. Mas, pelo contrário, se não as levarmos a sério o bastante, ainda permaneceremos ignorando o fato de que há algo a se perder ou um objetivo a ser alcançado. Se o Iluminado não pregar, não é possível o livramento para ninguém. No entanto, porque as mentes e linguagens humanas são o que são, essa pregação necessária e indispensável está repleta de perigos. A história de todas as religiões é semelhante em respeito a um detalhe importante: alguns de seus seguidores são iluminados e libertos porque escolheram reagir de forma adequada às palavras que os fundadores deixaram cair; outros obtiveram uma salvação parcial ao reagir com uma adequação parcial; e outros ainda fizeram mal a si mesmos e aos seus semelhantes ao reagir com total inadequação — ou por ignorarem de vez as palavras ou, com mais frequência, por levarem-nas a sério demais e tratarem-nas como se fossem idênticas ao Fato a que se referem.

Que as palavras são, ao mesmo tempo, indispensáveis e, em muitos casos, fatais é reconhecido por todos os expoentes da Filosofia Perene. Assim, Jesus falou de si mesmo em termos de trazer ao mundo algo pior do que espinhos — uma espada. São Paulo distinguia entre a letra que mata e o espírito que dá vida. E, ao longo dos séculos seguintes, os mestres da espiritualidade cristã acreditaram ser necessário repetir de novo e de novo um tema que nunca se tornou datado, porque o *homo loquax*, o animal que fala, insiste em manter o mesmo deleite ingênuo em sua maior conquista, ainda tão indefeso como vítima de suas próprias palavras quanto o fora à ocasião da construção da Torre de Babel. Os últimos anos foram testemunha da publicação de numerosas obras sobre semântica e um oceano de propaganda nacionalista, racialista e militarista. Nunca houve tantos escritores tão capazes de avisar a humanidade dos perigos do discurso equivocado — e nunca a palavra foi usada de forma tão imprudente por políticos ou levada tão a sério pelo público. O fato há de ser prova o suficiente de que, sob formas mutáveis, os velhos problemas permanecem o que sempre foram — urgentes, mal resolvidos e, para todas as aparências, insolúveis.

> Tudo que a imaginação pode imaginar e a razão conceber e compreender nesta vida não é, nem pode ser, um meio imediato de união com Deus.
>
> São João da Cruz

> Especulações insípidas e inférteis podem desdobrar as dobraduras das roupas da Verdade, mas não podem descobrir seu belo rosto.
>
> John Smith, o Platonista

Em todas as faces se mostra a Face das faces, velada e em um enigma. Em todo caso, desvelada, ela não é vista até que, acima de todas as faces, um homem chegue a certo silêncio secreto e místico, onde não há conhecimento ou conceito de face. Essa neblina, nuvem, escuridão ou ignorância, em que aquele que procura tua Face entra, quando passa além de todo conhecimento ou conceito, é o estado abaixo do qual tua Face não pode ser encontrada, exceto sob o véu; mas essa mesma escuridão revela que tua Face está além de todos os véus. Assim eu observo o quanto é necessário, para mim, adentrar a escuridão e admitir a coincidência dos opostos, além de todo alcance da razão, e lá procurar a Verdade, onde a impossibilidade nos encontra.

Nicolau de Cusa

Da mesma forma como a Divindade não tem nome e todo nome Lhe é estranho, assim também a alma não tem nome, pois é aqui o mesmo que Deus.

Eckhart

Sendo Deus como é, inacessível, não repouseis na consideração dos objetos perceptíveis aos sentidos e compreendidos pelo entendimento. Isso seria se contentar com o que é menos que Deus; nisso, destruirás a energia da alma, que é necessária para caminhar com Ele.

São João da Cruz

Encontrar ou conhecer a Deus na realidade por meio de quaisquer provas externas ou qualquer coisa que não seja o próprio Deus manifesto e autoevidente em ti nunca será teu caso nem aqui nem no além. Pois nem Deus, nem o céu, nem o inferno, nem o diabo, nem a carne podem ser cognoscíveis em ti ou por ti senão em sua própria existência e manifestação em ti. E todo o pretenso conhecimento de qualquer uma dessas coisas, além e sem sua sensibilidade autoevidente de seu nascimento dentro de si, é apenas tal conhecimento delas como o que o cego tem da luz que nunca entrou nele.

William Law

Segue um resumo, de autoria de um erudito proeminente, das doutrinas indianas acerca do *jnana*, o conhecimento libertador do Brahman ou Fundamento divino.

O *jnana* é eterno, é geral, é necessário e não é um conhecimento pessoal deste ou daquele homem. Ele está lá, como conhecimento no próprio *Atman*, e repousa oculto sob toda a *avidya* (ignorância) — irremovível, ainda que possa ser obscurecido, impossível de ser provado, pois autoevidente, dispensando provas, porque ele próprio dá a toda prova o fundamento da possibilidade. Essas frases se aproximam do "conhecimento" de Eckhart e dos ensinamentos de Agostinho sobre a Verdade Eterna na alma que, ela mesma imediatamente certa, é o fundamento de toda certeza e é uma posse não de A ou B, mas "da alma".

Rudolf Otto

A ciência da estética não é o mesmo que a prática e a apreciação das artes, tampouco é um meio aproximado disso. Como é possível aprender a ter um olho para imagens ou se tornar um bom pintor? É certo que isso não se dá ao ler Benedetto Croce. Aprende-se a pintar pintando e aprende-se a apreciar quadros indo a exposições e admirando-os.

Mas isso não quer dizer que o que Croce e seus colegas fazem seja um desperdício de tempo. Devemos ser gratos a eles por seus esforços em construir um sistema de pensamento, por meio do qual o valor e a significância imediatamente apreendidos da arte podem ser avaliados à luz do conhecimento geral, relacionados aos outros fatos da experiência e, desse modo e nessa medida, "explicados".

O que é verdadeiro para a estética também o é para a teologia. A especulação teológica é valiosa na medida em que possibilita, àqueles que tiveram a experiência imediata de vários aspectos de Deus, formar ideias inteligíveis sobre a natureza do Fundamento divino e sobre sua própria experiência do Fundamento em relação a outras experiências. E, quando um sistema coerente de teologia é desenvolvido, ele é útil na medida em que convence aqueles que o estudam de que nada há de inerentemente autocontraditório sobre o postulado do Fundamento divino e que, para aqueles que estão prontos para cumprir certas condições, o postulado pode se tornar um Fato concretizado. Sob nenhuma circunstância, porém, é possível que o estudo de teologia ou a aquiescência da mente às proposições teológicas tomem o lugar do que Law chama de "o nascimento de Deus dentro". Pois a teoria não é a prática, e as palavras não são as coisas que representam.

A teologia, como a conhecemos, foi formada pelos grandes místicos, sobretudo santo Agostinho e são Tomás. Muitos outros grandes teólogos — sobretudo são Gregório e são Bernardo, até mesmo Suarez — não teriam tido tal visão sem o supraconhecimento místico.

Abade John Chapman

Em contraposição a esse argumento, devemos postular a perspectiva do dr. Tennant — a saber, de que a experiência religiosa é algo real e único, mas não acrescenta nada ao conhecimento da Realidade definitiva de quem a vivencia e deve ser sempre interpretada em termos de uma ideia de Deus derivada de outras fontes. Um estudo dos fatos sugeriria que ambas as opiniões estão corretas em algum grau. Os fatos da visão mística (junto com os fatos do que é entendido como revelação histórica) são racionalizados como conhecimento geral e se tornam a base de uma teologia. E, de forma recíproca, uma teologia existente em termos de conhecimento geral exercita uma influência profunda sobre aqueles que assumiram a vida espiritual. Essa teologia, se for uma teologia baixa, faz com que se contentem com uma forma baixa de experiência, mas, se for uma teologia elevada, faz com que rejeitem como inadequadas as experiências de qualquer forma da realidade que tenham características incompatíveis com aquelas de Deus como descritas nos livros. Assim os místicos fazem teologia e a teologia faz os místicos.

Uma pessoa que concorda com um dogma inverídico ou que dedica toda a sua atenção e lealdade a um único dogma verdadeiro de um sistema abrangente, enquanto negligencia os outros (como muitos cristãos que se concentram de forma exclusiva na humanidade da Segunda Pessoa da Trindade e ignoram o Pai e o Espírito Santo), corre o risco de limitar o avanço de sua apreensão direta da realidade. Tanto na religião como nas ciências naturais, a experiência é determinada apenas pela experiência. Seria fatal prejulgá-la, compeli-la a entrar em um molde imposto por uma teoria que não corresponde de forma alguma aos fatos ou corresponde a apenas alguns deles. "Não te esforces para procurar o Verdadeiro", escreve um mestre zen, "apenas cessa de valorizar opiniões." Há somente um modo de curar os resultados da crença em uma teologia falsa ou incompleta, o mesmo modo que é o único conhecido para se passar da crença até mesmo na mais verdadeira teologia ao conhecimento do Fato primordial — autonegação, docilidade, abertura ao que é dado pela Eternidade. As opiniões são coisas que fazemos e podemos, portanto, compreendê-las, formulá-las e discutir sobre elas. Mas repousar "na consideração dos objetos perceptíveis aos sentidos e compreendidos pelo entendimento", nas palavras de são João da Cruz, "seria se contentar com o que é menos que Deus." O conhecimento unificador de Deus é possível apenas àqueles que "cessaram de valorizar opiniões" — até mesmo opiniões que são tão verdadeiras quanto é possível que uma abstração verbalizada seja.

Sobe então, nobre alma! Põe teus sapatos de saltar que são o intelecto e o amor e salta sobre a veneração de teus poderes mentais, salta sobre teu entendimento e rumo ao coração de Deus, rumo ao seu oculto onde te ocultas de todas as criaturas.

Eckhart

Com a lanterna da palavra e do discernimento, deve-se ir além da palavra e do discernimento e entrar no caminho da percepção.

Sutra Lankavatara

A palavra "intelecto" é usada por Eckhart no senso escolástico de intuição imediata. "Intelecto e razão", diz são Tomás de Aquino, "não são dois poderes, mas distintos como o perfeito do imperfeito [...] O intelecto significa uma penetração íntima da verdade; a razão, inquisição e discurso." É ao seguir e então abandonar o caminho racional e emocional da "palavra e discernimento" que se torna possível adentrar o caminho da percepção intelectual ou intuitiva. E, no entanto, apesar dos avisos pronunciados por aqueles que, por meio da autonegação, conseguiram passar da letra ao espírito e da teoria ao conhecimento imediato, as Igrejas cristãs organizadas persistiram no hábito fatal de confundir os meios com os fins. As declarações verbais das racionalizações da experiência mais ou menos adequadas empreendidas pela teologia foram levadas a sério demais e tratadas com uma reverência devida apenas ao Fato que elas pretendem descrever. Fantasia-se que as almas são salvas se aquiescerem ao que é localmente compreendido como a fórmula correta, mas perdidas se não o fizerem. As duas palavras, *filioque*, podem não ter sido a única causa do cisma entre as Igrejas do Oriente e Ocidente, mas é inquestionável que foram o pretexto e *casus belli*.

A hipervalorização das palavras e fórmulas pode ser vista como um caso especial de hipervalorização das coisas temporais, que é tão fatalmente característica do cristianismo histórico. Conhecer a Verdade-como-Fato e conhecê-la de forma unificadora, "em espírito e em verdade-como-apreensão-imediata" — isso é o livramento, nisso "habita nossa vida eterna". Familiarizar-se com verdades verbalizadas, que correspondem simbolicamente à Verdade-como-Fato na medida em que podem ser conhecidas ou inferidas a partir da verdade-como-apreensão-imediata ou verdade-como-revelação-histórica — isso não é a salvação, mas meramente o estudo de um ramo especial da filosofia. Mesmo a experiência mais ordinária de uma coisa ou evento temporal não pode nunca ser plena ou adequadamente descrita em palavras. A experiência de ver o céu ou sofrer de neuralgia é incomunicável; o melhor que podemos fazer é dizer "azul" ou "dor", na esperança de que aqueles que nos ouvem possam ter tido experiências semelhantes à nossa e, assim, fornecer sua própria versão do significado. Deus, porém, não é uma coisa ou evento temporal, e as palavras presas ao tempo que não podem fazer jus nem mesmo a questões temporais são ainda mais inadequadas à natureza intrínseca e à nossa própria experiência unificadora daquilo que pertence a uma ordem incomensuravelmente diferente. Supor que as pessoas podem ser salvas estudando e consentindo a fórmulas é como supor que é possível chegar a Tombuctu apenas examinando um mapa da África. Os mapas são símbolos, e mesmo os melhores deles são símbolos imprecisos e inadequados. Mas, a qualquer um que queira chegar a um dado destino, um mapa é indispensavelmente útil como indicador das direções nas quais o viajante deve seguir e de quais estradas tem de tomar.

Na filosofia budista posterior, as palavras são vistas como os principais fatores determinantes na evolução criativa dos seres humanos. Nessa filosofia, cinco categorias do ser são reconhecidas — Nome, Aparência, Discernimento, Conhecimento Correto, Quididade. As primeiras três se relacionam ao mal, as últimas duas, ao bem. As aparências são discriminadas pelos órgãos do sentido, então reificadas pelo nome, de modo que as palavras são tomadas pelas coisas, e os símbolos, usados como medida da realidade. Segundo essa visão, a linguagem é uma fonte principal do sentido de separação e da ideia blasfema da autossuficiência individual, com seus corolários inevitáveis de ganância, inveja, sede de poder, raiva e crueldade. E, dessas paixões perversas, nasce a necessidade de uma existência indefinidamente prolongada e repetida sob as mesmas condições autoperpetuadas de anseio e paixões frívolas. A única fuga se dá por um ato criativo da vontade, com auxílio da graça do Buda, que leva, por meio da autonegação, ao Conhecimento Correto, o qual consiste, entre outras coisas, em uma avaliação dos Nomes, Aparências e Discernimento. No Conhecimento Correto e por meio dele é que se pode sair da ilusão apaixonada do "eu" e do "meu". Assim, resistindo à tentação de negar o mundo em um estado de êxtase prematuro e unilateral ou de afirmá-la vivendo como o homem sensorial médio, chega-se enfim à consciência transfiguradora de que *samsara* e *nirvana* são uma coisa só, a apreensão unificadora da pura Quididade — o Fundamento definitivo, ao qual só se pode indicar, nunca descrever de forma adequada com símbolos verbais.

Em conexão com a visão maaianista de que as palavras desempenham um papel importante e até mesmo criativo na evolução da natureza humana não regenerada, podemos mencionar os argumentos de Hume contra a realidade da causação. Esses argumentos começam do postulado de que todos os eventos são "soltos e separados" uns dos outros e então prosseguem, com uma lógica infalível, a uma conclusão que transforma qualquer pensamento organizado ou ação propositada em completo absurdo. A falácia, como apontou o professor Stout, repousa no postulado preliminar. E, quando nos perguntamos o que induziu Hume a essa pressuposição estranha e muito pouco realista de que os eventos são "soltos e separados", vemos que seu único motivo para ir na contramão da experiência imediata era o fato de que as coisas e os acontecimentos são representados simbolicamente em nossos pensamentos como substantivos, verbos e adjetivos e que essas palavras são, com efeito, "soltas e separadas" umas das outras de um modo que, obviamente, os eventos e as coisas que representam não são. Ao tomar as palavras como a medida das coisas, em vez de usar as coisas como medida das palavras, Hume impôs o padrão discreto e, por assim dizer, pontilhista da linguagem sobre o contínuo da experiência real — com os resultados impossivelmente paradoxais com os quais estamos todos familiarizados. Muitos dos seres humanos não são filósofos e não se importam com a consistência do pensamento ou da ação. Assim, em algumas circunstâncias, afirmam que os eventos não são "soltos e separados", mas coexistem e seguem um ao outro dentro de um campo organizado e organizador de um todo cósmico. Mas, em outras ocasiões, em que a visão oposta está mais de acordo com suas paixões e interesses, eles adotam, com total falta de consciência, a posição humeana e tratam eventos como se fossem independentes um do outro e de todo o resto do mundo, assim como as palavras pelas quais são simbolizados. Isso é verdade, no geral, de todas as ocorrências que envolvem "eu" e "meu". Ao reificarmos os nomes "soltos e separados", vemos as coisas também como sendo frouxas e separadas — não sujeitas à lei, não envolvidas na rede de relacionamentos pelos quais estão obviamente presas ao seu ambiente físico, social e espiritual. Consideramos absurda a ideia de que não há processo causal na natureza e nenhuma conexão orgânica entre eventos e coisas na vida dos outros, mas, ao mesmo tempo, aceitamos como axiomática a noção de que nosso próprio ego sagrado é "solto e separado" do universo, uma lei em si acima do *dharma* moral e até mesmo, em muitos aspectos, acima da lei natural da causalidade. Tanto no budismo quanto no catolicismo, monges e freiras são encorajados a evitarem o pronome pessoal e a falarem de si próprios em termos de circunlóquios que deixam clara sua relação real com a realidade cósmica e as criaturas que são seus semelhantes. Há sabedoria nessa precaução. Nossas respostas a palavras familiares são reflexos condicionados. Ao mudar o estímulo, podemos fazer algo para mudarmos nossa resposta. Sem o sininho de Pavlov, não há salivação; sem se repetir palavras como "eu" e "meu", não há mais o egoísmo puramente automático e impensado. Quando um monge fala de si, não como "eu", mas como "esse pecador" ou "esse servo imprestável", ele tende a parar de aceitar firmemente sua condição como um si-mesmo "solto e separado" e se torna consciente de sua relação real e orgânica com Deus e o próximo.

Na prática, as palavras são usadas para outros propósitos, além de fazer declarações sobre fatos. Com muita frequência, são empregadas em usos retóricos, para despertar as paixões e direcionar a vontade rumo a alguma ação vista como desejável. E por vezes também são usadas de forma poética — o que significa dizer que são empregadas de tal modo que não apenas tecem declarações sobre coisas e eventos reais ou imaginários, como ainda fazem com que o leitor se dê conta de que são belas. A beleza na arte ou na natureza é uma questão de relação entre coisas que, por si próprias, não são intrinsecamente belas. Não há nada de belo, por exemplo, nos vocábulos "tempo" ou "sílaba". Mas, quando usadas em frases como "até a última sílaba do registro dos tempos",[25] apreende-se a relação entre o som das palavras que a compõem, entre nossas ideias das coisas que elas representam e entre os tons de associação que cada palavra carrega, bem como a frase como um todo, por via de uma intuição direta e imediata, como dotada de beleza.

Sobre o uso retórico das palavras, nada mais precisa ser dito. Existe uma retórica para boas causas e uma retórica para más causas — uma retórica que é toleravelmente verdadeira aos fatos, além de suscitar emoções, e uma retórica que mente deliberada ou inconscientemente. Aprender a discriminar entre os tipos diferentes de retórica é uma parte essencial da moralidade intelectual; e a moralidade intelectual é uma precondição necessária da vida espiritual, bem como o controle da vontade e o cuidado com o coração e a língua.

Precisamos agora considerar um problema mais difícil. Como é que o uso poético das palavras deve se relacionar à vida do espírito? (E, é claro, o que se aplica ao uso poético das palavras se aplica da mesma forma ao uso pictórico de

---

25 Referência: Shakespeare, William. *Macbeth*. Trad. Beatriz Viegas-Faria. Porto Alegre: LPM, 2000. (N. T.)

pigmentos, o uso musical de sons e o uso escultural de argila ou pedra — em resumo, a todas as artes.)

"A beleza é a verdade, a verdade é a beleza."[26] Mas infelizmente Keats se esqueceu de especificar em qual de seus sentidos principais estava usando a palavra "verdade". Alguns críticos presumiram que ele a usava no terceiro sentido listado na abertura deste capítulo e, portanto, descartaram o aforismo como *nonsense*. $Zn + H_2SO_4 = ZnSO_4 + H_2$. Isso é uma verdade no terceiro sentido da palavra — e é manifesto que essa verdade não é idêntica à beleza. Mas, de forma não menos manifesta, Keats não falava desse tipo de "verdade". Ele usou a palavra sobretudo em seu primeiro sentido, como sinônimo de "fato" e, em segundo grau, com a significância ligada a ela como na expressão joanina "adorar a Deus em verdade". Sua frase, portanto, carrega dois sentidos: "A Beleza é o Fato Primordial, e o Fato Primordial é a Beleza, o princípio de todas as belezas particulares"; e "A Beleza é uma experiência imediata, e essa experiência imediata é idêntica à Beleza-como-Princípio, Beleza-como-Fato--Primordial". A primeira dessas declarações está em pleno acordo com as doutrinas da Filosofia Perene. Entre as trindades em que o Uno inefável se manifesta está a trindade do Bom, do Verdadeiro e do Belo. Percebemos a beleza nos intervalos harmoniosos entre as partes de um todo. Nesse contexto, o Fundamento divino pode ser definido, por meio do paradoxo, como o Puro Intervalo, independente daquilo que é separado e harmonizado dentro da totalidade.

26 O verso é da "Ode sobre uma urna grega", de 1819. Referência: Keats, John. *The Complete Poems*. Londres: Penguin, 2003. (N. T.)

Quanto à declaração de Keats em seu sentido secundário, é certo que os expoentes da Filosofia Perene discordariam. A experiência da beleza na arte ou na natureza pode ser qualitativamente próxima da experiência imediata e unificadora da Divindade ou Fundamento divino; mas não é o mesmo que essa experiência, e a beleza-fato vivenciada em particular, ainda que partilhe de algum tipo de natureza divina, está a muitos graus de separação da Divindade. Ao poeta, ao amante da natureza, ao esteta são concedidas apreensões da Realidade análogas à conferida ao contemplativo desprovido de si; mas, porque não se deram ao trabalho de se tornar perfeitamente desprovidos de seu ego, são incapazes de conhecer a Beleza divina em sua plenitude, como é em si mesma. O poeta nasce com a capacidade de distribuir as palavras de tal modo que outros seres humanos podem perceber algo da qualidade das graças e inspirações que ele recebeu por meio dos espaços em branco, por assim dizer, entre as linhas de seus versos. Esse é um dom excelente e precioso, mas, se o poeta permanecer contente com esse dom, se persistir em venerar a beleza na arte e na natureza sem seguir adiante e se tornar capaz, por meio da ausência de si mesmo, de apreender a Beleza como ela se encontra no Fundamento divino, então ele não passa de um idólatra. É verdade que sua idolatria consta entre as mais altas das quais os seres humanos são capazes, mas permanece uma idolatria, ainda assim.

A experiência da beleza é pura, automanifesta, composta igualmente de júbilo e consciência, livre da mistura de qualquer outra percepção, o próprio irmão gêmeo da experiência mística, sua própria vida é a maravilha suprassensorial [...]

Ela é desfrutada por aqueles que são competentes para isso, em identidade, tanto quanto a forma de Deus é ela própria o júbilo com a qual é reconhecida.

Visvanatha

O que segue é a última composição de uma monja zen que, em sua juventude, foi também uma belíssima e talentosa poeta.

Sessenta e seis vezes estes olhos contemplaram as cenas mutáveis do outono.
Muito eu já disse do luar,
Não me perguntes mais.
Escuta apenas a voz dos pinheiros e cedros, quando vento nenhum corre.

Ryonen

O silêncio sob as árvores sem vento é o que Mallarmé chamaria de um *creux néant musicien*.[27] Mas, na medida em que a música a que o poeta dá ouvidos era meramente estética e imaginativa, foi à própria Quididade que a contemplativa autonegada se abria. "Aquieta-te e sabe que eu sou Deus."

A verdade deve ser vivida, não meramente pronunciada pela boca...

---

27 Literalmente, "vazio nada musical", descrevendo o espaço oco de um bandolim do soneto "Une dentelle s'abolit...", 1887, de Stéphane Mallarmé. Referência: Mallarmé, Stéphane. *Poésies*. Paris: Gallimard, 1966. (N. T.)

Não há nada que se possa argumentar contra esse ensinamento;
Qualquer argumento seguirá a contrapelo de sua intenção.
As doutrinas dadas à polêmica e argumentação levam, por si, ao nascimento e à morte.

Hui Neng

Para longe então com as ficções e obras da razão discursiva, seja a favor, seja contra o cristianismo! São apenas o espírito libertino da mente, enquanto ignorante de Deus e insensível à sua natureza e condição. A morte e a vida são as únicas coisas em questão; a vida é Deus vivendo e obrando dentro da alma; a morte é a alma vivendo e obrando segundo o sentido e a razão da carne e do sangue bestiais. Tanto essa vida quanto essa morte crescem de si mesmas, crescendo de sua própria semente dentro de nós, não como diz e direciona a razão tão ocupada, mas como o coração se volta ora a um, ora a outro.

William Law

Posso explicar o Amigo a alguém de quem Ele não é Amigo?

Jalaladim Maomé Rumi

Quando uma mãe diz a seu bebê que mama: "Vem, ó Filho, eu sou tua mãe!",
Acaso a criança responde: "Ó mãe, mostra-me uma prova
Que eu possa encontrar conforto em tomar teu leite"?

Jalaladim Maomé Rumi

Grandes verdades não tomam conta dos corações das massas. E agora, enquanto o mundo todo está em erro, como poderei eu, ainda que conheça o verdadeiro caminho? Como poderei guiar? Se sei que não posso obter sucesso e ainda assim tento forçá-lo, tal seria ainda outra fonte de erro. Melhor então desistir e não mais me esforçar. Mas, se eu não me esforçar, quem vai?

Chuang-Tzu

Entre as duas difíceis opções de Chuang-Tzu não há caminho que não o do amor, da paz e da alegria. Apenas aqueles que manifestam a posse, não importa o quão pequena seja a medida, dos frutos do Espírito podem persuadir os outros de que a vida do espírito vale a pena ser vivida. A discussão e a polêmica são quase inúteis; em muitos casos, de fato, são ativamente prejudiciais. Mas isso, é claro, é algo que muitos homens inteligentes com um talento para o silogismo e o sarcasmo têm uma dificuldade peculiar em admitir. Milton, sem dúvida, tinha uma crença genuína de estar trabalhando em prol da verdade, da virtude e da glória de Deus ao explodir em torrentes de obscenidade erudita contra os inimigos de seu ditador favorito e de sua forma favorita de inconformismo. É claro que ele e outros polemistas dos séculos XVI e XVII, na verdade, nada fizeram a não ser prejudicar a causa da verdadeira religião em prol da qual, de um lado ou de outro, lutaram com igual erudição e engenho e com a mesma intemperança vulgar da linguagem. As polêmicas sucessivas prosseguiram, com ocasionais intervalos lúcidos, durante quase duzentos anos — papistas discutindo com antipapistas, protestantes com outros protestantes, jesuítas com quietistas e jansenistas. Quando a poeira enfim baixou, o cristianismo (que, como qualquer outra religião, só pode sobreviver se manifestar os frutos do Espírito) já estava quase morto; a religião real da maioria dos europeus de boa formação passou a ser a idolatria nacionalista. Durante o século XVIII, essa guinada à idolatria tinha a aparência (depois das atrocidades cometidas em nome do cristianismo por Wallenstein e Tilly) de uma mudança para melhor. Isso se deu por conta da determinação das classes dominantes de que as guerras religiosas não deveriam se repetir e, portanto, porque deliberadamente temperaram as políticas de poder com cavalheirismo. Os sintomas do cavalheirismo podem ainda ser observados nas guerras napoleônicas e da Crimeia. Mas os Molochs nacionais seguiram firmes em devorar os ideais do século XVIII. Durante a Primeira e a Segunda Guerras Mundiais, testemunhamos a total eliminação dos antigos freios e formas de autocontrole. As consequências da idolatria política agora se revelam sem a menor mitigação, seja da honra e etiqueta humanistas, seja da religião transcendental. Por conta de suas disputas intestinas sobre palavras, formas de organização, dinheiro e poder, o cristianismo histórico consumou seu trabalho de autodestruição, ao qual sua preocupação excessiva com coisas temporais desde o começo o condenou, tragicamente.

> Vende tua inteligência e compra deslumbramento;
> Inteligência é mera opinião, deslumbramento é intuição.
> Jalaladim Maomé Rumi

> A razão é como um oficial quando o rei aparece;
> O oficial então perde seu poder e se oculta.
> A razão é a sombra lançada por Deus; Deus é o sol.
> Jalaladim Maomé Rumi

Criaturas irracionais não olham para o antes ou depois, mas vivem na eternidade animal do presente perpétuo; o instinto é sua graça animal e inspiração constante, e nunca são tentadas a viver de outro modo que não de acordo com seu próprio *dharma* animal ou lei imanente. Graças a seus poderes de raciocínio e ao instrumento da razão e da linguagem, o ser humano (em sua condição meramente humana) vive de forma nostálgica, apreensiva e esperançosa no passado e no futuro tanto quanto no presente; ele não tem instintos para lhe dizer o que fazer; deve depender da inteligência pessoal em vez da inspiração da divina Natureza das Coisas; se vê em uma condição de guerra civil crônica entre a paixão e a prudência e, em um nível mais alto de consciência e sensibilidade ética, entre o egotismo e a espiritualidade nascente. Mas essa "condição enfadonha da humanidade" é o pré-requisito indispensável da iluminação e do livramento. O ser humano precisa viver no tempo para ser capaz de avançar à eternidade, não mais no nível animal, mas espiritual; ele deve estar cônscio de si como um ego à parte para poder conscientemente transcender ao si-mesmo como um ser separado; ele precisa batalhar com seu "eu" inferior para se identificar com o Si-mesmo superior dentro de si, que é semelhante ao Não Eu divino; e, por fim, deve fazer uso dessa inteligência para ir além da inteligência, rumo à visão intelectual da Verdade, o conhecimento imediato e unificador do Fundamento divino. A razão e suas obras "não são, nem podem ser, um meio imediato de união com Deus". O meio imediato é o "intelecto", no sentido escolástico da palavra, ou espírito. Em última análise, o uso e propósito da razão é criar as condições internas e externas que sejam favoráveis à sua própria transfiguração pelo espírito e dentro dele. É a lanterna através da qual se encontra o caminho para ir além de si. Vemos então que, como um meio para um meio imediato a um Fim, a razão discursiva é de enorme valor. Mas, se em nosso orgulho e loucura tratarmos a inteligência como um meio imediato para o Fim divino (como tantos religiosos já fizeram e ainda o fazem), ou se, ao negarmos a existência de um Fim eterno, a virmos como os meios do Progresso e seu objetivo temporal cada vez mais distante, ela se torna o inimigo, uma fonte de cegueira espiritual, perversão moral e desastre social. Em nenhum período da história a inteligência foi tão bem estimada ou treinada, amplamente e com grande eficácia em certas direções, como no presente. E nenhuma outra época teve tão pouca estima pela visão intelectual e pela espiritualidade, nem pelo Fim para o qual elas são meios imediatos, muito menos foi ele ampla e francamente procurado. Porque a tecnologia avança, nutrimos a fantasia de que estamos fazendo um progresso correspondente nessas linhas; porque temos um poder considerável sobre a natureza inanimada, estamos convencidos de que somos mestres autossuficientes de nosso destino e capitães de nossas almas; e porque a inteligência nos deu a tecnologia e o poder, acreditamos, a contrapelo de todas as provas do contrário, que precisamos só continuar sendo ainda mais inteligentes de formas ainda mais sistemáticas para conquistarmos a ordem social, a paz internacional e a felicidade pessoal.

Na obra-prima extraordinária de Wu Cheng'en (traduzida para o inglês de forma tão admirável por Arthur Waley), há um episódio, ao mesmo tempo cômico e profundo, em que o Macaco (a encarnação da inteligência humana nessa alegoria) chega ao céu e causa tanta confusão que, por fim, precisam chamar o Buda para lidar com ele. A situação termina com o seguinte trecho:

"Eu vou apostar contigo", disse o Buda. "Se fores realmente tão inteligente, vais saltar da palma da minha mão direita. Se conseguires, direi ao Imperador de Jade que venhas e vivas comigo no Paraíso Ocidental, e terás o trono dele de imediato. Mas, se fracassares, voltarás à terra e cumprirás penitência lá por muitos éons até poderes voltar a mim com teu palavrório."

"Este Buda", pensou o Macaco consigo mesmo, "é um perfeito idiota. Posso saltar 108 mil léguas, enquanto a palma da mão dele não deve ter mais de oito polegadas de largura. Como eu poderia não conseguir saltar dela?"

"Tens certeza de que estás em posição de fazer isso por mim?", ele perguntou.

"Claro que sim", disse o Buda.

Ele esticou sua mão direita, que parecia ter o tamanho de uma folha de lótus. O Macaco pôs seu bastão atrás da orelha e saltou com toda força. "Está tudo bem", ele disse para si mesmo. "Já consegui." Ele passou tão rápido que estava quase invisível, e o Buda, observando-o com o olho da sabedoria, viu um mero cata-vento disparando.

O Macaco por fim chegou aos cinco pilares cor-de-rosa, que se erguiam no ar. "Este é o fim do Mundo", disse o Macaco para si. "Só preciso agora voltar ao Buda e pegar meu prêmio. O trono é meu."

"Espera um minuto", ele logo disse, "é melhor eu ter um registro de algum tipo, caso eu tenha problemas com o

Buda." Ele arrancou um cabelo e soprou nele com seu sopro mágico, gritando "Muda-te!". E ele foi mudado de pronto em um pincel de caligrafia carregado com uma tinta grossa e, na base do pilar central, escreveu: "O Grande Sábio Igual aos Céus alcançou este lugar". Então, para marcar seu desrespeito, ele se aliviou na base do primeiro pilar e saltou de volta ao local de onde viera. Em pé sobre a palma do Buda, disse: "Bem, eu fui e voltei. Podes ir ordenar ao Imperador de Jade que entregue os palácios do Céu".

"Macaco fedido", disse o Buda, "o tempo todo tu esteves na palma da minha mão."

"Estás bem equivocado", disse o Macaco, "eu cheguei ao fim do Mundo, onde vi cinco pilares cor de carne que se erguiam para o céu. Escrevi algo em um deles. Eu te levo lá e te mostro, se quiseres."

"Não há necessidade disso", disse o Buda. "Basta olhares para baixo."

O Macaco voltou seus olhos de fogo e aço para baixo e viu, na base do dedo médio da mão do Buda, escrito "O Grande Sábio Igual aos Céus alcançou este lugar", e da dobra entre o dedão e o dedo indicador vinha um cheiro de urina de macaco.

De "Macaco"

Assim, tendo urinado triunfante na mão estendida da Sabedoria, o Macaco dentro de nós se voltou e, cheio de uma autoconfiança arrogante quanto à sua própria onipotência, partiu para reformar o mundo dos homens e das coisas para que se tornasse algo mais próximo dos desejos de seu coração. Por vezes suas intenções são boas, por vezes conscientemente ruins. Mas, quaisquer que sejam suas intenções, os resultados das ações empreendidas mesmo pela mais brilhante inteligência, quando não iluminada pela divina Natureza das Coisas, insubordinada pelo Espírito, em geral são maus. Que isso sempre foi compreendido com clareza pela humanidade podemos provar pelos usos da linguagem. Em inglês, ardiloso, *cunning,* e astuto, *canny,* são equivalentes a sabe-tudo, *knowing,*[28] e os três adjetivos passam um julgamento moral mais ou menos desfavorável sobre aqueles aos quais são aplicados. Desdém, *conceit,* é próximo de conceito, *concept;* mas o que a mente do ser humano concebe com maior clareza é o valor supremo de seu ego. *Shrewd,* que é o particípio de *shrew,* com o sentido de "malicioso", e conectado a *beshrew,*[29] "amaldiçoar", ora se aplica, como um elogio bastante dúbio, a advogados e empresários perspicazes. Um gênio, um ás, *wizard,*[30] é assim chamado por ser sábio, *wise* — mas, é claro, no sentido das gírias norte-americanas em que um espertalhão, um *wise guy,* é "sábio". Ao mesmo tempo, um idiota era chamado popularmente de inocente. "Esse uso da palavra 'inocente'",

---

28 A palavra protogermânica que resulta na palavra mais comum para "saber" em inglês, *know,* também resulta, nas variações linguísticas da Escócia e do norte da Inglaterra, no verbo *can* com o sentido de "saber". O equivalente desse verbo em inglês medieval era *cunnan* — daí as origens de *canny* e *cunning* e seu parentesco com *knowing.* (N. T.)

29 *Shrew,* em seus muitos formatos gramaticais, tem origem medieval. A princípio o substantivo descreve um pequeno animal, o musaranho, depois ganha o sentido de "pessoa perversa" (e "megera"), do qual gera os verbos *shrew* e *beshrew.* (N. T.)

30 O sentido mais comum de *wizard* é "mago", mas há esses sentidos secundários, inclusive em forma abreviada (*whiz*). A relação etimológica entre *wizard* e *wise* é bem conhecida. (N. T.)

diz Richard Trench, "pressupõe que ferir e causar mal é o principal emprego ao qual os homens voltam seus poderes intelectuais; que, quando são sábios, com grande frequência é para fazer o mal." Enquanto isso, não precisamos nem dizer que a inteligência e o acúmulo de conhecimento são indispensáveis, mas sempre como meios para meios imediatos, nunca como os próprios meios imediatos ou, pior ainda, como fins em si. *Quid faceret eruditio sine dilectione?*, pergunta são Bernardo. *Inflaret. Quid absque eruditione dilectio? Erraret.* O que faria a erudição sem amor? Inflar-se-ia. E o amor sem erudição? Perder-se-ia.

> Assim como os homens são em si, tal é o modo como o próprio Deus lhes parecerá ser.
>
> John Smith, o Platonista

> As mentes humanas percebem causas segundas,
> Mas apenas profetas percebem a ação da Causa Primeira.
> Jalaladim Maomé Rumi

A quantidade e o tipo de conhecimento que adquirimos dependem primeiro da vontade e, em segundo lugar, de nossa constituição psicofísica e das modificações impostas a ela pelo ambiente e por nossas escolhas. Assim, o professor Burkitt aponta que, em relação às descobertas tecnológicas, "o desejo humano foi o fator importante. Uma vez que algo é definitivamente desejado, de novo e de novo será produzido e em espaços de tempo brevíssimos [...] Ao mesmo tempo, nada poderá ensinar os boxímanes da África do Sul a plantar e criar gado.

Eles não têm o desejo disso". O mesmo é verdadeiro para as descobertas éticas e espirituais. "Tu és tão santo quanto quiser tua vontade" foi o lema dado por Ruysbroeck aos alunos que o vieram visitar. E ele poderia ter acrescentado: "Tu podes, pois, saber tanto da Realidade quanto quiser tua vontade" — pois o conhecimento está em quem conhece de acordo com seu modo, o que, em todos os aspectos mais importantes, está dentro de seu controle. O conhecimento libertador de Deus vem aos puros de coração e pobres em espírito; e, ainda que tal pureza e pobreza sejam de uma dificuldade enorme para ser conquistadas, são, em todo caso, possíveis a todos.

> Ela disse, além do mais, que, se quiséssemos obter a pureza da mente, era necessário nos abstermos de vez de todo julgamento quanto ao próximo e de toda conversa vazia sobre sua conduta. Nas criaturas, deve-se sempre procurar apenas a vontade de Deus. Com grande força, ela disse: "Por nenhum motivo que seja devemos julgar as ações de criaturas e suas motivações. Mesmo quando virmos que é um pecado real, não devemos julgá-lo, mas sim ter uma compaixão santa e sincera, oferecendo-a a Deus com orações humildes e devotas".
>
> Do testamento de santa Catarina de Siena,
> transcrito por Tommaso di Petra

A total abstenção de julgamento sobre os semelhantes é apenas uma das condições da pureza interior. As outras já foram descritas no capítulo sobre mortificação.

O aprendizado consiste em acrescentar às suas reservas todos os dias. A prática do Tao consiste em subtrair todos os dias: subtraindo e de novo ainda continuar subtraindo até alcançar a inação.

Lao Zi

É a inatividade da vontade de si e da inteligência egocêntrica que possibilita a atividade dentro da alma esvaziada e purificada da Quididade eterna. E, quando a eternidade é conhecida nas alturas interiores, ela também o é dentro da plenitude da experiência, lá fora no mundo.

Alguma vez já avistaste uma eternidade gloriosa em um momento alado do tempo? Já viste um infinito brilhante no ponto estreito de um objeto? Então saberás o que significa o espírito — o topo do pináculo, ao qual todas as coisas ascendem harmoniosamente, onde se encontram e se assentam contentes em uma desmedida Profundidade da Vida.

Peter Sterry

Capítulo VIII
Religião e temperamento

O melhor, a esta altura, parece ser recuar, voltar um momento da ética para a psicologia, onde um problema importantíssimo nos aguarda — um problema ao qual os expoentes da Filosofia Perene dedicaram bastante atenção. Qual precisamente é a relação entre a constituição e o temperamento individuais de um lado e, do outro, o tipo e grau de conhecimento espiritual? Os materiais para uma resposta precisa e abrangente a essa pergunta não estão disponíveis — exceto talvez na forma daquela ciência incomunicável baseada na intuição e nas práticas de longo prazo, que existe nas mentes dos "diretores espirituais" experientes. Mas a resposta que *pode* ser dada, ainda que incompleta, é de grandíssima significância.

Todo conhecimento, como vimos, é uma função do ser. Ou, para colocarmos a mesma ideia em termos escolásticos, a coisa conhecida está em quem conhece de acordo com seu modo. Na "Introdução", aludimos ao efeito sobre o conhecimento causado pelas mudanças do ser junto com o que pode ser chamado de seu eixo vertical, na direção da santidade ou seu oposto. Mas há também variação no plano horizontal. De forma congênita, por conta da constituição psicofísica, cada um de nós nasce em uma certa posição dentro desse plano horizontal. É um território vasto, ainda não explorado com perfeição, um continente que se estende da imbecilidade até a genialidade, da fraqueza que se encolhe até a força agressiva, da crueldade à gentileza pickwickiana,[31] da sociabilidade autorreveladora à misantropia taciturna e ao amor pela solidão, de uma lascívia quase frenética até a continência quase imune à tentação. Partindo de qualquer ponto nessa imensa faixa da natureza humana possível, o indivíduo pode se deslocar quase infinitamente para cima ou para baixo, rumo à união com o Fundamento divino de seu próprio ser, bem como dos outros, ou rumo aos extremos infernais de separação e ego. Mas, no que diz respeito ao movimento horizontal, há bem menos liberdade. É impossível que um tipo de constituição física se transforme em outro tipo; e o temperamento particular associado a uma dada constituição física pode ser modificado apenas dentro de limites estreitos. Com a vontade mais forte do mundo e o melhor meio social, tudo que se pode esperar fazer é tirar o melhor de sua constituição psicofísica congênita; alterar os padrões fundamentais de constituição e temperamento está além de seu poder.

Ao longo dos últimos trinta séculos, muitas tentativas foram feitas para se elaborar um sistema de classificação em termos dos quais as diferenças humanas possam ser medidas e descritas. Por exemplo, há um antigo método hindu

---

31 Samuel Pickwick é o protagonista de *Os cadernos de Pickwick* (ou *As aventuras do sr. Pickwick*), primeiro romance de Charles Dickens, publicado de forma seriada em 1836. Pickwick, um simpático cavalheiro, é o dono de um clube com seu nome, cujos membros se embrenham em aventuras bem-humoradas por Londres.

de classificar as pessoas de acordo com as categorias psico-físico-sociais de casta. Há as classificações primariamente médicas associadas ao nome de Hipócrates, classificações fundadas em dois "hábitos" principais — o tísico e o apoplético — dos quatro humores (sangue, fleuma, bile negra e bile amarela) ou das quatro qualidades (quente, frio, úmido e seco). Recentemente, houve vários sistemas fisionômicos do século XVIII e do começo do XIX; a dicotomia grosseira e meramente psicológica da introversão e extroversão; as classificações psicofísicas mais completas, mas ainda inadequadas, propostas por Kretschmer, Stockard, Viola e outros; e por fim o sistema, mais do que seus antecessores abrangente, flexível e adequado aos fatos complexos, desenvolvido pelo dr. William Sheldon e seus colaboradores.

No presente capítulo, nossa preocupação é com classificações de diferenças humanas em relação aos problemas da vida espiritual. Os sistemas tradicionais serão descritos e ilustrados, e as descobertas da Filosofia Perene serão comparadas às conclusões a que a maioria das pesquisas científicas recentes chegaram.

No Ocidente, a classificação mais usual dos seres humanos, dentro da tradição católica, se baseia na anedota de Marta e Maria, nos Evangelhos. O caminho de Marta é o da salvação por meio da ação; o de Maria, pela contemplação. No rastro de Aristóteles, que, nisso como em muitas outras questões, concordava com a Filosofia Perene, os pensadores católicos passaram a considerar a contemplação (cujo termo mais elevado é o conhecimento unificador da Divindade) como o destino final do ser humano, portanto sempre consideraram o caminho de Maria como sendo o melhor.

É bastante significativo que seja em termos essencialmente semelhantes que o dr. Radin classifique (por implicação) e avalie os seres humanos primitivos na medida em que são filósofos e devotos religiosos. Para ele, não há dúvida de que as formas superiores monoteístas da religião primitiva são criadas (ou devemos dizer, com Platão, *descobertas?*) por pessoas que pertençam à primeira das duas grandes classes psicofísicas de seres humanos — os homens do pensamento. Aos que pertencem à outra classe, a dos homens de ação, deve-se a criação ou descoberta das variedades politeístas, inferiores e pouco filosóficas, de religião.

Essa dicotomia simples é uma classificação das diferenças humanas que é válida só até certo ponto. Mas, como todas as dicotomias desse tipo, sejam elas físicas (como a divisão de Hipócrates da humanidade entre os hábitos tísicos e apopléticos) ou psicológicas (como a classificação de Jung em termos de introversão e extroversão), esse agrupamento dos religiosos entre aqueles que pensam e aqueles que agem, que seguem o caminho de Maria ou de Marta, é inadequado aos fatos. E é claro que nenhum diretor das almas, nenhum chefe de organização religiosa, na prática real, ficaria contente com esse sistema demasiadamente simples. Sustentando os melhores escritos católicos nos assuntos de oração e as melhores práticas católicas no assunto de reconhecimento das vocações e distribuição de deveres, sentimos a existência de uma classificação implícita e ainda por ser formulada das diferenças humanas que seria mais completa e realista do que a dicotomia explícita ação *versus* contemplação.

No pensamento hindu, as linhas gerais dessa classificação mais completa e adequada foram indicadas com grande clareza. Os caminhos que levam à união libertadora com Deus não são dois, mas três — o caminho das obras, o caminho do conhecimento e o caminho da devoção. No *Bhagavad Gita*, Sri Krishna instrui Arjuna em todos os três caminhos — a liberação por meio da ação sem apego; a liberação pelo conhecimento do Si-mesmo e do Fundamento Absoluto de todo ser com o qual ele é idêntico; e a liberação pela devoção intensa ao Deus pessoal ou à encarnação divina.

Faz sem apego a obra que precisas fazer; pois um homem que cumpre sua obra sem apego veramente obtém o Objetivo Supremo. Pela via da ação sozinha, homens como Janaka conquistaram a perfeição.

Mas também há o caminho de Maria:

Libertos da paixão, do medo e da raiva, absortos em Mim, refugiados em Mim e purificados pelas chamas do Conhecimento, muitos se tornaram unos com meu Ser.

E de novo:

Aqueles que foram capazes de obter o controle completo de seus sentidos e uma mente equilibrada sob todas as condições, e assim contemplam o Imperecível, o Inefável, o Não manifesto, o Onipresente, o Incompreensível, o Eterno — eles, devotos ao bem-estar de todos os seres, obtêm a Mim apenas e nada mais.

Mas o caminho da contemplação não é fácil.

A tarefa daqueles cuja mente se volta ao Não Manifesto é a mais árdua, pois, para os que estão no corpo, é difícil a percepção do que não está manifesto. Mas aqueles que consagram todas as suas ações a Mim (como o Deus pessoal, como a Encarnação divina), que Me veem como o Objetivo supremo, que Me veneram e meditam sobre Mim com uma concentração unívoca — para essas mentes assim absortas em Mim, eu logo me torno o Salvador do oceano da mortalidade do mundo.

Esses três caminhos de livramento são correlatos precisos às três categorias nos termos elaborados por Sheldon, no que é, sem dúvida, a melhor e mais adequada classificação das diferenças humanas. Os seres humanos, como ele demonstrou, variam continuamente entre os extremos viáveis de um sistema tripolar; e podem ser traçadas medidas físicas e psicológicas, por meio das quais é possível localizar com precisão um dado indivíduo em relação às três coordenadas. Ou podemos pôr a questão em outros termos e afirmar que qualquer indivíduo é uma mistura, em proporções variadas, dos três componentes físicos e dos três componentes psicológicos que têm uma relação íntima com eles. Pode-se medir a força de cada componente de acordo com procedimentos determinados de forma empírica. Aos três componentes físicos, Sheldon dá os nomes de endomorfismo, mesomorfismo e ectomorfismo. O indivíduo com alto grau de endomorfismo tem a silhueta predominantemente macia e arredondada e pode com facilidade se tornar grosseiramente gordo. O tipo mesomorfo é rijo, tem ossos grandes e músculos fortes. O ectomorfo é esguio, tem ossos pequenos e músculos fibrosos, fracos e discretos. O endomorfo tem uma grande barriga, que pode pesar mais do que o dobro da barriga de um ectomorfo extremo. Em um sentido real, seu corpo é construído em torno do trato digestivo. O fato centralmente significativo do físico mesomorfo, por outro lado, é a musculatura poderosa, enquanto o do ectomorfo é o sistema nervoso hipersensível e (considerando que a razão de superfície corporal e massa é maior em ectomorfos do que em outros tipos) relativamente desprotegido.

A constituição endomorfa está associada intimamente a um padrão de temperamento, o que Sheldon chama de viscerotonia. Significativos entre os traços viscerotônicos são o amor pela comida e, caracteristicamente, o amor por comer em companhia; o amor pelo conforto e luxo; o amor pela cerimônia; a amabilidade indiscriminada e o amor pelas pessoas como elas são; o medo da solidão e o anseio por companhia; a expressão desinibida de emoções; o amor pela infância, na forma de uma nostalgia pelo próprio passado e uma fruição intensa da vida familiar; o anseio por afeto e apoio social e a necessidade de companhia em momentos de crise. O temperamento associado ao mesomorfismo é chamado somatotonia, cujos traços dominantes são o amor pela atividade muscular, a agressividade e sede de poder; a indiferença à dor; a falta de tato com os sentimentos alheios; um amor pelo combate e pela competição; um alto grau de coragem física; um sentimento nostálgico, não pela infância, mas pela juventude, o período de máxima potência muscular; uma necessidade de se manter ativo quando atormentado.

A partir das descrições anteriores, podemos ver o quanto é inadequada a concepção junguiana da extroversão como simples antítese à introversão. A extroversão não é simples, ela inclui dois tipos radicalmente diferentes. Existe a extroversão emocional e sociável do endomorfo viscerotônico — a pessoa que sempre procura companhia e diz a todos o que sente. E há a extroversão do somatotônico musculoso — a pessoa que olha para o mundo como um lugar onde pode exercitar seu poder, onde pode dobrar as pessoas à sua vontade e moldar as coisas ao sabor dos desejos de seu coração. Uma é a extroversão simpática do vendedor, do rotariano que é bom em se misturar com os outros, do clérigo protestante liberal. A outra é a extroversão do engenheiro que trabalha com sua sede de poder sobre as coisas, do esportista e do soldado profissional de aço e sangue, do político e do executivo de negócios ambicioso, do ditador, seja em casa, seja na chefia do Estado.

Com a cerebrotonia, o temperamento correlato ao físico ectomorfo, deixamos o mundo simpático de Pickwick e o mundo exaustivamente competitivo de Hotspur,[32] para passarmos rumo a um universo todo diferente e algo perturbador — o de Hamlet e Ivan Karamázov. O cerebrotônico extremo é o introvertido hiperalerta e hipersensível, mais preocupado com o que se passa atrás de seus olhos — com as construções do pensamento e da imaginação, com as variações de sentimento e consciência — do que com o mundo externo, ao qual os tipos viscerotônicos e somatotônicos prestam mais atenção e lealdade, cada um a seu modo. Os

---

32 Hotspur (literalmente, "esporão quente") foi como ficou conhecido Sir Henry Percy (1364–1403), por conta de sua ferocidade em combate. Ele é um dos personagens em *Henrique IV, Parte I*, final do século XVI, de Shakespeare. (N. T.)

cerebrotônicos têm pouco ou quase nenhum desejo de dominar, e também não partilham do gosto indiscriminado do viscerotônico pelas pessoas; ao contrário, eles querem viver e deixar viver, e é intensa sua paixão pela privacidade. O confinamento na solitária, o mais terrível castigo que pode ser infligido sobre a pessoa macia, arredondada e simpática, não é castigo nenhum para o cerebrotônico. Para ele, o horror definitivo se traduz no colégio interno e no quartel. Em companhia, os cerebrotônicos são tímidos e nervosos, tensos, inibidos e de humor imprevisível (é um fato significativo que um cerebrotônico nunca foi um bom ator ou atriz). Os cerebrotônicos odeiam quando alguém bate as portas ou ergue o tom de voz, e os gritos e estardalhaços descontrolados dos somatotônicos lhes causam um sofrimento agudo. Seus modos são contidos e, quando precisam expressar seus sentimentos, eles são extremamente reservados. O jorro emocional dos viscerotônicos lhes parece tão superficial e insincero que chega a ser ofensivo, tampouco têm eles paciência com sua cerimônia e seu amor pelo luxo e magnificência. Não criam hábitos com facilidade e têm dificuldades de adaptar sua vida às rotinas que se formam com naturalidade para os somatotônicos. Devido à sua hipersensibilidade, os cerebrotônicos são, com frequência, quase extrema e insanamente sexuais, mas é raro serem tentados ao álcool — pois a bebida, que aguça a agressividade natural do somatotônico e amplifica a amistosidade relaxada do viscerotônico, meramente faz com que se sintam mal e deprimidos. Cada um a seu próprio modo, o viscerotônico e o somatotônico são bem adaptados ao mundo em que vivem; mas o cerebrotônico introvertido é, em algum nível, incomensurável com as coisas e as pessoas e instituições que o cercam. Por consequência, uma proporção notavelmente alta de cerebrotônicos extremos não consegue se tornar cidadãos normais e pilares médios da sociedade. Mas, se muitos fracassam, muitos também se tornam anormais para o lado acima da média. Em universidades, monastérios e laboratórios de pesquisa — onde quer que sejam fornecidas as condições de abrigo necessárias para aqueles cujas vísceras e músculos fracos não permitem que se destaquem comendo ou brigando em meio à balbúrdia ordinária —, a porcentagem de cerebrotônicos talentosos e realizados será quase sempre altíssima. Dando-se conta da importância desse tipo extremo, hiperevoluído e dificilmente viável de ser humano, todas as civilizações encontraram um jeito de garantir sua proteção.

À luz dessas descrições, podemos entender com mais clareza a classificação do *Bhagavad Gita* dos caminhos da salvação. O caminho da devoção é o caminho naturalmente seguido pelas pessoas em quem o componente viscerotônico é alto. Sua tendência nata a externalizar as emoções espontâneas que sentem no que concerne a pessoas pode ser disciplinada e canalizada, de modo que uma sociabilidade meramente animal e uma gentileza meramente humana se transformem em caridade — devoção ao Deus pessoal e à boa vontade universal e compaixão por todos os seres sencientes.

O caminho das obras é para aqueles cuja extroversão é do tipo somatotônico, aqueles que em todas as circunstâncias sentem a necessidade de "fazer alguma coisa". No somatotônico impenitente, essa necessidade de ação está sempre associada à agressividade, à autoassertividade e à sede de poder. Para o xátria nato, ou governante-guerreiro, o desafio, como Krishna explica a Arjuna, é se livrar dos acompanhamentos fatais ao amor pela ação e trabalhar sem prestar atenção aos frutos do trabalho, em um estado de completo desapego a si mesmo. É claro que, como todo o restante, é mais fácil falar do que fazer.

Por fim, há o caminho do conhecimento, por meio da modificação da consciência, até que ela deixe para trás o egocentrismo e se torne centrada e unida ao Fundamento divino. Esse é o caminho para o qual o cerebrotônico extremo é atraído por natureza. Sua disciplina especial consiste na mortificação de sua tendência nata à introversão pela introversão, ao pensamento, à imaginação e autoanálise como fins em si em vez de como meios, rumo à transcendência definitiva da fantasia e da razão discursiva no ato atemporal da pura intuição intelectual.

Dentro da população em geral, como vimos, a variação é contínua, e na maioria das pessoas os três componentes fazem parte de uma mistura homogênea. Os que exibem uma predominância extrema de qualquer componente são relativamente raros. No entanto, apesar de sua raridade, é por meio dos padrões de pensamento característicos desses indivíduos extremos que a teologia e a ética, pelo menos no lado teórico, foram dominadas. O motivo é simples. Qualquer posição extrema é mais intransigentemente clara e, portanto, mais fácil de se reconhecer e compreender, do que as posições intermediárias, que são o padrão de pensamento natural da pessoa em quem os componentes constituintes da personalidade estão equilibrados. Essas posições intermediárias, deve-se notar, em nenhum sen-

A filosofia perene 247

tido contêm ou reconciliam as posições extremas; elas são meramente outros padrões de pensamento acrescentados à lista de sistemas possíveis. A construção de um sistema abrangente de metafísica, ética e psicologia é uma tarefa que jamais poderá ser realizada por um único indivíduo, pois o motivo suficiente é que ele *é* um indivíduo com um tipo particular de constituição e temperamento, portanto capaz de conhecer apenas segundo o modo de seu próprio ser. Daí as vantagens inerentes ao que se pode chamar de abordagem antológica à verdade.

O *dharma* do sânscrito — uma das palavras-chave nas formulações indianas da Filosofia Perene — tem dois sentidos principais. O *dharma* de um indivíduo é, acima de tudo, sua natureza essencial, a lei intrínseca de seu ser e desenvolvimento. Mas *dharma* também significa a lei da retidão e piedade. As implicações desse duplo significado são evidentes: o dever de um homem, como ele deve viver, no que deve acreditar e o que deve fazer quanto às suas crenças — tais coisas são condicionadas por sua natureza essencial, sua constituição e temperamento. Indo um tanto além do ponto até onde vão os católicos, com sua doutrina de vocações, os indianos admitem o direito dos indivíduos de *dharmas* diferentes a venerar aspectos ou concepções diferentes do divino. Daí a quase total ausência, entre hinduístas e budistas, de perseguições sangrentas, guerras religiosas e imperialismos proselitistas.

Deve-se, no entanto, destacar que, dentro de seu próprio molde eclesiástico, o catolicismo é quase tão tolerante quanto o hinduísmo e o budismo maaiana. Nominalmente unas, cada uma dessas religiões consiste, na verdade, em um grande número de religiões muito diferentes, cobrindo um amplo campo de pensamento e comportamento, abrangendo desde o fetichismo, o politeísmo e o monoteísmo legalista até a devoção à humanidade sagrada do avatar, a profissão da Filosofia Perene e a prática de uma religião puramente espiritual que busca o conhecimento unificador da Divindade Absoluta. É claro que essas religiões-dentro-da-religião toleradas não são vistas como igualmente valiosas ou verdadeiras. A veneração politeísta pode ser seu *dharma* individual, mas permanece o fato de que o destino final do ser humano é o conhecimento unificador da Divindade, e todas as formulações históricas da Filosofia Perene concordam que todos os seres humanos devem chegar, e talvez de um jeito ou de outro de fato cheguem, a esse fim. "Todas as almas", escreve o padre Garrigou-Lagrange, "recebem um chamado remoto geral à vida mística; e, se todos forem fiéis em evitar, como devem, não apenas os pecados mortais, mas venais também, se forem, cada um de acordo com suas condições, dóceis ao Espírito Santo e se viverem tempo suficiente, o dia chegaria em que receberiam a vocação imediata e eficaz à alta perfeição e vida mística propriamente." Com essa declaração, é provável que os teólogos hinduístas e budistas concordassem, mas acrescentariam que toda alma uma hora, de fato, chegará a essa "alta perfeição". Todos são chamados, mas a cada geração poucos são os escolhidos, porque poucos são os que escolhem. Mas a série de existências conscientes, corpóreas ou incorpóreas, é indefinidamente longa; há, portanto, tempo e oportunidade para todos aprenderem as lições necessárias. Além do mais, sempre haverá quem ajude. Pois periodicamente há "descidas" da Divindade em forma física; e em todos os momentos há futuros Budas prontos, no limiar da reunião com a Luz Inteligível, para renunciar à felicidade perfeita da liberação imediata de modo a retornarem como salvadores e professores de novo e de novo neste mundo de sofrimento, tempo e mal, até que cada ser senciente seja livrado na eternidade.

As consequências práticas dessa doutrina são bem claras. As formas inferiores de religião, sejam elas emocionais, ativas ou intelectuais, nunca devem ser aceitas como finais. É verdade que cada uma delas vem naturalmente aos indivíduos de um dado tipo de constituição e temperamento; mas o *dharma* ou dever de cada um não é permanecer complacente, fixo na religião imperfeita que por acaso lhe é a mais confortável, mas sim, em vez disso, transcendê-la, não negando os modos de pensamento, comportamento e sentimento que lhe são naturais, o que seria impossível, mas fazendo uso deles, de modo que, por meio da natureza, ele possa ir além da natureza. Assim, o introvertido faz uso do "discernimento" (no sentido indiano da palavra) e aprende a distinguir entre as atividades mentais do ego e a consciência elementar do Si-mesmo, semelhante ou idêntica ao Fundamento divino. O extrovertido emotivo aprende a "odiar seu pai e sua mãe" (em outras palavras, a abrir mão de seu apego egoísta aos prazeres de amar e ser amado indiscriminadamente), concentra sua devoção no aspecto pessoal ou encarnado de Deus e chega enfim a amar a Divindade Absoluta por meio de um ato, não mais do sentimento, mas da vontade iluminada pelo conhecimento. E, por fim, há o outro tipo de extrovertido, cuja preocupação não é com os prazeres de dar e receber afeto, mas com a satisfação de sua sede de poder sobre as coisas, eventos e pessoas. Usando sua própria natureza para transcendê-la, ele deve seguir o caminho determinado para o Arjuna deslumbrado no *Bhagavad Gita* — o caminho do trabalho sem apego aos seus frutos, o caminho que são Francisco de Sales chama de "santa indiferença", o caminho que leva ao esquecimento de si mesmo e à descoberta do Si-mesmo.

Ao longo da história, muitas vezes ocorreu que uma ou outra das religiões imperfeitas acabou sendo levada a sério demais e vista como boa e verdadeira em si, em vez de como meio para o destino final de toda religião. Com frequência, os efeitos de tais erros são desastrosos. Por exemplo, muitas seitas protestantes insistiram na necessidade — ou, pelo menos, na extrema desejabilidade — da conversão violenta. Mas a conversão violenta, como Sheldon aponta, é um fenômeno confinado quase de forma exclusiva a pessoas com um alto grau de somatotonia. Essas pessoas têm uma extroversão tão intensa que não percebem o que acontece nos níveis inferiores de sua mente. Se, por qualquer motivo, sua atenção se voltar para dentro, o autoconhecimento resultante, por conta de sua novidade e estranheza, se apresenta com a força e a qualidade de uma revelação, e sua *metanoia*, ou mudança mental, é súbita e assombrosa. Essa mudança pode ser para a religião ou qualquer outra coisa — psicanálise, por exemplo. Insistir na necessidade da conversão violenta como o único meio da salvação é tão razoável quanto seria insistir na necessidade de ter um rosto grande, ossos pesados e músculos poderosos. Àqueles naturalmente sujeitos a esse tipo de reviravolta emocional, a doutrina que faz com que a salvação dependa da conversão concede uma complacência que é bastante fatal ao crescimento espiritual, enquanto aqueles que são incapazes dela são preenchidos com um desespero não menos fatal. Poderíamos citar outros casos de teologias inadequadas baseadas na ignorância psicológica. Lembremos, por exemplo, do caso triste de Calvino, o cerebrotônico que levou suas próprias construções intelectuais tão a sério que perdeu toda noção da realidade, tanto humana quanto espiritual. E então temos nosso protestantismo liberal, essa heresia predominantemente viscerotônica que parece ter se esquecido da própria existência do Pai, do Espírito e do Logos e iguala o cristianismo a um apego emotivo à humanidade de Cristo ou (para usar a expressão popular hoje) "à personalidade de Jesus", idolatrada como se não houvesse nenhum outro aspecto de Deus. Mesmo dentro do catolicismo mais amplo, ouvimos o tempo todo reclamações de eclesiásticos ignorantes e autocentrados, que impõem às almas sob sua tutela um *dharma* religioso totalmente inadequado a suas naturezas — com resultados que autores como são João da Cruz descreveriam como perniciosos. Vemos então que é natural que pensemos em Deus como dotado das qualidades que nosso temperamento tende a nos fazer perceber n'Ele; mas, a não ser que a natureza encontre um modo de transcender a si mesma por meio de si mesma, estaremos perdidos. Em última análise, Fílon de Alexandria tem bastante razão em dizer que aqueles que não concebem a Deus como pura e simplesmente o Uno ferem não a Deus, é claro, mas a si mesmos, junto com seus semelhantes.

O caminho do conhecimento vem com maior naturalidade às pessoas cujo temperamento é cerebrotônico em sua predominância. Com isso não quero dizer, porém, que seguir esse caminho é fácil para o cerebrotônico. Seus pecados especialmente constantes são tão difíceis de superar quanto os que atormentam o somatotônico amante do poder e o viscerotônico extremo com sua gula por comida, conforto e aprovação social. Em vez disso, quero dizer que a ideia de que um tal caminho existe e pode ser seguido (seja pelo discernimento, seja pelo trabalho desapegado ou pela devoção concentrada) ocorre espontaneamente ao cerebrotônico. Em todos os níveis de cultura, ele é o monoteísta natural; e esse monoteísmo natural, como demonstram com clareza os exemplos do dr. Radin de teologia primitiva, com frequência é um monoteísmo da escola da luz interior *tat tvam asi*. As pessoas comprometidas por seu temperamento com um ou outro dos dois tipos de extroversão são politeístas naturais. Mas os politeístas naturais podem ser convencidos, sem muita dificuldade, da superioridade teórica do monoteísmo. A natureza da razão humana é tal que há uma plausibilidade intrínseca quanto a qualquer hipótese que procure explicar o múltiplo em termos de unidade e reduzir a multiplicidade aparente à identidade essencial. E, partindo desse monoteísmo teórico, o politeísta semiconvertido pode, se assim escolher, seguir adiante (por meio de práticas adequadas ao seu próprio temperamento particular) rumo à percepção real do Fundamento divino de todos os seres, incluindo o seu próprio. Ele *pode*, repito, e por vezes é o que acontece. Mas com muita frequência não é o caso. Há muitos monoteístas teóricos cuja vida inteira e cujas ações provam que, na realidade, ainda são o que seu temperamento os inclina a ser — politeístas, veneradores não do único Deus de que por vezes falam, mas dos muitos deuses, nacionalistas e tecnológicos, financeiros e familiares, a quem, na prática, dedicam sua lealdade.

Na arte cristã, o Salvador quase sempre é representado como tendo um corpo esguio, ossos pequenos e músculos sem destaque. Cristos grandes e poderosos são uma exceção escandalosa a essa regra bastante antiga. Das crucificações pintadas por Rubens, William Blake escreveu com desdém:

Meu caro, Cristo, eu sei, foi carpinteiro,
Não servente de mestre cervejeiro.

Em resumo, o Cristo tradicional é imaginado como um homem de físico predominantemente ectomórfico, portanto, por implicação, temperamento predominantemente cerebrotônico. O núcleo central da doutrina cristã primitiva confirma que a tradição iconográfica está correta. A religião dos evangelhos é o que devíamos esperar de um cerebrotônico — não de qualquer cerebrotônico, é claro, mas de um que usou as peculiaridades psicofísicas de sua própria natureza para transcendê-la, que seguiu seu *dharma* particular rumo ao objetivo espiritual. A insistência na ideia de que o Reino do Céu está nos interiores; a negligência quanto ao ritual; o leve desprezo em sua atitude para com o legalismo, as rotinas cerimoniais da religião organizada e os dias e locais santos; sua preocupação geral com o outro mundo; a ênfase dada ao autocontrole, não apenas relativa à ação externa, mas mesmo a desejos e intenções inexprimidas; a indiferença aos esplendores da civilização material e o amor à pobreza como um dos maiores bens; a doutrina de que o desapego deve ser levado à esfera das relações familiares e que até a devoção aos maiores objetivos de ideais meramente humanos, mesmo a retidão dos escribas e fariseus, pode não passar de uma distração em relação ao amor de Deus — todas essas são ideias características do cerebrotônico, que jamais poderiam ocorrer de forma espontânea ao extrovertido amante do poder ou ao viscerotônico igualmente extrovertido.

O budismo primitivo não é menos cerebrotônico do que o cristianismo primitivo, e o mesmo se aplica ao vedanta, a disciplina metafísica no cerne do hinduísmo. O confucionismo, pelo contrário, é um sistema primariamente viscerotônico — familiar, cerimonioso e plenamente deste mundo. E no maometismo encontramos um sistema que incorpora elementos fortemente somatotônicos, daí o histórico sombrio do islã de guerras santas e perseguições — um histórico comparável ao do cristianismo posterior, depois que a religião acabou sendo tão comprometida pela somatotonia impenitente a ponto de chamar sua organização eclesiástica de "a Igreja Militante".

Em relação à conquista do destino final do homem, ser um cerebrotônico extremo é um obstáculo tão grande quanto ser um viscerotônico ou somatotônico igualmente extremos. Mas, ao passo que o cerebrotônico e o viscerotônico não podem fazer muito mal exceto a si mesmos e àqueles em seu contato imediato, o somatotônico extremo, com sua agressividade nativa, espalha a destruição em sociedades inteiras. Partindo de um dado ponto de vista, a civilização pode ser definida como um complexo de aparatos religiosos, legais e educacionais a fim de evitar que somatotônicos extremos causem muito estrago, direcionando suas energias irreprimíveis em canais mais socialmente desejáveis. O confucionismo e a cultura chinesa tentaram isso inculcando a piedade filial, as boas maneiras e um epicurismo amistosamente viscerotônico — tudo reforçado, de forma um tanto incongruente, pela espiritualidade cerebrotônica e pelas restrições do budismo e do taoismo clássicos. Na Índia, o sistema de castas representa uma tentativa de subordinar poderes militares, políticos e financeiros à autoridade espiritual; e a educação dada a todas as classes insiste com grande ênfase no fato de que o destino final do ser humano é o conhecimento unificador de Deus, de modo que, mesmo no momento presente, depois de quase duzentos anos de uma europeização gradualmente acelerada, não é raro somatotônicos de sucesso abandonarem, na meia-idade, sua riqueza, sua posição e seu poder para terminarem seus dias como humildes peregrinos atrás da iluminação. Na Europa católica, como na Índia, houve um esforço para subordinar os poderes temporais à autoridade espiritual; mas, como a própria Igreja exercitava o poder temporal por via da agência de prelados políticos e negociantes de batina, esses esforços nunca obtiveram um sucesso mais do que parcial. Depois da Reforma, mesmo o desejo pio de limitar o poder temporal por meio da autoridade espiritual foi abandonado por completo. Henrique VIII fez de si mesmo, nas palavras de Stubbs, "o papa, todo o papa e um pouco mais do que o papa", e seu exemplo foi seguido pela maioria dos chefes de Estado desde então. O poder tem sido limitado apenas por outros poderes, não por um apelo a princípios primeiros tais como interpretados por aqueles que são moral e espiritualmente qualificados para saber do que estão falando. Enquanto isso, o interesse pela religião vem diminuindo por toda parte, e mesmo entre cristãos praticantes a Filosofia Perene vem sendo, em grande medida, substituída por uma metafísica do progresso inevitável e um Deus que evolui, por uma preocupação apaixonada, não pela eternidade, mas pelo tempo futuro. E quase de súbito, dentro do último quarto de século, consumou-se o que Sheldon chamou de "uma revolução somatotônica", dirigida contra tudo que é característico do cerebrotônico na teoria e na prática da cultura cristã tradicional. Seguem alguns sintomas dessa revolução somatotônica.

No cristianismo tradicional, como em todas as grandes formulações religiosas da Filosofia Perene, era axiomático que a contemplação fosse o fim e o propósito da ação. Hoje a grande maioria de cristãos professos enxerga a ação (dirigida ao progresso material e social) como o fim, e o pensamento analítico (sem nenhum resquício de um pensamento integral ou contemplativo) como meio para esse fim.

No cristianismo tradicional, como em outras formulações da Filosofia Perene, o segredo da felicidade e o caminho para a salvação deveriam ser procurados não no ambiente externo, mas no estado de espírito do indivíduo em relação ao ambiente. Hoje, o mais importante não é o estado de espírito, mas o estado do ambiente. A felicidade e o progresso moral dependem, pensa-se, de geringonças maiores e melhores e de um melhor padrão de vida.

No cristianismo tradicional, a educação enfatizava o autocontrole; com a ascensão recente da "escola progressista", tudo passou a girar em torno da atividade e "autoexpressão".

Os bons modos tradicionalmente cristãos proibiam qualquer expressão de prazer na satisfação dos apetites físicos. *Podes amar uma coruja assustada, mas nunca uma ave assada* — tal era a riminha com que as crianças cresciam nos berçários de não mais que quinze anos atrás. Hoje os jovens cada vez mais proclamam o quanto "amam" e "adoram" diferentes tipos de comida e bebida; os adolescentes e adultos falam do *frisson* que obtêm da estimulação de sua sexualidade. A filosofia popular da vida deixou de se basear nos clássicos da devoção e nas regras da boa criação aristocrática e agora é moldada pelos escritores da publicidade, cuja única ideia é persuadir a todos a serem tão extrovertidos e desinibidamente gananciosos quanto possível, haja vista que, é claro, são apenas os possessivos, os inquietos, os distraídos que gastam dinheiro nas coisas que os publicitários querem vender. O progresso tecnológico é, em parte, produto da revolução somatotônica, em parte produtor e sustentador dessa revolução. A atenção extrovertida resulta em descobertas tecnológicas (é bastante significativo que um alto grau da civilização material tenha sido sempre associado à prática amplamente difundida a e oficialmente sancionada do politeísmo). Por sua vez, as descobertas tecnológicas resultaram na produção em massa; e a produção em massa, é óbvio, não pode ser mantida em pleno vapor exceto com a persuasão de toda a população para que aceite a *Weltanschauung* [visão de mundo] somatotônica e aja de acordo com ela.

A guerra moderna, como o progresso tecnológico ao qual ela de muitos modos se associa, é causa e resultado, ao mesmo tempo, da revolução somatotônica. A educação nazista, que era especificamente a educação para a guerra, tinha dois objetivos principais: encorajar a manifestação da somatotonia naqueles mais dotados desse componente da personalidade e fazer o resto da população se envergonhar de sua amistosidade relaxada ou de sua sensibilidade introvertida e tendência ao autocontrole e à delicadeza. Durante a guerra, os inimigos do nazismo foram compelidos, é claro, a tomar de empréstimo a filosofia educacional dos nazistas. No mundo inteiro, milhões de jovens, rapazes e até mesmo moças, estão sendo educados de forma sistemática para ser "durões" e valorizar essa "dureza" além de todas as outras qualidades morais. A esse sistema de ética somatotônico está associada a teologia idólatra e politeísta do nacionalismo — uma pseudorreligião muito mais poderosa para o mal e para a divisão, em nosso tempo presente, do que o cristianismo ou qualquer outra religião monoteísta o são para o bem e a unificação. No passado, a maioria das sociedades fez esforços sistemáticos para desencorajar a somatotonia. Tratava-se de uma medida de autodefesa; não queriam ser destruídas pela agressividade e pelo amor ao poder de sua minoria mais ativa e não queriam sofrer com a cegueira espiritual causada pelo excesso de extroversão. Ao longo dos últimos anos, tudo isso foi alterado. Qual, podemos nos perguntar com apreensão, será o resultado dessa reversão mundial de uma política social de eras imemoriais? Somente o tempo dirá.

Capítulo IX
Autoconhecimento

Em outras criaturas, a ignorância de si mesmo é sua natureza; no homem é vício.

Boécio

O vício pode ser definido como um comportamento ao qual a vontade consente e que tem resultados negativos, primariamente porque eclipsa a Deus e, em segundo lugar, porque causa malefícios físicos ou psicológicos ao agente e aos seus semelhantes. A ignorância de si mesmo se encaixa nessa descrição. É voluntária em suas origens, pois, pela via da introspecção e dando ouvidos aos juízos alheios de nosso caráter, podemos todos, se assim desejarmos, chegar a um entendimento bastante perspicaz de nossas falhas e fraquezas, bem como dos motivos reais, não apenas reconhecidos e declarados, de nossas ações. Se a maioria de nós permanece ignorante de si, é porque o autoconhecimento é doloroso e preferimos os prazeres da ilusão. Quanto às consequências de tal ignorância, elas são ruins por todos os critérios, desde o utilitário ao transcendental — ruins porque a ignorância de si leva a um comportamento infundado e, assim, causa todo tipo de transtornos para todos os envolvidos; e ruins porque, sem autoconhecimento, não pode haver a verdadeira humildade, logo também não pode haver a autonegação eficaz, tampouco o conhecimento unificador do Fundamento divino subjacente ao si-mesmo e ordinariamente eclipsado por ele.

A importância, a necessidade indispensável do autoconhecimento foi enfatizada por santos e doutores de todas as grandes tradições religiosas. Para nós no Ocidente, a voz mais familiar é a de Sócrates. Mais sistemáticos do que Sócrates, os expoentes indianos da Filosofia Perene repetiram o mesmo tema. O Buda, por exemplo, no sutra Mahasatipatthana, "Grande discurso no estabelecer da atenção plena", expõe (com a exaustividade ativamente inexorável que é característica do cânone páli) toda a arte do autoconhecimento em todos os seus ramos — o conhecimento de seu corpo, dos sentidos, dos sentimentos, dos pensamentos. Essa arte do autoconhecimento é praticada com dois objetivos em vista. O objetivo imediato é que "o irmão, em relação ao corpo, continue a olhar o corpo, para que permaneça ardoroso, consciente e dono de si, tendo superado tanto as ânsias quanto a melancolia comuns ao mundo. E, do mesmo modo, em relação aos sentimentos, pensamentos e ideias, ele olhe para cada uma delas de forma a permanecer ardoroso, consciente e dono de si, sem ânsias ou melancolia". Além e por meio dessa condição psicológica desejável, repousa o destino final do ser humano, o conhecimento daquilo que está subjacente ao "eu" individualizado. Utilizando seu vocabulário próprio, os escritores cristãos expressam as mesmas ideias.

Um homem tem muitas peles em si, cobrindo as profundezas de seu coração. O homem conhece muitas coisas; ele não conhece a si mesmo. Por isso trinta ou quarenta peles ou couros, como as de um touro ou urso, grossas e duras, cobrem a alma. Vai para teu próprio terreno e aprende quem tu és lá.

Eckhart

Os tolos se consideram despertos agora — tão pessoal é seu conhecimento. Seja príncipe, seja boiadeiro, sempre tão convencido de si mesmo!

Chuang-Tzu

Essa metáfora, a de acordar dos sonhos, é recorrente e aparece de forma incessante em várias formulações da Filosofia Perene. Nesse contexto, a liberação pode ser definida como o processo de despertar dos prazeres sem sentido, ilusórios, bem como dos pesadelos do que é chamado, no discurso ordinário, de vida real, e obter a consciência da eternidade. A "certeza sóbria da alegria desperta" — essa expressão maravilhosa com a qual Milton[33] descreve a experiência do tipo mais nobre de música — é o mais próximo, eu imagino, que as palavras podem chegar da iluminação e do livramento.

Tu (o ser humano) és aquilo que não é. Eu sou o que eu sou. Se perceberes essa verdade em tua alma, nunca o inimigo poderá te enganar; escaparás de todas as suas armadilhas.

Santa Catarina de Siena

---

33 O verso original ("Such sober certainty of waking bliss") aparece em seu poema dramático "Comus: A Maske Presented at Ludlow Castle", de 1634. (N. T.)

O conhecimento de nós mesmos ensina de onde viemos, onde estamos e aonde estamos indo. Viemos de Deus e estamos em exílio; e é porque nossa potência de afeto tende a Deus que estamos cientes de nosso estado de exílio.

Ruysbroeck

O progresso espiritual se dá pelo conhecimento crescente do si-mesmo como não sendo nada e da Divindade como a Realidade que a tudo abarca (tal conhecimento, é claro, não vale nada se for meramente teórico; para ser eficaz, deve ser percebido como uma experiência imediata, intuitiva, além de causa de ações adequadas). Sobre isso, um grande mestre da vida espiritual, o professor Étienne Gilson, escreve: "O ato de levar a Caridade a deslocar o medo por via da prática da humildade — nisso consiste o todo da ascese de são Bernardo, seu começo, seu desenvolvimento e seu fim". Medo, preocupação, ansiedade — tais formam o cerne central do ego individualizado. Não é possível se livrar do medo por meio do esforço pessoal, apenas pela absorção do ego por uma causa maior que seus próprios interesses. A absorção por qualquer causa livrará a mente de alguns de seus medos, mas apenas a absorção pelo Fundamento divino, repleto de amor e conhecimento, pode livrá-la de *todo* medo. Pois, quando a causa é menor que aquela que é a mais alta de todas, o sentimento de medo e ansiedade é transferido do si-mesmo para a causa — como quando o autossacrifício heroico em prol de um indivíduo ou uma instituição querida é acompanhado pela ansiedade quanto ao motivo pelo qual o sacrifício é feito, ao passo que, quando o sacrifício é feito a Deus e aos outros, em nome de

Deus, não pode haver medo ou ansiedade, já que nada pode ameaçar o Fundamento divino, e até mesmo o fracasso e o desastre devem ser aceitos como sendo de acordo com a vontade divina. Em poucos homens e mulheres o amor a Deus é intenso o bastante para atirar para longe esse medo e ansiedade projetados em relação às pessoas e instituições amadas. O motivo deve ser procurado no fato de que poucos homens e mulheres são humildes o bastante para ser capazes de amar como devem. E a eles falta a humildade necessária, porque ainda lhes falta também o conhecimento plenamente percebido de sua própria vacuidade pessoal.

> A humildade não consiste em ocultar nossos talentos e virtudes, em nos acreditarmos piores e mais ordinários do que somos, mas em ter um conhecimento claro de tudo que falta em nós e em não nos exaltarmos pelo que temos, visto que isso foi Deus quem nos deu livremente e que, com todas as Suas dádivas, ainda somos de uma importância infinitamente pequena.
>
> Lacordaire

Conforme cresce a luz, nós nos vemos piores do que pensávamos. Somos assombrados com nossa cegueira prévia na medida em que vemos sair de nosso coração todo um enxame de sentimentos vergonhosos, como répteis imundos rastejando de uma caverna oculta. Mas não devemos nos deixar assombrar ou perturbar. Não estamos piores do que estávamos; pelo contrário, estamos melhores. Enquanto nossas falhas diminuem, a luz sob a qual as vemos se torna mais radiante, e o horror nos preenche. Enquanto não houver sinal de cura, não temos consciência da profundidade de nossa doença; estamos em um estado de presunção cega e aspereza, as presas da autoilusão. Enquanto nadamos com a corrente, não temos consciência do quanto ela é rápida; mas, quando começamos a tentar restringi-la o mínimo que seja, ela se faz sentir.

Fénelon

Minha filha, constrói para ti dois claustros. Primeiro, construirói um claustro real, para que não corras por aí e converses, a não ser que seja necessário ou que tu o faças por amor ao próximo. Depois, constrói para ti um claustro espiritual, que podes sempre levar contigo, e esse é o claustro do verdadeiro autoconhecimento; lá encontrarás o conhecimento da bondade de Deus para contigo. Aqui há, na verdade, dois claustros em um, e se viveres em um deves também viver no outro; do contrário, a alma ou entrará em desespero ou será presunçosa. Se habitares apenas o autoconhecimento, entrarás em desespero; se habitares apenas o conhecimento de Deus, serás tentado à presunção. Um deve acompanhar o outro, e assim chegarás à perfeição.

Santa Catarina de Siena

Capítulo X
Graça e livre-arbítrio

O livramento vem de fora do tempo para a eternidade; obtê-lo é uma questão de obediência e docilidade à eterna Natureza das Coisas. Foi-nos dado o livre-arbítrio para que possamos nos despojar de nossa vontade própria, passando a viver continuamente em um "estado de graça". Todas as nossas ações devem ser direcionadas, em última análise, para que nos tornemos passivos em relação à atividade e ao ser da Realidade divina. Somos, por assim dizer, harpas eólicas, imbuídas com o poder de nos expormos aos ventos do Espírito ou de nos fecharmos longe dele.

> O Espírito do Vale nunca morre.
> É chamado de o Feminino Misterioso.
> E o caminho ao Feminino Misterioso
> Se vê na base da qual brotam o Céu e a Terra.
> Está lá dentro de nós o tempo todo.
> Serve-te dele se quiseres, ele nunca seca.
>
> Lao Zi

Em toda exposição da Filosofia Perene, a alma humana é vista como feminina em relação à Divindade, o Deus pessoal e mesmo a Ordem Natural. Húbris, que é o pecado original, consiste em considerar o ego pessoal como suficientemente masculino em relação ao Espírito interior e à Natureza exterior e se comportar segundo essa certeza.

São Paulo traçou uma distinção bastante útil e iluminadora entre *psique* e *pneuma*. Mas a segunda palavra nunca chegou a obter nenhum grau de popularidade, e o termo terrivelmente ambíguo, *psique*, passou a ser usado de forma indiferente tanto para falar da consciência individual quanto para falar da alma. E por que será que, na Igreja ocidental, os autores da literatura devocional escolheram se referir à *anima* do homem (que, para os romanos, significava a alma inferior, animal) em vez de usarem a palavra tradicionalmente reservada para a alma racional, a saber, *animus*? A resposta, eu suspeito, repousa em sua avidez para enfatizar, por todos os meios dentro de seu poder, a feminilidade essencial do espírito humano em suas relações com Deus. *Pneuma*, gramaticalmente neutro, e *animus*, uma palavra masculina, eram vistas como menos adequadas do que *anima* e psique. Consideremos este exemplo concreto: dada a estrutura do grego e do latim, seria muito difícil que os falantes dessas línguas identificassem qualquer coisa que não fosse uma alma gramaticalmente feminina na heroína do Cântico dos Cânticos — uma figura alegórica que, por longos séculos, teve o mesmo papel no pensamento e sentimento cristãos quanto as donzelas gopis na teologia e devoção dos hindus.

Toma nota desta verdade fundamental. Tudo que trabalha na natureza e na criatura, exceto o pecado, é a obra de Deus na natureza e na criatura. A criatura nada tem em seu poder senão o livre uso de sua vontade, e seu livre-arbítrio não tem outro poder que não o de cooperar ou resistir às obras de Deus na natureza. A criatura com seu livre-arbítrio nada pode trazer à existência, nem realizar nenhuma alteração nas operações da natureza; ela pode apenas alterar seu próprio estado ou local nas operações da natureza e, assim, sentir ou encontrar algo em seu estado que não tenha sentido ou encontrado antes.

William Law

Definida em termos psicológicos, a graça é algo que está além de nosso si-mesmo consciente de si, por meio do qual recebemos ajuda. Temos experiência em três tipos de tais ajudas — a graça animal, a graça humana e a graça espiritual. A graça animal vem quando vivemos em pleno acordo com nossa natureza no nível biológico — sem abusarmos de nosso corpo pelo excesso nem interferirmos no funcionamento de nossa inteligência animal que habita em nosso corpo, com anseios e aversões conscientes, mas vivendo uma vida saudável e expondo-nos à "virtude do sol e do espírito do ar". A recompensa de estarmos assim em harmonia com o Tao ou o Logos em seus aspectos físicos e fisiológicos é um sentimento de bem-estar, uma consciência da vida como sendo boa, não por qualquer motivo, mas apenas por ser a vida em si. Não há nenhuma questão, quando estamos em condição de graça animal, de *propter vitam vivendi perdere causas*,[34] pois nesse estado não há distinção entre a

---

34 O verso, datado do início do ano 2, é do poeta latino Juvenal, em sua "Sátira VIII": *summum crede nefas animam præferre pudori/ et propter vitam vivendi perdere causas* ("É nefasto, podes acreditar, antepor a vida à honra/ e, salvando a vida, perder a razão de viver"). (N. T.)

própria vida e as razões para se viver. A vida, como a virtude, é sua própria recompensa. Mas é claro que a plenitude da graça animal é reservada aos animais. A natureza do ser humano é tal que ele deve viver uma vida autoconsciente dentro do tempo, não em uma eternidade de felicidade sub-racional no lado de cá do bem e do mal. Por consequência, a graça animal é algo que ele conhece apenas de forma espasmódica, em férias ocasionais de sua autoconsciência, ou como acompanhamento de outros estados, em que a vida não é sua própria recompensa, mas precisa ser vivida por algum motivo além dela própria.

A graça humana vem a nós partindo ou de outras pessoas, de grupos sociais, ou de nossos próprios desejos, esperanças e imaginações projetados para fora de nós mesmos, que de algum modo persistem no meio psíquico em um estado que poderia ser chamado de objetividade de segunda mão. Todos tivemos a experiência dos tipos diferentes da graça humana. Há, por exemplo, a graça que, durante a infância, vem da mãe, do pai, de uma pessoa querida que preste cuidados ou que lecione. Em uma etapa posterior, vivenciamos a experiência da graça dos amigos; a graça dos homens e das mulheres moralmente melhores e mais sábios do que nós mesmos; a graça do guru ou diretor espiritual. Então há a graça que vem a nós por conta de nosso apego ao país, partido político, à igreja ou outra organização social — uma graça que já ajudou mesmo os indivíduos mais fracos e tímidos a obter aquilo que, sem ela, teria sido impossível. E, por fim, há a graça que derivamos de nossos ideais, sejam eles superiores ou inferiores, sejam eles concebidos em termos abstratos ou incorporados em personificações imaginárias. A esse último tipo, parece, pertencem muitas das graças vivenciadas pelos adeptos pios das várias religiões. A ajuda recebida por aqueles que adoram com devoção ou rezam para algum santo, deidade ou avatar pessoal, muitas vezes, podemos pressupor, não é uma graça genuinamente espiritual, mas uma graça humana, que recai de volta ao adorador a partir do vórtice de poder psíquico que se estabelece com atos repetidos (os seus próprios e os dos outros) de fé, anseios e imaginação.

Não é possível receber a graça espiritual continuamente ou em sua plenitude, exceto no caso daqueles que tenham se despojado da vontade própria a ponto de poderem dizer de verdade: "Não eu, mas Deus em mim". Há, porém, algumas poucas pessoas tão irremediavelmente autocondenadas à prisão de suas próprias personalidades que são inteiramente incapazes de receber as graças, a todo instante oferecidas a cada alma. Aos trancos e barrancos, a maioria de nós se esforça para esquecer, pelo menos parcialmente, nossa preocupação com o "eu" e o "meu", e assim nos tornarmos capazes de receber, ainda que apenas em parte, as graças que, naquele momento, nos são oferecidas.

A graça espiritual se origina do Fundamento divino de todo ser e é dada pelo propósito de ajudar o ser humano a conquistar seu destino final, que é o retorno, saindo do tempo e do "eu", para o Fundamento. Ela se parece com a graça animal, no que deriva de uma fonte completamente diversa de nossos "eus" humanos e autoconscientes; de fato, é a mesma coisa que a graça animal, mas se manifesta no nível mais alto de uma espiral ascendente que sai da matéria para a Divindade. Em qualquer dada instância, a graça humana pode ser inteiramente boa, na medida em que ajuda o beneficiário na tarefa de obter o conhecimento unificador de Deus; mas, por conta de sua fonte no si-mesmo individualizado, ela é sempre um pouco suspeita e, em muitos casos, a ajuda que ela dá, é claro, serve à concretização de fins muito diferentes do fim verdadeiro de nossa existência.

Toda a nossa bondade é um empréstimo; Deus é o dono. Deus trabalha e Seu trabalho é Deus.

São João da Cruz

A inspiração perpétua é tão necessária à vida da bondade, santidade e felicidade quanto a respiração perpétua é necessária à vida animal.

William Law

Ao mesmo tempo, é claro, a vida de bondade, santidade e beatitude é uma condição necessária à inspiração perpétua. As relações entre ação e contemplação, ética e espiritualidade são circulares e recíprocas. Cada uma delas é tanto causa quanto efeito.

Foi quando o Grande Caminho entrou em declínio que a bondade humana e a moral surgiram.

Lao Zi

Os verbos em chinês não têm flexão de tempo. Essa declaração, como um evento hipotético na história, se refere ao mesmo tempo ao presente e ao futuro. Seu significado é simplesmente o seguinte: com a ascensão da autoconsciência, a graça animal não mais basta para a conduta da vida e deve ser suplementada por escolhas conscientes e deliberadas entre certo e errado — escolhas que precisam ser feitas à luz de um código ético formulado com clareza. Mas, como os sábios taoistas nunca se cansam de repetir, códigos de ética e escolhas deliberadas superficiais são, no máximo, um bem provisório. A vontade individualizada e a inteligência superficial devem ser usadas para o propósito de recapturar a velha relação animal com o Tao, mas em um nível superior, espiritual. O objetivo é a inspiração perpétua de fontes além do si-mesmo pessoal; e os meios são "a bondade humana e moralidade" que levam à caridade, o conhecimento unificador do Tao, ao mesmo tempo o Fundamento e o Logos.

> Senhor, Tu me deste meu ser de tal natureza que ele consegue ampliar continuamente sua capacidade de receber tua graça e bondade. E esse poder, que eu tenho de Ti, por meio do qual tenho uma imagem viva de Teu poder infinito, é o livre-arbítrio. Por meio dele, posso ampliar ou restringir minha capacidade de Tua graça.
>
> Nicolau de Cusa

Shun perguntou a Ch'eng, dizendo: "É possível obter o Tao de modo a tê-lo em sua posse?".

"Teu próprio corpo", respondeu Ch'eng, "não é tua posse. Como o Tao poderia ser?"

"Se meu corpo", disse Shun, "não é minha posse, então de quem é?"

"É a imagem delegada de Deus", respondeu Ch'eng. "Tua vida não te pertence. É a harmonia delegada de Deus. Tua individualidade não é tua. É a adaptabilidade delegada de Deus. Tua posterioridade não é tua. São as exúvias delegadas de Deus. Tu te moves, mas não sabes como. Tu repousas, mas não sabes o porquê. Tu provas, mas não sabes a causa. Tais são as operações da lei de Deus. Como então poderás obter o Tao de modo a tê-lo em tua posse?"

Chuang-Tzu

Está dentro de meu poder ou servir a Deus ou não servi-Lo. Servindo-O, eu somo ao meu próprio bem e ao bem de todo o mundo. Ao não servi-Lo, eu abro mão de meu próprio bem e privo o mundo desse bem, que estava em meu poder criar.

Liev Tolstói

Deus não te privou da operação de Seu amor, mas tu O privaste de tua cooperação. Deus nunca teria Te rejeitado se não tivesses rejeitado Seu amor. Ó Deus, Tu que és todo bom, Tu não abandonas a não ser que abandonado, Tu nunca nos privas de Teus dons a não ser que Te privemos de nossos corações.

São Francisco de Sales

Ch'ing, o chefe carpinteiro, entalhava madeira para formar uma prateleira para instrumentos musicais. Quando terminou sua obra, a quem a visse, parecia ser de execução sobrenatural; e o príncipe de Lu lhe perguntou, dizendo: "Qual mistério há em tua arte?".

"Mistério algum, vossa alteza", respondeu Ch'ing. "E, no entanto, alguma coisa há. Quando construo uma prateleira, tomo precauções quanto a qualquer perda de meu poder vital. Primeiro reduzo minha mente à quiescência absoluta. Três dias passo nessa condição e me torno ignorante de qualquer recompensa a ser adquirida. Cinco dias e me torno ignorante de qualquer fama a ser conquistada. Sete dias e me torno inconsciente de meus quatro membros e de minha forma física. Então, sem nenhum pensamento da corte presente em minha mente, meus dotes se tornam concentrados, e todos os elementos que possam perturbá-la desaparecem. Entro na floresta da montanha, procuro por uma árvore adequada. Ela contém a forma exigida, que depois eu elaboro. Eu vejo a prateleira no olho de minha mente e então começo a trabalhar. Além disso, nada há. Eu trago minha própria capacidade nativa em relação com a da madeira. O que se suspeita ser de execução sobrenatural em minha obra se deve apenas a isso."

Chuang-Tzu

A inspiração do artista pode derivar da graça humana ou espiritual, ou de um misto dos dois. A alta conquista artística é impossível sem pelo menos aquelas formas de mortificação intelectual, emocional e física adequadas ao tipo de arte sendo praticada. Além e acima desse curso do que pode ser chamado de mortificação profissional, alguns artistas praticaram também o tipo de autonegação que é a precondição indispensável para o conhecimento unificador do Fundamento divino. Fra Angelico, por exemplo, se preparava para trabalhar por meio de preces e meditação; e, a partir do trecho mencionado de Chuang-Tzu, podemos ver como a abordagem do taoista era religiosa em essência (e não meramente profissional) em relação à sua arte.

Aqui podemos comentar, de passagem, que a mecanização é incompatível com a inspiração. O artesão pode fazer, e muitas vezes fazia de fato, um trabalho péssimo. Mas, se como Ch'ing, o chefe carpinteiro, ele se preocupasse com sua arte e estivesse pronto para fazer o que fosse necessário para se tornar dócil à inspiração, ele podia e por vezes fazia um trabalho tão bom que parecia ser "de execução sobrenatural". Entre as muitas e enormes vantagens do maquinário automático eficiente se encontra esta: ela é completamente impecável. Mas todo ganho exige um preço. A máquina automática é impecável; mas porque é impecável é também impermeável à graça. O homem que cuida de tal máquina é imune a todo tipo de inspiração estética, seja de origem humana, seja genuinamente espiritual. "A indústria sem arte é brutalidade." Mas Ruskin na verdade, nessa formulação, está sendo injusto com os brutos. A ave ou o inseto industrioso é inspirado, quando trabalha, pela graça animal infalível do instinto — pelo Tao como ele se manifesta no nível imediatamente acima do fisiológico. O trabalhador industrial em sua máquina impecável e impermeável à graça faz seu trabalho dentro de um universo artificial de autômatos pontuais — um universo que repousa inteiramente além do Tao em todos os níveis, brutal, humano e espiritual.

Nesse contexto, podemos mencionar aquelas teofanias súbitas que por vezes são permitidas a crianças e por vezes a adultos, que podem ser poetas ou filisteus, simplórios ou eruditos, mas que têm isso em comum, que nada fizeram a fim de se preparar para o que lhes aconteceu. Essas graças gratuitas, que inspiraram já muita arte literária e pictórica, algumas esplêndidas e algumas (quando a inspiração não foi acompanhada por um talento nativo) pateticamente inadequadas, parecem pertencer, no geral, a uma ou outra das duas principais classes — a percepção súbita e profundamente impressionante da Realidade definitiva como Amor, Luz e Perfeita Felicidade e uma percepção, não menos impressionante, dela como um Poder sombrio, inescrutável e que inspira reverência. De formas memoráveis, Wordsworth registrou sua própria experiência de ambos os aspectos do Fundamento divino.

> *There was a time when meadow, grove and stream,*
> *The earth and every common sight,*
> *To me did seem*
> *Apparelled in celestial light.*[35]

E assim por diante. Mas essa não foi sua única visão:

> *Lustily*
> *I dipped my oars into the silent lake,*
> *And, as I rose upon the stroke, my boat*
> *Went heaving through the water like a swan;*
> *When, from behind that craggy steep, till then*
> *The horizon's bound, a huge peak, black and huge,*
> *As if with voluntary power instinct,*

---

35 "Outrora todo bosque, os rios e prados,/ A terra, a paisagem banal,/ Eu vi trajados/ Como fosse em luz celestial." (N. T.)

Upreared its head. I struck and struck again,
And growing still in stature, the grim shape
Towered up between me and the stars...
                    But after I had seen
That spectacle, for many days my brain
Worked with a dim and undetermined sense
Of unknown modes of being; o'er my thoughts
There hung a darkness, call it solitude,
Or blank desertion.[36]

É significativo que seja a esse segundo aspecto da Realidade que as mentes primitivas parecem ser mais receptivas. O Deus formidável, a quem Jó por fim se submete, é um "modo incógnito do Ser", cujas criações mais características são o Beemote e o Leviatã. É o tipo de Deus que exige, na expressão de Kierkegaard, "suspensões teleológicas da moralidade", sobretudo na forma de sacrifícios de sangue, até mesmo sacrifícios humanos. A deusa hindu Kali, em seus aspectos mais sinistros, é outra manifestação desse mesmo modo incógnito do Ser. E por muitos selvagens contemporâneos, o Fundamento subjacente é apreendido e racionalizado por sua teologia como um Poder puro, consumado, que precisa ser venerado e

36 "Sedento,/ No lago calmo eu mergulhei meus remos,/ E, ao levantar-me em meu remar, o barco/ Disparou sobre a água como um cisne;/ Quando, de trás da fraga, até então/ Fronteira do horizonte, um vasto pico,/ Vasto, um breu, como em posse de vontade,/ Ergue a cabeça. Eu remei e remei,/ E, quieta em estatura, a forma atroz/ Entre mim e as estrelas se elevava.../ Porém, depois que eu vi/ Tal espetáculo, por vários dias/ A noção vaga me ocupou o cérebro,/ Destes modos incógnitos do ser;/ Sobre meus pensamentos, trevas, chamem-nas/ Solidão, abandono." (N. T.)

propiciado e, se possível, conduzido a usos benéficos por meio de magia compulsória.

Pensar em Deus como mero Poder e não também, ao mesmo tempo, como Poder, Amor e Sabedoria é um pensamento que vem de forma natural à humanidade ordinária e impenitente. Apenas aqueles totalmente desprovidos de si estão em posição de ter o conhecimento pela experiência de que, apesar dos pesares, "tudo estará bem" e, de algum modo, tudo *já* está. "O filósofo que nega a providência divina", diz Rumi, "é um estranho à percepção dos santos." Apenas aqueles que têm a percepção dos santos podem saber o tempo todo e por experiência imediata que a Realidade divina se manifesta como um Poder que é amoroso, compassivo e sábio. O restante de nós ainda não está em uma posição espiritual para poder fazer nada além de aceitar suas descobertas com base na fé. Se não fosse pelas anotações que eles nos deixaram, seríamos levados a concordar com Jó e os primitivos.

As inspirações nos antecipam e, mesmo antes de ser concebidas pelo pensamento, elas se fazem sentir; mas, depois de as sentirmos, cabe a nós ou consentir a elas, para reiterarmos e seguirmos suas atrações, ou então divergir delas e as repelir. Elas se fazem sentir sem nós, mas não nos fazem consentir sem nós.

São Francisco de Sales

Nosso livre-arbítrio pode ser um obstáculo no caminho da inspiração e, quando o sopro favorável da graça de Deus insufla as velas de nossa alma, está em nosso poder recusarmos consentir e, portanto, impedir o efeito do favor do vento; mas, quando nosso espírito navega junto e faz sua viagem com prosperidade, não somos nós os responsáveis pelo sopro da inspiração, nem somos nós que insuflamos nossas velas, nem damos movimento ao navio de nosso coração; mas simplesmente recebemos o sopro, consentimos seu movimento e deixamos que nosso navio navegue com ele, sem impedi-lo com nossa resistência.

São Francisco de Sales

A graça é necessária para a salvação e o livre-arbítrio igualmente — a graça, porém, para dar a salvação, e o livre-arbítrio, para recebê-lo. Portanto, não devemos atribuir parte da boa obra à graça e parte ao livre-arbítrio; ela se dá por inteiro por via da ação comum e inseparável de ambas; inteiramente por conta da graça, inteiramente por conta do livre-arbítrio, mas nascendo da primeira para o segundo.

São Bernardo

São Bernardo distingue entre *voluntas communis* e *voluntas propria*. A *voluntas communis* é comum em dois sentidos; é a vontade de compartilhar e é a vontade comum a Deus e ao homem. Para propósitos práticos, é o equivalente à caridade. A *voluntas propria* é a vontade de obter as coisas e guardá-las para si, que é a raiz de todo pecado. Em seu aspecto cognitivo, *voluntas propria* é o mesmo que *sensum proprium*, que é a opinião que se tem, valorizada por ser sua e portanto sempre equivocada moralmente, por mais que possa ser correta em tese.

Dois estudantes da Universidade de Paris vieram visitar Ruysbroeck e pediram a ele que lhes desse uma frase curta ou lema, que lhes servisse de regra para a vida.

"Vos estis tam sancti sicut vultis", respondeu Ruysbroeck. "Tu és tão santo quanto quiser tua vontade."

Deus será rápido em Se derramar em ti assim que Ele descobrir que tu estás pronto.

Eckhart

A vontade é aquilo que detém todo o poder; ela cria o céu e cria o inferno; pois não há inferno senão a vontade da criatura que voltou as costas a Deus, nem céu nenhum senão a vontade da criatura que trabalha com Deus.

William Law

Ó homem, considera a ti próprio! Aqui te vês na luta franca e perpétua do bem e do mal; toda natureza é contínua em seu labor para suscitar a grande redenção; toda a criação trabalha pela dor e pelas obras laboriosas para ser livrada da vaidade do tempo; e tu dormes? Tudo que vês ou ouves nada diz, nada mostra a ti senão o que a luz eterna ou escuridão eterna suscitaram; pois, como o dia e a noite dividem o todo do tempo, também o céu e o inferno dividem o todo de nossos pensamentos, palavras e ações. Move o que quiseres mover, faz ou planeja o que quiseres, deves ser um agente de um ou de outro. Não podes ficar parado, porque vives nas obras perpétuas da natureza temporal e eterna; se não trabalhas com o bem, o mal que há na natureza te carrega consigo. Tens a altura e a profundidade da eternidade em ti, portanto, ao fazeres o que é tua vontade, seja em casa, seja no campo, na loja ou na igreja, estarás semeando o que crescerá e será colhido na eternidade.

William Law

Deus espera apenas uma coisa de ti, e essa coisa é que tu saias de ti mesmo na medida em que és um ser criado e deixes que Deus seja Deus em ti.

Eckhart

Para aqueles que derivam prazer nas especulações teológicas baseadas em textos escriturais e postulados dogmáticos, há os milhares de páginas de polêmicas católicas e protestantes sobre a graça, obras, fé e justificação. E, para os estudantes de religião comparada, há os comentários acadêmicos sobre o *Bhagavad Gita*, sobre as obras de Ramanuja e daqueles vaishnavitas posteriores, cuja doutrina de graça tem uma semelhança notável com a de Lutero; há as histórias do budismo que traçam devidamente o desenvolvimento da religião, desde a doutrina hinaiana, que prega que a salvação é o fruto dos esforços extenuantes para ajudar a si mesmo, até a doutrina maaiana de que ela não pode ser obtida sem a graça do Buda Primordial, cuja consciência interior e cujo "grande coração compassivo" constituem a Quididade eterna das coisas. Para o restante de nós, as citações anteriores de autores inseridos nas tradições cristã e taoista primitiva fornecem, ao que me parece, um relato adequado dos fatos observáveis da graça e da inspiração e sua relação com aos fatos observáveis do livre-arbítrio.

Capítulo XI
O bem e o mal

O desejo é o primeiro dado de nossa consciência: nascemos para a simpatia e a antipatia, o desejo e a vontade. A princípio de forma inconsciente, depois consciente, fazemos a seguinte avaliação: "Isso é bom, isso é mau". E um pouco depois descobrimos a obrigação. "Isso, sendo bom, é o que deve ser feito; isso, sendo mau, não deve ser feito."

Nem todas as avaliações são igualmente válidas. Somos levados a julgar o que nossos desejos e desgostos afirmam ser bom ou ruim. Com muita frequência, descobrimos que o veredito da suprema corte bate de frente com a decisão à qual chegara, rápida e levianamente, a corte de primeira instância. À luz do que sabemos sobre nós mesmos, nossos semelhantes e o mundo em geral, descobrimos que o que parecia bom a princípio pode, a longo prazo ou dentro de um contexto mais amplo, ser ruim; e o que parecia ruim a princípio pode ser um bem que nos sentimos obrigados a realizar.

Quando dizemos que um homem possui um discernimento moral penetrante, queremos dizer com isso que ele tem um sólido juízo de valores, que ele sabe o suficiente para dizer o que é bom a longo prazo e dentro de um contexto mais amplo. Quando dizemos que um homem tem um caráter moral forte, queremos dizer que ele é rápido para agir com base no que seu discernimento descobre, mesmo quando essas descobertas são desagradáveis ou até contrariam dolorosamente suas avaliações espontâneas iniciais.

Na prática efetiva, o discernimento moral nunca é uma questão estritamente pessoal. O juiz administra um sistema de direito e é orientado por precedentes. Em outras palavras, todo indivíduo é membro de uma comunidade, que tem um código moral baseado em descobertas anteriores sobre o que realmente é bom a longo prazo e em um contexto mais amplo. Em grande parte das circunstâncias, a maioria dos membros de uma dada sociedade se permite ser guiado pelo código moral mais aceito; uns poucos rejeitam o código, seja por completo, seja em parte; e uns poucos optam por viver segundo outro código, superior e mais preciso. Na fraseologia cristã, há poucos que teimam em viver em estado de pecado mortal e anomia antissocial; há muitos que obedecem às leis e fazem dos Preceitos da Moralidade os seus guias, arrependendo-se dos pecados mortais quando os cometem, mas não se esforçam tanto para evitar os pecados veniais; e por fim há aqueles cuja virtude "excede a virtude dos escribas e fariseus", guiados pelos Conselhos de Perfeição e dotados de discernimento e caráter para ser capazes de perceber os pecados veniais, bem como até mesmo as meras imperfeições, e evitá-los.

Os filósofos e teólogos procuraram estabelecer uma base teórica para os códigos morais existentes, que auxiliam os homens e mulheres individuais a julgar suas avaliações espontâneas. De Moisés a Bentham, de Epicuro a Calvino, das filosofias cristãs e budistas de amor universal a doutrinas lunáticas de nacionalismo e superioridade racial — a lista é longa e a extensão do pensamento, enormemente vasta. Mas, por sorte, não há necessidade de considerarmos essas várias teorias. Nossa preocupação é apenas com a Filosofia Perene e com o sistema de princípios éticos usado por aqueles que acreditam nessa filosofia ao julgarem as avaliações dos outros e as suas próprias. As perguntas que precisaremos fazer neste capítulo são bastante simples, assim como as respostas. Como sempre, as dificuldades começam apenas quando passamos da teoria à prática, do princípio ético à aplicação particular.

Dado que o fundamento da alma individual é semelhante ou idêntico ao Fundamento divino de toda existência, e dado que esse Fundamento divino é uma Divindade inefável que se manifesta como o Deus pessoal ou mesmo como o Logos encarnado, qual é a natureza definitiva do bem e do mal e quais são o propósito verdadeiro e o destino final da vida humana?

As respostas a essas perguntas serão dadas mais longamente nas palavras do mais surpreendente produto do século XVIII inglês, William Law (como é estranho nosso sistema educacional! Os estudantes de literatura inglesa são forçados a ler o jornalismo gracioso de Steele e Addison e precisam saber tudo dos romances menores de Defoe e das elegâncias sutis de Matthew Prior. Mas permite-se que passem em suas provas com louvor sem terem sequer corrido os olhos nos escritos de um homem que foi não apenas um mestre da prosa inglesa, mas também um dos pensadores mais interessantes de seu período e uma das figuras mais

A filosofia perene 285

amavelmente santas de toda a história do anglicanismo). Nossa negligência atual quanto à obra de Law é ainda outra de muitas indicações de que os educadores do século xx não se preocupam mais com as questões de verdades definitivas ou sentido e (além do mero treinamento vocacional) se interessam apenas pela disseminação de uma cultura desarraigada e irrelevante, além de nutrir a tolice solene da erudição pela erudição.

Nada queima no inferno senão o si-mesmo.

Theologia Germanica

A mente está pegando fogo, os pensamentos estão pegando fogo. A consciência da mente e as impressões recebidas por ela, e as sensações que surgem das impressões que a mente recebe — tudo isso está pegando fogo.

E o que é esse fogo? É o fogo da ganância, o fogo do ressentimento, o fogo das paixões, é o nascimento, a velhice e a morte, a tristeza e a lamentação, o sofrimento e o pesar e o desespero, tudo isso é esse fogo.

Retirado do *Sermão do fogo*, do Buda

Se nunca viste o diabo, olha para ti próprio.

Jalaladim Maomé Rumi

Teu si-mesmo é teu Caim que mata teu Abel. Pois cada ação e movimento do si-mesmo tem o espírito do Anticristo e assassina a vida divina dentro de ti.

William Law

A cidade de Deus é feita do amor de Deus levado ao ponto do desprezo por si mesmo; a cidade terrena, pelo amor de si mesmo levado ao ponto do desprezo por Deus.

Santo Agostinho

A diferença entre um homem bom e um homem mau não repousa nisto, no fato de que um deseja o que é bom e o outro não, mas somente no seguinte: que um concorda com o espírito vivo e inspirador de Deus dentro de si e o outro resiste a ele e pode ser acusado do mal apenas porque resiste.

William Law

As pessoas deveriam pensar menos no que deveriam fazer e mais no que deveriam ser. Se teu ser for bom, tua obra também será radiante. Não imagines que podes fundamentar tua salvação em tuas ações; deves repousar no que tu és. O fundamento sobre o qual repousa o bom caráter é o mesmo sobre do qual a obra do homem deriva seu valor, a saber, a mente voltada por completo a Deus. Veramente, se tiveres essa inclinação, poderás pisar em uma pedra, e isso seria uma obra mais pia do que se, apenas para lucro próprio, recebesses o Corpo do Senhor e te faltasse desapego espiritual.

Eckhart

O homem é feito por sua crença. Naquilo em que crê, assim ele é.

Bhagavad Gita

É a mente que dá às coisas sua qualidade, sua base e seu ser. Quem quer que fale ou aja com a mente impura, a tristeza o segue, como a roda segue os passos do boi que puxa o carro.

Dhammapada

A natureza do ser de um homem determina a natureza de suas ações; e a natureza de seu ser se manifesta, antes de tudo, na mente. O que ele anseia e pensa, aquilo em que ele acredita e o que sente — isso é, por assim dizer, o Logos, e é por meio da ação do Logos que o caráter fundamental do indivíduo realiza seus atos criativos. Esses atos serão belos e moralmente bons se o ser estiver centrado em Deus, feios e maus se centrado no si-mesmo pessoal. "A pedra", diz Eckhart, "realiza sua obra sem cessar, dia e noite." Pois uma pedra, mesmo que não esteja em queda, ainda tem peso. O ser de um homem é sua energia potencial movida na direção de Deus ou oposta a Ele; pois é por meio dessa energia potencial que será julgado como sendo bom ou mau — porque é possível, na linguagem dos evangelhos, cometer adultério e assassinato no coração, mesmo que suas ações sejam impecáveis.

A cobiça, a inveja, o orgulho e a ira são os quatro elementos do si-mesmo, ou natureza, ou inferno, todos inseparáveis. E a razão pela qual as coisas são assim é a seguinte, e não pode ser de outro modo: porque a vida natural da criatura é trazida à existência para a participação em algum bem, nobre e sobrenatural, no Criador. Mas ele poderia não ter nenhuma aptidão, nenhuma capacidade possível de receber tal bem, a não ser que fosse, ela própria, tanto uma extremidade de falta quanto uma extremidade de desejo por algum bem maior. Quando, portanto, a essa vida natural falta Deus ou ela se vê em estado decaído, tal vida não pode ser nada em si a não ser uma extremidade de falta em contínuo desejo ou uma extremidade de desejo em contínua falta. E, porque é assim, sua vida inteira nada mais pode ser que não uma praga e tormento de cobiça, inveja, orgulho e ira, tudo aquilo que é precisamente a natureza, o si-mesmo ou o inferno. Agora, a cobiça, o orgulho e a inveja não são três coisas diferentes, mas apenas três nomes diferentes para os trabalhos incansáveis de uma mesma vontade ou desejo. A ira, que é a quarta cria dessas três, não pode ter existência até que uma delas ou todas as três sejam contrariadas ou algo lhes aconteça que seja oposto à sua vontade. Essas quatro propriedades geram seu próprio tormento. Não têm nenhuma causa externa e nenhum poder interno de alterarem a si mesmas. E, portanto, todo si-mesmo ou natureza deve se encontrar nesse estado até que algum bem sobrenatural o encontre ou nasça nele. Enquanto o homem de fato viver entre as vaidades do tempo, sua cobiça, inveja, orgulho e ira podem se encontrar em um estado tolerável, podem mantê-lo em um misto de paz e perturbação; podem, por vezes, ter suas gratificações tanto quanto seus tormentos. Mas, quando a morte puser um fim à vaidade de todos os logros terrenos, a alma que não for renascida do Verbo sobrenatural e do Espírito de Deus deve se encontrar inevitavelmente devorada ou fechada em sua cobiça, inveja, orgulho e ira insaciáveis, imutáveis e autoflagelantes.

William Law

É verdade que não podes expressar de forma adequada o grau de teu estado pecaminoso; mas é porque é impossível, nesta vida, representar os pecados em toda a sua feiura verdadeira; pois nunca saberemos como eles são de fato, exceto à luz de Deus. Deus dá a algumas almas uma impressão da enormidade do pecado, por meio da qual Ele as faz sentir que o pecado é incomparavelmente maior do que parece ser. Tais almas devem conceber seus pecados como a fé os representa (isto é, como são em si mesmos), mas devem se contentar em descrevê-los em tais termos humanos na medida em que sua boca for capaz de pronunciar.

Charles de Condren

Lúcifer, quando se via em sua nobreza natural, como Deus o criara, era uma criatura pura e nobre. Mas quando se prendeu a si mesmo, quando possuiu a si mesmo e sua nobreza natural como propriedade, ele caiu e se tornou, em vez de um anjo, um diabo. Assim também é com o homem. Se ele permanece em si e possuidor de sua nobreza natural como se esta fosse uma propriedade, ele cai e se torna não um homem, mas um diabo.

Seguir a Cristo

Se uma fruta deliciosa e perfumada tivesse o poder de separar-se de sua essência farta, de seu sabor suave, seu cheiro e cor, que ela recebe por virtude do ar e espírito do sol, ou, se pudesse, no começo de seu crescimento, afastar-se do sol e não receber dele nenhuma virtude, então ela estaria, desde seu próprio nascimento, em um estado de ira, azedume, amargura, adstringência, assim como os diabos, que se voltaram para suas próprias raízes obscuras e rejeitaram a Luz e o Espírito de Deus. Assim também a natureza infernal de um diabo nada mais é que as primeiras formas de vida retiradas e separadas da Luz e do Amor celestiais; assim como o azedu-me, a amargura e a adstringência de uma fruta nada mais são que a primeira forma de sua vida vegetal, antes de alcançar a virtude do sol e o espírito do ar. E, assim como a fruta, se tivesse uma percepção de si mesma, estaria cheia de tormento a partir do instante em que fosse afastada das primeiras formas de sua vida, em sua própria adstringência, azedume e amargura dolorosa, também os anjos, quando deram as costas a essas mesmas primeiras formas de vida e se separaram da Luz e do Amor celestiais de Deus, se tornaram seu próprio inferno. Nenhum inferno foi criado para eles, nenhuma nova qualidade lhes sobreveio, nenhuma vingança ou castigo do Senhor do Amor recaiu sobre eles; eles apenas se flagraram no estado de divisão e separação do Filho e do Espírito Santo de Deus, que foi resultado de suas próprias ações. Eles nada tinham em si que não viesse de Deus, as primeiras formas de uma vida celestial; mas isso em um estado de autotormento, porque separados, desde a nascença, do Amor e da Luz.

William Law

Em todas as possibilidades das coisas há e pode haver apenas uma alegria e uma tristeza. A única tristeza é a natureza e a criatura deixada à própria sorte, a única alegria é a Vida, a Luz, o Espírito de Deus, manifestos na natureza e na criatura. Este é o verdadeiro sentido das palavras de Nosso Senhor: existe apenas um que é bom, e este é Deus.

William Law

Os homens não estão no inferno porque Deus se enfurecera contra eles; eles se veem em ira e escuridão por conta do que fizeram contra a luz, que flui infinitamente de Deus, como faz com a luz do sol o homem que vaza os próprios olhos.

William Law

Por mais que a luz e o conforto do mundo exterior afastem até mesmo os piores dos homens da percepção forte e constante daquela natureza irosa, ardente, sombria e autoflagelante que é a própria essência de todas as almas caídas e impenitentes, ainda assim todo homem no mundo recebe intimações mais ou menos fortes e frequentes, de modo que assim se dá com o fundamento mais íntimo de sua alma. A quantas invenções certas pessoas são obrigadas a recorrer para afastar certa perturbação interior, de que elas têm medo e sabem de onde vem? Infelizmente, é porque há um espírito decaído, um fogo sombrio e doloroso dentro delas, que nunca foi apaziguado e que tenta descobrir-se pedindo socorro a cada cessação dos gozos mundanos.

William Law

Nas tradições hebraica e cristã, a Queda é subsequente à criação e se dá exclusivamente por conta do uso egocêntrico do livre-arbítrio, que deveria ter permanecido centrado no Fundamento divino e não no si-mesmo individual. O mito do Gênesis incorpora uma verdade psicológica muito importante, mas não chega a ser um símbolo inteiramente satisfatório, pois não menciona nem explica o fato do mal e do sofrimento no mundo inumano. Para ser adequado à nossa experiência, o mito precisaria ser modificado de duas maneiras. Em primeiro lugar, seria necessário deixar claro que a criação, a passagem incompreensível do Uno não manifesto à multiplicidade manifesta da natureza, da eternidade ao tempo, não é meramente o prelúdio e a condição necessária da Queda; em algum grau, ela *é* a própria Queda. E, em segundo lugar, seria preciso indicar que algo análogo ao livre-arbítrio possa existir abaixo do nível humano.

Que a passagem da unidade do ser espiritual à multiplicidade do ser temporal é um elemento essencial da Queda já está claro nas elaborações budistas e hinduístas da Filosofia Perene. A dor e o mal são inseparáveis da existência individual no mundo do tempo; e, para os seres humanos, há uma intensificação dessa dor e mal inevitáveis quando o desejo se volta ao si-mesmo e ao múltiplo, em vez de em direção ao Fundamento divino. A isso devemos acrescentar, via especulação, a opinião de que talvez as existências sub-humanas possam ser dotadas (ao mesmo tempo individual e coletivamente, como estirpes e espécies) de algo que se pareça com um poder de escolha. Há o fato extraordinário de que o "ser humano está só" — o fato de que, até onde podemos julgar, todas as outras espécies são espécies de fósseis vivos, capazes apenas de degeneração e extinção, não de futuros avanços evolucionários. Na fraseologia do aristotelismo escolástico, a matéria possui um apetite pela forma — não necessariamente pela melhor forma, mas pela forma como tal. Ao olharmos ao nosso redor, o mundo das coisas vivas, observamos (com deleite e deslumbre por vezes tocados, deve-se admitir, por certa perplexidade questionadora) as inumeráveis formas, sempre belas, com frequência estranhas ao ponto da extravagância e às vezes até mesmo sinistras, em que o apetite insaciável da matéria encontrou sua satisfação. De toda a matéria viva, apenas aquela que se organiza como seres humanos obteve sucesso em encontrar uma forma capaz, pelo menos no lado mental, de obter maior desenvolvimento. Todo o resto está preso a formas que só podem permanecer o que são, ou então, se mudarem, é para pior. Parece que, no teste de inteligência cósmica, toda a matéria viva, exceto a humana, sucumbiu, em um ou outro momento durante sua carreira biológica, à tentação de assumir não uma forma definitivamente melhor, mas uma forma imediatamente mais lucrativa. Por meio de um ato análogo ao livre-arbítrio, todas as espécies, exceto a humana, escolheram os retornos rápidos da especialização, o arrebatamento presente de ser perfeito, mas perfeito em um nível inferior do ser. O resultado é que todas elas se flagram, em termos evolutivos, em becos sem saída. À Queda cósmica inicial da criação, da manifestação multitudinária no tempo, elas somaram o equivalente obscuramente biológico da Queda voluntária do homem. Como espécie, optaram pela satisfação imediata do si-mesmo em vez de pela capacidade de reunião com o Fundamento divino. Por essa escolha errada, as formas de vida inumanas são negativamente castigadas, sendo barradas de realizar o bem supremo, do qual apenas a forma humana, mais livre porque não especializada, altamente consciente, é capaz. Mas deve-se lembrar, é claro, que a capacidade do bem supremo é conquistada apenas às custas de se tornar também capaz dos extremos do mal. Os animais não sofrem de tantas maneiras, nem no mesmo grau — disso podemos ter alguma certeza — que os homens e mulheres. Além do mais, eles são bastante inocentes em relação àquela impiedade literalmente diabólica que, junto com a santidade, é uma das marcas distintivas da espécie humana.

Vemos então que, para a Filosofia Perene, o bem é nada mais que uma conformidade do "eu" separado em relação ao Fundamento divino que lhe dá existência, e por fim sua aniquilação nele; o mal, a intensificação dessa separação, a recusa em saber que o Fundamento existe. É claro que essa doutrina é perfeitamente compatível com a formulação de princípios éticos como uma série de mandamentos negativos e positivos, ou mesmo em termos de utilidade social. Os crimes proibidos em toda parte derivam de estados de espírito que são, em toda parte, condenados e tidos como equivocados; e esses estados equivocados de espírito são, como questão de fato empírico, absolutamente incompatíveis com o conhecimento unificador do Fundamento divino, que é o bem supremo, segundo a Filosofia Perene.

Capítulo XII
Tempo e eternidade

O universo é uma sucessão eterna de eventos; mas seu fundamento, segundo a Filosofia Perene, é o agora atemporal do Espírito divino. Uma declaração clássica da relação entre o tempo e a eternidade pode ser encontrada nos capítulos finais da obra *A consolação da filosofia*, em que Boécio resume os conceitos de seus antecessores, notavelmente Plotino.

Uma coisa é ser carregado ao longo de uma vida sem fim, outra é aceitar toda a presença de uma vida sem fim, o que é manifestamente adequado à Mente divina.

O mundo temporal parece emular, em parte, aquilo que não pode obter ou expressar plenamente, amarrando-se a qualquer presença que exista neste momento exíguo e efêmero — uma presença que, haja vista que traz consigo certa imagem daquela Presença que ali habita, dá a quem quer que partilhe dela a qualidade de parecer possuir o ser. Mas, porque não é possível permanecer, ela empreende uma jornada infinita do tempo; e assim ocorre que, ao passar, ela continua essa vida, cuja plenitude não seria possível compreender pela permanência.

Boécio

Como Deus tem sempre um estado eterno e presente, Seu conhecimento, ao ultrapassar as noções do tempo, permanece na simplicidade de Sua presença e, abrangendo o infinito do que passou e está por vir, considera todas as coisas como eram no ato de ser concretizadas.

Boécio

O conhecimento do que está acontecendo agora não determina o evento. O que se chama ordinariamente de "o pré-conhecimento de Deus" é na realidade um conhecimento do agora atemporal, compatível com a liberdade da vontade da criatura humana inserida no tempo.

O mundo manifesto e o que quer que se mova de qualquer maneira que seja derivam suas causas, ordem e formas da estabilidade da Mente divina. Isso determinou múltiplos modos de realizar as coisas; modos que, considerados na pureza da compreensão de Deus, são chamados de Providência; mas, em referência àquelas coisas que Ele movera e dispusera, chamam-se Destino [...] a Providência é a própria Razão divina, que dispõe todas as coisas. Mas o Destino é uma disposição inerente às coisas mutáveis, por meio da qual a Providência conecta todas as coisas em sua devida ordem. Pois a Providência abraça igualmente todas as coisas ao mesmo tempo, por mais diversas, por mais infinitas; mas o Destino põe em movimento todas as coisas, distribuídas em lugares, formas e tempos; de modo que o desdobrar-se da ordem temporal, sendo unido na previsão da Mente divina, é a Providência, e o mesmo, unindo, sendo digerido e desdobrado pelo tempo é chamado de Destino [...] Como um artesão concebendo a forma de qualquer coisa em sua mente toma a obra em mãos e executa na ordem do tempo o que ele simplesmente previra em um momento anterior, assim age Deus por meio de sua Providência, dispondo o que será feito com simplicidade e estabilidade, e por meio do Destino faz acontecer por múltiplos modos e na ordem do tempo aquelas exatas coisas que Ele dispusera [...] Tudo que está sob o Destino também está sujeito à Providência. Mas algumas coisas que estão sob a Providência estão também acima do curso do Destino. Pois são aquelas coisas que, estavelmente fixas por virtude de sua proximidade à divindade primeira, excedem a ordem da mobilidade do Destino.

Boécio

O conceito de um relógio engloba toda a sucessão no tempo. No conceito da sexta hora não é mais cedo do que na sétima ou oitava, mesmo que o relógio nunca bata esse horário, exceto quando o conceito solicita.

Nicolau de Cusa

De Hobbes em diante, os inimigos da Filosofia Perene vêm negando a existência de um eterno agora. Segundo esses pensadores, o tempo e a mutabilidade são fundamentais; não há outra realidade. Além do mais, os eventos futuros são completamente indeterminados, e mesmo Deus não consegue ter nenhum conhecimento deles. Por consequência, Deus não pode ser descrito como o Alfa e o Ômega — meramente como o Alfa e o Lambda, ou qualquer outra letra intermediária do alfabeto temporal que estiver

A filosofia perene 299

agora em processo de ser soletrado. Mas as evidências anedóticas reunidas pela Society for Psychical Research e as evidências estatísticas acumuladas durante muitos milhares de testes de laboratório sobre percepção extrassensorial apontam, de forma inescapável, para a conclusão de que mesmo as mentes humanas são capazes de precognição. E se uma consciência finita é capaz de saber qual carta vai sair de um baralho dentro de três segundos ou de saber que um navio irá naufragar na semana que vem, então nada há de impossível ou mesmo de intrinsecamente improvável na ideia de que uma consciência infinita possa conhecer agora eventos infinitamente remotos no que, para nós, é um tempo futuro. O "presente enganoso" em que os seres humanos vivem pode ser, e talvez sempre seja, algo mais do que uma breve seção de transição do passado conhecido ao futuro desconhecido, visto, por conta da vivacidade da memória, como o instante que chamamos de "agora"; ele pode conter e talvez contenha de fato uma porção do futuro imediato e até mesmo relativamente distante. Para a Divindade, o presente enganoso pode ser precisamente aquela *interminabilis vitae tota simul et perpetua possessio*[37] de que fala Boécio.

A existência do agora eterno é por vezes negada com base na ideia de que uma ordem temporal não pode coexistir com outra ordem que seja não temporal, e que é impossível para uma substância mutável se unir a uma substância imutável. É óbvio que essa objeção seria válida se a

---

37 Huxley talvez esteja citando de memória, mas a citação correta seria *perfecta possessio* e não *perpetua possessio*. A frase se encontra em *A consolação da filosofia* (v. 6) e significa: "a posse perfeita (ou perpétua), simultânea e completa da vida sem fim". (N. T.)

ordem não temporal fosse de uma natureza mecânica ou se a substância imutável tivesse qualidades espaciais e materiais. Mas, segundo a Filosofia Perene, o eterno agora é uma consciência; o Fundamento divino é espírito; o ser do Brahman é *chit*, "conhecimento". Que um mundo temporal seja conhecido e, sendo conhecido, sustentado e perpetuamente criado por uma consciência eterna é uma ideia que em si não contém nada de autocontraditório.

Por fim, chegamos aos argumentos direcionados contra aqueles que afirmaram que o Fundamento eterno possa ser conhecido de maneira unificadora por mentes humanas. Essa afirmação é vista como absurda, porque envolve a declaração: "Em um momento eu sou eterno, em outro estou dentro do tempo". Mas essa declaração só é absurda se o homem for de uma natureza dúplice, capaz de viver apenas em um único nível. Mas se o ser humano, como sempre argumentaram os expoentes da Filosofia Perene, for não apenas um corpo e uma psique, mas também um espírito, e se ele for livre para viver ou no plano meramente humano ou em harmonia e mesmo união com o Fundamento divino em seu ser, então essa declaração faz o mais perfeito sentido. O corpo está sempre inserido no tempo, o espírito é sempre atemporal e a psique é uma criatura anfíbia, compelida pelas leis do ser que associam o humano a seu corpo, em algum grau, mas que é capaz, se assim desejar, de vivenciar e até mesmo se identificar com seu espírito e, por meio do espírito, com o Fundamento divino. O espírito permanece o que é eternamente; mas o ser humano é constituído de tal forma que sua psique não pode sempre se identificar com o espírito. Na declaração

"Em um momento eu sou eterno, em outro estou dentro do tempo", a palavra "eu" se refere à psique e passa do tempo à eternidade quando se identifica com o espírito e passa de novo da eternidade ao tempo, seja voluntariamente, seja por necessidade involuntária, quando escolhe ou é compelida a se identificar com o corpo.

"O sufi", diz Jalaladim Maomé Rumi, "é o filho do tempo presente." O progresso espiritual avança por um caminho espiralado. Começamos como crianças na eternidade animal da vida no momento, sem ansiedade pelo futuro ou arrependimento pelo passado; crescemos e entramos na condição especificamente humana daqueles que olham para a frente e para trás, que vivem, em grande parte, não no presente, mas em memória e antecipação, não de forma espontânea, mas por governança e com prudência, com arrependimento, medo e esperança; e poderíamos continuar, se assim desejássemos, prosseguindo até o lugar que corresponde ao nosso ponto de partida na animalidade, mas incomensuravelmente acima. Mais uma vez a vida é vivida no momento — a vida agora, não da criatura sub-humana, mas de um ser em quem a caridade afastou o medo, a visão tomou o lugar da esperança e a autonegação pôs um fim ao egoísmo positivo da reminiscência complacente e ao egoísmo negativo do remorso. O momento presente é a única abertura através da qual a alma pode passar do tempo à eternidade, através da qual a graça pode passar da eternidade à alma e através da qual a caridade pode passar de uma alma, inserida no tempo, a outra. É por isso que o sufi, e com ele todos os expoentes praticantes da Filosofia Perene, é — ou tenta ser — um filho do tempo presente.

O passado e o futuro, Deus os vela de nossa vista;
Queima-os com fogo. Até quando
Tu serás cindido por esses segmentos, como um junco?
Enquanto o junco for cindido, não pode chegar aos segredos,
Nem terá voz em resposta aos lábios e ao sopro.

Jalaladim Maomé Rumi

Esse esvaziamento da memória, por mais que suas vantagens não sejam tão grandes quanto as do estado de união, porém meramente porque liberta as almas de muita tristeza, pesar e sofrimento, além de imperfeições e pecados, é na verdade um grande bem.

São João da Cruz

Na cosmologia idealista do budismo maaiana, a memória desempenha o papel de um demiurgo bastante maléfico. "Quando o mundo tríplice é visto pelo bodisatva, ele percebe que sua existência se dá pela memória que foi acumulada desde o passado sem princípio, mas interpretada de maneira errônea" (Sutra Lankavatara). A palavra aqui traduzida como "memória" significa "perfume". O corpo mental carrega consigo o cheiro inerradicável de tudo que foi pensado e feito, desejado e sentido, em todo o passado pessoal e racial. Os chineses traduzem o termo em sânscrito com dois símbolos, que significam "hábito-energia". O mundo é o que é (aos nossos olhos) por conta de todos os hábitos lembrados, consciente ou inconscientemente e fisiologicamente, por nossos ancestrais e por nós mesmos, seja na vida presente, seja em existências prévias. Esses maus hábitos relembrados nos fazem acreditar que a multiplicidade é a única realidade e que a ideia de "eu"

A filosofia perene 303

e "meu" representa a realidade definitiva. O *nirvana* consiste em "ver a morada da realidade como é" e não a realidade *quoad nos*, como nos parece. É óbvio que isso não pode ser conquistado enquanto houver um "nós", ao qual a realidade possa ser relativa. Daí a necessidade, enfatizada por todos os expoentes da Filosofia Perene, de mortificação, de morrer para o si-mesmo. E deve ser uma mortificação não apenas dos apetites, dos sentimentos e da vontade, mas também dos poderes da razão, da própria consciência e daquilo que faz da consciência o que ela é — nossa memória pessoal e nossa herança de hábitos-energia. Para conquistar o completo livramento, a conversão do pecado não basta; deve haver também uma conversão da mente, uma *paravritti*, como chamam os maaianistas, ou repulsa aos próprios hábitos da consciência. Como resultado dessa repulsa, os hábitos-energia da memória acumulada são destruídos e, com eles, o sentido do ser como um ego separado. A realidade não é mais percebida *quoad nos* (pelo simples motivo de que não existe mais um *nos* para percebê-la), mas como é em si mesma. Nas palavras de Blake: "Se as portas da percepção fossem limpas, tudo seria visto como é, infinito". Por aqueles que são puros de coração e pobres em espírito, *samsara* e *nirvana*, aparência e realidade, tempo e eternidade, são vivenciados como uma única coisa.

O tempo é o que evita que a luz nos alcance. Não há maior obstáculo a Deus do que o tempo. E não apenas o tempo, mas também temporalidades; não apenas coisas temporais, mas afetos temporais; não apenas afetos temporais, mas a própria mácula e o cheiro do tempo.

Eckhart

Regozijai-vos em Deus o tempo inteiro, diz são Paulo. Regozija-se o tempo inteiro quem se regozija acima do tempo e livre dele. Três coisas evitam que o homem conheça a Deus. A primeira é o tempo, a segunda é a corporalidade, a terceira é a multiplicidade. Para que Deus possa entrar, essas coisas devem sair — exceto que tu as tenhas de um modo melhor e superior: a multidão resumida ao uno em ti.

Eckhart

Sempre que se pensa em Deus como estando inteiramente inserido no tempo, há uma tendência a vê-Lo como um ser "numinoso", não moral, um Deus de Poder consumado em vez de um Deus de Poder, Sabedoria e Amor, uma potestade inescrutável e perigosa, a ser propiciada com sacrifícios, não um Espírito a ser venerado em espírito. Tudo isso é completamente natural; pois o tempo é um perecer perpétuo, e um Deus inteiramente inserido no tempo é um Deus que destrói com a mesma rapidez com a qual cria. A natureza é de uma perplexidade incompreensível, ao mesmo tempo em que é bela e farta. Se o Divino não transcender a ordem temporal em que é imanente e se o espírito humano não transcender sua alma presa ao tempo, então não há possibilidade de "justificar os caminhos de Deus ao homem".[38] Deus, tal como manifesto no universo, é o Ser irresistível que fala a Jó do redemoinho, e cujos emblemas são Beemote e o Leviatã, o cavalo de guerra e a águia. É esse mesmo Ser que é descrito no décimo primeiro capítulo apocalíptico do *Bhagavad Gita*.

38 O verso, de Milton, é apresentado como a justificativa de seu poema na abertura do *Paraíso perdido*, do século XVII. (N. T.)

"Ó Espírito Supremo", diz Arjuna, referindo-se ao Krishna que ele então sabe ser a encarnação da Divindade. "Eu anseio por ver tua forma Isvara" — quer dizer, sua forma como Deus do mundo, a Natureza, a ordem temporal. Krishna responde: "Tu contemplarás o universo inteiro, com todas as coisas animadas e inanimadas, dentro deste meu corpo". A reação de Arjuna a essa revelação é de medo e maravilhamento.

> Ah, meu Deus, eu vejo todos os deuses em teu corpo;
> Cada um em seu grau, a multidão das criaturas;
> Vejo Senhor Brahman sentado em sua lótus,
> Vejo os sábios todos e serpentes sagradas.

> Forma universal, eu te vejo sem limites,
> Infinito de olhos, braços, bocas e ventres —
> Vejo e não encontro fim, meio ou começo.

Segue-se um longo trecho, que se estende sobre a onipotência e abrangência de Deus em sua forma Isvara. Então a qualidade da visão muda, e Arjuna se dá conta, com medo e temor, de que o Deus do universo é um Deus tanto de destruição quanto de criação.

> Agora com presas pavorosas tuas bocas rangem,
> Ardendo como as chamas da manhã do Juízo Final —
> Norte, sul, leste e oeste se confundem —
> Senhor dos devas, morada do mundo, tem piedade! [...]

> Ligeiro como muitos rios que correm ao oceano,
> Correm os heróis às suas gorjas de fogo,

Como mariposas nas chamas de sua destruição,
Atiram-se de cabeça em ti e perecem [...]

Diz-me quem tu és e quem foste desde o começo,
Tu do aspecto sinistro. Ó Deus dos deuses, sê gracioso.
Toma minha homenagem, Senhor. De mim teus caminhos
se ocultam.

"Diz-me quem tu és." A resposta é clara e inequívoca.

Eu venho como o Tempo, o devastador dos povos.
Pronto para a hora que amadurece sua ruína.

Mas o Deus que aparece de forma tão terrível como o Tempo também existe de forma atemporal como a Divindade, como Brahman, cuja essência é *Sat, Chit, Ananda*, Ser, Consciência e Perfeita Felicidade; e dentro e além da psique do homem, torturado pelo tempo, se encontra seu espírito, "incriado e incriável", como diz Eckhart, o Atman que é semelhante ou mesmo idêntico ao Brahman. O *Gita*, como todas as outras formulações da Filosofia Perene, justifica os caminhos de Deus ao homem, afirmando — e a afirmação se baseia na observação e experiência imediata — que o homem pode, se assim desejar, morrer para seu si-mesmo separado e temporal e, assim, vir a se unir ao Espírito atemporal. Ele também afirma que o avatar se torna encarnado para ajudar os seres humanos a chegarem a essa união. Isso ele faz de três maneiras — ensinando a doutrina verdadeira em um mundo cegado pela ignorância voluntária; convidando as almas ao "amor carnal" de sua humani-

A filosofia perene 307

dade, não de fato como um fim em si, mas como meio para um amor-conhecimento espiritual do Espírito; e, por fim, servindo como um canal para a graça.

Deus que é Espírito só pode ser venerado em espírito e como um bem em si, mas Deus no tempo é normalmente venerado por meios materiais, tendo em vista obter fins temporais. Deus no tempo é manifestamente o destruidor tanto quanto o criador; e, porque é assim, também pareceu adequado venerá-lo por métodos que são tão terríveis quanto as destruições que ele próprio inflige. Daí os sacrifícios de sangue a Kali, na Índia, em seu aspecto como a Natureza Destruidora; daí as oferendas de crianças aos "Molochs", condenadas pelos profetas hebraicos; daí os sacrifícios humanos praticados, por exemplo, pelos fenícios, cartagineses, druidas, astecas. Em todos os casos, a divindade a que os adoradores se dirigiam era um deus inserido no tempo ou uma personificação da Natureza, que nada é além do próprio Tempo, o devorador de seus próprios filhos; e, em todos os casos, o propósito do rito era obter um benefício futuro ou evitar um dos males enormes que o Tempo e a Natureza sempre têm reservados para nós. Pois se acreditava valer a pena pagar um preço alto nessa moeda de sofrimento, que evidentemente tinha valor para o Destruidor. A importância dos fins temporais justificava o uso de meios intrinsecamente terríveis, porque intrinsecamente temporais. Traços sublimados desses padrões antigos de pensamento e comportamento ainda se encontram em certas teorias da Penitência e no conceito da Missa como um sacrifício repetido ao Deus-Homem.

No mundo moderno, os deuses a quem se oferecem sacrifícios humanos são personificações não da Natureza, mas dos próprios ideais políticos do ser humano. Esses, é claro, se referem todos a eventos no tempo — eventos reais no passado ou no presente, eventos fantasiados no futuro. E aqui é preciso apontar que a filosofia que afirma a existência e concretizabilidade imediata da eternidade se relaciona a um tipo de teoria e prática políticas; a filosofia que afirma que o que se passa no tempo é a única realidade resulta em um tipo de teoria e justifica um tipo de prática política bastante outro. Isso foi claramente reconhecido pelos escritores marxistas,[39] os quais apontam que, quando o cristianismo se preocupa sobretudo com eventos temporais, ele é uma "religião revolucionária", mas quando, sob influências místicas, enfatiza o Eterno Evangelho, do qual os fatos históricos ou pseudo-históricos registrados nas escrituras são apenas símbolos, ele se torna politicamente "estático" e "reacionário".

Esse relato marxista da questão é uma hipersimplificação. Não é bem verdadeiro dizer que todas as teologias e filosofias cujas principais preocupações são com relação ao tempo, em vez da eternidade, são necessariamente revolucionárias. O objetivo de todas as revoluções é fazer com que o futuro seja radicalmente diferente e melhor do que o passado. Mas algumas filosofias obcecadas com o tempo têm como preocupação primária o passado, não o futuro, e sua política é uma questão toda de preservar ou restaurar o *status quo* e voltar aos bons tempos de antigamente. Mas os adoradores do tempo retrospectivo têm uma coisa em comum com

---

39 Cf., por exemplo, o professor J. B. S. Haldane, em *The Marxist Philosophy and the Sciences* [A filosofia marxista e as ciências]. (N. A.)

os devotos revolucionários do futuro maior e melhor: eles estão preparados para usar de violência ilimitada para chegar aos seus fins. É aqui que descobrimos a diferença essencial entre a política dos filósofos da eternidade e a dos filósofos do tempo. Para estes, o bem final será encontrado no mundo temporal — em um futuro onde todos estarão felizes, porque todos estão fazendo ou pensando coisas inteiramente novas e sem precedentes ou talvez algo antigo, tradicional e santificado. E porque o bem definitivo se encontra no tempo, eles se sentem justificados em fazer uso de meios temporais para conquistá-lo. A Inquisição queima e tortura para perpetuar um credo, um ritual e uma organização eclesiástico-político-financeira vistos como necessários para a salvação eterna dos homens. Os protestantes que veneram a Bíblia travam guerras longas e selvagens para tornar o mundo seguro para o que eles imaginam, com carinho, que seria o cristianismo genuinamente antigo dos tempos apostólicos. Jacobinos e bolcheviques estão prontos para sacrificar milhões de vidas humanas em prol de um futuro político e econômico lindamente distinto do presente. E agora toda a Europa e a maior parte da Ásia precisaram ser sacrificadas por uma visão de bola de cristal da perpétua Coprosperidade e do Reich dos Mil Anos. Desde os registros da história, está abundantemente claro que quase todas as religiões e filosofias que levam o tempo a sério demais são correlatas a teorias políticas que inculcam e justificam o uso de violência em larga escala. As únicas exceções são aquelas fés epicuristas simples, em que a reação a um tempo demasiado real é "coma, beba e seja feliz, pois amanhã morreremos". Não se trata de uma moralidade muito nobre, nem mesmo muito realista, mas faz mais sentido do que a ética revolucionária: "Morra (e mate), para que amanhã alguém coma, beba e seja feliz". Na prática, é claro, a perspectiva até mesmo da alegria do futuro de outra pessoa é extremamente precária. Pois o processo de morte e matança generalizada cria condições materiais, sociais e psicológicas que, na prática, apartam a revolução de seus fins benéficos.

Para aqueles cuja filosofia não os compele a levar o tempo a sério demais, o bem definitivo não deve ser procurado nem no apocalipse social progressista do revolucionário nem no passado ressuscitado e perpetuado do reacionário, mas em um agora divino e eterno, que aqueles que desejam esse bem o suficiente podem perceber como um fato da experiência imediata. O mero ato de morrer não é em si um passaporte para a eternidade; tampouco a matança generalizada é capaz de trazer livramento ou prosperidade, seja àqueles que matam ou aos que foram mortos. A paz que ultrapassa toda compreensão é o fruto da liberação na eternidade, mas, em sua forma cotidiana ordinária, a paz é também a raiz da liberação. Pois, onde há paixões violentas e distrações atrativas, esse bem definitivo jamais pode ser percebido. Esse é um dos motivos pelos quais a política correlata aos filósofos da eternidade é tolerante e não violenta. O outro motivo é que a eternidade, cuja percepção é o bem definitivo, é um reino do céu interior. Tu és Isto; e, ainda que Isto seja imortal e impassível, a matança e a tortura de "tus" individuais é uma questão de significância cósmica, na medida em que interfere na relação normal e natural entre almas individuais e o Fundamento divino eterno de todo ser. Todo ato de violência é, além e acima de tudo, um ato de rebeldia sacrílega contra a ordem divina.

A filosofia perene 311

Passando agora da teoria ao fato histórico, descobrimos que as religiões cuja teologia é menos preocupada com eventos temporais e que se ocupa mais com a eternidade tendem a ser consistentemente as menos violentas e mais humanizadas em prática política. À diferença do judaísmo antigo, do cristianismo e do islamismo (todas religiões obcecadas com o tempo), o hinduísmo e o budismo nunca perseguiram outras fés, quase nunca pregaram a guerra santa e evitaram o imperialismo religioso proselitista, que acompanha de perto a opressão política e econômica dos povos "de cor". Durante quatrocentos anos, do começo do século XVI ao começo do século XX, a maioria das nações cristãs da Europa gastou uma boa parte de seu tempo e energia em atacar, conquistar e explorar seus próximos não cristãos em outros continentes. No curso desses séculos, muitos clérigos individuais se esforçaram para mitigar as consequências de tais iniquidades, mas nenhuma das grandes Igrejas cristãs jamais as condenou oficialmente. O primeiro protesto coletivo contra o sistema escravocrata, introduzido pelos ingleses e espanhóis no Novo Mundo, foi feito em 1688 pela reunião quacre de Germantown, o que é um fato de alta significância. De todas as seitas cristãs do século XVII, os quacres eram os menos obcecados com a histórià, os menos viciados na idolatria das coisas temporais. Acreditavam que a luz interior se encontrava em todos os seres humanos e essa salvação vinha àqueles que viviam em conformidade com essa luz, independentemente da profissão da crença em eventos históricos ou pseudo-históricos ou da realização de certos ritos ou apoio a organizações eclesiásticas em particular. Além do mais, sua filosofia da eternidade preservou-os contra o apocaliptismo materialista do culto ao progresso que, nos últimos tempos, vem justificando todo tipo de iniquidade, desde a guerra e revolução até o trabalho árduo, a escravidão e a exploração de selvagens e crianças — justificados com base na ideia de que o bem supremo se encontra no tempo futuro e que quaisquer meios temporais, por mais que intrinsecamente horríveis, podem ser usados para se conquistar esse bem. Porque a teologia quacre era uma forma de filosofia da eternidade, a teoria política quacre rejeitava a guerra e a perseguição como meios para fins ideais, condenava a escravidão e proclamava a igualdade racial. Membros de outras denominações fizeram bons trabalhos com as vítimas africanas da voracidade do branco. Podemos pensar, por exemplo, em são Pedro Claver em Cartagena. Mas esse caridoso "escravo dos escravos" nunca levantou sua voz contra a instituição da escravidão ou o comércio criminoso que a sustentava; tampouco tentou persuadir, como John Woolman, os escravocratas a libertarem seus bens humanos, como revelam os documentos sobreviventes. O motivo, presume-se, era que Claver era um jesuíta, que jurou perfeita obediência e era restrito por sua teologia a considerar uma certa organização política e eclesiástica como sendo o corpo místico de Cristo. Os chefes dessa organização não haviam se pronunciado contra a escravocracia ou o comércio de escravizados. Quem era ele, Pedro Claver, para expressar um pensamento não oficialmente aprovado por seus superiores?

Outro corolário prático das grandes filosofias da eternidade, como o hinduísmo e o budismo, é uma moralidade que inculca uma atitude de cuidado pelos animais. O judaísmo e o cristianismo ortodoxo ensinam que os animais podem ser usados como coisas para a realização dos fins temporais do ser humano. Mesmo a atitude de são Francisco para com as criaturas brutas não era de todo inequívoca. É verdade que ele converteu um lobo e pregava sermões aos pássaros; mas, quando o irmão são Junípero cortou os pés de um porco vivo para satisfazer o desejo de um doente por pés fritos de porco, o santo meramente culpou o zelo destemperado de seu discípulo por lesar um item valioso de propriedade privada. Foi apenas no século XIX, quando o cristianismo ortodoxo já havia perdido muito de seu poder sobre as mentes europeias, que começou a ganhar espaço a ideia de que poderia ser bom dar um tratamento humanizado aos animais. A nova moralidade era correlata a um novo interesse na Natureza, estimulado pelos poetas românticos e homens da ciência. Porque não se baseia em uma filosofia da eternidade, uma doutrina do divino que habita todas as criaturas vivas, o movimento moderno em favor dos animais era e é perfeitamente compatível com a intolerância, a perseguição e a crueldade sistemática para com os seres humanos. Ensinava-se os jovens nazistas a ser gentis com cães e gatos, mas implacáveis com os judeus. Isso é porque o nazismo é uma filosofia temporal típica, que enxerga o bem definitivo como existente não na eternidade, mas no futuro. Os judeus seriam, *ex hypothesi*, obstáculos no caminho da realização desse bem supremo; cães e gatos, não. O resto segue daí, logicamente.

O egoísmo e a parcialidade são qualidades muito reles e desumanas, mesmo nas coisas mundanas; mas, nas doutrinas da religião, sua natureza é ainda mais reles. Agora, esse é o maior mal que a divisão da Igreja trouxe à tona; ela suscita em toda comunhão uma ortodoxia parcial e egoísta, que consiste em defender com coragem tudo que se tem e condenar tudo que não se tem. É assim que cada campeão é treinado na defesa de sua própria verdade, seu próprio aprendizado e sua própria igreja, e quem mais tem mérito e honra é aquele que gosta de tudo, defende tudo entre eles e não poupa críticas àqueles que pertencem a uma comunhão diferente. Agora, como é possível que a verdade, a bondade, a união e a religião sejam mais atacadas por seus defensores? Se perguntares por que o grande bispo de Meaux escrevera tantos volumes tão eruditos sobre todas as partes da Reforma, é porque ele nascera na França e fora criado no seio da Igreja Mãe. Fosse ele nascido na Inglaterra e tivesse Oxford ou Cambridge como *Alma Mater*, poderia ter sido rival de nosso grande bispo Stillingfleet e, como ele fez, teria escrito várias páginas muito eruditas contra a Igreja de Roma. E ainda assim arrisco dizer que, se cada Igreja pudesse produzir pelo menos um homem cada que tivesse a piedade de um apóstolo e o amor imparcial dos primeiros cristãos na primeira Igreja de Jerusalém, um protestante e um papista desses rejeitariam até mesmo metade de uma folha de papel para defenderem seus artigos de união, nem meia hora passaria até ambos pertencerem a uma religião só. Se, portanto, deve-se dizer que as Igrejas estão divididas, alienadas e hostis uma à outra por conta de uma erudição, uma lógica, uma história e uma crítica nas mãos da parcialidade, isso afirmaria aquilo que cada Igreja em particular demonstra ser verdade, com uma abundância de provas. Pergunta por que mesmo os melhores dentre os católicos são tímidos em reconhecer a validade das ordens de nossa Igreja; é porque temem remover qualquer ódio contra a Reforma.

Pergunta por que nenhum protestante em nenhuma parte sequer toca no assunto do benefício ou necessidade do celibato para aqueles que são apartados dos negócios mundanos para pregar o evangelho; é porque isso daria a impressão de diminuir o erro romano de não permitir o casamento do clero. Pergunta por que mesmo os mais valorosos e pios dentre o clero da Igreja católica temem afirmar a suficiência da Luz Divina, a necessidade de procurar a orientação e inspiração do Espírito Santo; é porque os quacres, que romperam com a Igreja, fizeram dessa doutrina sua pedra angular. Se amássemos a verdade como tal, se a procurássemos por seu próprio bem, se amássemos o próximo como a nós mesmos, se desejássemos com nossa religião apenas sermos aceitáveis aos olhos de Deus, se desejássemos igualmente a salvação a todos os homens, se temêssemos o erro apenas por conta de sua natureza perniciosa a nós e a todas as criaturas que são nossos semelhantes, então nada desse espírito teria tido lugar em nós.

Há, portanto, um espírito católico, uma comunhão de santos em torno do amor de Deus e toda bondade, que ninguém pode aprender a partir daquilo que se chama ortodoxia em Igrejas particulares, mas que só se pode ter ao se morrer totalmente a todas as visões mundanas, com um amor puro a Deus e com uma tal unção vinda dos céus que livra a mente de todo egoísmo e a faz amar a verdade e a bondade com uma igualdade de afeto em todos os homens, sejam eles cristãos, judeus ou gentios. Aquele que obtém esse espírito divino e católico nesse estado desordenado e dividido de coisas e vive em uma parte dividida da Igreja sem participar de sua divisão deve manter essas três verdades profundamente fixas em sua mente. A primeira, que o amor universal que fornece toda a força do coração a Deus e nos faz amar a todos os homens como amamos a nós mesmos é o mais nobre, o mais divino, o estado da alma mais adequado a Deus e é a mais suprema perfeição à qual a mais perfeita religião pode nos alçar; e que nenhuma religião faz qualquer bem senão na medida em que inspira essa perfeição do amor. Essa verdade há de nos demonstrar que não se pode encontrar a verdadeira ortodoxia em lugar algum que não seja um amor puro e desinteressado por Deus e nosso próximo. Em segundo lugar, nesse atual estado cindido da Igreja, a própria verdade se vê despedaçada e cindida; assim, portanto, só pode ser um verdadeiro católico aquele que tem mais da verdade e menos de erro do que se vê nos limites de qualquer parte dividida. Essa verdade há de nos possibilitar que vivamos em uma parte dividida porém ilesos de sua divisão e que possamos seguir em uma verdadeira liberdade e aptidão para sermos edificados e auxiliados por todo o bem que vemos ou ouvimos em qualquer outra parte da Igreja [...] Em terceiro lugar, ele deve sempre ter em mente esta grande verdade, que é a glória da Justiça Divina não ter nenhum respeito por partidos ou indivíduos, mas se manter igualmente disposta ao que é certo e errado tanto no judeu quanto no gentio. Portanto, aquele que pretende amar como Deus ama e condenar como Deus condena não deve ter nem os olhos do papista nem do protestante; ele deve amar a verdade não menos por conta do zelo de Inácio de Loiola ou John Bunyan, nem ter menos aversão a nenhum erro, seja ele nascido do dr. Trapp ou de George Fox.

William Law

O dr. Trapp foi autor de um panfleto religioso intitulado "On the Nature, Folly, Sin and Danger of Being Righteous Overmuch" [Sobre a natureza, sandice, pecado e perigo de ser excessivamente virtuoso]. Um dos escritos polêmicos de Law era uma resposta a esta obra.

Benares está a leste; Meca, a oeste; mas explora teu próprio coração, pois ambos lá estão, Rama e Alá.

Kabir

Como a abelha reúne o mel de diferentes flores, o sábio aceita a essência de diferentes escrituras e vê apenas o bem em todas as religiões.

Bhagavata Purana

Sua sagrada majestade, o rei, reverencia os homens de todas as seitas, sejam elas ascetas ou domésticas, com presentes e várias formas de reverência. Sua sagrada majestade, porém, pouco se importa com presentes ou reverências externas relacionados ao crescimento da essência da questão em todas as seitas. O crescimento da essência da questão assume várias formas, mas sua raiz é o autocontrole no discurso, a saber, que nenhum homem deva reverenciar sua própria seita ou menosprezar a de outrem sem motivo. A depreciação deve ser apenas por motivos específicos, pois as seitas de outrem merecem, todas, reverência por um motivo ou outro [...] Aquele que reverencia sua própria seita enquanto menospreza as seitas de outrem inteiramente a partir do apego ao seu próprio, com o intento de ampliar a glória de sua própria seita, inflige, na realidade, com tal conduta, a mais severa injúria à sua própria seita. A concórdia, portanto, é meritória, a saber, dando ouvidos voluntariamente à Lei da Piedade, como aceito por outrem.

Édito de Asoka

Infelizmente, seria difícil encontrar qualquer édito de um rei cristão que equivalesse ao de Asoka. No Ocidente, a boa e velha norma, o plano simples, era a glorificação da própria seita e o menosprezo e até mesmo a perseguição de todas as outras. Recentemente, porém, os governos mudaram sua política. O zelo proselitista e persecutório é reservado para as pseudorreligiões políticas, tais como o comunismo, o fascismo e o nacionalismo; e, a não ser que se acredite que elas atrapalhem o avanço rumo aos fins temporais professados por tais pseudorreligiões, as várias manifestações da Filosofia Perene são tratadas com uma tolerância derivada do desprezo e da indiferença.

Os filhos de Deus são muito queridos, mas muito estranhos, muito bons, mas muito estreitos.

Sadhu Sundar Singh

Tal foi a conclusão a que o mais celebrado dos convertidos indianos foi obrigado a chegar após anos de socialização com seus semelhantes cristãos. Há muitas exceções honrosas, é claro, mas a norma, mesmo entre os protestantes e católicos eruditos, é um certo provincianismo tão sem graça e presunçoso que, se não constituísse uma ofensa tão grave contra a caridade e a verdade, seria apenas hilariamente cômico. Cem anos atrás, quase nada se sabia de sânscrito, páli ou chinês. A ignorância dos estudiosos europeus era motivo suficiente para seu provincianismo. Hoje, quando há traduções mais ou menos adequadas disponíveis em abundância, não há motivo para isso, não há desculpa. E, no entanto, a maioria dos autores de livros europeus e americanos sobre religião e metafísica escreve como se ninguém mais tivesse pensado sobre esses temas, exceto os judeus, os gregos e os cristãos do Mediterrâneo e da Europa ocidental. Essa demonstração do que, no século xx, é uma ignorância voluntária e deliberada não é apenas absurda e motivo de descrédito, é também perigosa socialmente. Como qualquer outra forma de imperialismo, o imperialismo teológico é uma ameaça à paz mundial permanente. O reino da violência nunca chegará a um fim até que, antes de tudo, a maioria dos seres humanos aceite a mesma e verdadeira filosofia de vida; até que, em segundo lugar, essa Filosofia Perene seja reconhecida como máximo divisor comum de todas as religiões do mundo; até que, em terceiro lugar, os seguidores de todas as religiões renunciem às filosofias temporais idólatras, cujo lugar, em sua fé particular, a filosofia da eternidade que é a Filosofia Perene tenha então ocupado; até que, em quarto lugar, haja uma rejeição, no mundo todo, de todas as pseudorreligiões políticas, que localizam o bem supremo do ser humano em um tempo futuro e, portanto, justificam e recomendam a realização de todo tipo de iniquidade no presente como meios para esse fim. Se essas condições não forem cumpridas, não há nenhum planejamento político, nenhum esquema econômico, por mais engenhoso que possa ser, que seja capaz de prevenir as recrudescências da guerra e da revolução.

Capítulo XIII

Salvação, livramento, iluminação

Salvação — mas de quê? Livramento — mas de qual situação particular, rumo a qual outra situação? O ser humano já deu muitas respostas a essas perguntas e, porque os temperamentos humanos são de tipos profundamente diferentes, porque as situações sociais são tão várias e as modas de pensamento e sentimento, tão atraentes enquanto duram, as respostas são muitas e mutuamente incompatíveis.

Há, antes de tudo, o salvacionismo material. Em sua forma mais simples, trata-se meramente da vontade de viver que se expressa em um desejo formulado de escapar das circunstâncias que ameaçam a vida. Na prática, o cumprimento eficaz de tal desejo depende de duas coisas: a aplicação da inteligência a problemas econômicos e políticos em particular e a criação e manutenção de uma atmosfera de boa vontade, em que a inteligência possa realizar seu trabalho da melhor forma. Mas os seres humanos não se contentam em ser meramente bons e inteligentes dentro dos limites de uma situação concreta. Eles aspiram a relacionar suas ações, bem como os pensamentos e sentimentos que as acompanham, a princípios gerais e filosofias em uma escala cósmica. Quando essa filosofia orientadora e explicatória não é a Filosofia Perene ou uma das teologias históricas intimamente conectadas a ela mais ou menos, ela assume a forma de uma pseudorreligião, um sistema de idolatria organizada. Portanto, o simples desejo de não passar fome, a convicção bem fundamentada de que é muito difícil ser bom, sábio ou feliz quando se está desesperadamente faminto, vem a ser elaborada, sob a influência da metafísica do Progresso Inevitável, em um utopianismo profético; o desejo de escapar da opressão e da exploração passa a ser explicado e guiado por uma crença em um revolucionarismo apocalíptico, combinado — nem sempre na teoria, mas invariavelmente na prática — com a veneração ao Moloch da nação como o maior de todos os bens. Em todos esses casos, a salvação é vista como livramento dos sofrimentos e males associados a más condições materiais, por meio de uma variedade de aparatos políticos e econômicos, rumo a outro conjunto de condições materiais futuras tão melhores que o presente que, de um jeito ou de outro, farão com que todos se tornem perfeitamente felizes, sábios e virtuosos. Promulgada com estatuto oficial em todos os países totalitários, sejam da direita, sejam da esquerda, essa confissão de fé é ainda apenas semioficial no mundo nominalmente cristão da democracia capitalista, onde é martelada na mente popular não por meio de representantes do Estado ou da Igreja, mas por moralistas e filósofos dos mais influentes e populares, os escritores dos anúncios de publicidade (os únicos autores em toda a história da literatura cujas obras são lidas todos os dias por todos os membros da população).

Nas teologias de várias religiões, a salvação é também vista como um livramento da sandice, do mal e do sofrimento, rumo à alegria, bondade e sabedoria. Mas os meios políticos e econômicos são tidos como subsidiários ao cultivo da santidade pessoal, à aquisição de mérito pessoal e à manutenção da fé pessoal em algum princípio ou indivíduo divinos que detenham o poder, de um jeito ou de outro, de perdoar e santificar a alma individual. Além do mais, o fim a ser conquistado não é visto como existente em algum período futuro utópico, começando, digamos no século XXII ou talvez um pouco mais cedo, se nossos políticos favoritos permanecerem no poder e ditarem as leis corretas; o fim existe "no céu". Essa última expressão tem dois sentidos muito distintos. Para o que é provavelmente a maioria dos que professam as grandes religiões históricas, ela significa e sempre significou uma condição póstuma feliz de sobrevivência pessoal indefinida, concebida como uma recompensa para o bom comportamento e crença correta, além de compensação para as misérias inseparáveis da vida encarnada. Mas, para aqueles que, dentro das várias tradições religiosas, aceitaram a Filosofia Perene como teoria e fizeram o melhor que podiam para vivê-la na prática, o "céu" é outra coisa. Eles aspiram a um livramento do "eu" como separado no tempo, rumo à eternidade, tal como percebida no conhecimento unificador do Fundamento divino. Considerando que o Fundamento pode e deve ser conhecido de maneira unificada na vida presente (cujo destino final e propósito nada mais é do que esse conhecimento), o "céu" não é uma condição exclusivamente póstuma. Só é "salvo" por completo quem for livrado aqui e agora. Quanto aos meios da salvação, eles são, ao mesmo tempo, éticos, intelectuais e espirituais e foram resumidos com uma clareza e economia admiráveis no Caminho Óctuplo do Buda. O livramento completo é condicionado às seguintes exigências: em primeiro lugar, a Compreensão Correta da verdade demasiado óbvia de que a causa da dor e do mal é um anseio por uma existência separatista e egocêntrica, com seu corolário de que não pode haver livramento do mal, seja pessoal, seja coletivo, exceto ao se livrar de tais anseios e obsessões com o "eu" e o "meu"; em segundo lugar, a Vontade Correta, a vontade de libertar a si mesmo e aos outros; em terceiro lugar, a Fala Correta, dirigida pela compaixão e caridade com todos os seres sencientes; em quarto lugar, a Ação Correta, com o objetivo de criar e manter a paz e a boa vontade; em quinto lugar, o Meio de Vida Correto, ou a escolha de praticar apenas as profissões que não sejam danosas, em seu exercício, a qualquer ser humano ou, se possível, a qualquer criatura viva; em sexto lugar, o Esforço Correto para o Autocontrole; em sétimo lugar, a Consciência Correta ou Atenção, a ser praticada em todas as circunstâncias da vida, para que nunca façamos o mal por mera ignorância, porque "não sabemos o que fazemos"; e, em oitavo lugar, a Contemplação Correta, o conhecimento unificador do Fundamento, ao qual a atenção e a autonegação ética prescritas nos primeiros seis ramos do Caminho dão acesso. Tais são os meios que ser humano tem a responsabilidade de empregar de modo a conquistar seu destino final e ser "salvo". Sobre os meios a ser empregados pelo Fundamento divino para ajudar os seres humanos a atingir seu objetivo, o Buda do cânone páli (um professor cujo desgosto por "perguntas infundadas" não é menos intenso do que o do físico experimental mais severo do século xx) se recusa a falar. Tudo que ele está disposto a discutir é "a tristeza e o fim da tristeza" — o fato bruto da dor e do mal e o outro fato, não menos empírico, de que há um método pelo qual o indivíduo pode se libertar do mal e fazer algo para diminuir a soma do mal no mundo ao seu redor. É apenas no budismo maaiana que os mistérios da graça são discutidos com algo semelhante à plenitude do tratamento dado ao tema nas especulações da teologia hindu e sobretudo cristã. Os ensinamentos hinaianas primitivos sobre o livramento são simplesmente uma elaboração das últimas palavras registradas do Buda: "A decadência é inerente a todas as coisas componentes. Trabalha em tua própria salvação com diligência". Como consta no trecho citado a seguir, bastante conhecido, toda a ênfase é depositada no esforço pessoal.

> Portanto, Ananda, sede como lanternas para vós próprios, sede um refúgio a vós próprios. Confiai-vos a nenhum refúgio externo. Atentai à Verdade como a uma lanterna; atentai à Verdade como refúgio. Não procureis refúgio em ninguém que não vós mesmos. E aqueles, Ananda, que agora ou depois de minha morte serão como uma lanterna para si próprios, que não hão de confiar-se a qualquer refúgio externo, mas atentarão à Verdade como sua lanterna e, atentando à Verdade como seu refúgio, não procurarão refúgio em ninguém além de si mesmos — são eles que atingirão as Alturas mais elevadas. Mas, para isso, precisam estar ávidos para aprender.

O que segue agora é um trecho, em tradução livre, do Upanixade Chandogya. A verdade que esse pequeno mito pretende ilustrar é que há tantas concepções da salvação quanto há graus de conhecimento espiritual, e que o tipo de liberação (ou escravidão) de fato conquistado por qualquer alma individual depende do grau em que essa alma escolhe dissipar sua ignorância essencialmente voluntária.

O Si-mesmo que é livre de impurezas, da velhice e da morte, dos pesares, da sede e da fome, cujo desejo é verdadeiro e cujos desejos se concretizam — esse é o Si-mesmo que se deve procurar e sobre o qual se deve perguntar, esse é o Si--mesmo a ser percebido.

Os *devas* (deuses ou anjos) e os *asuras* (demônios ou titãs), ambos ouviram essa verdade. Pensaram: "Vamos procurar e perceber esse Si-mesmo, para que possamos obter todos os mundos e realizar todos os nossos desejos".

Foi assim que Indra, dos *devas*, e Virochana, dos *asuras*, chegaram a Prajapati, o famoso mestre. Viveram sob sua tutela durante trinta e dois anos. Então Prajapati perguntou-lhes: "Por quais motivos vivestes aqui todo esse tempo?".

Eles responderam: "Ouvimos que aquele que percebe o Si-mesmo obtém todos os mundos e todos os seus desejos. Vivemos aqui porque queremos que nos ensines o Si--mesmo".

Prajapati lhes disse: "A pessoa que é vista no olho — esse é o Si-mesmo. Ele é imortal, é destemido e é o Brahman".

"Senhor", perguntaram os discípulos, "quem é visto no reflexo da água ou do espelho?"

"Ele, o Atman", foi a resposta. "Ele de fato é visto em tudo isso." Então Prajapati acrescentou: "Olhai para vós mesmos na água, e o que quer que não compreendeis, vinde e dizei-me".

Indra e Virochana se voltaram aos seus reflexos na água e, quando indagados se haviam visto o Si-mesmo, responderam: "Senhor, nós vimos o Si-mesmo; vimos até as unhas e cabelos".

Então Prajapati lhes deu a ordem para que pusessem suas melhores roupas e olhassem a si mesmos de novo na água. Isso eles fizeram e, quando indagados de novo sobre o que foi visto, responderam: "Vimos o Si-mesmo, exatamente como nós mesmos, bem adornado e em nossas melhores roupas".

Então disse Prajapati: "O Si-mesmo de fato é visto aí. Esse Si-mesmo é imortal e destemido, e esse é o Brahman". E os pupilos foram embora, de coração contente.

Mas, de olho neles, Prajapati assim lamentou: "Ambos partiram sem analisarem ou discriminarem e sem compreenderem o verdadeiro Si-mesmo. Quem quer que siga essa falsa doutrina do Si-mesmo perecerá".

Satisfeito em ter encontrado o Si-mesmo, Virochana retornou aos *asuras* e começou a lhes ensinar que o si-mesmo corporal é a única coisa a ser venerada e que quem quer que venere o ego e sirva ao corpo ganha ambos os mundos, este e o próximo. E tal, com efeito, é a doutrina dos Asuras.

Mas Indra, voltando aos *devas*, percebeu a inutilidade desse conhecimento. "Enquanto esse meu Si-mesmo", ele refletiu, "parece bem adornado quando o corpo está bem adornado, bem-vestido quando o corpo está bem-vestido, também será cego se o corpo for cego, manco se o corpo for manco, deformado se o corpo for deformado. Pior, esse Si-

-mesmo morrerá quando o corpo morrer. Não vejo nada de bom em tal conhecimento." Assim Indra voltou a Prajapati para mais instruções. Prajapati o compeliu a viver com ele durante mais trinta e dois anos; depois disso, ele começou a instruí-lo, passo a passo, como se diz.

Prajapati disse: "Aquele que se move em sonhos, encantado e glorificado — tal é o Si-mesmo. Ele é imortal e destemido, e tal é o Brahman".

Contente em seu coração, Indra novamente partiu. Mas, antes de se reunir aos outros seres angelicais, ele percebeu a inutilidade desse conhecimento também. "É verdade", ele pensou consigo mesmo, "que esse novo Si-mesmo não será cego se o corpo for cego, nem manco ou ferido se o corpo for manco ou ferido. Mas mesmo nos sonhos o Si-mesmo é cônscio de muitos sofrimentos. Não vejo nada de bom em tal conhecimento."

Logo ele voltou a Prajapati para mais instruções, e Prajapati o fez viver consigo por outros trinta e dois anos. No final desse período, Prajapati assim lhe ensinou: "Quando uma pessoa dorme, repousando em perfeita tranquilidade, sem sonhar quaisquer sonhos, então ela percebe o Si-mesmo. Ele é imortal e destemido, e ele é o Brahman".

Satisfeito, Indra foi embora. Mas, antes de chegar em casa, sentiu a inutilidade desse conhecimento também. "Quando se dorme", ele pensou, "não é possível saber-se a si mesmo como 'Este sou eu'. Não se tem consciência, de fato, de nenhuma existência. Tal estado é quase o da aniquilação. Não vejo nada de bom em tal conhecimento também."

Assim, Indra voltou mais uma vez para aprender. Prajapati o fez ficar consigo por mais cinco anos. No final desse período, Prajapati o ensinou a mais alta verdade do Si-mesmo.

"Este corpo", ele disse, "é mortal, pois está sempre nas garras da morte. Mas dentro dele habita o Si-mesmo, imortal e sem forma. Esse Si-mesmo, quando associado à consciência com o corpo, está sujeito ao prazer e à dor; e, enquanto continuar essa associação, homem nenhum é capaz de encontrar liberdade dos prazeres e das dores. Mas, quando essa associação tem fim, há um fim também da dor e do prazer. Ascendendo para além da consciência física, conhecendo ao Si-mesmo como distinto dos órgãos sensoriais e da mente, conhecendo-O em sua luz verdadeira, encontra-se a celebração e a liberdade."

Do Upanixade Chandogya

Tendo percebido a si próprio como o Si-mesmo, o homem se torna desprovido de si; e em virtude dessa privação, ele deve ser concebido como desprovido de condicionamento também. Esse é o mais alto mistério, que concede a emancipação; por meio da ausência de si, ele não partilha do prazer nem da dor, mas conquista o absoluto.

Upanixade Maitrayana

Devemos marcar e saber, em boa verdade, que todos os modos de virtude e bondade e mesmo aquele Bem Eterno, que é o Próprio Deus, jamais podem fazer com que um homem seja virtuoso, bom ou feliz enquanto estiver fora da alma, isto é, enquanto o homem conversa com as coisas externas por meio dos sentidos e da razão, e não se retrai em si

mesmo e aprende a compreender sua própria vida, quem e
o que ele é.

Theologia Germanica

De fato, a verdade que salva nunca foi pregada pelo Buda,
visto que é preciso percebê-la dentro de si mesmo.

Sutra Lamkara

No que consiste a salvação? Não em nenhuma fé histórica ou
conhecimento ou qualquer coisa ausente ou distante, tampouco em uma variedade de restrições, regras e métodos para se
praticar a virtude, nem em nenhuma formalidade de opinião sobre a fé e as obras, arrependimento, perdão aos pecados, ou justificativa e santificação, nem em nenhuma verdade ou retidão
que se possa derivar de si mesmo, dos melhores dos homens e
livros, mas apenas e inteiramente da vida de Deus, ou Cristo de
Deus, avivado e renascido em ti, em outras palavras, na restauração e perfeita união da primeira vida dúplice na humanidade.

William Law

Law aqui utiliza a fraseologia de Boehme e daqueles
"reformistas espirituais", que os protestantes ortodoxos, lu-
teranos, calvinistas e anglicanos concordavam (foi um dos
pouquíssimos pontos em que todos puderam concordar)
que deviam ignorar ou perseguir. Mas é claro que o que
eles chamam de novo nascimento de Deus dentro da alma
é essencialmente o mesmo fato da experiência que aquele
descrito pelos hindus, dois mil anos ou mais antes disso,
como a realização do Si-mesmo no interior e, no entanto,
transcendentalmente além do ego individual.

Nem o preguiçoso, nem o tolo, nem aquele a quem falta discernimento chega ao *nirvana*, que é o desatar de todos os nós.

Itivuttaka

Isso parece ser autoevidente o bastante. Mas a maioria de nós deriva prazer em ser preguiçoso, não se dá ao trabalho de ser constantemente calmo e, no entanto, tem um desejo apaixonado em ser salvo dos resultados da preguiça e da falta de consciência. Por consequência, há um desejo generalizado e uma crença em salvadores que entrarão em nossa vida, sobretudo na hora de seu fim, e, como Alexandre, cortarão os nós górdios que fomos preguiçosos demais para desatar. Mas de Deus não se zomba. A natureza das coisas é tal que o conhecimento unificador do Fundamento que é contingente à conquista de uma ausência total de si não pode ser adquirido, mesmo com ajuda externa, por aqueles que ainda não negaram a si mesmos. A salvação obtida pela crença no salvador de Amida, digamos, ou de Jesus não é o livramento total descrito nos Upanixades, nas escrituras budistas e nos escritos dos místicos cristãos. É algo diferente, não meramente em grau, mas em espécie.

Filosofa o quanto quiseres, venera quantos deuses desejares, observa todas as cerimônias, canta louvores devotos a qualquer número de seres divinos — a liberação nunca virá, mesmo no fim de cem éons, sem a percepção da Unidade do Si-mesmo.

Shânkara

Este Si-mesmo não pode ser percebido pelo estudo ou mesmo pela inteligência e erudição. O Si-mesmo se revela em sua essência apenas àquele que se aplica a ele. Aquele que ainda não abriu mão do vício, que é incapaz de se controlar, que não está em paz interior, cuja mente está distraída, jamais poderá perceber o Si-mesmo, por mais cheio que possa estar de toda a erudição do mundo.

Upanixade Katha

O *nirvana* é onde não há nascimento nem extinção; é olhar para o estado de Quididade, transcendendo em absoluto todas as categorias construídas pela mente; pois é a consciência interior do *Tathagata*.

Sutra Lankavatara

As salvações falsas — ou, na melhor das hipóteses, imperfeitas — descritas no Upanixade Chandogya são de três tipos. Há a primeira, a pseudossalvação associada à crença de que a matéria é a Realidade definitiva. Para Virochana, o ser demoníaco que é a apoteose do amor ao poder, a somatotonia extrovertida, é perfeitamente natural se identificar com seu corpo, e ele regressa aos Titãs para procurar uma salvação puramente material. Encarnado no século presente, Virochana teria sido um comunista, fascista ou nacionalista ardoroso. Indra enxerga além do salvacionismo material, e então lhe é oferecida a salvação pelo sonho, o livramento de toda existência corpórea no mundo intermediário entre a matéria e o espírito — aquele universo psíquico impressionante que nos fascina por sua estranheza, a partir do qual milagres e precognição, "comunicações espirituais" e percepções extrassensoriais fazem suas irrupções perturbadoras na vida ordinária. Mas esse tipo mais livre de existência individualizada ainda é demasiado pessoal e egocêntrico para satisfazer uma alma consciente de sua própria incompletude e ansiosa para ser restaurada a um estado de unidade. Indra, por conseguinte, vai além e é tentado a aceitar a consciência indiferenciada do sono profundo, ou falso *samadhi* e transe quietista, como o livramento final. Mas ele se recusa, nas palavras de Brahmananda, a confundir *tamas* com *satvas*, preguiça e subconsciência com equilíbrio e superconsciência. E assim, pelo discernimento, ele chega a se dar conta do Si-mesmo, que é a iluminação das trevas da ignorância e o livramento das consequências mortais dessa ignorância.

As salvações ilusórias, contra as quais somos avisados em outros trechos, são de tipo diferente. A ênfase dada aqui é à idolatria e à superstição — sobretudo a adoração idólatra da razão analítica e suas noções, e a crença supersticiosa em ritos, dogmas e confissões de fé como se fossem magicamente eficazes em si mesmos. Muitos cristãos, como Law sugere, já foram culpados dessas idolatrias e superstições. Para eles, o completo livramento na união com o Fundamento divino é impossível, seja neste mundo, seja postumamente. O melhor que podem esperar é uma vida encarnada meritória, mas ainda egocêntrica, e algum tipo de "longevidade" póstuma feliz, como os chineses chamam, algum tipo de sobrevivência, talvez paradisíaca, mas ainda envolvida no tempo, na separação e na multiplicidade.

A beatitude do livramento da alma iluminada é bastante diferente do prazer. Qual então é sua natureza? As citações que seguem fornecem, pelo menos, uma resposta parcial. O estado de bênção depende do desapego ou da ausência de si, logo pode ser desfrutado sem saciedade e sem repulsa; é uma participação na eternidade, logo permanece sem diminuição ou flutuação.

> Doravante, no Brahman real, ele (o espírito liberado) se torna perfeito e alheio. Seu fruto é o desatar dos nós. Sem desejos, ele obtém a perfeita, eterna e imensurável felicidade e nela habita.
>
> Upanixade Maitrayana

> Deve-se desfrutar de Deus; quanto às criaturas, deve-se apenas usá-las como meios para se chegar a Ele, que deve ser desfrutado.
>
> Santo Agostinho

> Há esta diferença entre os prazeres corpóreos e espirituais, que os corpóreos geram um desejo antes de ser obtidos e, após os obtermos, nojo; mas os prazeres espirituais, pelo contrário, não são estimados antes de os obtermos, mas desejados quando os conquistamos.
>
> São Gregório Magno

> Quando um homem está em um desses dois estados (beatitude ou noite escura da alma), tudo está certo com ele e ele está seguro no céu ou no inferno. E assim, enquanto um homem estiver na terra, é possível para ele passar amiúde de um ao outro — pior, mesmo dentro do espaço de um dia e noite, tudo sem nada fazer. Mas, quando o homem não

se vê em nenhum desses dois estados, ele conversa com as criaturas e oscila aqui e ali e não sabe que tipo de homem é.

Theologia Germanica

Muito da literatura do sufismo é poética. Por vezes essa poesia é repleta de tensão e extravagância, por vezes bela em sua simplicidade luminosa, por vezes obscura e quase perturbadoramente enigmática. A essa última classe pertencem os ditos daquele santo muçulmano do século x, Niffari, o Egípcio. Eis o que ele escreveu sobre o tema da salvação:

Deus me fez contemplar o mar, e eu vi os navios afundando e as tábuas boiando; então as tábuas submergiram também. E Deus me disse: "Os que viajam não são salvos". E Ele me disse: "Aqueles que, em vez de viajar, atiram-se ao mar, assumem um risco". E Ele me disse: "Aqueles que viajam e não assumem risco algum perecerão". E Ele me disse: "A superfície do mar é um brilho que não pode ser alcançado. E o fundo é uma escuridão impenetrável. E entre os dois há grandes peixes, que devem ser temidos".

A alegoria é bastante clara. Os navios que levam os viajantes individuais pelo mar da vida são as seitas e igrejas, coleções de dogmas e organizações religiosas. As tábuas que também afundam afinal são todas as boas obras que não chegam à completa entrega de si e toda fé menos absoluta que o conhecimento unificador de Deus. A liberação na eternidade é o resultado de "atirar-se ao mar"; na linguagem dos Evangelhos, deve-se perder a própria vida para poder salvá-la. Mas atirar-se ao mar é arriscado — não tanto, é

A filosofia perene 335

claro, quanto viajar em um vasto *Queen Mary*, equipado com o que há de mais novo nas conveniências dogmáticas e decorações litúrgicas, destinado ou ao fundo do mar ou, na melhor das hipóteses, ao porto errado, mas ainda assim bastante perigoso. Pois a superfície do mar — o Fundamento divino como manifesto no mundo do tempo e da multiplicidade — brilha com a luz refletida que não pode ser apanhada mais do que a imagem da beleza no espelho, enquanto o fundo, o Fundamento tal como ele é eternamente em si mesmo, parece ser de meras trevas à mente analítica, no que ela perscruta as profundezas; e quando a mente analítica decide se unir à vontade no mergulho final e necessário na autonegação, ela deve executar o teste, enquanto afunda, daquelas pseudossalvações descritas no Upanixade Chandogya — a salvação dos sonhos no fascinante mundo psíquico, onde o ego ainda sobrevive, mas com um tipo de vida mais feliz e irrestrita, ou então a salvação do sonho do falso *samadhi*, da unidade com a subconsciência em vez da unidade com a superconsciência.

A estimativa de Niffari das chances de qualquer indivíduo chegar ao destino final do ser humano não erram pelo lado do otimismo excessivo. Mas também nunca nenhum santo, fundador de uma religião ou expoente da Filosofia Perene foi otimista: "Muitos os chamados, poucos os escolhidos". Aqueles que não escolhem ser chamados nada podem esperar de melhor do que algum tipo de salvação parcial sob as condições que permitirão que avancem rumo a um livramento completo.

Capítulo XIV
Imortalidade e sobrevivência

A imortalidade é a participação no agora eterno do Fundamento divino; a sobrevivência é a persistência em uma das formas do tempo. A imortalidade é o resultado do livramento total. A sobrevivência é o quinhão daqueles que foram parcialmente livrados em algum tipo de paraíso ou que não foram livrados de forma alguma, mas se flagram, pela lei de sua própria natureza ainda a ser transcendida, compelidos a escolher uma servidão purgatorial ou corporificada ainda mais dolorosa do que a que acabaram de deixar para trás.

A bondade e a virtude levam os homens a saber e a amar, a acreditar e a se deleitarem em sua imortalidade. Quando a alma é purgada e iluminada pela verdadeira santidade, ela é mais capaz daquelas irradiações divinas, por meio das quais se sente em conjunção com Deus. Ela sabe que o Amor onipotente, pelo qual ela vive, é mais forte do que a morte. Ela sabe que Deus jamais abandonaria Sua própria vida, que Ele avivara na alma. Essas inspirações e suspiros depois de uma participação eterna d'Ele são apenas a energia de Seu próprio alento dentro de nós.

John Smith, o Platonista

Eu afirmei desde antes desta obra, e ainda afirmo, que já possuo tudo que me foi concedido na eternidade. Pois Deus na plenitude de sua Divindade habita eternamente em sua imagem — a alma.

Eckhart

Revolta ou calma, a água é sempre água. Que diferença pode fazer a encarnação ou desencarnação ao Liberado? Seja em calmaria ou tempestade, a mesmice do oceano não oferece mudança.

Yoga Vasistha

À pergunta "Aonde vai a alma quando o corpo morre?", Jacob Boehme respondeu: "Não há necessidade de ir a lugar algum".

A palavra *Tathagata* (um dos nomes do Buda) significa aquele que não vai a lugar algum e não vem de lugar nenhum; é portanto chamado de *Tathagata* (Aquele-que-assim-se-foi), santo e plenamente iluminado.

Sutra do Diamante

Só de vê-Lo, transcende-se a morte; não há outro modo.

Upanixade Svetasvatara

Deus, no conhecimento do qual está nossa vida eterna [...]

Livro de oração comum

Eu morri como mineral e me tornei planta.
Eu morri como planta e me levantei como animal.

Eu morri como animal e fui homem.
Por que devo temer? Quando foi que me tornei menos por
via da morte?
Porém, mais uma vez morrerei como homem, para alçar voo
Com os anjos abençoados; mas mesmo o estado angélico
Devo abandonar. Tudo, exceto Deus, perecerá.
Quando sacrificar minha alma de anjo,
Tornar-me-ei aquilo que mente nenhuma jamais concebera.
Oh, que eu não exista! pois a Não Existência proclama
"A Ele retornaremos".

Jalaladim Maomé Rumi

Há um consenso geral, no Oriente e no Ocidente, de que a vida encarnada fornece oportunidades igualmente boas para se chegar à salvação e ao livramento. Tanto a doutrina católica quanto a do budismo maaiana dizem coisas semelhantes ao insistirem que a alma, em seu estado desencarnado depois da morte, não pode adquirir nenhum mérito, mas apenas sofrer no purgatório as consequências de seus atos. Porém, enquanto a ortodoxia católica declara que não há possibilidade de progresso no próximo mundo e que o grau da beatitude da alma é determinado apenas pelo que se fez e pensou nesta vida terrena, os escatologistas do Oriente afirmam que há certas condições póstumas em que as almas meritórias são capazes de avançar de um céu de sobrevivência pessoal feliz à imortalidade genuína em união com a Divindade atemporal e eterna. E, é claro, há ainda a possibilidade (de fato, para a maioria dos indivíduos, a necessidade) de retornar a alguma forma de vida incorporada, em que o progresso rumo à completa beatificação, ou livramento, por meio da iluminação, pode ser continuado. Enquanto isso, o fato de se ter nascido em um corpo humano é uma das coisas pelas quais, diz Shânkara, se deve agradecer todos os dias a Deus.

> A criatura espiritual que somos tem necessidade de um corpo, sem o qual de modo algum poderia obter aquele conhecimento que obtém como única abordagem a essas coisas, esse conhecimento através do qual se é abençoado.
>
> São Bernardo

> Tendo conquistado um nascimento humano, uma rara e abençoada encarnação, o sábio, deixando toda vaidade aos que são vãos, deve se esforçar para conhecer a Deus e a Deus apenas, antes que da vida passe à morte.
>
> *Bhagavata Purana*

> Os bons homens espiritualizam seu corpo; os maus encarnam sua alma.
>
> Benjamin Whichcote

Mais precisamente, os bons homens espiritualizam seu corpo mental; os maus encarnam e mentalizam seu espírito. O corpo mental completamente espiritualizado é um *Tathagata*, que não vai a lugar algum depois da morte, pelo bom motivo de já estar, de fato e conscientemente, onde todos sempre potencialmente estiveram, ainda que não o saibam. A pessoa que, nesta vida, ainda não passou para a Quididade, para o princípio eterno de todos os estados de ser, chega a algum estado particular com a morte, seja purgatorial, seja paradisíaco. As escrituras hindus e seus comentários distinguem vários tipos de salvação póstuma. A alma "que-assim-se-foi" é livrada por completo na total união com o Fundamento divino; mas é possível também obter outros tipos de *mukti*, ou liberação, mesmo enquanto se retém uma forma purificada de consciência-do-eu. A natureza do livramento de qualquer indivíduo depois da morte depende de três fatores: o grau de santidade conquistado por ele enquanto encarnado, o aspecto particular da Realidade divina à qual prestou sua principal lealdade e o caminho particular que escolheu seguir. De forma semelhante, na *Divina comédia*, o paraíso tem vários círculos; mas, enquanto nas escatologias orientais a alma salva pode prosseguir mesmo a partir de uma individualidade sublimada, rumo à sobrevivência em algum tipo de tempo celestial até o completo livramento no eterno, as almas de Dante permanecem para sempre onde (depois de passarem pelos sofrimentos indignos do purgatório) se encontram como resultado de sua única encarnação em um corpo. A doutrina cristã ortodoxa não admite a possibilidade, seja no estado póstumo, seja em alguma outra encarnação, de nenhum desenvolvimento posterior rumo à perfeição definitiva de uma união total com a Divindade. Mas, nas versões hindus e budistas da Filosofia Perene, a misericórdia divina é igualada pela paciência divina: ambas são infinitas. Para os teólogos orientais, não há danação eterna; há apenas purgatórios e então uma série indefinida de segundas chances para se avançar rumo ao destino final não apenas do ser humano, mas de toda a criação — a reunião total com o Fundamento de todo ser.

A preocupação com o livramento póstumo não é um dos meios de se obter tal livramento e pode, de fato, facilmente se tornar um obstáculo no avanço em direção a ele. Não há o menor motivo para se supor que os espiritualistas ardorosos tenham maiores chances de ser salvos do que aqueles que nunca participaram de uma mesa branca ou se familiarizaram com sua literatura, especulativa ou evidencial. Minha intenção aqui não é somar mais um volume a essa literatura, mas, em vez disso, oferecer o resumo mais simplório do que foi escrito sobre o tema de sobrevivência dentro das várias tradições religiosas.

Nas discussões orientais do assunto, o que sobrevive à morte não é a personalidade. O budismo aceita a doutrina da reencarnação; mas não é uma alma que passa adiante (o budismo nega a existência da alma), é o caráter. O que escolhemos fazer com nossa constituição mental e física no curso de nossa vida terrena afeta o meio psíquico dentro do qual as mentes individuais vivem, pelo menos em parte, sua existência anfíbia, e essa modificação do meio resulta, depois da morte do corpo, na iniciação de uma nova existência seja ela no céu, no purgatório ou em outro corpo.

Na cosmologia vedanta há, além e acima do Atman ou Si-mesmo espiritual, idêntico ao Fundamento divino, algo na natureza de uma alma que reencarna em um corpo grosseiro ou sutil ou se manifesta em algum estado incorpóreo. Essa alma não é a personalidade do defunto, mas sim a consciência-do-eu particularizada a partir da qual surge a personalidade.

Qualquer uma dessas concepções de sobrevivência conta com uma autoconsistência lógica e pode servir para "não dar o braço a torcer" — em outras palavras, para encaixar os fatos estranhos e obscuros da pesquisa psíquica. As únicas personalidades com as quais temos familiaridade direta são os seres encarnados, compostos de um corpo e algum x incógnito. Mas, se x mais um corpo é igual a uma personalidade, então é óbvio que é impossível que x menos corpo seja igual à mesma coisa. As entidades aparentemente pessoais que a pesquisa psíquica por vezes parece descobrir podem apenas ser entendidas como pseudopersonalidades temporárias compostas de x mais o corpo do médium.

Esses dois conceitos não são mutuamente exclusivos, e a sobrevivência pode ser o produto conjunto de uma consciência persistente e uma modificação do meio psíquico. Se assim for, é possível que um dado ser humano sobreviva em mais de uma forma póstuma. Sua "alma" — o fundamento impessoal e o princípio de personalidades passadas e futuras — pode seguir marchando em um modo de ser enquanto os vestígios deixados por seus pensamentos e volições no meio psíquico podem se tornar a origem de novas existências individualizadas, tendo modos de ser bastante distintos.

Capítulo XV
Silêncio

O Pai pronunciou um único Verbo; esse Verbo é Seu Filho, Ele O pronuncia para sempre em eterno silêncio; e em silêncio a alma precisa ouvi-lo.

São João da Cruz

A vida espiritual nada mais é do que a obra do Espírito de Deus dentro de nós, portanto nosso próprio silêncio deve ser uma grande parte de nossa preparação para ela, e muito falatório e prazer amiúde serão um obstáculo não pequeno para aquele bem que só podemos possuir ao ouvir o que o Espírito e a voz de Deus falam dentro de nós [...] A retórica e a linguagem refinada sobre as coisas do espírito são uma tagarelice mais vã do que sobre outros assuntos; e aquele que pensa crescer na bondade verdadeira por ouvir ou falar palavras inflamadas ou expressões marcantes, como são muitos agora no mundo, podem muito falar, mas pouco partilharão de sua conversa no céu.

William Law

Quem sabe não fala;
Quem fala não sabe.

Lao Zi

O falatório irrestrito e indiscriminado é moralmente maligno e espiritualmente perigoso. "Mas eu vos digo que de toda a palavra ociosa que os homens disserem hão de dar conta no dia do juízo."[40] Essa pode parecer uma declaração bastante severa. E, no entanto, se passarmos em revista as palavras a que demos vazão ao longo de um dia mediano, descobriremos que a maior parte delas pode ser classificada em três tipos: palavras inspiradas pela maldade e desprovidas de caridade para com o próximo; palavras inspiradas pela ganância, sensualidade e amor-próprio; palavras inspiradas pela pura imbecilidade e sem nenhum motivo que não meramente distrair pelo barulho. Essas são palavras ociosas, e descobriremos, se investigarmos o assunto, que elas tendem a ter superioridade numérica sobre as palavras que são ditadas pela razão, caridade ou necessidade. E, se as palavras não ditas de nosso monólogo infinito e idiota forem contadas, a maior parte do ócio se torna, para a maioria de nós, assombrosamente vasta.

Todas essas palavras ociosas, incluindo as tolas, não menos do que as egocêntricas e as impiedosas, são impedimentos no caminho do conhecimento unificador do Fundamento divino, uma dança de poeira e moscas que obscurece a Luz interior e exterior. O resguardo da língua (que é também, claro, o resguardo da mente) é não apenas uma das mais difíceis e minuciosas das mortificações, como também a mais frutífera.

Quando a galinha põe, precisa cacarejar. E o que ela consegue com isso? Logo vem a gralha, rouba seus ovos e devora

---

40 Mt 12,36. (N. T.)

tudo aquilo a partir do qual ela deveria manter suas aves vivas. E assim como a gralha maligna, o diabo desvia a todos os anacoretas que cacarejam e engole todos os bens que eles trouxeram e que, como os pássaros, os levaria ao céu, se não tivessem cacarejado.

Modernizado a partir do *Guia dos anacoretas*

Não é possível praticar um jejum que seja rígido demais no que diz respeito aos encantos do falatório mundano.

Fénelon

Que necessidade é essa de notícias do estrangeiro, quando tudo que diz respeito à vida ou à morte está em transação e operando dentro de nós?

William Law

Minha querida mãe, atenta-te bem aos preceitos dos santos, dos quais todos avisaram aos que pretendem se santificar que pouco falem de si mesmos e seus negócios.

São Francisco de Sales
(em correspondência para santa Jeanne de Chantal)

Um cão não é considerado um bom cão porque ladra bem. Um homem não é considerado um bom homem porque fala bem.

Chuang-Tzu

O cão ladra; a caravana passa.

Provérbio árabe

Não foi por falta de vontade que me detive em escrever a ti, pois é verdade que te quero bem, mas porque me parecia que o bastante já fora dito para cumprir tudo que é necessário e que o que faltava (se, de fato, algo faltava) não se encontra na escrita ou na fala — de que ordinariamente já se tem que baste —, mas no silêncio e no trabalho. Pois, ao passo que a fala distrai, o silêncio e o trabalho reúnem os pensamentos e fortalecem o espírito. Assim que a pessoa, portanto, compreende o que lhe foi dito para seu bem, não há mais necessidade de ouvir ou discutir,; mas de seguir na prática franca do que se aprendeu com silêncio e atenção, em humildade, caridade e desprezo de si próprio.

São João da Cruz

Molinos (que, sem dúvida, não foi o primeiro a usar essa classificação) distinguia três graus de silêncio — o silêncio da boca, o silêncio da mente e o silêncio da vontade. Resguardar-se contra o discurso ocioso é difícil; aquietar a tagarelice da memória e da imaginação é muito mais difícil; o mais difícil de tudo é calar as vozes dos anseios e aversões dentro da vontade.

O século xx é, entre outras coisas, a Era do Ruído. Ruído físico, ruído mental e ruído do desejo — detemos o recorde histórico em todos eles. E não é por acaso, pois todos os recursos de nossa tecnologia quase milagrosa foram empregados nessa investida atual contra o silêncio. A mais popular e mais influente de todas as invenções recentes, o rádio, é nada mais que um conduíte por meio do qual rumores pré-fabricados podem fluir para dentro de nossa casa. E esses rumores vão muito além, é claro, da superfície dos tímpanos. Eles penetram a mente e a preenchem com uma Babel de distrações — notícias, fragmentos mutuamente irrelevantes de informações, explosões de música coribântica ou sentimental, doses continuamente repetitivas de drama sem catarse, mas que criam um mero anseio por enemas emocionais diários ou mesmo horários. E onde, como na maior parte dos países, as estações de radiodifusão se sustentam vendendo seu tempo para os anunciantes, o ruído é levado das orelhas rumo aos reinos da fantasia, do conhecimento e sentimento do âmago central do ego de desejos e quereres. Pronunciada ou impressa, divulgada via radiodifusão pelo éter ou em polpa vegetal, toda publicidade tem apenas um propósito — evitar que a vontade conquiste o silêncio. A ausência de desejo é a condição para o livramento e a iluminação. A condição de um sistema em expansão e tecnologicamente progressista de produção em massa é um anseio universal. A publicidade é um esforço organizado para expandir e intensificar os anseios — expandir e intensificar, isto é, as operações dessa força que (como sempre ensinaram todos os santos e mestres das religiões mais nobres) é a principal causa de sofrimento e malefícios e o maior obstáculo entre a alma humana e seu Fundamento divino.

Capítulo XVI

Oração

A palavra "oração" se aplica a pelo menos quatro procedimentos distintos — a petição, a intercessão, a adoração e a contemplação. A petição é quando pedimos algo para nós mesmos. A intercessão é pedir algo para outra pessoa. A adoração é o uso do intelecto, do sentimento, da vontade e da imaginação em atos de devoção a Deus em seu aspecto pessoal ou encarnado em forma humana. A contemplação é aquela condição de passividade alerta em que a alma se abre ao Fundamento divino dentro e fora, à Divindade imanente e transcendente.

Psicologicamente, é quase impossível para um ser humano praticar a contemplação sem se preparar por meio de algum tipo de adoração e sem sentir a necessidade de reverter, em intervalos mais ou menos frequentes, à intercessão e a alguma forma, pelo menos, de petição. Por outro lado, é, ao mesmo tempo, possível e fácil praticar a petição à parte não apenas da contemplação, mas também da adoração e, em raros casos de egoísmo extremo e implacável, até mesmo intercessão. As preces peticionárias e intercessórias podem ser usadas — em geral usadas com o que seria ordinariamente considerado um sucesso — sem nada além de uma referência das mais perfunctórias e superficiais a Deus em qualquer um de seus aspectos. Para adquirir o dom de receber resposta a suas petições, o ser humano não precisa saber ou amar a Deus, nem mesmo saber ou amar a imagem de Deus em sua mente. Tudo de que ele precisa é um sentimento ardoroso da importância de seu próprio ego e desejos, combinado com uma convicção firme de que existe, lá fora no universo, alguma coisa que não seja ele mesmo que possa ser adulada ou coagida de modo a satisfazer a esses desejos. Se eu repetir "Seja feita minha vontade" com o grau necessário de fé e persistência, é provável que, mais cedo ou mais tarde, de um jeito ou de outro, eu receba o que eu quero. Se minha vontade coincide com a vontade de Deus e se é ou não espiritual, moral ou materialmente bom para mim receber o que quero são perguntas que não posso responder na hora. Apenas o tempo e a eternidade hão de demonstrá-lo. Enquanto isso, seria um bom conselho darmos ouvidos aos avisos do folclore. Esses realistas anônimos que compuseram os contos de fada do mundo conheciam muito sobre os desejos e sua concretização. Eles sabiam, acima de tudo, que em certas circunstâncias as petições de fato são respondidas; mas sabiam também que Deus não é o único que as responde e que, se alguém pedir algo com a mentalidade errada, isso pode lhe ser concedido, com efeito — mas com um porém e não por uma fonte divina. Receber o que se quer por meio de uma petição egoísta é uma forma de húbris, que dá margem para uma nêmesis condigna e apropriada. Assim, o folclore dos indígenas norte-americanos está repleto de histórias sobre pessoas que jejuam e rezam com egoísmo, para terem mais do que um homem razoável deveria ter, recebem o que pediram e, desse modo, causam sua própria ruína. Do outro lado do mundo chegam todas as histórias de homens e mulheres que se valem de algum tipo de magia para receberem resposta às suas petições — sempre com consequências farsescas ou catastróficas. Raramente os Três Desejos de nossos contos de fada tradicionais levam a qualquer coisa que não seja um triste fim para quem tem seus desejos atendidos.

Imagina que Deus te diz: "Meu filho, por que é que, dia após dia, tu te levantas, rezas, te pões de joelho e toca o chão com tua testa e até mesmo derrama lágrimas, enquanto dizes a Mim: 'Meu Pai, meu Deus, dá-me riqueza!'? Se eu te desse riqueza, tu pensarias que és muito importante, terias a impressão de que ganhaste algo excelentíssimo. Porque o pediste, tu o ganhaste. Mas toma cuidado para fazer bom uso disso. Antes de teres a riqueza, tu eras humilde; agora que és rico, desprezas o pobre. Que tipo de bem é esse que só faz com que sejas pior? Pois estás pior, haja vista que já eras ruim. E tu não sabias que isso far-te-ia pior, por isso o pediste a Mim. Isso eu te dei e provei-te; tu o descobriste — e foste descoberto! Pede a Mim coisas melhores que essas, coisas maiores que essas. Pede-Me coisas espirituais. Pede-Me que eu Me dê a ti".

Santo Agostinho

Eu, um mendigo, Senhor, te peço
Mais do que mil reis poderiam pedir.
Cada um quer algo, que pede de Ti.
Eu venho pedir-Te que me dês a Ti mesmo.

Ansari de Herat

Nas palavras de são Tomás, é legítimo rezar para se obter qualquer coisa que seja legítimo que desejemos. Há algumas coisas que ninguém tem o direito de desejar — como os frutos do crime ou de coisas erradas. Outras coisas podem ser desejadas legitimamente por pessoas com certo nível de desenvolvimento espiritual, mas não devem ser desejadas (e, de fato, deixam de ser desejadas) por quem está em um outro nível, superior. Assim, são Francisco de Sales chegou a um ponto em que podia dizer, "mal tenho desejos, mas, se eu fosse nascer outra vez, não teria mais nenhum". Enquanto isso, a terceira frase do pai-nosso é repetida todos os dias por milhões, que não têm a menor intenção de deixar que seja feita qualquer vontade que não a própria.

O gosto do vagar pelo oceano da vida imortal livrou-me de todo querer;
Como a árvore está na semente, todas as moléstias estão nesse querer.

Kabir

Senhor, não sei o que pedir de Ti. Tu sozinho sabes do que eu preciso. Tu me amas mais do que eu sei amar a mim mesmo. Pai, dá a teu filho aquilo que ele não sabe pedir. Castiga-me ou cura-me, derruba-me ou eleva-me; eu adoro a todos os Teus propósitos sem os conhecer. Estou em silêncio; eu me ofereço em sacrifício; a Ti eu me entrego; não tenho nenhum outro desejo além de realizar Tua vontade. Ensina-me a rezar. Reza a Ti mesmo em mim.

Fénelon

(Um dervixe foi tentado pelo diabo a parar de invocar Alá, com base na ideia de que Alá nunca respondia com "Aqui

estou". O profeta Khadir lhe apareceu então em uma visão com uma mensagem de Deus.)
Acaso não fui eu quem te convocou a meu serviço?
Acaso não fui eu quem te ocupou com meu nome?
Tu clamares "Alá!" já *é* o meu "Aqui estou".

Jalaladim Maomé Rumi

Eu rezo a Deus Onipotente para que nos insira entre as fileiras dos escolhidos, entre aqueles que Ele direciona ao caminho da segurança; em quem Ele inspira o fervor, que eles não O esqueçam; que Ele purifica de toda conspurcação, que nada possa permanecer neles que não Ele próprio; sim, aqueles em quem Ele habita por completo, para que não possam adorar a ninguém que não Ele.

Algazali

Sobre a intercessão, como a respeito de tantos outros temas, foi William Law quem escreveu com a maior clareza, a maior simplicidade e indo direto ao assunto.

Ao te considerares um advogado a Deus em nome de teus vizinhos e conhecidos, nunca terás dificuldade em estar pessoalmente em paz com eles. Será fácil para ti suportá-los e perdoá-los, a quem tu imploraste em particular pela misericórdia e perdão divinos.

William Law

A intercessão é o melhor árbitro de todas as diferenças, o melhor promotor da verdadeira amizade, a melhor cura e preservativo contra todos os temperamentos grosseiros, todas as paixões furiosas e altivas.

William Law

Não é possível teres nenhum destempero ou demonstrares nenhum comportamento grosseiro para com um homem com cujo bem-estar te preocupas tanto a ponto de seres seu advogado com Deus em privado. Pois não é possível que desprezes e ridicularizes aquele homem a quem, em tuas preces privadas, recomendas o amor e o favor de Deus.

William Law

A intercessão, então, é ao mesmo tempo o meio e a expressão do amor ao próximo, do mesmo modo como a adoração é o meio e a expressão do amor de Deus — um amor que encontra sua consumação no conhecimento unificador da Divindade, que é o fruto da contemplação. É a essas formas superiores de comunhão com Deus que os autores dos trechos a seguir se referem sempre que usam a palavra "oração".

O objetivo e os fins de toda oração são reverenciar, reconhecer e adorar a soberana majestade de Deus, por meio daquilo que Ele é em Si Mesmo, em vez do que Ele é para nós, e amar Sua bondade pelo amor dessa bondade em si em vez do que pelo que ela nos envia.

Bourgoing

Ao orar, ele (Charles de Condren) não parava nas fronteiras de seu conhecimento e razão. Ele adorava a Deus e a seus mistérios como eram em si mesmos e não como ele os compreendia.

Amelote

"O que Deus é em Si Mesmo", "Deus e seus mistérios como eram em si mesmos" — as frases têm um quê de kantiano. Mas, se Kant tinha razão e a Coisa-em-si é incognoscível, Bourgoing, De Condren e todos os outros mestres da vida espiritual estavam envolvidos em uma busca já malfadada desde o começo. Kant, contudo, tinha razão apenas no que diz respeito às mentes que não chegaram ainda à iluminação e ao livramento. Para tais mentes, a Realidade, seja ela material, psíquica ou espiritual, se apresenta obscurecida, tingida e refratada pelo meio de suas próprias naturezas individuais. Mas naqueles que são puros de coração e pobres em espírito não há distorção da Realidade, porque não há um "eu" separado para obscurecer ou refratar, nenhuma pintura na lanterna de crenças intelectuais e imagens santas para dar um colorido pessoal e histórico à "fulgência branca da Eternidade". Para tais mentes, como diz Olier, "mesmo as ideias dos santos, da Santa Virgem e a imagem de Jesus Cristo em sua humanidade são impedimentos no caminho da visão de Deus em sua pureza". A Coisa-em-si *pode* ser percebida — mas apenas por quem, ele próprio, não é coisa alguma.

> Por oração, não entendo petição ou suplicação, o que, segundo as doutrinas das escolas, são exercitadas principalmente pelo entendimento, sendo uma significação do que a pessoa deseja receber de Deus. Mas a oração aqui significa

especialmente uma oferenda e doação a Deus do que quer que Ele possa, justamente, exigir de nós.

Agora a oração, em sua noção geral, pode ser definida como uma elevação da mente a Deus, ou, de forma mais ampla e explícita, do seguinte modo: a oração é o ato de uma alma intelectiva de se pôr em movimento na direção de Deus, expressando, ou pelo menos deixando implícita, uma dependência completa d'Ele como autor e fonte de todo bem, uma vontade e prontidão a dar-Lhe o que Lhe é devido, que nada menos é que todo o amor, toda a obediência, adoração, glória e veneração, humilhando e aniquilando o "eu" e todas as criaturas em sua presença; e, por fim, um desejo e intenção de aspirar a uma união do espírito com Ele.

Portanto, parece que a oração é a mais perfeita e divina ação de que uma alma racional é capaz. De todas as ações e deveres, é a mais indispensavelmente necessária.

Augustine Baker

Senhor, ensina-me a procurar-Te e revela-Te a mim quando eu Te procurar. Pois não posso procurar-Te exceto se me ensinares, nem Te encontrar exceto se Te revelares. Deixa que eu Te procure em meus anseios, deixa que eu anseie por Ti ao procurar-Te; deixa que eu Te encontre no amor e Te ame ao encontrar-Te. Senhor, eu Te reconheço e Te agradeço porque me criaste à Tua imagem, para que eu possa lembrar-me de Ti, possa conceber-Te e amar-Te: mas essa imagem foi tão consumida e desgastada pelo vícios e obscurecida pela fumaça dos maus atos que não é possível realizar aquilo para qual foi feita, a não ser que Tu a renoves e a cries novamente. É o olho da alma que foi obscurecido por sua enfermidade ou ofuscado por Tua glória? É certo que ele foi tanto obscurecido em si quanto ofuscado por Ti. Senhor, tal é a luz inaproximável em que Tu habitas. É verdade que não enxergo, pois é brilhante demais para mim; e, no entanto, o que quer que eu veja, vejo por meio dela, como o olho, fraco, vê o que vê por meio da luz do sol, que sob o próprio sol ela não pode contemplar. Ó luz suprema e inaproximável, ó santa e abençoada verdade, como estás distante de mim, que estou tão próximo de Ti, como estás além de minha visão, ainda que eu esteja tão próximo à Tua! Por toda parte estás todo presente, e eu não Te vejo. Em Ti eu me movo e em Ti tenho meu ser e não posso vir a Ti, estás em mim e ao meu redor, e eu não Te sinto.

Santo Anselmo

Ó Senhor, nada confies a mim, pois é certo que eu fracassarei se não me sustentares.

São Filipe Néri

Aspirar à devoção sem grande humildade e renúncia a todos os temperamentos mundanos é aspirar a impossibilidades. Quem deseja ser devoto deve primeiro ser humilde, ter plena noção de suas próprias misérias e faltas e da vaidade do mundo, e então sua alma estará cheia de desejo por Deus. Um homem orgulhoso, vaidoso ou mundano pode usar um manual de preces, mas não poderá ser devoto, porque a devoção é a aplicação de um coração humilde a Deus como sua única felicidade.

William Law

O espírito, para funcionar, deve remover todas as imagens sensoriais, sejam elas boas ou ruins. O iniciante no caminho espiritual começa com o uso de boas imagens sensoriais, e é impossível começar um bom caminho espiritual com os exercícios do espírito [...] Aquelas almas que não são propensas à interioridade devem se deter sempre aos exercícios em que se usam imagens sensoriais, e essas almas descobrirão que as imagens sensoriais são muito produtivas para si mesmas e para os outros e agradáveis a Deus. E tal é o caminho da vida ativa. Mas outros, propensos ao interior, nem sempre permanecem nos exercícios dos sentidos, mas, depois de um tempo, estes dão lugar aos exercícios do espírito, que são independentes dos sentidos e da imaginação e consistem simplesmente na elevação da vontade da alma intelectiva a Deus [...] A alma eleva sua vontade a Deus, apreendida pela compreensão como espírito, e não como coisa imaginária, e o espírito humano, desse modo, aspira a uma união com o Espírito Divino.

Augustine Baker

Tu me dizes que nada fazes em oração. Mas o que tu queres fazer com a oração exceto o que estás fazendo, que é apresentar e representar o nada que tu és e tua miséria a Deus? Quando os mendigos expõem suas úlceras e necessidades à nossa vista, tal é o melhor apelo que podem fazer. Mas do que me dizes tu por vezes nada fazes disso, mas lá te encontras como uma sombra ou estátua. Põem-se estátuas em palácios simplesmente para agradarem aos olhos dos príncipes. Contenta-te então em ser isto na presença de Deus: ele dará vida à estátua quando Ele quiser.

São Francisco de Sales

Eu passei a ver que não estava limitando minha mente o bastante ao me dedicar a simplesmente orar e que, nisso, acabava sempre querendo fazer algo eu mesma, no que cometia um grande erro [...] Eu gostaria, definitivamente, de isolar e separar minha mente de tudo isso, mantendo--a, com toda minha força, tanto quanto fosse capaz, nesse único foco e simples unidade. Ao permitir que o medo de ser ineficaz invadisse o estado de orar e ao desejar eu mesma realizar algo, eu estragava tudo.

Santa Jeanne de Chantal

Enquanto procurares ser um Buda, especificamente te exercitando para isso, não haverá iluminação para ti.

Yung-chia Ta-shih

"Como um homem se põe em harmonia com o Tao?" "Eu já estou em desarmonia."

Shih-t'ou

Como posso apanhá-lo? Não o apanhes. O que permanece quando nada mais é apanhado é o Si-mesmo.

Panchadasi

Eu te ordeno que permaneças simplesmente em Deus ou próximo a Deus, sem tentares fazer nada lá e sem nada pedires d'Ele, a não ser que Ele te instigue a fazer.

São Francisco de Sales

A adoração é uma atividade da individualidade que ama, mas ainda se vê como uma coisa à parte. A contemplação é o estado de união com o Fundamento divino de todo ser. A mais alta prece é a mais passiva. Inevitavelmente, pois quanto menos houver de si próprio, mais há de Deus. É por isso que o caminho rumo à contemplação passiva ou inspirada é tão difícil e, para tantos, tão dolorosa — uma passagem por Noites Escuras sucessivas ou simultâneas, em que o peregrino precisa morrer para a vida dos sentidos como um fim em si, para a vida da crença e do pensamento privados e até mesmo tradicionalmente santificados, e finalmente para a profunda de toda ignorância e mal, a vida da vontade separada e individualizada.

Capítulo XVII
Sofrimento

A Divindade é impassível, pois, onde há perfeição e unidade, não pode haver sofrimento. A capacidade de sofrer surge quando há uma imperfeição, desunião e separação de uma totalidade mais abrangente; e a capacidade é realizada na medida em que essa imperfeição, desunião e separação são acompanhadas por um desejo de intensificação dessas condições criaturescas. Para o indivíduo que conquista a unidade dentro de seu próprio organismo e união com o Fundamento divino, há um fim para o sofrimento. O objetivo da criação é o retorno de todos os seres sencientes, saindo do estado de separação e do apaixonado desejo de separação que resulta no sofrimento, rumo à integralidade da Realidade eterna, por meio do conhecimento unificador.

> Os elementos que constituem o homem geram uma capacidade para a dor.
> A causa da dor é o anseio da vida individual.
> O livramento do anseio desfaz a dor.
> O caminho do livramento é o Caminho Óctuplo.
>
> As quatro nobres verdades do budismo

A necessidade de separação ou anseio por uma existência independente e individualizada pode se manifestar em todos os níveis da vida, desde o meramente celular e fisiológico, passando pelo instintivo até o plenamente consciente. Pode ser o anseio de um organismo inteiro pela intensificação de sua separação do ambiente e do Fundamento divino. Ou pode ser o desejo de uma parte dentro de um organismo por uma intensificação de sua própria vida parcial como sendo distinta (e, por consequência, às custas) da vida do organismo como um todo. No primeiro caso, falamos de impulso, paixão, desejo, vontade própria, pecado; no segundo, descrevemos o que acontece como uma doença, uma lesão, um transtorno funcional ou orgânico. Em ambos os casos, o anseio pela separação resulta em sofrimento, não apenas para quem anseia, mas também para seu ambiente senciente — outros organismos no mundo externo ou outros órgãos dentro do mesmo organismo. De certo modo, o sofrimento é inteiramente privado; de outro, fatalmente contagioso. Nenhuma criatura viva é capaz de vivenciar o sofrimento de outra criatura. Mas o anseio pela separação que, mais cedo ou mais tarde, de modos diretos ou indiretos, resulta em alguma forma de sofrimento privado ou compartilhado para quem anseia também resulta, mais cedo ou mais tarde, de modos diretos ou indiretos, em sofrimento (igualmente privado e compartilhado) para os outros. O sofrimento e o mal moral derivam da mesma fonte — um anseio pela intensificação da separação que é o dado primário de toda condição de criatura.

Será bom ilustrarmos essas generalizações com alguns exemplos. Consideremos primeiro o sofrimento infligido pelos organismos vivos a si mesmos e a outros organismos vivos no mero processo de se manterem vivos. A causa desse sofrimento é o anseio pela existência individual, que se expressa, de maneira natural, na forma da fome. A fome é inteiramente natural — uma parte do *dharma* de toda criatura. O sofrimento que ela causa aos famintos e àqueles que satisfazem sua fome é inseparável da existência das criaturas sencientes. A existência de criaturas sencientes tem um objetivo e um propósito, que, no final, é o bem supremo de cada uma delas. Mas, enquanto isso, o sofrimento das criaturas permanece sendo um fato e é uma parte necessária da condição de criatura. Na medida em que tal é o caso, a criação é o começo da Queda. A consumação da Queda ocorre quando as criaturas buscam intensificar sua separação além dos limites prescritos pela lei de seu ser. No nível biológico, a Queda parece ter sido consumada várias vezes ao longo da história evolutiva. Toda espécie, exceto a humana, optou pelo sucesso a curto prazo por meio da especialização. Mas a especialização sempre leva a becos sem saída. É apenas ao se manter precariamente generalizado que um organismo é capaz de avançar na direção daquela inteligência racional que é sua compensação por não ter um corpo e instintos perfeitamente adaptados a um tipo particular de vida em um tipo particular de ambiente. A inteligência racional possibilita um sucesso mundano sem paralelos por um lado, e, por outro, também um avanço superior na direção da espiritualidade e um retorno, por meio do conhecimento unificador, ao Fundamento divino.

Porque a espécie humana se conteve e não consumou a Queda no nível biológico, os indivíduos humanos agora possuem o poder imenso de escolher ou a autoprivação e a união com Deus, ou a intensificação do egoísmo em tipos e em grau que seriam inteiramente além do de qualquer animal inferior. Sua capacidade para o bem é infinita, pois podem, se assim quiser, abrir espaço dentro de si para a Realidade divina. Porém, ao mesmo tempo, sua capacidade para o mal não chega a ser infinita (pois o mal será sempre, no fim, autodestrutivo e, portanto, temporário), mas única em sua imensidão. O inferno é a separação total de Deus, e o diabo é a vontade dessa separação. Sendo racionais e livres, os seres humanos são capazes de se tornar diabólicos, um feito que animal nenhum pode replicar, pois nenhum animal tem a inteligência, o senso de propósito, a força de vontade e a moralidade necessários para ser um diabo (devemos apontar que, para ser diabólico em grande escala, deve-se, como o Satã de Milton, exibir um alto grau de todas as virtudes morais, exceto apenas a caridade e sabedoria).

A capacidade do ser humano de ansiar com mais violência do que qualquer animal a intensificação de sua separação resulta não apenas no mal moral e nos sofrimentos que o mal moral inflige, de um jeito ou de outro, tanto às vítimas quanto àqueles que cometem o mal, mas também em certos desarranjos caracteristicamente humanos do corpo. Animais sofrem, sobretudo, de doenças contagiosas, que assumem proporções epidêmicas sempre que o desejo de reprodução se combina com circunstâncias excepcionalmente favoráveis para gerar a superpopulação, bem como de doenças causadas pela infestação de parasitas (estes sendo simplesmente um caso especial dos sofrimentos que devem inevitavelmente surgir quando muitas espécies de criaturas coexistem e só podem sobreviver às custas de outras). O ser humano civilizado obteve um bom sucesso em se proteger dessas pragas, mas, em seu lugar, ele conjurou um conjunto formidável de doenças degenerativas raramente conhecidas entre os animais inferiores. A maioria dessas doenças degenerativas ocorre devido ao fato de que os seres humanos civilizados não vivem em harmonia com o Tao em nenhum nível de seu ser, nem com a divina Natureza das Coisas. Eles amam intensificar seu egoísmo por meio da gula, assim comem os alimentos errados e em excesso; causam a si mesmos ansiedades crônicas por conta de dinheiro e, porque têm um anseio por emoções, causam a si mesmos também uma hiperestimulação crônica; sofrem, durante as horas de trabalho, da frustração e do tédio crônicos impostos pelos tipos de atividades que precisam ser feitos para saciar a demanda artificialmente estimulada pelos frutos de uma produção em massa plenamente mecanizada. Entre as consequências desses usos errôneos do organismo psicofísico constam as mudanças degenerativas em órgãos particulares, como coração, rins, pâncreas, intestinos e artérias. Afirmando sua individualidade parcial em um tipo de declaração de independência do organismo como um todo, os órgãos em degeneração causam sofrimento a si mesmos e ao ambiente fisiológico. É do exato mesmo modo que o indivíduo humano afirma sua própria individualidade parcial e sua separação do próximo, da Natureza e de Deus — com consequências desastrosas para si mesmo, para sua família, seus amigos e a sociedade em geral. E, reciprocamente, uma família, um grupo profissional ou sociedade transtornada, vivendo uma filosofia falsa, influencia seus membros a afirmarem sua individualidade e sua separação, assim como o indivíduo que pensa errado e vive errado influencia seus próprios órgãos a afirmarem, por algum excesso ou defeito de função, sua individualidade parcial às custas do organismo total.

Moral e espiritualmente, os efeitos do sofrimento podem ser ruins, neutros ou bons, de acordo com o modo como se reage ou se suporta esse sofrimento. Em outras palavras, ele pode estimular o sofredor a ter um anseio consciente ou inconsciente pela intensificação de sua separação; pode deixar o anseio igual a como era antes do sofrimento; ou, por fim, pode mitigá-lo, de modo que se torna um meio para avançar rumo ao autoabandono e ao amor e conhecimento de Deus. Qual dessas alternativas haverá de se concretizar depende, em última análise, da escolha do sofredor, o que parece ser verdadeiro até mesmo no nível sub-humano. Os animais superiores, em todo caso, parecem com frequência se resignar à dor, à doença e à morte com um tipo de aceitação serena do que a divina Natureza das Coisas decretou para eles. Em outros casos, porém, há um medo, pânico e relutância, uma resistência frenética contra esses decretos. Em algum grau, pelo menos, o si-mesmo animal encarnado parece estar livre, diante do sofrimento, para escolher entre o autoabandono e a autoafirmação. Para o si-mesmo humano encarnado, essa liberdade de escolha é inquestionável. A escolha do autoabandono ao sofrimento possibilita a recepção da graça — a graça no nível espiritual, na forma de uma conquista do amor e conhecimento de Deus, e a graça nos níveis mental e fisiológico, na forma de diminuição do medo, da preocupação consigo mesmo e até mesmo da dor.

Quando concebemos o amor pelo sofrimento, perdemos a sensibilidade dos sentidos e mortos, mortos viveremos neste jardim.

Santa Catarina de Siena

Quem sofre por amor não sofre, pois se olvida todo sofrimento.

Eckhart

Nesta vida não há purgatório, mas apenas céu ou inferno; pois quem suporta suas aflições com paciência tem o paraíso, e quem não as suporta, o inferno.

São Filipe Néri

Muitos sofrimentos são a consequência imediata do mal moral, por isso não podem ter bons efeitos sobre o sofredor enquanto as causas para essas dores não forem erradicadas.

Cada pecado gera um sofrimento espiritual especial. Um sofrimento desse tipo é como o do inferno, pois quanto mais sofres, pior te tornas. Isso acontece com os pecadores; quanto mais sofrem com seus pecados, mais ímpios se tornam; e seguirão caindo continuamente mais e mais em seus pecados para se libertarem de seu sofrimento.

Seguir a Cristo

A ideia do sofrimento vicário muitas vezes já foi formulada em termos grosseiramente jurídicos e comerciais. Uma determinada pessoa, A, comete uma ofensa para a qual a lei decreta um certo castigo; B se voluntaria para sofrer o castigo; a honra da justiça e do legislador são satisfeitas; por consequência, A é libertado. Ou então se trata de uma questão de dívidas e pagamentos. A pessoa A deve uma soma de dinheiro à pessoa C que ela não pode pagar; B entra em cena com dinheiro e assim evita que C inicie a execução judicial. Aplicadas aos fatos do sofrimento do ser humano e suas relações com o Fundamento divino, essas concepções não são nem iluminadoras nem edificantes. A doutrina ortodoxa da Penitência atribui a Deus características que seriam desonrosas mesmo em uma potestade humana, e seu modelo do universo não é o produto de uma visão espiritual racionalizada pela reflexão filosófica, mas sim a projeção da fantasia de um advogado. No entanto, apesar dessas grosserias deploráveis em sua formulação, a ideia do sofrimento vicário e a outra ideia, muito próxima, da transferibilidade do mérito se baseiam em fatos genuínos da experiência. A pessoa desprovida de si e cheia de Deus pode e de fato age como um canal por meio do qual a graça é capaz de passar até o ser infeliz que se fez impenetrável ao divino por conta dos anseios habituais por intensificações de sua própria separação e individualismo. É por causa disso que os santos são capazes de exercitar autoridade, maior por ser inteiramente não compulsória, sobre seus semelhantes. Eles "transferem o mérito" àqueles que necessitam; mas aquilo que converte a vítima da vontade própria e a coloca no caminho da liberação não é o mérito do indivíduo santo — um mérito que consiste em ter se tornado capaz da Realidade eterna, como um cano se torna mais capaz de conduzir água ao ser limpo; é na verdade a carga divina que ele carrega, a Realidade eterna para a qual ele se torna um conduíte. De forma semelhante, no sofrimento vicário não

são as dores reais sofridas pelo santo que são redentoras —
pois acreditar que Deus se enfurece com o pecado e que
sua raiva não pode ser propiciada senão pela oferta de uma
certa soma de dor é blasfemar contra a Natureza divina.
Não, o que salva é o dom que está além da ordem temporal,
trazida aos aprisionados pelo individualismo por aquelas
pessoas desprovidas de si e preenchidas por Deus, que se
prontificaram a aceitar o sofrimento para ajudar seus semelhantes. O voto do bodisatva é uma promessa de postergar
os frutos imediatos da iluminação e aceitar o renascimento
e seus concomitantes inevitáveis, como a dor e a morte, de
novo e de novo, até que chegue a hora na qual, por conta
de seus esforços e das graças às quais ele serve de canal,
sendo todos desprovidos de si, todos os seres sencientes
chegarão ao livramento final e completo.

> Eu vi uma massa de uma cor baça e obscura entre o Norte
> e o Leste, e fui informado de que essa massa consistia em
> seres humanos, na grande miséria em que poderiam estar
> e viver; e me misturei com eles e doravante não devo me
> considerar um ser distinto ou separado.
>
> John Woolman

Por que é que os justos e inocentes devem lidar com
um sofrimento que não é merecido? Para qualquer um que
concebe os indivíduos humanos como Hume concebia os
eventos e coisas, como "soltos e separados", a pergunta não
admite nenhuma resposta aceitável. Mas, na verdade, seres humanos não são soltos e separados, e o único motivo
para pensarmos assim é nosso próprio autointeresse inter-

pretado de forma equivocada. Queremos fazer "o que bem quisermos", divertir-nos e abrir mão das responsabilidades. Por consequência, achamos conveniente sermos enganados pelas inadequações da linguagem e acreditarmos (nem sempre, é claro, mas apenas quando nos convém) que as coisas, pessoas e eventos são tão completamente distintos e separados um do outro quanto as palavras por meio das quais pensamos neles. A verdade, é claro, é que estamos todos organicamente relacionados a Deus, à Natureza e aos nossos semelhantes. Se cada ser humano estivesse constante e conscientemente dentro de uma relação adequada com seus ambientes divino, natural e social, não haveria mais sofrimento além daquele que a Criação considera inevitável. Mas, na verdade, a maioria dos seres humanos se flagra em uma relação inadequada e crônica com Deus, com a Natureza e pelo menos com alguns de seus semelhantes. Os resultados dessas relações erradas se manifestam no nível social como guerras, revoluções, exploração e desordem; no nível natural, como desperdício e exaustão de recursos insubstituíveis; no nível biológico, como doenças degenerativas e a deterioração genética; no nível moral, como uma presunção tirânica; e, no nível espiritual, como uma cegueira à Realidade divina e uma completa ignorância quanto à razão e ao propósito da existência humana. Em tais circunstâncias, seria extraordinário se os inocentes e justos não fossem os primeiros a sofrer — assim como seria extraordinário se os rins inocentes e corações justos não sofressem pelos pecados de uma língua alcoólica e um estômago sobrecarregado, pecados, devemos acrescentar, impostos a esses órgãos pela vontade de um indivíduo glutão a quem pertencem, assim como ele mesmo pertence a uma sociedade com outros indivíduos, seus contemporâneos e antecessores, que construíram uma vasta e duradoura encarnação de desordem, que inflige sofrimento a seus membros e os infecta com sua própria ignorância e impiedade. O justo pode escapar do sofrimento apenas aceitando-o e transcendendo-o; e isso ele pode conseguir sendo convertido da retidão à total ausência de si-mesmo, centrado em Deus, ao cessar de ser apenas um fariseu ou cidadão de bem e se tornar "perfeito como teu Pai que no Céu é perfeito". As dificuldades no caminho dessa transfiguração são, é óbvio, enormes. Mas, daqueles que "falam com autoridade", quais já disseram que a estrada ao livramento completo era fácil ou que o portão era qualquer coisa além de "estreito e apertado"?

Capítulo XVIII

Fé

A palavra "fé" tem uma variedade de sentidos e é importante distingui-los. Em alguns contextos é usada como sinônimo de "confiança", como quando dizemos que temos fé no diagnóstico do médico X ou na integridade do advogado Y. Análoga a isso é a nossa "fé" nas autoridades — a crença na probabilidade de que aquilo que certas pessoas dizem sobre certos assuntos, por conta de suas qualificações, seja verdade. Em outras ocasiões, "fé" significa a crença em propostas que não tivemos oportunidade de verificarmos pessoalmente, mas que sabíamos que poderíamos verificar se tivéssemos a inclinação, o ensejo e as capacidades necessárias. Nesse sentido da palavra temos "fé", ainda que nunca tenhamos pisado na Austrália, de que lá existe uma criatura como o ornitorrinco; temos "fé" na teoria atômica, ainda que nunca tenhamos realizado os experimentos em que a teoria se baseia e sejamos incapazes de compreender a matemática que a sustenta. E, por fim, há a "fé", que é uma crença em proposições que sabemos não poder verificar, mesmo que assim desejássemos — proposições como o credo de Atanásio ou as que constituem a doutrina da Imaculada Conceição. Esse tipo de "fé" é definido pelos escolásticos como um ato do intelecto movido a consentir pela vontade.

A fé nos primeiros três sentidos da palavra tem um papel muito importante, não apenas nas atividades do cotidiano, mas mesmo naquelas da ciência pura e aplicada. *Credo ut intelligam* — e também, devemos acrescentar, *ut agam* e *ut vivam*.[41] A fé é a precondição de todo saber sistemático, todo ato com propósito e toda vida decente. O que mantém as sociedades coesas é não primariamente o medo dos poderes de coerção exercidos pelos poucos sobre os muitos, mas a fé generalizada na decência dos outros. Uma tal fé tende a criar seu próprio objeto, enquanto a desconfiança mútua causada, por exemplo, pela guerra ou pelo dissenso doméstico cria o objeto de desconfiança. Passando da esfera moral para a intelectual, encontramos a fé na raiz de todo pensamento organizado. A ciência e a tecnologia não poderiam existir a não ser que tivéssemos fé na confiabilidade do universo — a não ser que, nas palavras de Clerk Maxwell, adotássemos a crença implícita de que o livro da Natureza é, na verdade, um livro e não uma revista, uma obra coerente de arte e não uma mixórdia de fragmentos mutuamente irrelevantes. A essa fé geral na razoabilidade e confiabilidade do mundo, aquele que busca a verdade deve somar dois tipos de fé — a fé na autoridade de especialistas qualificados, suficiente para lhe permitir que confie em sua palavra acerca de declarações que ele pessoalmente não verificou; e a fé em suas próprias hipóteses operantes, suficiente para induzi-lo a testar suas crenças provisórias por meio das ações apro-

41 *Credo ut intelligam*, a máxima de Anselmo da Cantuária, significa "creio para que possa compreender". Huxley acrescenta: "creio para que possa compreender, agir e viver". (N. T.)

priadas. Essas ações podem trazer provas de que a hipótese de trabalho original era infundada; nesse caso, ela precisará sofrer modificações até se conformar com os fatos e passar do reino da fé ao do conhecimento.

O quarto tipo de fé é a coisa que comumente se chama "fé religiosa". O uso é justificado, não porque os outros tipos de fé não sejam fundamentais na religião tanto quanto são em assuntos seculares, mas porque essa aquiescência voluntariosa às proposições que se sabe ser inverificáveis ocorre na religião e apenas na religião, como uma adição característica à fé como confiança, fé na autoridade e fé em proposições não verificadas, mas verificáveis. Esse é o tipo de fé que, segundo teólogos cristãos, justifica e salva. Em sua forma extrema e mais inflexível, tal doutrina pode ser muito perigosa. Aqui, por exemplo, temos um trecho das cartas de Lutero: *Esto peccator, et pecca fortiter; sed fortius crede et gaude in Christo, qui victor est peccati, mortis et mundi. Peccandum est quam diu sic sumus; vita haec non est habitatio justitiae* (Sê um pecador e peca com força; mas com ainda mais força crê e te regozija em Cristo, que é o conquistador do pecado, da morte e do mundo. Enquanto somos o que somos, deve haver pecado, esta vida não é a habitação da justiça). Ao perigo que a fé na doutrina da justificação pela fé possa servir como desculpa e mesmo convite ao pecado, deve-se somar ainda outro perigo, a saber, que a fé que deveria salvar possa ser uma fé em proposições não meramente inverificáveis, mas repugnantes à razão e ao senso moral, batendo completamente de frente com as descobertas daqueles que cumpriram as condições de visão espiritual sobre a Natureza das Coisas. "Este é o píncaro da fé", diz Lutero em *De servo arbitrio*, "acreditar que o Deus que salva a tão poucos e condena a tantos é misericordioso; que é justo Ele que, a seu bel-prazer, nos criou necessariamente condenados à danação, para que Ele possa se deleitar na tortura dos miseráveis e ser mais merecedor de ódio do que amor. Se por qualquer esforço da razão eu pudesse conceber como Deus, que demonstra tanta raiva e severidade, pode ser misericordioso e justo, não haveria nenhuma necessidade de fé." A revelação (que, quando genuína, é simplesmente o registro da experiência imediata daqueles que são puros o suficiente em seus corações e pobres o bastante em espírito para conseguirem ver a Deus) não diz nada sobre essas doutrinas hediondas que a vontade força o intelecto a aceitar — este naturalmente relutante, e com razão. Tais noções são o produto não da visão de santos, mas da imaginação estimulada de juristas, que estão tão distantes de transcenderem seu ego e preconceitos de sua educação que tiveram a sandice e presunção de interpretar o universo nos termos do direito judaico e romano com o qual por acaso estavam familiarizados. "Ai de vós, doutores da lei", disse Cristo.[42] A condenação era profética e válida até o fim dos tempos.

O cerne e coração espiritual de todas as religiões superiores é a Filosofia Perene; e pode-se assentir à Filosofia Perene e agir com base nela sem recorrer ao tipo de fé de que Lutero escreve nos trechos mencionados. Deve haver, é claro, a fé como confiança — pois a confiança nos semelhantes é o princípio da caridade para com os seres humanos, e a confiança, na constância não apenas material, mas também

42 Lc 11,52. (N. T.)

moral e espiritual do universo, é o princípio da caridade e do amor-conhecimento em relação a Deus. Deve haver também fé na autoridade — a autoridade cuja ausência de ego os qualifica para conhecer o Fundamento espiritual de todo ser por via direta, bem como por terceiros. Por fim, deve haver fé em tais proposições sobre a Realidade como as enunciadas por filósofos à luz da revelação genuína — proposições que o crente sabe que pode, se estiver preparado para cumprir as condições necessárias, verificar pessoalmente. Mas, enquanto a Filosofia Perene for aceita em sua simplicidade essencial, não há nenhuma necessidade de aquiescência intencional a propostas que se sabe de imediato serem inverificáveis. Aqui é preciso acrescentar que tais proposições inverificáveis podem se tornar verificáveis na medida em que a fé intensa afeta o substrato psíquico e, assim, cria uma existência, cuja objetividade de segunda mão pode de fato ser descoberta "lá fora". Lembremos, porém, que uma existência que deriva sua objetividade da atividade mental daqueles que acreditam intensamente nela não pode, de forma alguma, ser o Fundamento espiritual do mundo, e uma mente ocupada em se engajar na atividade voluntária e intelectual que é a "fé religiosa" de modo algum pode se encontrar em um estado de passividade alerta e desprovida de si que é a condição necessária para o conhecimento unificador do Fundamento. É por isso que os budistas afirmam que "a fé amorosa leva ao céu, mas a obediência ao *dharma* leva ao *nirvana*". A fé na existência e no poder de qualquer entidade sobrenatural que seja menos do que a Realidade espiritual definitiva, e em qualquer forma de adoração que não chegue à autonegação, se o objeto de fé for intrinsecamente bom, resultará com certeza em uma melhora do caráter e provavelmente na sobrevivência póstuma dessa personalidade aperfeiçoada em condições "celestiais". Mas essa sobrevivência pessoal dentro do que ainda é a ordem temporal não é a vida eterna de união atemporal com o Espírito. Essa vida eterna "está no conhecimento" da Divindade, não na fé em nada que seja menos do que a Divindade.

> A imortalidade atingida pela aquisição de qualquer condição objetiva (por exemplo, a condição — conquistada pelos bons atos, que forem inspirados pelo amor e pela fé em algo menos que a Divindade suprema — de se unir em ato ao que é venerado) está sujeita a ter fim, pois está dito com distinção nas escrituras que o *carma* nunca é a causa para emancipação.
>
> Shânkara

O *carma* é a sequência causal dentro do tempo, do qual somos livrados apenas ao "morrermos" para o si-mesmo temporal e nos tornarmos unidos com o eterno, que está além do tempo e da causa. Pois, "quanto à noção de uma Causa Primeira ou *Causa Sui*" (para citar as palavras de um proeminente teólogo e filósofo, F. R. Tennant), "temos, por um lado, de manter em mente que refutamos a nós mesmos ao tentar estabelecê-la por extensão da aplicação da categoria causal, pois a causalidade, quando universalizada, contém uma contradição; e, por outro, lembrar que o Fundamento definitivo simplesmente 'existe'". Apenas quando o indivíduo também "simplesmente existe", por razão de sua união via amor-conhecimento do Fundamento, pode haver qualquer questão de liberação completa e eterna.

Capítulo XIX
De Deus não se zomba

Por que tu disseste, "Eu pequei tanto
E Deus em Sua misericórdia não me puniu por meus pecados"?
Quantas vezes eu te castigo e tu não o sabes!
Tu estás preso com grilhões da cabeça aos pés.
Em teu coração cumula-se ferrugem sobre ferrugem
E assim estás cego aos mistérios divinos.
Quando um homem é teimoso e segue práticas perversas,
Ele atira poeira nos olhos do seu discernimento.
A velha vergonha pelo pecado e o clamar a Deus o abandonam;
Cinco camadas de poeira se assentam em seu espelho,
Marcas de ferrugem roem seu ferro,
A cor de sua joia se apaga mais e mais.

Jalaladim Maomé Rumi

Se há liberdade (e mesmo os deterministas consistentemente agem como se tivessem certeza disso) e se (como todos que se tornaram qualificados para falar sobre o assunto
sempre se convenceram) há uma Realidade espiritual, cujo
conhecimento é o destino final e o propósito da consciência, então toda vida é da natureza de um teste de inteligência,
e quanto maior o nível de consciência e maiores as possi-

bilidades da criatura, mais minuciosamente difíceis serão as perguntas feitas. Pois, nas palavras de Bagehot, "não poderíamos ser o que devemos ser se vivêssemos no tipo de universo que devíamos esperar [...] Uma Providência latente, uma vida confusa, um mundo material estranho, uma existência interrompida no meio e de repente não são dificuldades reais, mas ajudas; pois elas, ou algo parecido, são condições essenciais de uma vida moral em um ser subordinado". Porque somos livres, é possível respondermos, bem ou mal, às perguntas da vida. Se dermos uma resposta ruim, traremos sobre nós mesmos uma autoestultificação, o que, com frequência, assume formas sutis e não imediatamente detectáveis, como quando nossa incapacidade de dar uma resposta adequada impossibilita a percepção das potencialidades superiores de nosso ser. Por vezes, ao contrário, a autoestultificação se manifesta no nível físico e pode envolver não apenas indivíduos, mas sociedades inteiras, que tombam na catástrofe ou afundam devagar em decadência. As respostas corretas são recompensadas primariamente com o crescimento espiritual e a percepção progressiva das potencialidades latentes e, secundariamente (quando as circunstâncias possibilitam), com a soma de todo o resto ao reino concretizado de Deus. O *carma* existe, mas sua equivalência de ato e recompensa nem sempre é óbvia e material, como engenhosamente os primeiros autores budistas e hebraicos imaginaram que deveria ser. O homem mau em sua prosperidade pode, sem saber, estar obscurecido e corroído com ferrugem interior, enquanto o homem bom sob aflições pode estar desfrutando da recompensa do processo de crescimento espiritual. Não, de Deus não se zomba, mas, adicionalmente, vamos sempre lembrar, Ele não é compreendido.

> *Però ne la giustizia sempiterna*
> *la vista che riceve il vostro mondo,*
> *com'occhio per lo mare, entro s'interna;*
>
> *che, ben che da la proda veggia il fondo,*
> *in pelago nol vede; e nondimeno*
> *èli, ma cela lui l'esser profondo.*[43]

O amor é o prumo, bem como o astrolábio dos mistérios de Deus, e o puro de coração pode enxergar muito além na justiça divina, a ponto de flagrar de relance não de fato os detalhes do processo cósmico, mas pelo menos seu princípio e natureza. Essas visões permitem que eles digam, como Juliana de Norwich, que tudo ficará bem, que, apesar do tempo, tudo já *está* bem, e que o problema do mal tem sua solução na eternidade, que os seres humanos podem, se assim desejarem, vivenciar, mas nunca descrever.

Mas, tu insistes, se os homens pecam pela necessidade de sua natureza, eles podem ser desculpados; não explicas, porém, o que pretendes inferir com base nesse fato. Que talvez assim se evita que Deus se enfureça com eles? Ou en-

---

43 "Penetra na justiça sempiterna/ A vista concedida ao vosso mundo,/ Bem como o olhar, que pelo mar se interna:// Se junto ao litoral lhe enxerga o fundo,/ No pélago o não vê: certo é que existe,/ Mas encoberto está por ser profundo." Tradução de José Pedro Xavier Pinheiro. (N. T.)

A filosofia perene   383

tão que eles tenham merecido essa bênção, que consiste no conhecimento e no amor de Deus? Se te referes ao primeiro caso, eu concordo plenamente que Deus não se enfurece e que todas as coisas acontecem por seu decreto. Mas eu nego que, por esse motivo, todos os homens devam ser felizes. É claro que os homens podem ser desculpados, e ainda assim, não chegarem à felicidade, sendo atormentados de muitas maneiras. Um cavalo pode ser desculpado por ser um cavalo e não um homem. Quem enlouquece da mordida de um cão é desculpado, porém é certo que morrerá por asfixia. Assim também aquele que não consegue dominar suas paixões nem mantê-las sob controle por respeito à lei, enquanto possa ser desculpado por conta de sua fraqueza, é incapaz de desfrutar da conformidade do espírito e amor a Deus, e está inevitavelmente perdido.

Espinosa

Em termos horizontais e verticais, em tipo físico e temperamental, bem como em grau de habilidades natas e bondade nativa, os seres humanos apresentam diferenças profundas entre si. Por quê? Com que finalidade e por quais causas? "Mestre, quem pecou: este homem ou seus pais, para que ele nascesse cego?", e Jesus respondeu: "Nem ele nem seus pais pecaram, mas isso aconteceu para que a obra de Deus se manifestasse na vida dele".[44] O homem da ciência, pelo contrário, diria que a responsabilidade repousava nos pais, que causaram a cegueira da criança ao terem o tipo errado de genes ou por ela ter contraído alguma doença que

---

44 Jo 9,2-3. (N. T.)

poderia ter sido evitada. Devotos do budismo e do hinduísmo que acreditam na reencarnação segundo as leis do *carma* (o destino que, por suas ações, indivíduos e grupos de indivíduos impõem a si mesmos, aos outros e a seus descendentes) dariam outra resposta e diriam que, de acordo com o que ele fez nas vidas passadas, o homem cego estava predestinado a escolher os pais de quem herdaria a cegueira.

Essas três respostas não são mutuamente incompatíveis. Os pais são responsáveis por fazer da criança o que, pela hereditariedade e criação, ela vai se tornar. A alma ou caráter encarnado na criança é de tal natureza, devido ao comportamento passado, que ela é obrigada a selecionar aqueles pais em particular. E, colaborando com as causas materiais e eficientes, se encontra a causa final, o impulso teleológico que nos puxa de frente. Esse impulso teleológico é o impulso do Fundamento divino das coisas agindo sobre aquela parte do agora atemporal que a mente finita deve ver como sendo o futuro. Os homens pecam e seus pais pecam; mas as obras de Deus precisam se manifestar em todos os seres sencientes (seja por modos excepcionais, como no caso da cura sobrenatural, seja no curso ordinário dos eventos) — precisam se manifestar de novo e de novo, com a paciência infinita da eternidade, até que, por fim, a criatura se faz digna para a manifestação consumada do conhecimento unificador, do estado de "Não eu, mas Deus em mim".

> O *"carma"*, segundo os hindus, "nunca desfaz a ignorância, existindo sob a mesma categoria que ela. Apenas o conhecimento desfaz a ignorância, como somente a luz desfaz a escuridão".

Em outras palavras, o processo causal se dá dentro do tempo e não pode, de forma alguma, resultar no livramento do tempo. Tal livramento só pode ser conquistado como consequência da intervenção da eternidade no domínio temporal; e a eternidade não pode intervir a não ser que a vontade individual realize um ato criativo de autonegação, produzindo, portanto, um vácuo, por assim dizer, no qual a eternidade possa fluir. Pressupor que o processo causal no tempo possa, por si só, resultar em um livramento do tempo é como pressupor que a água possa entrar em um espaço que não tenha sido anteriormente esvaziado de ar.

> A relação correta entre oração e conduta não é que a conduta tenha a importância suprema e a oração a ajude, mas sim que a oração tem a importância suprema e a conduta é seu teste.
>
> Arcebispo Temple

O objetivo e propósito da vida humana é o conhecimento unificador de Deus. Entre os meios indispensáveis para esse fim está a conduta correta, e, pelo grau e tipo de virtudes conquistadas, o grau de conhecimento liberador e sua qualidade podem ser avaliados. Em resumo, conhece-se a árvore pelos frutos; de Deus não se zomba.

É certo que as crenças e práticas religiosas não são os únicos fatores que determinam o comportamento de uma dada sociedade — mas não é menos certo que constam entre seus fatores determinantes. Pelo menos em algum grau, a conduta coletiva de uma nação é um teste da religião predominante nela, um critério pelo qual podemos julgar, com legitimidade, a validade doutrinária dessa religião e sua eficiência prática em ajudar os indivíduos a avançar rumo ao objetivo da existência humana.

No passado, as nações da cristandade organizaram perseguições em nome de sua fé, lutaram em guerras religiosas e empreenderam cruzadas contra infiéis e hereges; hoje deixaram de ser cristão em tudo menos no nome, e a única religião que professam é algum tipo de idolatria local, como o nacionalismo, a veneração do Estado, a veneração ao patrão e o revolucionarismo. A partir desses frutos (entre outras coisas) do cristianismo histórico, que inferências podemos traçar quanto à natureza dessa árvore? A resposta já foi dada no capítulo "Tempo e eternidade". Se os cristãos se tornaram perseguidores e não são mais cristãos, o motivo é que a Filosofia Perene incorporada em sua religião foi deslocada por crenças equivocadas, que levaram inevitavelmente, já que de Deus não se zomba, a ações equivocadas. Essas crenças equivocadas têm um elemento em comum — a saber, a hipervalorização dos acontecimentos temporais e uma subavaliação do fato perene e atemporal da eternidade. Assim, a crença na importância suprema de eventos históricos remotos para a salvação resultou em disputas sangrentas em torno da interpretação de registros não muito adequados e com frequência conflitantes. E a crença na sacralidade, ou pior, na própria divindade, das organizações eclesiástico-político-financeiras, que se desenvolveu depois da queda do Império Romano, não apenas somou mais amargura às disputas demasiado humanas por seu controle, como serviu ainda para racionalizar e justificar os piores excessos daqueles que lutaram por espaço, riqueza e poder dentro da Igreja e por meio dela. Mas essa não é a história completa. A mesma hipervalorização de eventos temporais, que outrora incitou os cristãos a perseguirem e travarem guerras religiosas, levou a uma indiferença generalizada a uma religião que, apesar de tudo, ainda era preocupada, em parte, com a eternidade. Mas a natureza tem horror ao vácuo, e no vazio escancarado dessa indiferença flui a maré da idolatria política. As consequências práticas de tal idolatria, como vemos agora, são a guerra total, a revolução e a tirania.

Enquanto isso, no lado dos créditos do balanço, encontramos os seguintes itens: um crescimento imenso em eficiência técnica e governamental e um crescimento imenso em conhecimento científico — ambos resultados da guinada geral do homem ocidental, que desviou sua atenção da ordem eterna para a ordem temporal, primeiro dentro da esfera do cristianismo e depois, inevitavelmente, fora dela.

Capítulo XX

Tantum religio potuit suadere malorum[45]

Tu saberias por que razão vieram ao mundo tantos espíritos falsos, que enganaram a si próprios e aos outros com o fogo falso e a luz falsa, exigindo da Vida divina informações, iluminação e oportunidades, particularmente para realizar milagres sob chamados extraordinários de Deus? Assim é: eles se voltaram a Deus sem terem se voltado para longe de si mesmos; buscaram se tornar vivos para Deus antes de morrerem para sua própria natureza. Agora a religião nas mãos do "eu", ou da natureza corrupta, só serve para descobrir vícios de um tipo ainda pior do que os da natureza em si. Daí partem todas as paixões desordenadas dos homens religiosos, que ardem em um fogo ainda pior que a chama das paixões empregadas dos assuntos mundanos; o orgulho, a autoexaltação, o ódio e a perseguição, sob uma máscara de zelo religioso, santificarão ações que a natureza, em si, teria vergonha de reclamar como próprias.

William Law

---

45 "A que alturas do mal a religião conduz o homem." A frase é do poeta e filósofo Lucrécio, em *De rerum natura* , do século I a.C. (N. T.)

"Eles se voltaram a Deus sem terem se voltado para longe de si mesmos" — a fórmula é absurdamente simples e, no entanto, simples como ela é, explica todas as sandices e iniquidades cometidas em nome da religião. Aqueles que se voltam a Deus sem terem se voltado para longe de si mesmos são tentados pelo mal em vários modos característicos e facilmente reconhecíveis. São tentados, antes de tudo, a praticar ritos mágicos, por meio dos quais têm a esperança de compelir Deus a atender a suas petições e, em geral, servir a seus fins privados e coletivos. Todos os negócios horrendos de sacrifícios, encantamentos e o que Jesus chamou de "vã repetição" são um produto desse desejo de tratar a Deus como meio para o autoengrandecimento indefinido, em vez de como um fim a ser alcançado por intermédio da total autonegação. Na sequência, eles são tentados a usar o nome de Deus para justificar o que fazem em busca de domínio, poder e riqueza. E porque se acreditam dotados de justificação divina para suas ações, prosseguem, com boa consciência, a perpetrar abominações, "que a natureza, em si, teria vergonha de reclamar como próprias". Ao longo da história de que temos registro, uma quantidade incrível de malefícios foi causada por idealistas ambiciosos, iludidos por sua própria verborragia e sede de poder na convicção de que agiam pelo bem maior de seus semelhantes. No passado, a justificativa para tal impiedade era "Deus" ou "a Igreja" ou a "Verdadeira Fé"; hoje idealistas matam e exploram em nome da "Revolução", da "Nova Ordem", do "Mundo do Homem Comum" ou, simplesmente, do "Futuro". Por fim, há as tentações que surgem quando os falsos religiosos começam a adquirir poderes que são o fruto de suas práticas pias e mágicas. Pois, que não haja engano, o sacrifício, os encantamentos e a "vã repetição" dão frutos de fato, sobretudo quando praticados em conjunto com austeridades físicas. Os homens que se voltam a Deus sem se voltarem para longe de si mesmos não alcançam a Deus, é claro; mas obterão resultados caso se dediquem com bastante energia à sua pseudorreligião. Alguns desses resultados são, sem dúvida, produto da autossugestão (era por meio da "vã repetição" que Coué fazia seus pacientes se curarem de suas doenças). Outros se dão, aparentemente, a "algo que não é nós mesmos" no meio psíquico — aquele algo que age, não necessariamente em prol da retidão, mas sempre buscando o poder. Se esse algo é parte de uma objetividade de segunda mão, projetada no meio pelo adorador individual e seus semelhantes e predecessores; se é parte de uma objetividade de primeira mão, correspondente, no nível psíquico, aos dados do universo material; ou se é uma combinação de ambas as coisas, é impossível determinar. Tudo que precisa ser dito aqui é que as pessoas que se voltam a Deus sem se voltarem para longe de si mesmas muitas vezes desenvolvem um dom para fazer suas petições serem atendidas e por vezes desenvolvem consideráveis poderes supranormais, como os de cura psíquica e percepção extrassensorial. Mas pode-se perguntar: é necessariamente uma coisa boa ser capaz de obter resposta às suas petições do jeito que se deseja que elas sejam? E em que grau é produtivo espiritualmente estar em posse desses poderes "milagrosos"? Essas são perguntas que foram consideradas no capítulo "Oração" e serão discutidas mais a fundo no capítulo "O milagroso".

O grande áugure, em sua túnica cerimonial, se aproximou do chiqueiro e, então, se dirigiu aos porcos. "Como é possível que tenhais objeções à morte? Por três meses eu vos engordarei. Durante dez dias, vou me disciplinar e jejuarei por três dias. E eu espalharei ervas finas e colocarei vossos corpos sobre um prato sacrificial de fino talhe. Isso não vos satisfaz?"

Então, falando da perspectiva dos porcos, ele continuou: "Talvez seja melhor, afinal, viver de aveia e escapar do chiqueiro".

"Mas então", ele acrescentou, falando de sua própria perspectiva, "para desfrutar de honras enquanto vivo valeria a pena morrer apoiado em um escudo de guerra ou no cesto do carrasco."

Então ele rejeitou a perspectiva dos porcos e adotou a sua própria. Em que sentido, pois, ele era diferente dos porcos?

Chuang-Tzu

Aquele que sacrifica qualquer coisa além de sua própria pessoa ou seus próprios interesses está no exato mesmo nível que os porcos de Chuang-Tzu. Os porcos procuram obter vantagem própria do mesmo modo que preferem a vida e a aveia às honras e ao chiqueiro; os que sacrificam coisas preferem obter vantagem própria na medida em que preferem a morte dos porcos, mágica, que limita a Deus, à morte de suas paixões e vontade própria. E o que se aplica ao sacrifício se aplica igualmente aos encantamentos, rituais e vãs repetições, quando são usados (como são, com muita frequência, mesmo nas religiões mais nobres) como forma de magia compulsória. Ritos e vãs repetições têm um lugar legítimo na religião como técnicas de atenção, lembretes da verdade esquecida momentaneamente no turbilhão das distrações mundanas. Quando enunciadas ou realizadas como um tipo de magia, seu uso é completamente desprovido de sentido; ou então (e isso é pior) podem ter resultados que ampliam o ego, o que de modo algum contribui para se conquistar o destino final do ser humano.

> As vestimentas de Ísis são multicoloridas para representar o cosmo; as de Osíris, brancas, simbolizando a Luz Inteligível além do cosmo.
>
> Plutarco

Enquanto o símbolo permanece, na mente do devoto, firmemente apegado e instrumental àquilo que é simbolizado, o uso de tais coisas como as vestimentas brancas e multicoloridas não faz mal nenhum. Mas, se o símbolo se solta, por assim dizer, e se torna um fim em si, então temos, na melhor das hipóteses, a futilidade do esteticismo e do sentimentalismo, ou, no pior dos casos, uma forma de magia psicologicamente eficaz.

> Todas as coisas que são externas devem ceder ao amor; pois existem por causa do amor, e não o amor por causa delas.
>
> Hans Denk

> As cerimônias em si não são pecado, mas quem quer que pressuponha que possa obter a vida, seja pelo batismo, seja pela repartição do pão está em estado de superstição.
>
> Hans Denk

Se sempre manuseardes a letra do Verbo, sempre lambendo a letra, sempre mastigando-a, que grande coisa fazeis? Não é de surpreender que estejais famélicos.

John Everard

Enquanto ainda prevalecia a Lei Correta, inúmeros foram os convertidos que sondaram as profundezas do *dharma* meramente de ouvir meia estrofe ou mesmo uma única frase dos ensinamentos do Buda. Mas, no que chegamos à era da similitude e a esses últimos dias do budismo, estamos de fato distantes do Sábio. As pessoas se veem afogadas em um mar de letras, não sabem como chegar à substância unitária que é a única verdade. Isso foi o que causou o surgimento dos Pais (do zen-budismo), que, ao apontar diretamente para a mente humana, nos disseram que víssemos aqui o fundamento definitivo de todas as coisas e, assim, obtivéssemos o Estado Búdico. Isso é conhecido como uma transmissão especial além dos ensinamentos da escritura. Para quem for dotado de talentos superiores ou de uma perspicácia especial da mente, um gesto ou uma palavra bastam para conferir um conhecimento imediato da verdade. Assim, como advogados da "transmissão especial", Ummon tratava o Buda (histórico) com a mais suprema reverência, e Yakusan proibiu seus seguidores até mesmo de lerem os sutras.

Zen é o nome dado a esse ramo do budismo, que se mantém distante do Buda. É também chamado de ramo místico, porque não adere ao sentido literal dos sutras. É por esse motivo que aqueles que seguem cegamente os passos do Buda são rápidos em zombar do zen, enquanto os que não têm nenhum apreço pela letra têm uma inclinação natural à abordagem mística. Os seguidores de ambas as escolas sabem o que desprezar uma na outra, mas não conseguem perceber que elas são complementares. Não é o zen uma das seis virtudes da perfeição? Assim, como podem entrar em conflito com os ensinamentos do Buda? Em minha perspectiva, o zen é o resultado dos ensinamentos do Buda, e o místico emana das letras. Não há motivo pelo qual alguém deva rejeitar o zen por conta dos ensinamentos do Buda; tampouco precisamos desconsiderar a letra por conta dos ensinamentos místicos do zen [...] Estudantes do budismo escritural correm o risco de se tornarem presos à letra, cujo sentido real eles não conseguem compreender. A realidade definitiva nunca será apreendida por tais homens, e o zen para eles significaria a salvação. Enquanto isso, aqueles que estudam o zen estão muito sujeitos ao hábito de proferir discursos vazios e praticar o sofismo. Não conseguem compreender a importância da letra. Para salvá-los, é recomendado o estudo das escrituras budistas. É apenas quando essas visões unilaterais são corrigidas mutuamente que há a apreciação perfeita dos ensinamentos do Buda.

Chih-chi Chiang

Seria difícil encontrar um resumo das conclusões a que qualquer mente espiritual e psicologicamente realista chegaria, mais cedo ou mais tarde, do que o dos parágrafos anteriores, de autoria de um dos mestres do zen-budismo.

O trecho que segue agora é um protesto comovente contra os crimes e as sandices cometidos em nome da religião pelos reformistas do século XVI que se voltaram a Deus sem se voltarem para longe de si mesmos e que, portanto, tinham maior interesse nos aspectos temporais do cristianismo histórico — a organização eclesiástica, os abusos de lógica, a letra da escritura — do que no Espírito que deve ser venerado em espírito, a Realidade eterna no conhecimento desprovido de ego em que se encontra a vida eterna do ser humano. Seu autor era Sebastian Castellio, que durante uma época foi o discípulo favorito de Calvino, mas se separou do mestre quando ele queimou Servetus pelo crime de heresia contra sua própria heresia. Felizmente Castellio morava na Basileia quando escreveu seu apelo à caridade e à decência básica; se esse texto tivesse sido escrito em Genebra, teria rendido a ele uma pena de tortura e morte.

> Se tu, ó ilustre príncipe (essas palavras eram endereçadas ao duque de Würtemberg), tivesses informado teus súditos de que virias visitá-los em um momento não mencionado e tivesses pedido a eles que se preparassem com roupas brancas para te encontrarem quando tu viesses, o que farias, ao chegares, se descobrisses que, em vez de se vestirem de branco, eles tivessem passado todo esse tempo em um debate violento sobre tua pessoa — alguns insistindo que estavas na Franças, outro na Espanha; alguns declarando que virias montado em um cavalo, outros, de carruagem; alguns mantendo que virias com grande pompa, e outros, sem nenhum séquito ou acompanhantes? E sobretudo o que farias se eles debatessem não apenas com palavras, mas com golpes de punho e espada, e alguns obtivessem sucesso em matar e destruir outros que fossem diferentes? "Ele virá sobre um cavalo", "Não virá não, será de carruagem", "Tu mentes", "Não minto; *tu* és o mentiroso", "Toma isto" — um golpe

de punho. "Toma *isto*" — uma estocada da espada no corpo. Príncipe, o que pensarias de tais cidadãos? Cristo nos pedira que trajássemos as túnicas brancas da vida pura e santa; mas o que ocupa nossos pensamentos? Disputamos não apenas o caminho até Cristo, mas sua relação com Deus, com o Pai, com a Trindade, a predestinação, o livre-arbítrio, a natureza de Deus, dos anjos, a condição da alma após a morte — uma multidão de assuntos que não são essenciais para a salvação, assuntos, além do mais, de que jamais será possível ter ciência até que nossos corações sejam puros, pois são as coisas que devem ser percebidas espiritualmente.

Sebastian Castellio

As pessoas sempre recebem o que pedem; o único problema é que elas não sabem, até receber, o que foi que pediram de fato. Desse modo, os protestantes poderiam, se assim tivessem desejado, ter seguido a liderança de Castellio e Denk; mas preferiram Calvino e Lutero — e eles foram os preferidos, porque as doutrinas de justificativa pela fé e predestinação eram mais estimulantes do que as da Filosofia Perene. E não apenas eram mais estimulantes como eram menos exigentes; pois, se fossem verdadeiras, seria possível ser salvo sem passar pelo processo desagradável de autonegação, que é a precondição necessária do livramento no conhecimento da Realidade eterna. E não apenas são menos exigentes, como também são mais satisfatórias ao apetite do intelectual por fórmulas prontas e demonstrações abstratas de verdades silogísticas. A espera por Deus é um tédio; mas como é divertido discutir, rebater os oponentes, perder a calma e chamar a isso de "justa indignação" e, por fim, passar da polêmica à violência, das palavras àquilo que santo Agostinho descreveu tão deliciosamente como a "aspereza benigna" da perseguição e do castigo!

Ao ter escolhido Lutero e Calvino, em vez dos reformistas espirituais que foram seus contemporâneos, a Europa protestante recebeu o tipo de teologia que ela desejava. Mas, com a teologia, vieram outros subprodutos imprevistos, como a Guerra dos Trinta Anos, o capitalismo e os primeiros rudimentos da Alemanha moderna. "Se desejarmos", escreveu recentemente o deão Inge, "encontrar um bode expiatório em cujos ombros poderíamos repousar os sofrimentos que a Alemanha infligiu ao mundo [...] Eu fico mais e mais convencido de que o pior gênio maligno daquele país não foi nem Hitler, nem Bismarck, nem Frederico, o Grande, mas Martinho Lutero [...] O luteranismo venera um Deus que não é nem justo nem misericordioso [...] A Lei da Natureza, que deveria ser a corte à qual se apela contra a autoridade injusta, é identificada (por Lutero) com a ordem vigente da sociedade, à qual se deve absoluta obediência." E assim por diante. A compreensão correta é o primeiro ramo do Caminho Óctuplo que leva ao livramento; a raiz e causa primária de aprisionamento é a crença errônea, ou ignorância — uma ignorância, lembremos, que nunca é completamente invencível, mas sempre, em última análise, uma questão de vontade. Se não sabemos, é porque achamos conveniente não saber. A ignorância original é o mesmo que o pecado original.

Capítulo XXI
Idolatria

Para pessoas de boa educação formal, os tipos mais primitivos de idolatria já perderam seus atrativos. Para elas, é fácil resistir à tentação de acreditar que objetos naturais particulares são deuses ou que certos símbolos e imagens são as próprias formas das entidades divinas e, como tais, devem ser veneradas e aplacadas. É verdade, muita superstição fetichista ainda sobrevive até hoje. Porém, por mais que sobreviva, não é considerada respeitável. Como a bebedeira e a prostituição, toleram-se, mas não se aprovam, as formas primitivas de idolatria. Seu lugar na hierarquia geralmente aceita de valores situa-se entre os mais baixos.

Como é diferente o caso das formas mais desenvolvidas e modernas de idolatria! Não apenas elas sobreviveram, como conquistaram o mais alto grau de respeitabilidade. São recomendadas pelos homens das ciências como substitutos atuais para a religião genuína, e são igualadas à adoração de Deus por muitos professores religiosos profissionais. Tudo isso pode ser deplorável, mas nem de longe surpreende. Nossa educação despreza as formas mais primitivas de idolatria, mas, ao mesmo tempo, despreza ou, na melhor das hipóteses, ignora a Filosofia Perene e a prática da espiritualidade. Em vez de estabelecer a bobajada na parte mais inferior e a Divindade imanente e transcendente acima, ela monta, como se fossem objetos de admiração, fé e veneração, um panteão de ideias e ideais estritamente humanos. Nos círculos acadêmicos e entre aqueles que foram sujeitados à educação superior, há poucos fetichistas e poucos contemplativos devotos; mas devotos entusiasmados de alguma forma ou outra de idolatria política ou social há por aí de sobra. É bastante significativo, como já observei ao fazer uso das bibliotecas universitárias, que os livros sobre religiões espirituais são emprestados com uma frequência muito menor do que em bibliotecas públicas, mais frequentadas por homens e mulheres que não desfrutaram das vantagens, nem sofreram com os empecilhos, da instrução acadêmica prolongada.

As muitas variedades de idolatria superior podem ser classificadas em três frentes: tecnológica, política e moral. A idolatria tecnológica é a mais engenhosa e primitiva das três, pois seus devotos, como os das idolatrias inferiores, acreditam que sua redenção e liberação dependem de objetos materiais — nesse caso, apetrechos. A idolatria tecnológica é a religião cujas doutrinas são promulgadas, de forma explícita ou por implicação, nas páginas de anúncios dos jornais e revistas — a fonte, podemos acrescentar entre parênteses, da qual milhões de homens, mulheres e crianças nos países capitalistas derivam sua filosofia de vida funcional. Na Rússia Soviética também, a idolatria tecnológica foi pregada vigorosamente, tornando-se, durante os anos da industrialização do país, um tipo de religião estatal. Tão dedicada é a fé moderna em ídolos tecnológicos que (apesar das lições da guerra mecanizada) é impossível descobrir dentro do pensamento popular de nossa época qualquer vestígio da doutrina antiga e profundamente realista do húbris e sua nêmesis inevitável. Há uma crença geral de que, no que diz respeito a apetrechos, é possível receber algo de graça — podemos desfrutar das vantagens de uma tecnologia elaborada, centralizada e de evolução constante sem precisarmos pagar por ela com quaisquer desvantagens que a compensem.

Os idólatras políticos são apenas um pouco menos engenhosos. Eles substituíram a adoração a apetrechos redentores pela adoração a organizações sociais e econômicas redentoras. Imponha o tipo certo de organização aos seres humanos e todos os seus problemas, do pecado e da infelicidade até o nacionalismo e a guerra, desaparecerão automaticamente. Os idólatras políticos, em sua maioria, também são idólatras tecnológicos — e isso se dá a contrapelo do fato de que as duas pseudorreligiões são, no fim, incompatíveis, haja vista que o progresso tecnológico como é hoje acaba com qualquer planejamento político, por mais engenhoso que possa ser em sua elaboração, no espaço não de gerações, mas de anos e, por vezes, até mesmo de meses. Além do mais, o ser humano infelizmente é uma criatura dotada de livre-arbítrio; e se, por qualquer motivo, os indivíduos não optarem por fazer com que funcione, nem mesmo a melhor das organizações produzirá os resultados que se pretendia que produzisse.

Os idólatras morais são realistas, pois enxergam que os apetrechos e as organizações não bastam para garantir o triunfo da virtude e o aumento da felicidade e que os indivíduos que compõem as sociedades e usam as máquinas são os árbitros responsáveis, no final das contas, por determinar se haverá decência nas relações pessoais, ordem ou desordem na sociedade. Os instrumentos materiais e organizacionais são indispensáveis, e uma boa ferramenta é preferível a uma ferramenta ruim. Mas, em mãos apáticas ou maliciosas, mesmo o mais perfeito instrumento é ou inútil ou um meio para o mal.

Os moralistas deixam de ser realistas e cometem idolatria na medida em que veneram não a Deus, mas a seus próprios ideais éticos, na medida em que tratam a virtude como um fim em si e não como a condição necessária do conhecimento e amor de Deus — um conhecimento e um amor sem os quais essa virtude jamais será perfeita ou mesmo socialmente eficaz.

O trecho seguinte foi retirado de uma carta muito notável escrita em 1836 por Thomas Arnold a seu velho pupilo e futuro biógrafo, A. P. Stanley: "O fanatismo é idolatria e tem o mal moral da idolatria em si, isto é, o fanático venera algo que é a criação de seu próprio desejo e, assim mesmo, sua autodevoção em apoio a ela é apenas uma autodevoção aparente, pois, na verdade, ele está obrigando as partes de sua natureza ou mente que ele menos valoriza a oferecerem sacrifícios àquelas que ele mais valoriza. A falha moral, como me parece, é a idolatria — conceberem alguma ideia que seja afim às nossas próprias mentes e colocarem-na no lugar de Cristo, que sozinho não pode ser um ídolo e inspirar idolatria, porque Ele reúne todas as ideias de perfeição e as exibe em justa harmonia e combinação. Agora, em minha própria mente, por sua tendência natural — isto é, quando minha mente está em seus melhores dias —, a verdade e a justiça seriam os ídolos que eu deveria seguir; e seriam ídolos, pois não poderiam fornecer *todo* o alimento de que a mente necessita, e, enquanto eu os venero, a reverência e a humildade e a ternura poderiam ser esquecidas, muito provavelmente. Mas o Próprio Cristo inclui ao mesmo tempo a verdade e a justiça e todas essas outras qualidades também [...] A mente estreita tende à impiedade, porque não estende sua vigília a todas as partes de nossa natureza moral, e essa negligência alimenta a impiedade nas partes assim negligenciadas".

Como uma obra de análise psicológica, essa carta é admirável. Seu único defeito é o da omissão, pois esquece de considerar aqueles influxos da ordem eterna sobre a ordem temporal que são chamados de graça ou inspiração. A graça e a inspiração são dadas quando e na medida em que um ser humano cede sua vontade própria e abandona a si mesmo, momento a momento, por meio da atenção constante e do desapego, à vontade de Deus. Assim como as graças animais e espirituais, cuja fonte é a divina Natureza das Coisas, há pseudograças humanas — tais como os acessos de força e virtude, por exemplo, que acompanham a pseudodevoção a alguma forma de idolatria política ou moral. Distinguir a graça verdadeira da falsa é muitas vezes difícil; mas, como o tempo e a circunstância revelam todas as dimensões de suas consequências sobre a alma, o discernimento se torna possível mesmo aos observadores privados de quaisquer dons especiais de visão. Onde a graça é genuinamente "sobrenatural", uma melhoria em um aspecto da personalidade total não é compensada pela atrofia ou deterioração de outro. A virtude que é acompanhada ou aperfeiçoada pelo amor e conhecimento de Deus é muito diferente da "retidão dos escribas e fariseus", que, para Cristo, constava entre os piores dos males morais. Aspereza, fanatismo, falta de caridade e orgulho espiritual — esses são os subprodutos ordinários de um caminho de autoaperfeiçoamento estoico por meio do esforço pessoal, sem assistência, ou então contando apenas com a assistência das pseudograças que são dadas quando o indivíduo se dedica à conquista de um destino que não é o destino final, quando seu objetivo não é Deus, mas apenas uma projeção magnificada de seus próprios ideais ou excelências morais. A veneração idólatra de valores éticos em si e por si mesmos derrota o próprio objetivo — e o derrota não apenas porque, como insiste Arnold, falta um desenvolvimento mais equilibrado, mas também e sobretudo porque mesmo as formas mais elevadas de idolatria moral eclipsam a Deus e, portanto, protegem o idólatra contra o iluminador e libertador conhecimento da Realidade.

Capítulo XXII
Emocionalismo

Passaste toda a tua vida na crença de que és todo dedicado aos outros e nunca serves aos próprios interesses. Nada alimenta a presunção de si tanto quanto esse tipo de testemunho interno de que se está livre do amor-próprio e sempre generosamente devoto ao próximo. Mas toda essa devoção que parece ser aos outros na verdade é para si mesmo. Teu amor-próprio atinge o ponto da autocongratulação perpétua de que estás livre dela; toda a tua sensibilidade se dá por medo de que não consigas estar plenamente satisfeito contigo; essa é a raiz de todos os teus escrúpulos. É o "eu" que faz com que sejas tão perspicaz e sensível. Queres que Deus e o homem estejam satisfeitos contigo sempre, e queres estar satisfeito contigo mesmo em todos os teus negócios com Deus.

Além do mais, não estás acostumado a te contentar com a simples boa vontade — teu autoamor demanda uma emoção vívida, um prazer que te reconforte, algum tipo de encanto ou empolgação. Não tens grande costume de seres guiado pela imaginação e supor que tua mente será inativa a não ser que estejas cônscio de tuas operações. E assim és dependente de um tipo de estímulo semelhante ao que despertam as paixões ou representações teatrais. Por conta de teu refinamento, recais no oposto extremo — uma grosseria da imaginação. Nada é mais oposto, nem mesmo à vida da fé, mas também à verdadeira sabedoria. Não há nenhuma ilusão mais perigosa do que as fantasias por meio das quais as pessoas tentam evitar a ilusão. É a imaginação que nos leva a nos perdermos; e a eternidade que procuramos por meio da imaginação, do sentimento e do gosto é uma das fontes mais perigosas das quais emerge o fanatismo. Esse é o abismo da vaidade e da corrupção que Deus gostaria que descobrisses em teu coração; deves olhar para ele com a calma e a simplicidade que pertencem à verdadeira humildade. É mera ação do autoamor ser inconsolável em ver suas próprias imperfeições; mas ficar face a face com elas, nem lisonjeando-as, nem tolerando-as, procurando corrigir--se sem petulância — isso é que é desejar o que é bem em si, e pelo bem de Deus em si.

Fénelon

Uma carta do arcebispo de Cambrai — que evento, que notável honra! E, no entanto, deve ter sido com certa trepidação que romperam o selo com o brasão. Pedir conselhos e uma opinião franca sobre si mesmo a um homem que combina o caráter de um santo com os talentos de Marcel Proust é clamar pelo mais severo tipo de golpe à própria autoestima. Com a prosa mais sofisticada, o golpe foi devidamente administrado — e, junto com o golpe, um antídoto espiritual para suas consequências excruciantes. Fénelon nunca hesitou em desintegrar o ego complacente de seus correspondentes; mas a desintegração sempre foi realizada tendo em vista a reintegração em um nível superior, sem egoísmo.

Essa carta em particular não é apenas uma obra admirável de análise de caráter; ela também contém alguns comentários muito interessantes sobre o assunto de estimulação emocional em relação à vida do espírito.

A expressão "religião da experiência" tem dois sentidos distintos e mutuamente incompatíveis. Há a "experiência" de que trata a Filosofia Perene — a apreensão direta do Fundamento divino em um ato de intuição possível, em sua plenitude, apenas ao que é puro de coração, desprovido de si. E há a "experiência" induzida por sermões revivalistas, por cerimônias impressionantes ou pelos esforços deliberados da própria imaginação. Essa "experiência" é um estado de estimulação emocional — uma estimulação que pode ser suave e contínua ou breve e convulsivamente violenta, por vezes exultante em tom ou por vezes desesperada, que se expressa aqui em canto e dança, acolá em pranto incontrolável. Mas a estimulação emocional, qualquer que seja sua casa e natureza, é sempre a estimulação de um "eu" individualizado, ao qual deve morrer qualquer um que aspire a viver a Realidade divina. A "Experiência" como emoção a respeito de Deus (a forma mais alta desse tipo de estímulo) é incompatível com a "experiência" como consciência imediata de Deus percebida por um coração puro que mortificou até mesmo suas mais exaltadas emoções. É por isso que Fénelon, no trecho mencionado, insiste na necessidade de "calma e simplicidade", é por isso que são Francisco de Sales nunca se cansa de pregar a serenidade que ele mesmo praticou com tanta consistência, é por isso que todas as escrituras budistas repetem o tema da tranquilidade da mente como condição necessária para o livramento. A paz que ul-

A filosofia perene 407

trapassa toda compreensão é um dos frutos do espírito. Mas há também a paz que não ultrapassa a compreensão, a paz mais humilde do autocontrole emocional e da autonegação; esse não é um dos frutos do espírito, mas sim uma de suas raízes indispensáveis.

> Os imperfeitos destroem a verdadeira devoção porque procuram a doçura sensorial na oração.
>
> São João da Cruz

> A mosca que toca o mel é incapaz de usar suas asas; assim a alma que se prende à doçura espiritual arruína sua liberdade e impede a contemplação.
>
> São João da Cruz

O que é verdadeiro das emoções doces também o é igualmente para as amargas. Pois, assim como algumas pessoas gostam da má saúde, há aquelas que gostam da má consciência. O arrependimento é *metanoia*, ou "mudança da mente", sem a qual não pode haver um começo de vida espiritual — e a vida do espírito é incompatível com a vida do "homem velho", cujos atos, cujos pensamentos, cuja própria existência são obstáculos perversos que exigem arrependimento. Essa mudança da mente costuma ser acompanhada por tristeza e desprezo por si mesmo, mas não se deve persistir nessas emoções e nunca se deve permitir que se tornem um hábito estabelecido de remorso. No inglês medieval, "remorso" é expresso com uma literalidade ao mesmo tempo perturbadora e estimulante: *agenbite* [ou *again-bite*, "morder de novo"]. Nesse encontro canibal, quem morde quem? A observação e a autoanálise fornecem a resposta: os aspectos dignos do si-mesmo mordem os aspectos indignos e, por sua vez, são mordidos de volta, recebendo feridas que se tornam purulentas com uma vergonha e um desespero incuráveis. Mas, nas palavras de Fénelon, é "mera ação do autoamor ser inconsolável em ver suas próprias imperfeições". A autocensura é dolorosa, mas a própria dor é uma prova de que o ego ainda está intacto; enquanto a dor estiver fixada no ego delinquente, ela não pode se fixar em Deus, e o ego (que vive de atenção e morre apenas quando sua nutrição lhe é negada) não pode se dissolver na Luz divina.

> Abandona, como se fosse um inferno, as considerações de ti próprio e de tuas ofensas. Ninguém jamais deve pensar nessas coisas exceto para se humilhar e amar ao Nosso Senhor. Já basta considerar-te *de modo geral* como um pecador, mesmo que haja muitos santos no céu que também o foram.
>
> Charles de Condren

> As falhas tornar-se-ão um bem, contanto que as utilizemos para nossa própria humilhação, sem afrouxar os esforços para nos corrigirmos. O desencorajamento não serve a nenhum propósito possível: é simplesmente o desespero do amor-próprio ferido. O modo real de se obter os benefícios da humilhação das próprias falhas é encarando-as em sua hediondez sem cessar de nutrir esperanças em Deus, sem esperar nada de si próprio.
>
> Fénelon

Desceu ela (Maria Madalena), por isso, das alturas de seu desejo até as profundezas de sua vida pecaminosa, para rebuscar na lama e no esterco de seus pecados? Desenterrou-os um a um, com todas as suas circunstâncias, a fim de se lamentar e chorar sobre cada um deles em particular? Não, certamente que não. E por quê? Porque Deus a fez compreender, por sua graça, no íntimo da alma, que assim ela nunca chegaria a ser bem-sucedida. É que, dessa forma, poderia surgir nela a tendência para pecar novamente, em vez de obter, por meio de semelhante exercício, um claro perdão de todos os pecados.

A nuvem do não saber

À luz do que foi mencionado, podemos compreender os perigos espirituais peculiares que sempre ameaçam qualquer religião predominantemente emocional. Uma fé baseada no medo do fogo do inferno que utiliza técnicas teatrais de revivalismo para estimular o remorso e induzir à crise da conversão súbita; um culto a um salvador que sempre procura comover e inspirar o que são Bernardo chamou de *amor carnalis* ao avatar e Deus pessoal; uma religião de mistério ritualística que gera sentimentos nobres de reverência, maravilhamento e êxtase estético por meio de seus sacramentos e cerimônias, sua música e seu incenso, sua escuridão numinosa e suas luzes sacras — a seu modo especial, cada uma delas corre o risco de se tornar uma forma de idolatria psicológica, em que Deus é identificado com a atitude afetiva do ego para com Deus, e por fim a emoção se torna uma finalidade em si mesma, a ser procurada com avidez e venerada, assim como fazem os viciados em drogas, que passam a vida à procura de seus paraísos artificiais. Tudo isso é bastante óbvio. Mas não é menos óbvio o fato de que as religiões que não apelam às emoções têm pouquíssimos seguidores. Além do mais, quando as pseudorreligiões com um forte apelo emocional aparecem, elas ganham de imediato milhões de devotos entusiasmados em meio às massas para quem as religiões reais deixaram de ter sentido ou servir de conforto. Mas, ao passo que nenhum seguidor de uma pseudorreligião (tal como as idolatrias políticas atuais, compostas de nacionalismo e revolucionarismo) é capaz de levar ao progresso no caminho da espiritualidade genuína, esse caminho está sempre aberto aos seguidores até mesmo das variedades mais altamente emocionais das religiões genuínas. Aqueles que de fato percorreram esse caminho até seu fim, no conhecimento unificador do Fundamento divino, constituem uma minoria minúscula do total. Muitos os chamados; mas, como poucos escolhem ser escolhidos, poucos os escolhidos. O resto, dizem os expoentes orientais da Filosofia Perene, pode ganhar outra chance, em circunstâncias mais ou menos propícias, de acordo com seu mérito, para tentar de novo o teste cósmico de inteligência. Se forem "salvos", seu livramento incompleto e impermanente será em algum estado paradisíaco de existência pessoal mais livre, a partir do qual (diretamente ou por meio de outras encarnações futuras) podem prosseguir rumo à liberação final na eternidade. Se se "perderem", seu "inferno" é uma condição temporal e temporária de escuridão mais espessa e uma prisão mais opressiva à vontade própria, a raiz e princípio de todo mal.

Vemos então que o caminho da religião emocional, se o indivíduo persistir nele, pode levar, de fato, a um grande bem, mas não ao maior dos bens. O caminho emocional, no entanto, se abre para o caminho do conhecimento unificador, e aqueles que se dão ao trabalho de seguir nesse rumo estarão bem preparados para a tarefa se usarem a abordagem emocional sem sucumbir às tentações que os perturbam no caminho. Apenas aquele que é perfeitamente desprovido de si e iluminado pode fazer um bem que não precise, de um modo ou de outro, ser pago com males reais ou potenciais. Os sistemas religiosos do mundo foram construídos, em sua maior parte, por homens e mulheres que não eram completamente iluminados ou desprovidos de si. Daí que todas as religiões sempre tiveram seus aspectos sombrios ou mesmo pavorosos, enquanto o bem que elas fazem raramente é gratuito, mas precisa, na maioria dos casos, ser pago, à vista ou em parcelas. As doutrinas e práticas que despertam as emoções, que desempenham um papel em todas as religiões organizadas do mundo, não são exceção a essa regra. Elas fazem o bem, mas não gratuitamente. O preço que se paga varia de acordo com a natureza dos adoradores individuais. Alguns optam for chafurdar no emocionalismo e, tornando-se idólatras do sentimento, pagam pelo bem de sua religião com um mal espiritual que pode, no fim, contrabalancear o bem. Outros resistem à tentação do autoengrandecimento e seguem para a mortificação de si, incluindo o lado emocional, e para a adoração de Deus no lugar de seus próprios sentimentos e fantasias sobre Deus. Quanto mais seguem nessa direção, menos precisam pagar pelo bem que o emocionalismo lhes trouxe e que, não fosse por ele, talvez eles nunca tivessem obtido.

Capítulo XXIII
O milagroso

Revelações são uma aberração da fé; são uma distração que estraga a simplicidade em relação a Deus, constrange a alma e a faz se desviar de seu caminho direto na relação com Deus. Elas distraem a alma e a ocupam com outras coisas além de Deus. Iluminações especiais, coisas ouvidas, profecias e o resto são marcas de fraqueza em uma alma que não é capaz de suportar os ataques da tentação ou da ansiedade quanto ao futuro e ao julgamento de Deus a respeito. Profecias são também marcas de uma curiosidade criaturesca em uma alma com a qual Deus é complacente e a quem, como um pai ao seu filho inconveniente, ele oferece alguns doces banais para satisfazer seu apetite.

J. J. Olier

O menor grau da graça que santifica é superior a um milagre, que é sobrenatural apenas em virtude de sua causa, de seu modo de produção (*quod modum*), não de sua realidade íntima; a vida restaurada ao cadáver é apenas a vida natural, inferior de fato se comparada àquela da graça.

R. Garrigou-Lagrange

Tu podes caminhar sobre as águas? Então nada fizeste de superior a uma palha. Tu podes voar pelos ares? Então nada fizeste de superior a uma mosca-varejeira. Conquista teu coração; então poderás te tornar alguém.

Ansari de Herat

Os estados corporais anormais pelos quais a consciência imediata do Firmamento divino é frequentemente acompanhada não são, é claro, partes essenciais dessa experiência. Muitos místicos, na verdade, deploravam tais coisas como sendo sinais não da graça divina, mas da fraqueza do corpo. Levitar, entrar em transe, perder os sentidos — nas palavras de De Condren, isso é "receber os efeitos de Deus e suas comunicações santas de um jeito muito animalesco e carnal".

"Na balança, uma onça da graça que santifica", ele (são Francisco de Sales) costumava dizer, "vale mais do que um quintal daquelas graças que os teólogos chamam de 'gratuitas', entre as quais consta o dom dos milagres. É possível receber tais dons e ainda assim estar em pecado mortal; tampouco são eles necessários para a salvação."

Jean-Pierre Camus

Os sufis enxergam os milagres como "véus" que intervêm entre a alma e Deus. Os mestres da espiritualidade hindu pedem aos seus discípulos que não prestem atenção aos *siddhis*, ou poderes psíquicos, que podem vir involuntariamente, como subprodutos da contemplação concentrada. O cultivo desses poderes, eles avisam, distrai a alma da Realidade e cria obstáculos incontornáveis no caminho da iluminação e do livramento. Atitude semelhante é assumida pelos melhores professores budistas, e em uma das escrituras do cânone páli há uma anedota que registra os comentários caracteristicamente secos do Buda sobre um feito prodigioso de levitação realizado por um de seus discípulos. "Isso", ele disse, "não conduzirá à conversão dos inconversos nem à vantagem dos convertidos." Então ele prosseguiu, como antes, falando do livramento.

Porque nada sabem de espiritualidade e enxergam o mundo material e suas hipóteses sobre ele como sendo de suprema significância, os racionalistas são ansiosos para convencer a si mesmos e aos outros de que milagres não acontecem nem podem acontecer. Porque tiveram a experiência da vida espiritual e seus subprodutos, os expoentes da Filosofia Perene estão convencidos de que milagres de fato acontecem, mas os enxergam como coisas de pouca importância e que são, em sua maior parte, negativos e antiespirituais.

Os milagres que, no momento, estão sob maior demanda, e de que há a provisão mais constante, são os de cura psíquica. Em quais circunstâncias e em que grau o poder da cura psíquica deve ser usado foi claramente indicado nos evangelhos: "O que é mais fácil dizer ao paralítico: 'Estão perdoados os teus pecados' ou 'Levanta-te, e toma o teu leito, e anda?'".[46] Se alguém for capaz de "perdoar pecados", essa pessoa pode tranquilamente se valer do dom da cura. Mas o perdão dos pecados é possível, em sua plenitude, apenas para aqueles que "falam com autoridade", em virtude de serem canais do Espírito divino, desprovidos de si. A esses

46 Mc 2,9. (N. T.)

santos teocêntricos, o ser humano ordinário e impenitente reage com uma mistura de amor e reverência — anseiam se aproximar deles e, no entanto, são constrangidos por sua própria santidade a dizer: "Sai de minha presença, pois sou um homem pecador". Tal santidade santifica na medida em que os pecados daqueles que se aproximam deles são perdoados e a eles é possibilitado começar de novo, enfrentar as consequências das transgressões do passado (pois, é claro, as consequências permanecem) em um novo espírito, que possibilita que neutralizem o mal ou o transformem em um bem positivo. Um tipo menos perfeito de perdão pode ser concedido por aqueles que não são de uma santidade especial, mas que falam com a autoridade delegada por uma instituição que o pecador acredita ser, em algum grau, um canal para a graça sobrenatural. Nesse caso, o contato entre a alma impenitente e o Espírito divino não é direto, mas mediado pela imaginação do pecador.

Aqueles que são santos em virtude de serem canais para o Espírito, desprovidos de si, podem praticar a cura psíquica com perfeita segurança, pois saberão quais dos doentes estão prontos para aceitar o perdão junto com o mero milagre de uma cura corporal. Aqueles que não são santos, mas podem perdoar pecados em virtude de pertencerem a uma instituição que se acredita ser um canal da graça podem também praticar a cura com uma boa confiança de que não farão mais mal do que bem. Mas infelizmente o talento para a cura psíquica parece, em alguns indivíduos, ser um dom nato, enquanto outros podem adquiri-lo sem adquirirem o menor grau de santidade ("É possível receber tais graças e ainda assim estar em estado de pecado mortal"). Tais pessoas usaram seu talento de forma indiscriminada, seja para se exibirem, seja por dinheiro. Muitas vezes produzem curas espetaculares — mas, faltando-lhes o poder de perdoar pecados ou mesmo de compreender os correlatos psicológicos, condições ou causas dos sintomas que foram capazes de desfazer miraculosamente, eles deixam a alma vazia, limpa e decorada para a vinda de sete outros demônios ainda piores do que o primeiro.

Capítulo XXIV
Ritual, símbolo e sacramento

ASWALA: Yajnavalkya, uma vez que tudo ligado ao sacrifício está permeado pela morte e sujeito à morte, por quais meios pode aquele que faz o sacrifício superar a morte?

YAJNAVALKYA: Com o conhecimento da identidade entre aquele que faz o sacrifício, o fogo e a palavra ritual. Pois a palavra ritual é de fato quem sacrifica, e a palavra ritual é o fogo, e o fogo, que é uno com o Brahman, é quem sacrifica. Esse conhecimento leva à liberação. Esse conhecimento leva para além da morte.

Upanixade Brihadaranyaka

Em outras palavras, os ritos, os sacramentos e as cerimônias são valiosos na medida em que recordam àqueles que participam deles a verdadeira Natureza das Coisas, na medida em que os fazem se lembrar do que devem ser e (se apenas forem dóceis ao Espírito transcendente e imanente) do que poderia de fato ser a própria relação deles com o mundo e seu Fundamento divino. Em tese, todo ritual ou sacramento é tão bom quanto qualquer outro ritual ou sacramento, contanto que sempre o objeto simbolizado seja mesmo algum aspecto da Realidade divina e que a relação entre símbolo e fato seja definida com constância e clareza. Do mesmo modo, toda língua é, em tese, tão boa quanto qualquer outra. Pode-se refletir sobre a experiência humana com a mesma eficiência em chinês quanto em inglês ou francês. Mas, na prática, o chinês é a melhor língua para aqueles criados na China, o inglês para os criados na Inglaterra e o francês para os criados na França. É claro que é muito mais fácil aprender a ordem de um rito e compreender sua significância doutrinal do que dominar os pormenores de uma língua estrangeira. Em todo caso, o que se diz de uma língua é, em grande parte, verdade para o ritual religioso. Para as pessoas que foram criadas para pensarem em Deus por meio de um conjunto de símbolos, é muito difícil pensar n'Ele em termos de conjuntos de palavras, cerimônias e imagens que sejam outros e, a seus olhos, profanos.

> O senhor Buda então avisou a Subhuti, dizendo: "Subhuti, não penses que o *Tathagata* sequer considere em sua própria mente: 'Eu deveria enunciar um sistema de ensinamentos para a elucidação do *dharma*'. Tal pensamento nunca deverá ser caro a ti. E por quê? Porque, se qualquer discípulo acolhesse tal pensamento, seria não apenas uma má compreensão do ensinamento do *Tathagata*, mas também uma calúnia. Além do mais, a expressão 'um sistema de ensinamentos' não tem nenhum sentido, pois a Verdade (no sentido da Realidade) não pode ser recortada e distribuída em um sistema. As palavras só podem ser usadas como figuras de linguagem."
>
> Sutra do Diamante

Mas, apesar de sua inadequação e dessemelhança com os fatos aos quais se referem, as palavras continuam sendo os mais confiáveis e precisos dos nossos símbolos. Sempre que queremos obter um relato acurado de fatos ou ideias, temos de recorrer às palavras. Uma cerimônia, uma imagem pintada ou entalhada podem transmitir mais sentidos e tons de sentido em um compasso menor e com maior vivacidade do que uma formulação verbal; mas é possível transmiti-los de uma forma que é mais vaga e indefinida. Na literatura moderna, com frequência se encontra a noção de que as igrejas medievais eram o equivalente arquitetônico, escultural e pictórico de uma suma teológica e que os adoradores medievais que admiravam a arte ao seu redor eram, portanto, iluminados em relação à doutrina. É evidente que essa visão não era partilhada pelos mais francos clérigos da Idade Média. Coulton cita as declarações de pregadores que reclamavam que as congregações derivavam ideias inteiramente falsas do catolicismo porque prestavam mais atenção às imagens das igrejas do que aos sermões (de forma semelhante, nos dias de hoje, os indígenas católicos da América Central desenvolveram as heresias mais selvagens ao refletir sobre os símbolos pintados e entalhados com os quais os conquistadores preencheram suas igrejas). A objeção de são Bernardo à suntuosidade da arquitetura, da escultura e do cerimonial de Clugny era motivada por considerações intelectuais tanto quanto estritamente morais. "Tão grandiosa e maravilhosa variedade de formas diversas encontra o olho que somos tentados a ler nos mármores e não nos livros, passando o dia inteiro a admirar esses entalhes, um depois do outro, em vez de meditar sobre a lei de Deus." É na contemplação sem imagens que a alma chega ao conhecimento unificador da Realidade; por consequência, para aqueles que, como são Bernardo e seus cistercienses, estão preocupados de verdade em conquistar o destino final do ser humano, quanto menos símbolos para se distrair, melhor.

A maioria dos homens venera os deuses porque quer sucesso em suas empreitadas mundanas. Esse tipo de sucesso pode ser obtido com muita rapidez (por tal veneração) aqui na terra.

Bhagavad Gita

Entre aqueles purificados por suas boas ações, há quatro tipos de homens que Me veneram: o cansado do mundo, o que procura conhecimento, o que procura felicidade e o homem de discernimento espiritual. Este último é o superior entre eles e está continuamente unido comigo. Ele é devoto a Mim e a mais ninguém. Eu sou muito caro a esse homem e ele o é a Mim.

É certo que todos estes são nobres;
Mas ao homem de discernimento
Eu o vejo como a Mim próprio.
Pois ele ama somente a Mim
Porque Eu sou Eu Mesmo
O objetivo último e solitário
De seu coração devoto.

Durante sua tão longa vida
Seu discernimento amadurece;

Ele Me toma como seu refúgio,
Sabe que o Brahman é tudo.
Como são raros esses grandes!

Homens cujo discernimento fora cegado por desejos mundanos estabelecem este ou aquele ritual ou culto e recorrem a várias deidades, segundo o impulso de sua natureza nata. Mas não importa qual deidade um devoto escolha venerar; se ele tiver fé, farei com que sua fé jamais oscile. Dotado da fé que eu lhe dou, ele venera aquela deidade e recebe dela tudo que pedir em prece. Na realidade, sou apenas eu quem dá.

Mas esses homens de entendimento pequeno pedem em prece apenas o que é transitório e perecível. Os adoradores dos devas irão aos devas. Aqueles que Me veneram virão a Mim.

Bhagavad Gita

Se os ritos sacramentais forem repetidos com constância em um espírito de fé e devoção, um efeito mais ou menos duradouro é produzido no meio psíquico, em que as mentes individuais se banham e a partir do qual, por assim dizer, foram cristalizadas em personalidades mais ou menos plenamente desenvolvidas, segundo o desenvolvimento mais ou menos perfeito dos corpos aos quais estão associadas. (Um filósofo contemporâneo proeminente, o dr. C. D. Broad, escreveu sobre esse meio psíquico em um ensaio sobre telepatia que foi sua contribuição ao periódico *Proceedings of the Society for Psychical Research*. Diz ele: "Devemos portanto considerar a sério a possibilidade de que a experiência de uma pessoa inicie modificações mais ou menos permanentes da estrutura ou processo em algo que não é nem sua mente nem seu cérebro. Não há motivo para pressupor que esse substrato seja qualquer coisa a que se possa aplicar adjetivos possessivos como 'meu' ou 'seu' ou 'dele', como é o caso de mentes e corpos animados [...] As modificações que foram produzidas no substrato causadas, por certo, pelas experiência anteriores de M., são ativadas pelas experiências ou interesses atuais e depois se tornam fatores causais na produção ou modificação das experiências posteriores de N.) Dentro desse meio psíquico ou substrato impessoal da mente individual, algo em que poderíamos pensar metaforicamente como um vórtice persiste como uma existência independente, dotado de uma objetividade própria derivada e secundária, de modo que, sempre que os ritos são realizados, aqueles cuja fé e devoção são intensas o bastante descobrem de fato alguma coisa "lá fora" como se fosse distinta do "alguma coisa" de suas próprias imaginações. E, contanto que essa entidade psíquica projetada seja alimentada com a fé e o amor de seus adoradores, ela possuirá não apenas a mera objetividade, mas o poder de atender às preces das pessoas. Por fim, é claro, "sou apenas eu quem dá", no sentido de que tudo isso acontece de acordo com as leis divinas que governam o universo em seus aspectos psíquicos e espirituais tanto quanto materiais. Em todo caso, os devas (aquelas formas imperfeitas sob as quais, por conta de sua ignorância voluntária, os homens veneram Fundamento divino) podem ser pensados como poderes relativamente independentes. A noção primitiva de que os deuses se alimentam dos sacrifícios feitos a eles é simplesmente a expressão grosseira de uma verdade profunda. Quando sua veneração cessa, quando a fé e a devoção perdem sua intensidade, os devas adoecem e por fim morrem. A Europa está cheia de velhos santuários, cujos santos e virgens e relíquias perderam o poder e a objetividade psíquica de segunda mão que outrora possuíam. Assim, quando Chaucer viveu e compôs sua obra, um deva chamado Thomas Becket dava a qualquer peregrino vindo à Cantuária que tivesse a fé necessária quaisquer bênçãos pelas quais ele pedisse. Essa deidade outrora poderosa agora está morta como uma pedra; mas há ainda certas igrejas no Ocidente, certas mesquitas e templos no Oriente, onde mesmo o turista menos religioso, menos dotado de dons psíquicos, não consegue não ter a percepção de alguma presença intensamente "numinosa". Seria, é claro, um equívoco imaginar que essa presença seja a presença daquele Deus que é um Espírito e deve ser venerado em espírito; é, na verdade, a presença psíquica dos pensamentos e sentimentos sobre a forma particular e limitada de Deus, a quem eles recorreram "segundo o impulso de sua natureza nata" — sentimentos e pensamentos projetados em objetividade e que assombram o local sagrado do mesmo modo que pensamentos e sentimentos de outro tipo, mas de igual intensidade, assombram as cenas de algum crime ou sofrimento passado. A presença dessas construções consagradas, a presença evocada pela realização de ritos tradicionais, a presença inerente no objeto, nome ou fórmula sacramental — todas elas são presenças reais, porém presenças reais não de Deus ou do avatar, mas de algo que, ainda que possa refletir a Realidade divina, é menor e alheio a ela.

Dulcis Jesu memoria
dans vera cordi gaudia:
sed super mel et omnia
ejus dulcis praesentia.

"Doce é a memória de Jesus, que dá a verdadeira alegria ao coração; mas mais doce que o mel e tudo o mais é sua presença" — essa estrofe que abre o hino mais famoso do século XII resume em quinze palavras em latim as relações subsistentes entre o ritual e a presença real, e o caráter da reação do adorador a cada um. A *memoria* cultivada sistematicamente (uma coisa em si cheia de doçura) contribui primeiro com a evocação, depois resulta, para certas almas, na apreensão imediata da *praesentia*, que traz consigo alegrias de um tipo totalmente diferente e superior. A presença (cuja objetividade projetada é, ocasionalmente, tão completa a ponto de poder ser apreendida não apenas pelo adorador devoto, mas também por pessoas de fora mais ou menos indiferentes) é sempre aquela do ser divino que foi lembrado previamente, Jesus aqui, Krishna ou Buda Amitabha acolá.

O valor dessa prática (a repetição do nome de Buda Amitabha) é o seguinte. Enquanto uma pessoa praticar esse método (de espiritualidade) e outra praticar um método diferente, elas se contrabalanceiam mutuamente e seu encontro é a mesma coisa que um desencontro. Enquanto duas pessoas praticam o mesmo método, sua atenção tende a se tornar mais e mais profunda, e elas tendem a se lembrar e a desenvolver afinidades uma pela outra, vida por vida. Além do mais, quem quer que recite o nome de Buda Amitabha, seja no tempo presente, seja no futuro, com certeza verá o Buda Amitabha e nunca se tornará separado dele. Por motivo dessa associação, assim como aquele que se associa a um perfumista se torna permeado de perfumes, assim ele será perfumado com a compaixão de Amitabha e será iluminado sem precisar recorrer a nenhum outro método eficaz.[47]

Sutra Surangama

Vemos então que a fé e a devoção intensas, combinadas com a perseverança de muitas pessoas nas mesmas formas de veneração ou exercício espiritual, têm uma tendência a objetificar a ideia ou memória que é seu conteúdo e assim criar, de algum modo, uma presença numinosa real, que os adoradores de fato encontram "lá fora" e não menos, de outro modo distinto, "aqui dentro". Na medida em que tal é o caso, o ritualista está perfeitamente correto em atribuir a seus atos e palavras santificados um poder que, em outro contexto, seria chamado de mágico. Os *mantrams* funcionam, o sacrifício de fato faz alguma coisa, o sacramento confere graça *ex opere operato*: tais são, ou melhor, podem ser, questões de experiência direta, fatos que qualquer um que escolha cumprir as condições necessárias pode verificar por si mesmo de forma empírica. Mas a graça conferida *ex opera operato* não é sempre a graça espiritual, e os atos e fórmulas santificados têm um poder que não deriva necessariamente de Deus. Os

47 A expressão "método eficaz", por vezes também traduzida como "meio hábil" ou "meio expedito" (*expedient means*, em inglês) corresponde ao conceito budista de *Upaya*, que descreve técnicas e perspectivas que, por mais que não sejam verdadeiras no sentido da Verdade Absoluta, podem ser utilizadas situacionalmente para avançar no caminho da Iluminação. (N. T.)

adoradores podem e com muita frequência recebem graça e poder um do outro e da fé e devoção de seus antecessores, projetadas em existências psíquicas independentes que são assombrosamente associadas a certos lugares, palavras e atos. Muito da religião ritualística não é espiritualidade, mas ocultismo, um tipo refinado e bem-intencionado de magia branca. Agora, assim como não há mal nenhum na arte, digamos, ou na ciência, mas uma grande quantia de bem, contanto que essas atividades não sejam vistas como fins, mas simplesmente como meios para se chegar ao destino final de toda vida, também não há mal algum na magia branca, mas possibilidade de muito bem, contanto que seja tratada não como religião verdadeira, mas como uma das muitas estradas para a religião verdadeira — um modo eficaz de lembrar as pessoas com um certo tipo de constituição psicofísica que há um Deus, "no conhecimento do qual se encontra sua vida eterna". Se alguém enxergar a magia branca ritualística em si como sendo a verdadeira religião; se tomar as presenças reais que ela evoca como Deus em Si e não como projeções de pensamentos e sentimentos humanos sobre Deus ou mesmo sobre algo menor que Deus; e se realizar ou participar dos ritos sacramentais apenas pela experiência da "doçura espiritual" e pelos poderes e vantagens conferidos — então há idolatria. Essa idolatria, na melhor das hipóteses, é uma forma muito elevada e, de vários modos, benéfica de religião, mas as consequências de venerar a Deus como qualquer coisa que não Espírito e de qualquer modo que não em espírito e verdade são necessariamente indesejáveis nesse sentido — pois leva apenas a uma salvação parcial e ao atraso na reunião definitiva da alma com o Fundamento eterno.

Os altos números de homens e mulheres que têm um desejo inerradicável por ritos e cerimônias são claramente demonstrados pela história da religião. Quase todos os profetas hebreus eram opostos ao ritualismo. "Rasgai vosso coração, e não vossas vestes", "Porque eu quero a misericórdia, e não o sacrifício", "Odeio, desprezo vossas festas, e vossas assembleias solenes não me exalarão bom cheiro".[48] Ainda assim, apesar do fato de os escritos dos profetas terem sido considerados como de inspiração divina, o Templo de Jerusalém continuou sendo, por centenas de anos depois de sua época, o centro de uma religião de ritos, cerimônias e sacrifícios de sangue (pode-se comentar, de passagem, que o derramamento de sangue, seja o próprio, seja de animais ou outros seres humanos, parece ser um modo particularmente eficaz de constranger o mundo psíquico ou "oculto" para que responda a petições e confira poderes supranormais. Se isso for um fato, como parece ser com base nas evidências antropológicas e antiquárias, ele forneceria mais um motivo persuasivo para evitar sacrifícios animais, austeridades corporais selvagens e até mesmo, já que o pensamento é uma forma de ação, aquele regozijo imaginativo em torno do sangue derramado que é tão comum nos círculos cristãos). O que fizeram os judeus a contrapelo dos seus profetas, os cristãos fizeram a contrapelo de Cristo. O Cristo dos Evangelhos é um pregador e não um distribuidor de sacramentos e realizador de ritos; ele fala contra as vãs repetições; ele insiste na importância suprema da veneração em privado; ele não vê nenhuma utilidade em sacrifícios e vê pouca ser-

48 Jl 2,13; Os 6,6; Am 5,21. (N. T.)

ventia no Templo. Mas isso não evitou que o cristianismo histórico seguisse seu próprio caminho muitíssimo humano. Um desenvolvimento precisamente semelhante aconteceu com o budismo. Para o Buda do cânone páli, o ritual era um dos grilhões que detêm a alma contra a iluminação e a liberação. Ainda assim, a religião que ele fundou fazia pleno uso de cerimônias, vãs repetições e ritos sacramentais.

Parece que há dois motivos principais para os desenvolvimentos observados nas religiões históricas. Primeiro, que a maioria das pessoas não quer espiritualidade ou livramento, mas sim uma religião que lhes dê satisfações emocionais, respostas às suas preces, poderes supranormais e salvação parcial em algum tipo de paraíso póstumo. Em segundo lugar, alguns dos poucos que desejam a espiritualidade e o livramento descobrem que, para eles, os meios mais eficazes para esses fins são cerimônias, "vãs repetições" e ritos sacramentais. É com a participação nesses atos e a enunciações dessas fórmulas que lhes vem o lembrete poderoso do Fundamento eterno de todo ser; é ao serem imersos nos símbolos que eles conseguem chegar, com maior facilidade, ao que é simbolizado. Todas as coisas, todos os eventos ou pensamentos são um ponto de interseção entre a criatura e o Criador, entre uma manifestação mais ou menos distante de Deus e um raio, por assim dizer, da Divindade não manifesta; toda coisa, todo evento ou pensamento pode, portanto, ser transformado em um portal através do qual a alma pode passar do tempo à eternidade. É por isso que a religião ritualística ou sacramental pode levar ao livramento. Mas, ao mesmo tempo, todos os seres humanos amam o poder e o autoengrandecimento, toda cerimônia santificada e toda forma de palavras e rito sacramental pode ser um canal pelo qual o poder flui vindo de um fascinante universo psíquico para o universo do "eu" encarnado. É por isso que a religião ritualística e sacramental pode também nos desviar do caminho do livramento.

Há outra desvantagem inerente a qualquer sistema de sacramentalismo organizado, que é o fato de ele conferir a uma casta sacerdotal um poder do qual podem abusar com grande naturalidade. Em uma sociedade à qual se ensinou que a salvação é exclusivamente ou em grande medida obtida por meio de certos sacramentos, e que esses sacramentos podem ser administrados com eficácia apenas por um clero profissional, esse clero profissional terá um enorme poder de coerção. A posse de tal poder é uma tentação a quem os possui para ser utilizado em prol da satisfação individual e do engrandecimento corporativo. A uma tentação desse tipo, suficientemente repetida, a maioria dos seres humanos que não são santos sucumbirá de modo quase inevitável. É por isso que Cristo ensinou seus discípulos a rezar para não caírem em tentação. Este é, ou deveria ser, princípio guia de toda reforma social — organizar as relações econômicas, políticas e sociais entre seres humanos de tal modo que haja, para qualquer dado indivíduo ou grupo dentro da sociedade, o mínimo de tentações para a cobiça, o orgulho, a crueldade e a sede de poder. Os homens e mulheres sendo o que são, apenas com a redução do número e da intensidade de tentações é que as sociedades humanas podem ser, pelo menos em alguma medida, livradas do mal. Agora, os tipos de tentação aos quais uma casta sacerdotal está exposta em uma sociedade que aceita uma religião predominantemente sacramental são tais que de ninguém, senão das pessoas mais santas, se pode esperar que resistam a elas consistentemente. O que acontece quando os ministros da religião caem em tentação foi ilustrado com clareza pela história da Igreja Católica Apostólica Romana. Porque o cristianismo católico ensinou uma versão da Filosofia Perene, ela produziu uma sucessão de grandes santos. Mas, porque a Filosofia Perene foi sobrecarregada com uma quantidade excessiva de sacramentalismo e uma preocupação idólatra com as coisas temporais, os membros menos santos de sua hierarquia foram expostos a tentações enormes e bastante desnecessárias. Assim, tendo devidamente sucumbido a elas, envolveram-se em perseguições, simonia, política de poder, diplomacia secreta, altas finanças e colaboração com déspotas.

> Eu duvido muito, desde que o Senhor, por sua graça, me trouxe à fé de seu querido Filho, de que eu tivesse repartido o pão ou bebido vinho, mesmo ao longo do caminho ordinário da vida, sem a lembrança e algum sentimento devoto quanto ao corpo desfeito e ao derramamento de sangue de meu querido Senhor e Salvador.
>
> Stephen Grellet

Vimos que, quando são promovidos ao cerne central da veneração religiosa organizada, o ritualismo e o sacramentalismo de modo algum são bênçãos puras. Mas o todo da vida cotidiana do ser humano seria transformado por ele em um tipo de ritual contínuo, todos os objetos do mundo ao seu redor seriam vistos como um símbolo do Fundamento eterno do universo, todas as suas ações seriam realizadas de forma sacramental — tal me pareceria inteiramente desejável. Todos os mestres da vida espiritual, desde os autores dos Upanixades a Sócrates, do Buda a são Bernardo, estão em concordância que sem o autoconhecimento não pode haver o conhecimento adequado de Deus, que sem uma atenção constante não pode haver livramento completo. O homem que aprendeu a ver as coisas como símbolos, as pessoas como templos do Espírito Santo e as ações como sacramentos é um homem que aprendeu a se lembrar constantemente de quem ele é, qual é o seu lugar em relação ao universo e a seu Fundamento, como ele deve se comportar com seus semelhantes e o que deve fazer para chegar ao seu destino final.

"Por conta dessa morada do Logos", escreve Kenneth Saunders em seu estudo valioso do evangelho de João, do *Gita* e do sutra do Lótus, "todas as coisas têm uma realidade. São sacramentos, não ilusões como a palavra fenomenal do vedanta." Que o Logos está em todas as coisas, vidas e mentes conscientes, e que elas estão no Logos, é uma lição ensinada de forma mais enfática e explícita pelos vedantistas do que por João; e a mesma ideia, é claro, é um ensinamento básico da teologia do taoismo. Mas, apesar de todas as coisas existirem de fato na interseção entre uma manifestação divina e um raio da Divindade não manifesta, de modo algum se pode dizer que todo mundo sabe que esse é o caso. Pelo contrário, a vasta maioria dos seres humanos acredita que seu próprio egoísmo e os objetos ao seu redor possuem uma realidade em si mesmos, completamente independentes do Logos. Essa crença os leva a identificar seu ser com suas sensações, anseios e noções privadas, e, por sua vez, essa autoidentificação com aquilo que eles não são, com efeito, ergue uma muralha contra a influência divina e a própria possibilidade do livramento. Para a maioria de nós, na maioria das ocasiões, as coisas não são símbolos e as ações não são sacramentais; e precisamos nos ensinar, de forma consciente e deliberada, a lembrar que elas são, sim.

O mundo está aprisionado em sua própria atividade, exceto quando as ações são realizadas como veneração a Deus. Portanto, deves realizar toda ação de forma sacramental (como se fosse *yajna*, o sacrifício que, na essência-Logos divina, é idêntico à Divindade para a qual ele é oferecido) e se livrar de todo apego aos resultados.

Bhagavad Gita

Ensinamentos precisamente semelhantes se encontram na obra dos autores cristãos, que recomendam que as pessoas e mesmo as coisas sejam vistas como templos do Espírito Santo e que tudo que se faça ou se sofra seja "oferecido a Deus" constantemente.

Sequer é necessário acrescentar que esse processo de sacramentalização pode ser aplicado apenas a tais ações que não sejam intrinsecamente malignas. Infelizmente, o *Gita* não teve sua publicação original como uma obra independente, mas como uma digressão teológica dentro de um poema épico; e, assim como a maioria dos épicos, as principais preocupações do *Mahabharata* dizem respeito às empreitadas de guerreiros. Por isso, é sobretudo em referência à guerra que o *Gita* dá o conselho para que se aja por

Deus e com desapego. Agora, o que acompanha e segue a guerra, entre outras coisas, é a disseminação generalizada de raiva e ódio, orgulho, crueldade e medo. Mas, pode-se perguntar, será que é possível (sendo a Natureza das Coisas tal como ela é) sacramentalizar ações cujos subprodutos psicológicos eclipsam a Deus tão completamente quanto essas paixões? É certo que o Buda do cânone páli daria uma resposta negativa. Idem para Lao Zi, do *Tao Teh King*. Idem para o Cristo dos evangelhos sinópticos. O Krishna do *Gita* (que, por conta de um tipo de acidente literário, também é o Krishna do *Mahabharata*) dá uma resposta afirmativa. No entanto, essa resposta afirmativa, deve-se lembrar, é cerceada por condições limitantes. A matança desapegada é recomendada apenas àqueles que são guerreiros por motivo de casta e a quem a guerra é um dever e vocação. Mas o que é dever ou *dharma* para o xátria é *adharma* e proibido ao brâmane; tampouco ele pertence à vocação normal ou ao dever de casta das classes mercantis ou trabalhadoras. Qualquer confusão de castas, qualquer apropriação da vocação e deveres de um homem por outro, ou do estado por um homem, é sempre, como dizem os hindus, um dos males morais e uma ameaça à estabilidade social. Assim, é uma obrigação dos brâmanes se adequarem para ser visionários, para que possam explicar aos seus semelhantes a natureza do universo, do destino final do ser humano e do caminho para a liberação. Quando soldados, administradores, usurários, manufatureiros ou trabalhadores usurpam as funções dos brâmanes e formulam uma filosofia de vida de acordo com suas noções variadamente distorcidas do universo, então a sociedade é atirada em confusão. De modo semelhante, a confusão reina quando o brâmane, o homem da autoridade espiritual não coerciva, assume o poder de coerção do xátria, ou quando o trabalho do xátria de reinar é usurpado por bancários ou investidores, ou, por fim, quando o *dharma* da casta guerreira de lutar é imposto, por conscrição, aos brâmanes, vaixás e sudras,[49] sem nenhum discernimento. A história da Europa durante o final da Idade Média e a Renascença é, em sua maior parte, uma história das confusões sociais que surgem quando grandes números daqueles que deveriam ser visionários abandonam a autoridade espiritual em prol do dinheiro e do poder político. E a história contemporânea é o registro hediondo do que acontece quando chefes políticos, homens de negócios e proletários com consciência de classe assumem a função do brâmane de formular uma filosofia de vida; quando os usurários ditam as políticas e debatem as questões de guerra e paz; e quando o dever de casta do guerreiro é imposto a todos e a qualquer um, independentemente de sua vocação e composição psicofísica.

---

49 Tais são as quatro classes (*varna*) do pensamento hinduísta tradicional, baseado nos textos do *Rigveda*: xátrias, como Huxley descreve, são os reis guerreiros; brâmanes são estudiosos, contemplativos e autoridades espirituais; vaixás são agricultores e negociantes; e sudras são os trabalhadores braçais e prestadores de serviço. (N. T.)

Capítulo XXV
Exercícios espirituais

Ritos, sacramentos, cerimônias, liturgias — tudo isso pertence à esfera da adoração pública. São aparatos pelos quais os membros individuais e uma congregação são lembrados da verdadeira Natureza das Coisas e de suas relações adequadas um com o outro, com o universo e com Deus. O que o ritual é para a adoração pública, os exercícios espirituais são para a devoção privada. São aparatos que devem ser empregados pelo indivíduo solitário quando ele entra em seu quarto, fecha todas as portas e reza a seu Pai que está em segredo. Como todos os outros aparatos, desde o cantar de salmos até os exercícios da ginástica sueca, da lógica aos motores de combustão interna, os exercícios espirituais podem receber um bom ou mau uso. Alguns dos praticantes de exercícios espirituais progridem na vida do espírito; outros, usando os mesmos exercícios, não fazem nenhum avanço. Acreditar que seu uso constitui ou garante a iluminação é mera idolatria e superstição. Negligenciá-los por completo, no entanto, e se recusar a descobrir se e de que modo podem ajudar na conquista de nosso destino final é nada mais do que presunção, teimosia e obscurantismo.

São Francisco de Sales costumava dizer: "Eu não ouço nada a não ser perfeição de todo lado, no tocante ao discurso; mas vejo pouquíssimas pessoas que a praticam de fato. Todo mundo tem sua própria noção de perfeição. Um homem pensa que ela repousa no talhe de suas roupas, outro em jejuar, um terceiro em fazer doações ou em frequentar os sacramentos, em meditação, em algum dom especial de contemplação, ou em dons ou graças extraordinários — mas todos se enganam, no que me parece, pois confundem os meios ou resultados com o destino e causa.

"De minha parte, a única perfeição que conheço é um amar de coração a Deus e amar o próximo como a si próprio. A caridade é a única virtude que nos une corretamente a Deus e ao homem. Tal união é nosso fim e objetivo final, e todo o resto é mera ilusão."

Jean-Pierre Camus

O próprio são Francisco recomendava com entusiasmo o uso de exercícios espirituais como meio para o amor a Deus e ao próximo e afirmava que tais exercícios mereciam ser imensamente valorizados; mas jamais se deve permitir que esse afeto pelas formas cristalizadas e horas de prece mental, ele avisa, se torne excessivo. Negligenciar qualquer chamado urgente à caridade ou obediência por conta da prática dos próprios exercícios espirituais seria negligenciar o fim e o meio imediato em prol de um meio que não é imediato, mas está a muitos graus de separação do objetivo definitivo.

Os exercícios espirituais constituem uma classe especial de práticas ascéticas, cujo propósito primário é preparar o intelecto e as emoções para aquelas formas superiores de oração em que a alma se vê em uma posição essencialmente passiva emrelação à Realidade divina e, de modo secundário, por meio dessa exposição à Luz e por meio do autoconhecimento ampliado e do desprezo por si que resultam dela, para modificar o caráter.

No Oriente, a sistematização da prece mental foi levada a cabo em alguma data desconhecida, mas com certeza muito precoce. Tanto na Índia quanto na China, sabe-se que exercícios espirituais (acompanhados ou precedidos por exercícios físicos mais ou menos elaborados, sobretudo exercícios de respiração) eram utilizados muitos séculos antes do nascimento de Cristo. No Ocidente, os monges da Tebaida passavam várias horas de cada dia em meditação como meio de contemplação ou conhecimento unificador de Deus; e em todos os períodos da história cristã, a oração mental mais ou menos metódica foi usada, em grande parte, para suplementar a oração vocalizada na adoração pública e privada. Mas a sistematização da oração mental em exercícios espirituais elaborados não foi empreendida, pelo que parece, até quase o fim da Idade Média, quando os reformistas da Igreja popularizaram essa nova forma de espiritualidade como parte dos esforços para avivar um monasticismo decadente e reforçar a vida religiosa dos laicos, que havia sido aturdida pelo Grande Cisma e profundamente abalada pela corrupção do clero. Entre aqueles primeiros sistematizadores, os mais eficazes e influentes foram os cânones de Windesheim, que mantiveram contato próximo com os Irmãos da Vida Comum.[50] No

---

50 Em latim, *Fratres Vitae Communis* (FVC), uma comunidade religiosa católica pietista fundada no século XIV na Holanda, onde seus membros viviam segundo ideais de disciplina ascética comparáveis ao da vida monástica. (N. T.)

final do século XVI e começo do XVII, os exercícios espirituais se tornaram, poder-se-ia dizer que de forma positiva, uma tendência. Os primeiros jesuítas demonstraram que transformações extraordinárias de caráter, que intensidades de vontade e devoção, poderiam ser conquistadas por homens treinados de maneira sistemática com os exercícios intelectuais e imaginativos de santo Inácio de Loiola, e como o prestígio dos jesuítas estava em alta, nessa época, na Europa católica, a influência dos exercícios espirituais também estava. Ao longo do primeiro século da Contrarreforma, numerosos sistemas de prece mental (muitos dos quais, ao contrário dos exercícios de Inácio, eram especificamente místicos) foram compostos, publicados e comprados com avidez. Depois da controvérsia quietista, o misticismo caiu em desgraça e, com ele, muitos dos sistemas outrora populares, que seus autores elaboraram para auxiliar a alma no caminho à contemplação. Para informações mais detalhadas sobre esse tema interessante e fundamental, o leitor faz bem em consultar os volumes *Christian Spirituality* [Espiritualidade cristã], de Pourrat, *The Art of Mental Prayer* [A arte da prece mental], de Bede Frost, *Progress through Mental Prayer* [Progresso através da prece mental], de Edward Leen, e *Spiritual Exercises* [Exercícios espirituais], de Aelfrida Tillyard. Aqui é possível oferecer apenas alguns espécimes das várias tradições religiosas.

Sabe que, quando aprendes a te perder, alcanças o Amado. Não há outro segredo a ser aprendido, e mais do que isso me é desconhecido.

Ansari de Herat

Seiscentos anos depois, como vimos, são Francisco de Sales dizia exatamente a mesma coisa ao jovem Camus e a todos os outros que o procuraram na esperança engenhosa de que ele poderia revelar algum truque fácil e infalível para se obter o conhecimento unificador de Deus. Mas se perder no Amado — não há outro segredo. E, no entanto, os sufis, como suas contrapartes cristãs, fizeram amplo uso de exercícios espirituais — não como fins em si próprios, é claro, nem mesmo como meios imediatos, mas como meios de um meio imediato de união com Deus, a saber, a contemplação amorosa e desprovida de ego.

> Durante doze anos fui o ferreiro de minha alma. Eu a coloquei na fornalha da austeridade e a queimei com o fogo do combate, depositei-a na bigorna da censura e a golpeei com o martelo da culpa até fazer da minha alma um espelho. Por cinco anos fui o espelho de mim mesmo e segui sempre polindo o espelho com atos diversos de veneração e piedade. Então, durante um ano admirei-me em contemplação. Em minha cintura eu vi um cinto de orgulho, vaidade, presunção e dependência da devoção e aprovação de minhas obras. Trabalhei por mais cinco anos até que esse cinto se desgastasse e eu fizesse uma profissão de fé renovada do islã. Olhei e vi que todas as coisas criadas estavam mortas. Pronunciei quatro *akbirs* sobre elas e voltei ao funeral delas todas e, sem a intrusão das criaturas, por meio da ajuda apenas de Deus, eu cheguei a Deus.
>
> Bajazeto de Bastam

A forma mais simples e amplamente praticada de exercício espiritual é a repetição do nome divino ou de alguma formulação que afirme a existência de Deus e a dependência que a alma tem d'Ele.

Por isso, todas as vezes que te dispuseres para este trabalho e, tocado pela graça, sentires que Deus te chama, eleva teu coração para Ele, com humilde impulso de amor. Busca o Deus que te criou e redimiu, e por sua graça te chamou a este trabalho, e não admitas nenhum outro pensamento acerca d'Ele. Aliás, conserva esse mínimo admissível apenas se assim quiseres, pois basta uma intenção nua, voltada diretamente para Deus, sem nenhuma outra causa além d'Ele.

E se quiseres envolver e encerrar essa intenção em um só vocábulo, para melhor a reteres, escolhe uma palavra que seja curta e tenha apenas uma sílaba, um monossílabo é melhor que um dissílabo, pois quanto mais curta a palavra, melhor concorda com o trabalho do espírito. Pode ser a palavra DEUS ou AMOR. [*God* e *love*, em inglês, ambos monossílabos] Escolhe a que preferires destas duas, ou então uma outra que tu queiras: seleciona, pois, o monossílabo que mais te agradar. E prende esta palavra ao coração, de modo que nunca dali se afaste, aconteça o que acontecer.

Tal palavra há de ser teu escudo e tua lança, tanto na paz como na guerra. Com ela hás de fustigar a nuvem e a escuridão que se acham por cima de ti. Com ela hás de abater toda espécie de pensamentos, sob a nuvem do esquecimento. Desse modo, se algum deles fizer pressão sobre ti e te perguntar o que desejas, não respondas senão com esta única palavra (DEUS ou AMOR). E se ele te oferecer sua grande erudição para explicá-la e dizer as propriedades que ela tem, responde que a queres guardar inteira, e não partida nem desfeita. Se te mantiveres firme nesse propósito, podes ter a certeza de que o pensamento não resistirá tempo nenhum.

A nuvem do não saber

Em outro capítulo, o autor da *Nuvem* sugere que a palavra que simboliza nosso destino final deve por vezes ser alternada com uma palavra que denota nossa posição atual em relação a esse fim. As palavras a ser repetidas nesse exercício são PECADO [*sin*] e DEUS.

Não deves decompor nem analisar esses vocábulos com curiosidade intelectual, procurando investigar as qualidades de cada um deles, como se mediante tal pesquisa pretendesses aumentar tua devoção. Creio que nunca há de ser assim, no caso do trabalho ao que me refiro. Trata, pois, de tomar as palavras como um todo, e entende por pecado um bloco, que não consegues definir e se identifica contigo próprio [...] Enquanto viveres neste mundo miserável, nunca deixarás de sentir de alguma forma um fétido e asqueroso bloco de pecado como que unido e misturado com a substância de teu ser. Por isso, deves alternar entre estas duas palavras — PECADO e DEUS —, tendo sempre em mente a seguinte noção geral: se possuísses a Deus, não terias pecado, e se te fosse possível não ter pecado, estarias na posse de Deus.

A nuvem do não saber

O xeque tomou minha mão e me levou ao convento. Sentei-me no pórtico, e o xeque pegou um livro e começou a ler.

A filosofia perene 443

Como é típico dos eruditos, não pude deixar de perguntar que livro era aquele.

O xeque percebeu meus pensamentos. "Abu Sa'id", ele disse, "todos os 124 profetas foram enviados para pregar uma única palavra. Eles pediram que o povo dissesse 'Alá' e se dedicasse a ele. Aqueles que ouviram essa palavra apenas com o ouvido deixaram que ela escapasse pelo outro; mas aqueles que a ouviram com a alma a imprimiram nela e a repetiram até que penetrasse seus corações e almas, e seus seres inteiros se tornaram essa palavra. Eles se tornaram independentes da pronúncia da palavra; eles foram libertados do som das letras. Tendo compreendido o sentido espiritual da palavra, eles se tornaram absortos nela de modo que não tinham mais consciência de sua própria inexistência."

Abu Sa'id

Toma um breve versículo de um salmo e ele será teu escudo e broquel contra todos os teus inimigos.

Cassiano, citando o abade Isaac

Na Índia, a repetição do nome divino ou *mantram* (uma breve afirmação devocional ou doutrinária) é chamada de *japam* e é um exercício espiritual favorito entre todas as seitas do hinduísmo e do budismo. O menor *mantram* é OM — um símbolo falado que concentra em si toda a filosofia vedanta. A esse e outros *mantrams* os hindus atribuem um tipo de poder mágico. A repetição deles é um ato sacramental, que confere graça *ex opere operato*. Uma eficácia semelhante era e ainda é atribuída a palavras e fórmulas sacras por budistas, muçulmanos, judeus e cristãos. E, é claro, assim como os ritos religiosos tradicionais parecem ter o poder de evocar a presença real de coisas existentes projetadas ao estado de objetividade psíquica pela fé e devoção de gerações de adoradores, também palavras e expressões há muito santificadas podem se tornar canais para transmitir poderes que vão além e são maiores do que os que pertencem ao indivíduo que por acaso as pronuncia no momento. Enquanto isso, a repetição constante "desta palavra DEUS ou desta palavra AMOR" pode, sob circunstâncias favoráveis, ter um efeito profundo sobre a mente subconsciente, induzindo aquela concentração, desprovida de ego, de vontade, pensamento e sentimento, sem a qual o conhecimento unificador de Deus é impossível. Além do mais, pode ocorrer que, se a palavra for simplesmente repetida "inteira, não partida nem desfeita" pela análise discursiva, o Fato que a palavra representa acabará por se apresentar à alma na forma de uma intuição integral. Quando isso acontece, "as portas das letras dessa palavra se abrem" (para usar a linguagem dos sufis), e a alma passa para a Realidade. Mas, apesar de *poder* acontecer, isso tudo não necessariamente acontece. Pois não há nenhum medicamento espiritual patente, nenhuma panaceia agradável e infalível para almas que sofrem da separação e privação de Deus. Não, não há cura garantida; e, se usado de forma inapropriada, o remédio dos exercícios espirituais pode começar uma nova doença ou agravar uma antiga. Por exemplo, a mera repetição mecânica do nome divino pode resultar em um tipo de estupefação adormecida que está tão abaixo do pensamento analítico quanto a visão intelectual está acima dele. E, porque a palavra sacra constitui um tipo de pré-julgamento da experiência induzida por sua repetição, essa estupefação, ou algum outro estado anormal, é tida como a consciência imediata da Realidade e é cultivada, de forma idólatra, e procurada, na medida em que a vontade se volta na direção do que deveria ser Deus antes de ela ter sido voltada para longe do si-mesmo.

Os perigos que rondam o praticante de *japam* insuficientemente mortificado, atento e consciente são encontrados em formas semelhantes ou diferentes por aqueles que fazem uso de exercícios espirituais mais elaborados. A concentração intensa sobre uma imagem ou ideia, como é recomendado por muitos professores, tanto no Oriente quanto no Ocidente, pode ser útil para certas pessoas em certas circunstâncias, mas muito danosa em outros casos. Ela é útil quando a concentração resulta em tal quietude mental, tal silêncio do intelecto, da vontade e do sentimento que a Palavra divina pode ser pronunciada dentro da alma. É danosa quando a imagem em que se concentra se torna tão alucinantemente real que é tomada como a Realidade objetiva e venerada de forma idólatra; danosa, também, quando o exercício da concentração produz resultados psicofísicos incomuns, dos quais o praticante deriva um orgulho pessoal, como se fossem comunicações divinas e graças especiais. Dessas ocorrências psicofísicas incomuns, as mais ordinárias são as visões e audições, casos de precognição, telepatia e outros poderes psíquicos, e o fenômeno corporal curioso de calor intenso. Muitas pessoas que praticam exercícios de concentração tiveram em algumas ocasiões a experiência desse calor. Um número de santos cristãos, dos quais os mais conhecidos são santa Catarina de Siena e são

Filipe Néri, relata ter tido essa experiência continuamente. No Oriente, foram desenvolvidas técnicas pelas quais um acesso de calor resultante dessa concentração intensa pode ser regulado, controlado e levado a ser útil, por exemplo, mantendo o contemplativo aquecido em dias gélidos. Na Europa, onde o fenômeno não é bem compreendido, muitos aspirantes a contemplativos tiveram a experiência desse calor e imaginaram que fosse algum tipo de favor divino ou mesmo a experiência da união, e, estando insuficientemente mortificados e humildes, caíram em idolatria e em um orgulho espiritual que eclipsa a Deus.

O seguinte trecho de uma das grandes escrituras maaianas contém uma crítica minuciosa ao tipo de exercício espiritual prescrito pelos mestres do hinaiana — a concentração em objetos simbólicos, e meditações sobre a transitoriedade e decadência (para desabituar a alma do apego a coisas terrenas), sobre as diferentes virtudes que devem ser cultivadas, sobre as doutrinas fundamentais do budismo (muitos desses exercícios são descritos longamente em *The Path of Purity* [O caminho da pureza], um livro que recebeu tradução integral e publicação pela Pali Text Society. Os exercícios maaianistas são descritos no sutra Surangama, traduzido por Dwight Goddard, e no volume *Tibetan Yoga* [Yoga tibetana], editado pelo dr. Evans-Wentz).

Nesse exercício o *yogin* vê (imaginativamente) a forma do sol ou da lua, ou algo que se parece com a flor de lótus, ou o submundo, ou várias formas, como o céu, o fogo e coisas do tipo. Todas essas aparições o levam ao caminho dos filósofos; elas o atiram no estado de *sravaka*, no reino dos *Pratyekabuddhas*. Quando tudo isso é posto de lado e se chega ao estado em que não há nenhuma imagem, então uma condição em conformidade com a Quididade se apresenta, e os Budas virão juntos, de todos os seus países e com suas mãos brilhantes, tocar a cabeça desse benfeitor.

Sutra Lankavatara

Em outras palavras, a concentração intensa sobre qualquer imagem (mesmo que a imagem seja um símbolo sagrado, como a flor de lótus) ou qualquer outra ideia, desde a ideia do inferno à ideia de alguma virtude desejável ou sua apoteose em um dos atributos divinos, é sempre concentração sobre algo produzido pela própria mente. Por vezes, em pessoas mortificadas e atentas, a arte da concentração se funde a um estado de abertura e passividade alerta, em que a verdadeira contemplação se torna possível. Mas, às vezes, o fato de que a concentração se dá sobre um produto da própria mente daquele que se concentra resulta em um tipo de contemplação falsa ou incompleta. A Quididade, ou o Fundamento divino de todo ser, se revela àqueles que não estão centrados no ego (nem mesmo em um *alter ego*), seja esse centramento o da vontade, da imaginação, do sentimento ou do intelecto.

Digo, então, que a introversão deve ser rejeitada, porque jamais se deve admitir a extroversão; mas é preciso viver continuamente no abismo da Essência divina e na nulidade das coisas; e, se por vezes um homem se flagra separado delas (a Essência divina e a nulidade da criação), ele deve retornar a elas, não pela introversão, mas pela aniquilação.

Benet Canfield

A introversão é um processo condenado no sutra Lankavatara como caminho para o *yogin*, um caminho que leva, na pior das hipóteses, à idolatria e, na melhor, a um conhecimento parcial de Deus nas alturas interiores, nunca ao conhecimento completo na plenitude exterior tanto quanto interior. A Aniquilação (de que o padre Benet distingue dois tipos, passiva e ativa) é para os maaianistas o "estado de ausência de imagens" na contemplação e, na vida ativa, o estado de total desapego, em que a eternidade pode ser apreendida dentro do tempo, e sabe-se que *samsara* é uno com *nirvana*.

> Por isso, se quiseres permanecer de pé, sem cair, não hesites em teu propósito, mas fustiga continuamente a nuvem do não saber, que se encontra entre ti e teu Deus, com o dardo afiado de um amor anelante. Abomina todo pensamento acerca de qualquer coisa inferior a Deus e não desistas, aconteça o que acontecer! Com efeito, esse é o único trabalho que destrói o fundamento e raiz do pecado [...]
>
> Sim, e mais ainda! Chora como nunca, cheio de tristeza, por causa de teus pecados ou devido à paixão de Cristo, e traz à mente o mais possível as alegrias do céu. Que te poderá fazer tudo isso? Certamente que imenso bem, forte auxílio, largo proveito e abundante graça é quanto te granjeará. Mas, em comparação com um cego impulso de amor, é apenas uma bagatela o que faz ou pode fazer todo o resto isoladamente. Tal impulso, sozinho, é a *melhor parte* escolhida por Maria. As restantes coisas, sem ele, de pouco ou nada te aproveitam. Tal impulso não só destrói o fundamento e a raiz do pecado, tanto quanto é possível na Terra, como

também gera as virtudes. Com efeito, se for bem entendido, levará a pessoa a perceber e sentir que, de modo subtil e perfeito, todas as virtudes estão contidas nele, livres de toda mescla de imperfeições. Mas se alguém tiver o maior número possível de virtudes sem o referido impulso de amor, todas elas estarão misturadas com alguma intenção que não é reta, pelo que serão imperfeitas. Pois a virtude não é nada senão um afeto ordenado e medido, cujo alvo nítido é Deus por Ele mesmo, pois Deus em Si mesmo é a pura causa de todas as virtudes.

A nuvem do não saber

Se exercícios de concentração, repetições do nome divino ou meditações sobre os atributos de Deus ou cenas imaginadas da vida de um santo ou avatar ajudarem aqueles que fazem uso deles a chegar à autonegação, abertura e (para usar a expressão de Augustine Baker) aquele "amor da pura divindade" que possibilita a união da alma com a Divindade, então tais exercícios espirituais são inteiramente bons e desejáveis. Agora, se os resultados forem outros — bem, conhece-se a árvore por seus frutos.

Benet Canfield, o capuchinho inglês que escreveu *A regra da perfeição* e foi o guia espiritual de madame Acarie e do cardeal Bérulle, indica em seu tratado um método por meio do qual a concentração sobre uma imagem pode levar à contemplação sem imagem, a "contemplação cega", "amor da pura divindade". O período de prece mental deve começar com uma concentração intensa sobre uma cena da paixão de Cristo; então a mente, por assim dizer, deve abolir essa imaginação da sagrada humanidade e passar daí à Divindade desprovida de forma e atributos que a humanidade encarna. Um exercício notavelmente similar é descrito no *Bardo Thodol*, ou em *O livro tibetano dos mortos* (obra de uma profundidade e beleza bastante extraordinárias, agora felizmente disponível em tradução com introdução e notas valiosas pelo dr. Evans-Wentz).

> Qualquer que possa ser sua divindade tutelar, medita sobre sua forma por muito tempo — como um ser aparente, porém inexistente na realidade, como a forma produzida por um mágico [...] Então deixa a visualização da divindade tutelar ser distorcida nas extremidades, até que absolutamente nada permaneça de visível dela; e então te põe no estado de Clareza e Vacuidade — que tu não podes conceber como coisa alguma — e permanece nesse estado um período. De novo medita sobre a divindade tutelar; de novo medita sobre a Luz Clara; faz isso alternadamente. Depois permite que teu próprio intelecto derreta pouco a pouco, começando pelas extremidades.
>
> *O livro tibetano dos mortos*

Como um resumo final do assunto todo, podemos citar uma frase de Eckhart: "Aquele que procura a Deus sob uma forma fixa detém a forma, enquanto não vê Deus oculto nela". Aqui, a palavra-chave é "fixa". É permissível procurar a Deus de modo provisório sob uma forma que é a princípio reconhecida como um mero símbolo da Realidade, e um símbolo que deve, mais cedo ou mais tarde, ser descartado em prol da coisa que representa. Procurá-Lo sob uma forma fixa — fixa porque vista como a própria forma da Realidade — é se comprometer com uma ilusão e um tipo de idolatria.

Os grandes impedimentos no caminho de se assumir a prática de algum tipo de prece mental são a ignorância da Natureza das Coisas (que nunca, é claro, foi mais assustadora do que em nossa época de educação compulsória gratuita) e a absorção no interesse próprio, em emoções positivas e negativas conectadas com as paixões e com o que é tecnicamente conhecido como "entretenimento". E quando a prática é assumida, os principais impedimentos no caminho do avanço rumo ao objetivo da prece mental são as distrações.

Provavelmente todas as pessoas, mesmo as mais santas, sofrem em algum grau com distrações. Mas é óbvio que uma pessoa que, nos intervalos de prece mental, vive uma vida dispersa, desatenta, autocentrada, terá distrações piores e mais numerosas com que lidar do que quem vive em concentração, nunca esquecendo quem é e como se relaciona com o universo e seu Fundamento divino. Alguns dos exercícios espirituais mais produtivos se valem, de fato, de distrações, de tal modo que esses impedimentos no caminho do autoabandono, do silêncio mental e da passividade em relação a Deus se transformam em meios de progresso.

Mas, primeiro, como prefácio para a descrição desses exercícios, deve-se comentar que todos os professores da arte da prece mental concordam em aconselhar seus pupilos a nunca usar de esforços violentos da vontade superficial contra as distrações que emergem na mente durante os períodos de atenção. Motivos suficientes para isso foram dados por Benet Canfield em seu livro *A regra da perfeição*. "Quanto mais um homem opera, mais ele é e existe. E quanto mais ele é e existe, menos de Deus é e existe dentro dele." Cada amplificação do si-mesmo pessoal

452 ALDOUS HUXLEY

separado produz uma diminuição correspondente de sua consciência da Realidade divina. No entanto, qualquer reação violenta da vontade superficial contra as distrações automaticamente amplifica o si-mesmo pessoal e separado e, portanto, reduz as chances do indivíduo de chegar ao conhecimento e amor a Deus. No processo de tentar abolir à força nossos devaneios que eclipsam a Deus, meramente aprofundamos as trevas de nossa ignorância nativa. Assim sendo, devemos desistir de tentar enfrentar as distrações e, sim, encontrar modos de contorná-las ou de fazer uso delas. Por exemplo, se já tivermos obtido um certo grau de passividade alerta em relação à Realidade e as distrações intervirem, podemos simplesmente "olhar por cima do ombro" do imbecil malicioso e concupiscente que está entre nós e o objeto de nossa "simples contemplação". As distrações agora aparecem no primeiro plano da consciência; tomamos nota de sua presença e então, suave e gentilmente, sem forçar a vontade, mudamos o foco de nossa atenção para a Realidade que pudemos ver de relance, adivinhar ou (pela experiência passada ou ato de fé) meramente saber a respeito, no segundo plano. Em muitos casos, essa mudança de atenção, sem esforço, fará com que as distrações percam sua presença obsessiva e, pelo menos por um tempo, desapareçam.

Se o coração errar ou se distrair, deves trazê-lo de volta ao ponto com bastante cuidado e remanejá-lo com ternura na presença de seu Mestre. E mesmo que nada faças durante toda a hora a não ser trazer teu coração de volta e posicioná-lo de novo na presença de Nosso Senhor, mesmo que ele tenha fugido toda vez que o trouxeste de volta, tua hora terá sido bem aproveitada.

São Francisco de Sales

Nesse caso, aprender a contornar as distrações constitui uma lição valiosa de paciência e perseverança. Outro método mais direto de fazer uso do macaco em nosso coração é descrito em *A nuvem do não saber*.

Quando sentires que não te é possível de modo nenhum abater os pensamentos, cai prostrado diante deles, como um pobre covarde vencido em batalha, e considera que seria loucura lutar mais tempo contra eles. Dessa forma, é a Deus que te entregas, abandonado nas mãos de teus inimigos [...] Não há dúvida, penso eu, de que esse estratagema, compreendido com sutileza, não é outra coisa senão a consciência de ti mesmo, tal como és realmente: um ser miserável e imundo, bem pior do que nada. Uma tal consciência é humildade. E essa humildade merece que o próprio Criador desça com seu poder, para te vingar dos teus inimigos, te erguer e carinhosamente enxugar teus olhos espirituais, como o pai faz ao filho que está prestes a perecer na boca de javalis selvagens ou ursos que mordem enraivecidos.

A nuvem do não saber

Por fim, há o exercício, muito usado na Índia, que consiste em examinar, sem nenhuma paixão, as distrações no que elas surgem, e rastreando-as de volta, por meio da memória de pensamentos particulares, pensamentos e ações, até suas origens no temperamento e caráter, constituição e hábitos adquiridos. Esse procedimento revela à alma as razões verdadeiras de sua separação do Fundamento divino de seu ser. Ela passa a perceber que sua ignorância espiritual se dá por conta da recalcitrância inerente ou rebelião positiva de sua individualidade, e descobre os pontos específicos onde essa individualidade eclipsante se cristaliza, por assim dizer, nos coágulos mais densos e duros. Então, estando resoluto em fazer o que pode fazer, no curso de sua vida cotidiana, para se livrar desses impedimentos no caminho da Luz, ela quietamente põe de lado seus pensamentos sobre tais coisas e então, vazia, purgada e em silêncio, a alma se expõe passivamente ao que quer que possa haver além e em seu interior.

"Noverim me, noverim Te" [Que eu te conheça, que eu me conheça], são Francisco de Assis costumava repetir. O autoconhecimento, que leva ao ódio a si próprio e à humildade, é a condição do amor e conhecimento de Deus. Os exercícios espirituais que fazem uso das distrações têm esse grande mérito, o fato de que ampliam o autoconhecimento. Cada alma que se aproxima de Deus precisa ter ciência de quem e o que é. Praticar uma forma de prece mental ou vocalizada que está, por assim dizer, além de sua própria estação moral é praticar uma mentira: e as consequências de tal mentira são noções equivocadas sobre Deus, adoração idólatra de fantasias privadas e irreais e (pela falta da humildade do autoconhecimento) orgulho espiritual.

Sequer é necessário acrescentar que esse método tem, como todos os outros, seus perigos, bem como suas vantagens. Para aqueles que o empregam há a tentação de esquecer o fim e confundi-lo com esses meios esqualidamente pessoais — tornar-se absorto em um ensaio de autobiografia "chapa branca" ou cheia de remorso, em exclusão da pura Divindade, diante da qual o "macaco furioso" fez todos os seus truques fantásticos, de que agora ele se lembra com prazer.

Chegamos então ao que pode ser chamado de exercícios espirituais da vida cotidiana. O problema aqui é bastante simples — como manter na memória, durante as horas de trabalho e recreação, que há muito mais no universo do que alcança a vista daquele absorto em trabalho ou lazer? Não há uma solução única para esse problema. Alguns tipos de trabalho e recreação são tão simples e tão pouco exigentes que permitem a repetição contínua de um nome ou frase sagrados, pensamento concentrado na Realidade divina e, o que é ainda melhor, silêncio mental e passividade alerta ininterruptos. Tais ocupações, como as tarefas diárias do irmão Lawrence (cuja "prática da presença de Deus" vem desfrutando de um tipo de celebridade em círculos geralmente desinteressados em preces mentais e exercícios espirituais), são desse tipo simples e pouco exigente. Mas há outras tarefas complexas demais para admitirem essa atenção constante. Assim, para citarmos Eckhart, "um celebrante de uma missa que exagera em sua intenção de se manter atento está sujeito a cometer erros. O melhor modo é tentar concentrar a mente antes e depois, mas, ao dizê-lo, dizê-lo de forma bem direta". Esse conselho se aplica a qualquer ocupação que exige atenção indivisa. Mas essa atenção indivisa não é exigida sempre, e dificilmente pode ser mantida por longos períodos. Há sempre intervalos de relaxamento. Todo mundo está livre para escolher se esses intervalos serão preenchidos com devaneios ou com algo melhor.

Quem quer que tenha Deus em mente, apenas e simplesmente Deus, em todas as coisas, tal homem carrega Deus consigo em todas as suas obras e em todos os lugares, e Deus sozinho realiza todos os seus trabalhos. Ele nada procura que não seja Deus, nada lhe parece bom, além de Deus. Ele se torna uno com Deus em todos os pensamentos. Assim como nenhuma multiplicidade pode dissipar a Deus, nada pode dissipar esse homem ou torná-lo múltiplo.

Eckhart

Não quero dizer que devemos voluntariamente nos expor às influências dissipantes; Deus nos livre! Isso seria tentar a Deus e procurar o perigo. Mas tais distrações que vêm providencialmente, se enfrentadas com a devida precaução e horas resguardadas de leitura e prece, serão transformadas em bens. Muitas vezes aquelas coisas que te fazem suspirar pela solitude são mais produtivas para sua humilhação e autonegação do que mesmo a mais completa solitude seria [...] Por vezes um livro estimulante de devoção, uma meditação fervorosa, uma conversa marcante podem lisonjear teus gostos e te deixar complacente e autossatisfeito, no que te imaginas muito avançado no caminho da perfeição; e, ao te preencherem com tais noções irreais, elas o tempo todo inflam teu orgulho e te fazem retornar de teus exercícios religiosos menos tolerante ao que quer que passe pela tua vontade. Eu prefiro que tu te atentes a esta regra simples: não procures nada de dissipante, mas suporta, em quietude, o que quer que Deus mande sem que tu o procures, seja dissipação, seja interrupção. É uma grande ilusão procurar a Deus distante, em questões bastante inatingíveis, ignorando que Ele está conosco em nossas irritações diárias, enquanto suportarmos humilde e bravamente tudo aquilo que surgir das imperfeições múltiplas do próximo e de nós mesmos.

Fénelon

Considera que tua vida é um perecer perpétuo e eleva tua mente a Deus sobre todas as coisas sempre que o relógio bater, dizendo "Deus, eu adoro teu ser eterno; sou feliz que meu ser deva perecer a cada momento para que cada momento possa homenagear tua eternidade".

J. J. Olier

Quando estiveres caminhando só, ou por outras bandas, olha de relance a vontade geral de Deus, por meio da qual Ele intenciona todas as obras de sua misericórdia e justiça no céu, na terra, sob a terra, e aprova, louva e ama essa vontade soberana, toda santa, toda justa, toda bela. Depois olha para a vontade especial de Deus, pela qual Ele ama os seus e age neles de formas diversas, por meio da consolação e da tribulação. E então deves ponderar um pouco, considerando a variedade de consolações, mas sobretudo tribulações, que os bons sofrem; e então, com grande humildade, deves aprovar, louvar e amar toda essa vontade. Considera essa vontade em tua própria pessoa, em todo o bem e mal que acontece e pode acontecer contigo, exceto o pecado; então deves aprovar, louvar e amar tudo isso, protestando que vais sempre valorizar, honrar e adorar a essa vontade soberana, submetendo-te ao prazer de Deus e dando-Lhe tudo que é teu, do qual consto eu. Encerra com grande confiança nessa vontade, que ela aja pelo bem de nós e nossa felicidade.

Acrescento que, quando tiveres realizado esse exercício duas ou três vezes desse modo, podes encurtá-lo, variá-lo ou modificá-lo como te for melhor, pois deve com frequência ser entregue a teu coração como inspiração.

São Francisco de Sales

Demorando-te na luz, não há ocasião nenhuma para tropeçar, pois todas as coisas são descobertas na luz. Quando caminhas por aí, ela está presente em ti, no teu peito, não precisas dizer, "Ei-la aqui" e "Ei-la ali"; e, quando te deitas na cama, ela está presente para te ensinar e julgar tua mente errante, que vaga por aí, e tuas imaginações e pensamentos excelsos, e deles faz súditos. Pois, ao seguires teus pensamentos, logo te perdes. Ao te demorares nesta luz, descobrirás para ti o corpo do pecado e tuas corrupções e estado decaído, onde estás. Nessa luz que te mostra tudo isso, permanece; não sigas nem à direita nem à esquerda.

George Fox

O trecho que segue agora foi tirado da tradução de Waitao e Goddard do texto chinês de Asvagosa, *O despertar da fé* — uma obra originalmente composta em sânscrito durante o primeiro século de nossa era, mas cujo original se perdeu. Asvagosa dedica toda uma seção desse trato aos "métodos eficazes", como são chamados na terminologia budista, por virtude dos quais é possível chegar ao conhecimento unificador da Quididade. A lista desses meios indispensáveis inclui: a caridade e a compaixão por todos os seres sencientes, tanto sub-humanos quanto humanos, a autonegação ou mortificação, a devoção pessoal às encarnações da natureza do Buda absoluto e exercícios espirituais projetados para libertar a mente de seus desejos apaixonados por separação e individualidade independente, para torná-la capaz de se dar conta da identidade de sua própria essência com a Essência da Mente universal. Desses vários "métodos eficazes" citarei apenas os últimos dois — o Caminho da Tranquilidade e o Caminho da Sabedoria.

O Caminho da Tranquilidade. O propósito dessa disciplina é duplo: sossegar todos os pensamentos perturbadores (e todos os pensamentos discriminantes são perturbadores), aquietar todos os humores e emoções envolventes, para que seja possível concentrar a mente no propósito da meditação e percepção. Em segundo lugar, quando a mente é tranquilizada ao cessar todo pensamento discursivo, praticar a "reflexão" ou meditação, não de um modo discriminante ou analítico, porém mais intelectual (cf. a distinção escolástica entre razão e intelecto), ao se perceberem o sentido e a significância dos próprios pensamentos e experiências. Por meio dessa prática dupla de "parar e se dar conta", a fé do indivíduo, já despertada, será desenvolvida, e gradualmente os dois aspectos dessa prática hão de se fundir um no outro — a mente perfeitamente tranquila, porém mais ativa em sua percepção. No passado, tinha-se naturalmente confiança nas próprias faculdades de discernimento (pensamento analítico), mas agora elas devem ser erradicadas e levadas a cabo.

Aqueles que praticam "parar" devem se dirigir a algum lugar quieto e lá, sentando com a postura ereta, procurar sinceramente tranquilizar e concentrar a mente. Embora seja possível pensar primeiro na própria respiração, não é sábio continuar nessa prática por muito tempo, nem deixar a mente repousar sobre quaisquer aparições, visões ou concepções particulares que surjam dos sentidos, como os elementos primários da terra, água, fogo e éter (objetos em que os hinaianistas tendiam a se concentrar em certo estágio de seu treinamento espiritual), nem deixar que ela repouse em quaisquer percepções, particularizações, discriminações, humores ou emoções da mente. Todo tipo de ideação deve ser descartado assim que surgir; é preciso se livrar até mesmo das noções de controle e descarte. A mente deve se tornar como um espelho, refletindo as coisas, mas não as julgando ou retendo. As concepções, em si mesmas, são desprovidas de substância; deixa que elas surjam e passem sem lhes dar atenção. As concepções que surgem dos sentidos e da mente inferior não tomarão forma por si próprias, a não ser que sejam apanhadas pela atenção; se forem ignoradas, não haverá nada para aparecer e desaparecer. O mesmo é válido das condições externas à mente; não se deve permitir que elas ganhem a atenção e, assim, impeçam a prática. A mente não pode chegar ao vazio absoluto e, no que os pensamentos que surgem dos sentidos e da mente inferior são descartados e ignorados, deve-se ocupar seu espaço com a consciência correta. A pergunta então vem à tona: o que é isso? A resposta: a consciência correta é a percepção da própria mente, de sua pura Essência indiferenciada. Quando a mente se fixa em sua pura Essência, não deve haver noções vestigiais do si-mesmo, nem do si-mesmo no ato de percepção, nem da percepção como fenômeno [...]

O Caminho da Sabedoria. O propósito dessa disciplina é levar o homem ao hábito de aplicar a visão que chegar a ele como resultado das disciplinas anteriores. Quando se está acordando, levantando, caminhando, fazendo qualquer coisa, parando, deve-se manter uma concentração constante no ato e em sua realização, não na relação que se tem com o ato, seu caráter ou valor. Deve-se pensar: há o andar, há o parar, há o perceber; e não "eu estou andando", "eu estou fazendo isso", "isso é uma coisa boa", "é desagradável", "estou ganhando mérito", "sou eu quem percebe o quanto isso é maravilhoso". Por essa via chegam pensamentos errantes, sentimentos de paixão ou fracasso e infelicidade. Em vez disso tudo, deve-se praticar a simples concentração da mente no próprio ato, compreendendo-o como um método eficaz de obter a tranquilidade da mente, a percepção, a visão e a Sabedoria; e deve-se seguir a prática da fé, a disposição de contentamento. Depois de um longo período de prática, a prisão dos velhos hábitos se torna enfraquecida e desaparece, e em seu lugar surgem a confiança, a satisfação, a consciência e a tranquilidade.

O que esse Caminho da Sabedoria foi traçado para realizar? Há três classes de condições que impedem o avanço no caminho da Iluminação. Primeiro, há os atrativos que surgem dos sentidos, de condições externas e da mente que discrimina. Em segundo lugar, há as condições internas da mente, seus pensamentos, desejos e humores. Todos esses, as práticas anteriores (éticas e mortificantes) visam eliminar. Na terceira classe de impedimentos situam-se as vontades instintivas e fundamentais do indivíduo (portanto, mais insidiosas e persistentes) — a vontade de viver e sentir prazer, a vontade de valorizar a própria personalidade, a vontade de se reproduzir, que dão margem para a ganância e a luxúria, o medo e a raiva, paixões, orgulho e egoísmo. A prática do *paramita*[51] da Sabedoria visa controlar e eliminar esses obstáculos fundamentais e instintivos. Por meio dele, a mente aos poucos se torna mais esclarecida, mais luminosa, mais pacífica. A visão se torna mais penetrante, a fé se aprofunda e se expande, até se fundirem com o *samadhi* inconcebível da Pura Essência da Mente. Conforme o indivíduo continua a prática do Caminho da Sabedoria, ele cede cada vez menos aos pensamentos de conforto e desolação; a fé se torna mais certa, mais pervasiva, benéfica e alegre; e o medo da retrogressão desaparece. Mas não penses que a consumação será conquistada com facilidade ou rapidez; muitos renascimentos podem ser necessários; muitos éons podem precisar passar. Enquanto as dúvidas, a descrença, as calúnias, a má conduta, os obstáculos do carma, a fraqueza da fé, o orgulho, a preguiça e a agitação mental persistirem, enquanto suas sombras permanecerem, não será possível conquistar o *samadhi* dos Budas. Mas aquele que obteve o brilho do mais alto *samadhi*, o Conhecimento unificador, poderá perceber, junto com os Budas, a unidade perfeita de todos os seres sencientes do *dharmakaya* do Estado Búdico. No puro *dharmakaya* não há dualismo nem sombra de diferenciação. Todos os seres sencientes, se apenas se derem conta disso, já estão no *nirvana*. A pura Essência da Mente é o Mais Alto *samadhi*, é *anuttara-samyak-sambodhi*, é *prajna paramita*, é a Mais Perfeita Sabedoria.

Asvagosa

---

51 Literalmente, "perfeição" em páli ou sânscrito, são as qualidades associadas ao caráter de seres iluminados. (N. T.)

Capítulo XXVI
Perseverança e regularidade

Aquele que interrompe o caminho de seus exercícios espirituais e preces é como o homem que permite que um pássaro escape de sua mão; raro que ele consiga capturá-lo de novo.

São João da Cruz

Si volumus non redīre, currendum est (se não quisermos voltar, precisamos correr).

Pelágio

Se disseres "Basta, atingi a perfeição", tudo se perde. Pois é a função da perfeição te dar consciência de tua imperfeição.

Santo Agostinho

Os budistas têm um ditado parecido no sentido de que, se um *arhat* pensa para si mesmo que é um *arhat*, então isso é prova de que ele não o é.

Eu te digo que ninguém pode ter a experiência do nascimento (de Deus, percebido na alma) sem um esforço poderoso. Ninguém pode obter esse nascimento a não ser que possa retirar sua mente das coisas por inteiro.

Eckhart

Se uma penitência severa tivesse me sido dada, não há nenhuma que eu conheça que eu não faça de bom grado com frequência, em vez de me preparar para a oração por meio da atenção a mim mesma. E é certo que a violência com a qual Satã investira contra mim era tão irresistível, ou meus hábitos tão fortes, que eu não me dei à oração; e a tristeza que sentia ao entrar no oratório era tão grande que exigia toda a minha coragem para eu me forçar a entrar. Dizem de mim que minha coragem não é pouca, e sabe-se que Deus me deu uma coragem além da de uma mulher; mas eu fiz mau uso dela. No fim, Nosso Senhor veio ao meu alívio, e quando eu fazia essa violência a mim mesma, eu encontrava maior paz e alegria do que às vezes quando tive desejo de orar.

Santa Teresa

A um de seus filhos espirituais, nosso querido pai (são Francisco de Sales) disse: "Sê paciente com todos, mas, acima de tudo, contigo mesmo. Digo, não te desanimes com tuas imperfeições, mas sempre te levanta com uma coragem renovada. Estou feliz que recomeces de novo todos os dias; não há melhor modo de obter a vida espiritual do que continuamente recomeçar e nunca pensar ter feito o suficiente. Como seremos pacientes em suportar as falhas do próximo se somos impacientes com as nossas próprias? Aquele que se perturba com seus próprios fracassos não vai corrigi-los; toda correção produtiva deriva de uma mente calma e pacífica".

Jean-Pierre Camus

Poucas são as almas que se dão à prece interior que em algum momento ou outro não se flagraram em grande indisposição para tanto, tendo grandes obscuridades na mente e grande insensibilidade em seus afetos, de modo que, se as almas imperfeitas não forem bem instruídas e preparadas, correrão o perigo, no caso de continuarem tais contradições da natureza inferior, de se deprimirem, sim, e talvez evitarem dar continuidade às preces, pois estarão aptas a pensar que sua concentração não serve a propósito nenhum, haja vista que, ao que lhes parece, o que quer que eles pensem ou como quer que ajam em relação a Deus é uma mera perda de tempo e de nada vale; e, portanto, seria mais produtivo que empregassem seu tempo de algum outro modo.

Sim, há algumas almas que não são conduzidas pelo Deus Todo-Poderoso por nenhum outro caminho, mas apenas por tais preces de aridez, sem encontrar nenhum contentamento sensorial em nenhuma recordação, mas, pelo contrário, dor e contradição contínuas; porém, por conta de uma graça e coragem privadas impressas profundamente no espírito, não cessam, apesar disso, mas seguem resolutas em meio às dificuldades e continuam, do melhor modo que podem, seus exercícios internos para grande avanço do espírito.

Augustine Baker

Capítulo XXVII
Contemplação, ação e utilidade social

Em todas as formulações históricas da Filosofia Perene, é axiomático que o destino final da vida humana é a contemplação ou a consciência direta e intuitiva de Deus; que a ação é um meio para esse fim; que a sociedade é boa na medida em que possibilita a contemplação para seus membros; e que a existência de pelo menos uma minoria de contemplativos é necessária para o bem-estar de qualquer sociedade. Na filosofia popular de nossos tempos, não precisamos dizer que o destino da vida humana é a ação; que a contemplação (sobretudo em suas formas inferiores de pensamento discursivo) é o meio para esse fim; que a sociedade é boa na medida em que as ações de seus membros possibilitam o progresso da tecnologia e da organização (um progresso que se supõe ter relações causais com o avanço ético e cultural); e que uma minoria de contemplativos é perfeitamente inútil e talvez até mesmo danosa à comunidade que a tolera. É desnecessário nos alongarmos ainda mais sobre o *Weltanschauung* moderno; explícita ou insinuadamente, ele consta em todas as páginas das seções de publicidade de todos os jornais e revistas. Os trechos a seguir foram escolhidos para ilustrar as teses mais antigas, mais verdadeiras e menos conhecidas da Filosofia Perene.

O trabalho serve para a purificação da mente, não para a percepção da Realidade. A percepção da Verdade é despertada pelo discernimento, e nem mesmo 10 milhões de atos podem chegar a ela.

Shânkara

Agora, o destino final de cada coisa é aquele pretendido pelo autor primeiro ou móbile daquela coisa; e o autor primeiro ou móbile do universo é um intelecto. Por consequência, o destino final do universo deve ser o bem do intelecto; e tal é a verdade. Portanto, a verdade deve ser o destino final de todo o universo, e sua consideração há de ser a principal ocupação da sabedoria. E é por esse motivo que a Sabedoria divina, encarnada, declara que Ele veio ao mundo para que a verdade fosse conhecida [...] Além do mais, Aristóteles define a Prima Filosofia como o conhecimento da verdade, não de qualquer verdade, mas daquela verdade que é a fonte de toda verdade, a que, a saber, se refere o princípio primeiro do ser de todas as coisas; por conseguinte, sua verdade é o princípio de toda verdade, haja vista que a disposição das coisas é a mesma, na verdade tanto quanto no ser.

São Tomás de Aquino

Uma coisa pode pertencer à vida contemplativa de dois modos, essencialmente ou como uma predisposição [...] As virtudes morais pertencem à vida contemplativa como uma predisposição. Pois o ato de contemplação, em que essencialmente consiste a vida contemplativa, é impedido tanto pela impetuosidade das paixões quanto pelas perturbações externas. Agora as virtudes morais sufocam a impetuosidade das paixões e sossegam a perturbação das ocupações externas. Daí que as virtudes morais pertençam à vida contemplativa como uma predisposição.

São Tomás de Aquino

Essas obras (da misericórdia), por mais que possam ser ativas, em todo caso ajudam muito e predispõem o homem a começar a conquistar, depois, a contemplação.

Walter Hilton

No budismo, como no vedanta e em todas as formas do cristianismo que não as recentes, a ação correta é o meio pelo qual a mente se prepara para a contemplação. Os primeiros sete ramos do Caminho Óctuplo são as preparações ativas e éticas para o conhecimento unificador da Quididade. Apenas aqueles que praticam com consistência os atos ligados às Quatro Virtudes, em que todas as outras virtudes estão inclusas — a saber, a capacidade de responder ao ódio com amor, a resignação, a "santa indiferença" ou ausência de desejo e a obediência ao *dharma* ou Natureza das Coisas —, podem ter a esperança de chegar à percepção libertadora de que *samsara* e *nirvana* são um só, de que a alma e todos os outros seres têm como seu princípio vivo a Luz Inteligível ou Útero do Buda.

A pergunta agora naturalmente se apresenta: quem é chamado à forma mais alta de oração que é a contemplação? A resposta é inequívoca em sua simplicidade. Todos

A filosofia perene 471

são chamados à contemplação, porque todos são chamados a conquistar o livramento, que nada mais é que o conhecimento que une aquele que conhece com o que é conhecido, a saber, o Fundamento divino ou Divindade. Os expoentes orientais da Filosofia Perene provavelmente negariam que todos são chamados aqui e agora; nessa vida particular, eles diriam, para todos os intentos e propósitos, que talvez seja impossível que um dado indivíduo obtenha mais do que um livramento parcial, como a sobrevivência pessoal em algum tipo de "paraíso", a partir do qual se pode avançar rumo à liberação total ou então voltar àquelas condições materiais que, como todos os mestres da vida espiritual concordam, são tão singularmente propícias para se tentar o teste cósmico de inteligência que resulta na iluminação. No cristianismo ortodoxo, nega-se que a alma individual possa ter mais de uma encarnação ou que seja possível progredir na existência póstuma. Se a alma for para o inferno, lá ela permanece. Se for para o purgatório, ela meramente expia seus males cometidos, de modo a se tornar capaz da visão beatífica. E, se for para o céu, ela tem tanto da visão beatífica quanto sua conduta durante esta única e breve vida a possibilitou, e não mais do que isso, para o resto da eternidade. Com base nesses postulados, segue que, se todos são chamados à contemplação, esse chamado se dá a partir daquela posição particular na hierarquia do ser onde a natureza, a criação, o livre-arbítrio e a graça conspiraram para inseri-lo. Nas palavras de um teólogo contemporâneo de destaque, o padre Garrigou-Lagrange, "todas as almas recebem um chamado remoto à vida mística e, se todos fossem fiéis em evitar, como devem, não apenas pecados mortais como veniais, se fossem, cada um de acordo com sua condição, dóceis no geral ao Espírito Santo, e se vivessem tempo o suficiente, um dia chegaria em que receberiam a vocação imediata e eficaz à alta perfeição e à chamada vida mística de fato". Essa perspectiva — de que a vida da contemplação mística é o desenvolvimento adequado e normal da "vida interior" de atenção e devoção a Deus — é então justificada pelas seguintes considerações. Em primeiro lugar, o princípio das duas vidas é o mesmo. Em segundo, é apenas na vida de contemplação mística que a vida interior encontra sua consumação. Em terceiro, o destino, que é a vida eterna, é o mesmo; além do mais, a vida da contemplação mística é a única que prepara, de modo perfeito e imediato, para esse fim.

Há poucos contemplativos, porque poucas almas são perfeitamente humildes.

Imitação de Cristo[52]

Deus não reserva uma vocação tão nobre (a da contemplação mística) apenas a certas almas; pelo contrário, é a vontade d'Ele que todos a adotem. Mas Ele encontra poucos que permitem que Ele lhes opere coisas tão sublimes. Há muitos, quando Ele lhes envia tribulações, que fogem dos trabalhos e se recusam a suportá-los com sobriedade e mortificação, em vez de se submeterem como devem, com perfeita paciência.

São João da Cru

---

52 Tratado de moral cristã atribuído ao padre alemão Tomás de Kempis, escrito no século XV. (N. E.)

A afirmação de que somos todos chamados à contemplação parece entrar em conflito com o que sabemos sobre as variedades natas de temperamento e com a doutrina de que há pelo menos três estradas principais para a liberação — o caminho das obras, o da devoção e o do conhecimento. Mas esse conflito é mais aparente do que real. Se os caminhos da devoção e das obras levam à liberação é porque levam ao caminho do conhecimento. Uma alma que não prossiga nos caminhos da devoção e das obras rumo ao do conhecimento não é totalmente livrada, mas obtém, na melhor das hipóteses, a salvação incompleta do "paraíso". Chegando agora à questão do temperamento, descobrimos que, com efeito, certos indivíduos são atraídos naturalmente a dar uma ênfase, em doutrina e prática, a um lugar e a certos indivíduos, em vez de outros lugares. Mas, por mais que possa haver devotos natos, trabalhadores natos e contemplativos natos, é, em todo caso ainda, verdade que mesmo os que se veem nos limites extremos da excentricidade temperamental são capazes de fazer uso de outros caminhos além daqueles aos quais são naturalmente atraídos. Dado o grau exigido de obediência e conduções à Luz, o contemplativo nato pode aprender a purificar seu coração pelo trabalho e dirigir sua mente à adoração concentrada; o devoto nato e o trabalhador nato podem aprender a atentar quando se diz: "Aquietai-vos, e sabei que eu sou Deus".[53] Ninguém precisa ser vítima de seus talentos peculiares. Muitos ou poucos, dessa ou daquela feitura, esses talentos nos são dados para chegarmos a um só e grandioso destino. Temos o

53 Sl 46,10. (N. T.)

poder de escolher se queremos usá-los bem ou mal — do modo pior e mais fácil ou mais difícil e melhor.

Aqueles que são adaptados à vida ativa podem se preparar para a contemplação na prática da vida ativa, enquanto aqueles mais adaptados à vida contemplativa podem assumir para si mesmos as obras da vida ativa de modo a se tornarem mais aptos para a contemplação.

São Tomás de Aquino

Aquele que é forte em fé e fraco em compreensão geralmente entregará sua confiança a pessoas imprestáveis e acreditará no objeto errado. Aquele que é forte de compreensão e fraco em fé tenderá à desonestidade e é difícil de curar, como uma doença causada por um remédio. Aquele em quem ambas as coisas são fortes acredita no objeto correto.

Aquele que é forte em concentração, mas fraco em energia, é tomado pelo ócio, haja vista que a concentração partilha da natureza do ócio. Aquele que é forte em energia, mas fraco em concentração, é dominado pelas distrações, haja vista que a energia partilha da natureza da distração. Portanto, eles devem ser igualados, haja vista que da igualdade de ambos vêm a contemplação e o êxtase [...]

A atenção plena deve ser forte em toda parte, pois mantém a mente firme, distante da distração, na qual se está suscetível cair, haja vista que a fé, a energia e a compreensão partilham da natureza da distração: e distante do ócio, no qual se está suscetível cair, haja vista que a concentração partilha da natureza do ócio.

Budagosa

A essa altura vale a pena comentar, entre parênteses, que Deus de modo algum é o único objeto possível de contemplação. Houve e ainda há aqueles que foram ou são contemplativos filosóficos, estéticos e científicos. A concentração unívoca naquilo que não é supremo pode se tornar uma forma perigosa de idolatria. Em uma carta a Hooker, Darwin escreveu que "é um infortúnio maldito para qualquer homem ser tão absorto em qualquer assunto como eu sou no meu". E é um infortúnio, porque essa concentração pode resultar em uma atrofia mais ou menos total em todos os lados da mente, menos um. O próprio Darwin registra que, mais tarde em sua vida, ele era incapaz de demonstrar o menor interesse por poesia, arte ou religião. Profissionalmente, em relação à sua especialidade escolhida, um homem pode ter chegado à completa maturidade. Espiritual e por vezes eticamente, em relação a Deus e ao próximo, ele pode mal ser mais do que um feto.

Em casos em que a contemplação total é em Deus, há ainda o risco de que as capacidades não utilizadas da mente possam se atrofiar. Os ermitões do Tibete e da Tebaida eram certamente dotados de um grande poder de concentração, mas uma concentração para a exclusão e a mutilação. Pode ser, porém, que, se tivessem sido realmente "dóceis para o Espírito Santo", eles teriam chegado à compreensão de que a concentração para a exclusão é, na melhor das hipóteses, uma preparação para a concentração para a inclusão — a percepção de Deus na plenitude do ser cósmico, bem como na altura interior da alma individual. Como o sábio taoista, eles teriam enfim retornado ao mundo montados em sua individualidade domada e regenerada; eles teriam "voltado comendo e bebendo", teriam se associado a "publicanos e pecadores", ou seus equivalentes budistas, "bebedores de vinho e açougueiros". Para o indivíduo plenamente iluminado e liberado por completo, *samsara* e *nirvana*, tempo e eternidade, o fenomenal e o Real são unos em essência. Sua vida inteira é um ato de contemplação atenta e vigilante da Divindade dentro e por meio das coisas, vidas, mentes e eventos do mundo do devir. Não há nenhuma mutilação da alma, nenhuma atrofia de seus poderes e capacidades. Em vez disso, há uma ampliação e intensificação da consciência e, ao mesmo tempo, uma extensão e transfiguração. Nenhum santo jamais reclamou de que estar absorto em Deus fosse um "infortúnio maldito".

> No princípio era o Verbo; contemplai-O, a quem Maria dera ouvidos. E o Verbo se fez carne; contemplai-O, a quem Marta servira.
>
> Santo Agostinho

> Deus nos inspira a Ele próprio em contemplação, e então devemos ser inteiramente Seus; mas, depois, o Espírito de Deus nos expira, para a prática do amor e bons atos.
>
> Ruysbroeck

A ação, diz são Tomás, deve ser algo que se soma a uma vida de oração, não algo apartado dela. Um dos motivos para essa recomendação é estritamente utilitário; a ação "apartada da vida de oração" é a ação não iluminada pelo contato com a Realidade, não inspirada e não guiada; por consequência, ela está sujeita a ser ineficaz e até mesmo danosa. "Os sábios de outrora", diz Chuang-Tzu, "primeiro adquiriram o Tao para si mesmos, depois para os outros." Não é possível tirar o cisco dos olhos dos outros enquanto a trava em nossos próprios olhos evitar que vejamos o Sol divino e trabalhemos sob sua luz. Ao falar daqueles que preferem a ação imediata a adquirir, por meio da contemplação, o poder de agir direito, são João da Cruz pergunta: "O que eles realizam?". E a resposta é *Poco más que nada, y a veces nada, y aun a veces daño* ("Pouco mais que nada, às vezes nada, às vezes ainda malefícios"). A renda deve equilibrar os gastos. Isso é necessário no nível não apenas econômico, mas também fisiológico, intelectual, ético e espiritual. Não podemos despender energia física a não ser que seja fornecido ao nosso corpo um combustível na forma de alimento. Não podemos ter a esperança de pronunciar nada digno de se dizer a não ser que seja feita a leitura e digestão dos ditos daqueles que são melhores que nós. Não podemos agir direito e de forma eficaz a não ser que tenhamos o hábito de nos abrirmos à orientação da divina Natureza das Coisas. Devemos atrair os bens da eternidade para podermos dar os bens temporais. Mas os bens da eternidade não podem ser obtidos a não ser que cedamos pelo menos um pouco de nosso tempo aguardando-os em silêncio. Isso significa que a vida em que o gasto ético é equilibrado pela renda espiritual deve ser uma vida em que a ação se alterna com o repouso, em que o discurso se alterna com um silêncio alertamente passivo. *Otium sanctum quaerit caritas veritatis; negotium justum suscipit necessitas caritatis* ("O amor à verdade procura o ócio santo; a necessidade do amor empreende a ação justa"). Os corpos dos homens e animais são motores de reciprocidade, em que à tensão sempre sucede o relaxamento. Mesmo o coração, que nunca dorme, repousa a cada batida. Não há nada na Natureza viva que, nem de longe, lembre a maior invenção técnica do ser humano, a roda que gira continuamente (é esse fato, sem dúvida, que explica o tédio, o cansaço e a apatia daqueles que, nas fábricas modernas, são forçados a adaptar seus movimentos corporais e mentais a movimentos circulares de velocidade mecanicamente uniforme). "O que um homem toma pela contemplação", diz Eckhart, "isso ele derrama em amor." O humanista bem-intencionado e o cristão meramente corporal, que imagina que pode obedecer ao segundo dos grandes mandamentos sem reservar um tempo mesmo para pensar qual a melhor forma de amar a Deus com todo o seu coração, sua alma e sua mente, são pessoas que se engajam na tarefa impossível de verter incessantemente a partir de um recipiente que nunca é reabastecido.

As filhas da Caridade devem amar a oração como o corpo ama a alma. E, assim como o corpo não pode viver sem a alma, assim a alma não pode viver sem oração. E, na medida em que uma filha ora como deve orar, ela fará bem. Ela não vai andar, mas vai correr nos caminhos do Senhor e será alçada a um alto grau de amor a Deus.

São Vicente de Paulo

Domicílios, cidades, países e nações desfrutaram de imensa felicidade quando um único indivíduo prestou atenção ao que é Bom e Belo [...] Tais homens libertam não apenas a si mesmos; eles preenchem aqueles que encontram com uma mente livre.

Fílon de Alexandria

Algazali expressa uma perspectiva semelhante e entende os místicos não apenas como a fonte definitiva de nosso conhecimento da alma e suas capacidades e defeitos, mas como o sal que preserva as sociedades humanas contra a decadência. "Na época dos filósofos", ele escreve, "como em qualquer outro período, existiram alguns dos místicos mais fervorosos. Deus não priva este mundo da presença deles, pois são eles que o sustentam." São eles que, ao morrer para si mesmos, se tornam capazes da inspiração perpétua e, assim, se transformam nos instrumentos por meio dos quais a graça divina é mediada para aqueles cuja natureza impenitente é impenetrável aos toques delicados do Espírito.

Recomendações de leitura

ALGAZALI. *Confessions*. Trad. de Claud Field. Londres, 1909.

ANSARI DE HERAT. *The Invocations of Sheikh Abdullah Ansari of Herat*. Trad. de Sardar Sir Jogendra Singh. Londres, 1939.

ATTAR. *Selections*. Trad. de Margaret Smith. Londres, 1932.

AGOSTINHO, santo. *Confessions* (várias edições).

AUROBINDO, Sri. *The Life Divine*. 3 vols. Calcutá, 1939.

BAKER, Augustine. *Holy Wisdom*. Londres, 1876.

BEAUSOBRE, Julia de. *The Woman Who Could Not Die*. Londres; Nova York, 1938.

BERNARDO DE CLAIRVAUX, santo. *The Steps of Humility*. Cambridge, Mass., 1940.

_____. *On the Love of God*. Nova York, 1937.

_____. *Selected Letters*. Londres, 1904. Um relato admiravelmente lúcido do pensamento de são Bernardo pode ser lido em *The Mystical Doctrine of Saint Bernard*, do professor Étienne Gilson (Londres; Nova York, 1940).

BERTOCCI, Peter A. *The Empirical Argument for God in Late British Philosophy*. Cambridge, Mass., 1938.

BHAGAVAD GITA. Entre as muitas traduções das escrituras do hinduísmo, a melhor, do ponto de vista literário, é a de Swami Prabhavananda e Christopher Isherwood (Los Angeles, 1944). Notas valiosas, baseadas nos comentários de Shânkara, se encontram na edição de Swami Nikhilananda (Nova York, 1944), e, na edição do professor Franklin Edgerton (Cambridge, Mass., 1944), a tradução literal é precedida por uma introdução longa e bem pesquisada.

BINYON, L. *The Flight of the Dragon*. Londres, 1911.

BOEHME, Jakob. Uma boa introdução é necessária para a obra desse místico importante, porém difícil. Sobre o lado devocional e teológico, recomenda-se *Jacob Boehme* do bispo dinamarquês H. L. Martensen (Londres, 1885, em tradução); de uma perspectiva mais filosófica, o esplêndido volume *La Philosophie de Jacob Boehme* (Paris, 1929, inédito em inglês), de A. Koyre; ou *The Mystic Will*, de H. H. Brinton (Nova York, 1930).

BRAHMANANDA, Swami. Registros de seus ensinamentos e uma biografia de autoria de Swami Prabhavananda se encontram em *The Eternal Companion* (Los Angeles, 1944).

BRAITHWAITE, W. P. *The Beginnings of Quakerism*. Londres, 1912.

CAMUS, Jean-Pierre. *The Spirit of St. François de Sales*. Londres, s. d.

CAUSSADE, J. P. de. *Abandonment*. Nova York, 1887.

_____. *Spiritual Letters*. 3 vols. Londres, 1937.

CHANTAL, santa Jeanne Franchise. *Selected Letters*. Londres; Nova York, 1918.

CHAPMAN, abade John. *Spiritual Letters*. Londres, 1935.

CHUANG-TZU. *Chuang Tzu, Mystic, Moralist and Social Reformer*. Trad. de Herbert Giles. Xangai, 1936.

_____. *Musings of a Chinese Mystic*. Londres, 1920.

_____. *Chinese Philosophy in Classical Times*. Trad. de E. R. Hughes. Londres, 1943.

_____. *The Cloud of Unknowing*[54] (com comentário de Augustine Baker). Ed. e intr. de Justice McCann. Londres, 1924.

COOMARASWAMY, Ananda K. *Buddha and the Gospel of Buddhism*. Nova York, 1916.

_____. *The Transformation of Nature in Art*. Cambridge, Mass., 1935.

_____. *Hinduism and Buddhism*. Nova York, s. d.

CURTIS, A. M. *The Way of Silence*. Dorset: Burton Bradstock, 1937.

DEUSSEN, Paul. *The Philosophy of the Upanishads*. Londres, 1906.

---

54 Nesta edição em português, as citações foram retiradas de: Anônimo. *A nuvem do não saber*. Apresentação, tradução do inglês medieval e notas de Lino Correia Marques de Miranda Moreira. Prefácio de Anselm Grün. Petrópolis: Vozes, 2013. (N. E.)

Dionísio Areopagita. *On the Divine Names and the Mystical Theology*. Trad. e intr. de C. E. Rolt. Londres, 1920.

Eckhart, Meister. *Works*. Trad. de C. B. Evans. Londres, 1924.

_____. *Meister Eckhart, A Modern Translation*. Trad. de R. B. Blakney. Nova York, 1941.

Evans-Wentz, W. Y. *The Tibetan Book of the Dead*. Nova York, 1927.

_____. *Tibet's Great Yogi, Milarepa*. Nova York, 1928.

_____. *Tibetan Yoga and Secret Doctrines*. Nova York, 1935.

Following of Christ, The. Autoria desconhecida, mas atribuída equivocadamente a Tauler na primeira edição inglesa. Londres, 1886.

Fox, George. *Journal*. Londres, 1911.

Frost, Bede. *The Art of Mental Prayer*. Londres, 1940.

_____. *Saint John of the Cross*. Londres, 1937.

Garrigou-Lagrange, R. *Christian Perfection and Contemplation*. Londres; St. Louis, 1937.

Goddard, Dwight. *A Buddhist Bible*. Publicado pelo editor. Maine: Thetford, 1938. Este volume contém traduções de vários textos maaianas difíceis de encontrar em outras edições. Entre eles constam o sutra do Diamante, o sutra Surangama, o sutra Lankavatara, O despertar da fé e o sutra do Sexto Patriarca.

Guénon, René. *Man and His Becoming according to the Vedanta*. Londres, s. d.

_____. *East and West*. Londres, 1941.

_____. *The Crisis of the Modern World*. Londres, 1942.

Heard, Gerald. *The Creed of Christ*. Nova York, 1940.

_____. *The Code of Christ*. Nova York, 1941.

_____. *Preface to Prayer*. Nova York, 1944.

Hilton, Walter. *The Scale of Perfection*. Londres, 1927.

Huegel, Friedrich von. *The Mystical Element in Religion as Studied in Saint Catherine of Genoa and Her Friends*. Londres, 1923.

Ibn Tufail. *The Awakening of the Soul*. Trad. de Paul Bronnle. Londres, 1910.

_____. *The Imitation of Christ*. Trad. de Whitford, ed. de E. J. Klein. Nova York, 1941.

Inge, W. R. *Christian Mysticism*. Londres, 1899.

_____. *Studies of English Mystics including William Law*. Londres, 1906.

João da Cruz, são. *Works*. 3 vols. Londres, 1934-1935.

Jones, Rufus. *Studies in Mystical Religion*.

_____. *The Spiritual Reformers in the 16th and 17th Centuries*. Nova York, 1914.

_____. *The Flowering of Mysticism*. Nova York, 1939.

Jorgensen, Johannes. *Saint Catherine of Siena*. Londres, 1938.

Juliana de Norwich. *Revelations of Divine Love*. Londres, 1917.

Lao Zi. Há muitas traduções do *Tao Teh King*. Consulte e compare as edições de Arthur Waley em *The Way and Its Power* (Londres, 1933), de F. R. Hughes em *Chinese Philosophy in Classical Times* (Everyman's Library) e de Ch'u Ta-Kao (Londres, 1927), reimpressa em *The Bible of the World* (Nova York, 1939).

Law, William. Há muitas edições modernas disponíveis de seu *Serious Call*. Mas nenhuma de suas obras ainda mais refinadas e muito mais distintamente místicas, como *The Spirit of Prayer* e *The Spirit of Love*, foram reimpressas com texto integral nos últimos anos. Longos trechos podem ser encontrados em citação em *Selected Mystical Writings of William Law* (Londres, 1939), de Stephen Hobhouse (uma obra que também contém o texto, bastante útil, "Notes and Studies in the Mystical Theology of William Law and Jacob Boehme"), e em *William Law and Eighteenth Century Quakerism* (Londres, 1927), do mesmo autor. Há também uma antologia excelente, compilada por Alexandre Whyte, *Characters and Characteristics of William Law* (4. ed. Londres, 1907); enquanto, para os estudiosos, há ainda a extraordinária coletânea de Christopher Walton, *Notes and Materials for an Adequate Biography of William Law* (Londres, 1856).

Leen, Edward. *Progress through Mental Prayer*. Londres, 1940.

McKeon, Richard. *Selections from Medieval Philosophers*. 2 vols. Nova York, 1929.

The Mirror of Simple Souls. Londres, 1927.

Nicholson, R. *The Mystics of Islam*. Londres, 1914.

Nicolau de Cusa. *The Idiot*. São Francisco, 1940.

_____. *The Vision of God*. Londres; Nova York, 1928.

Oman, John. *The Natural and the Supernatural*. Londres, 1938.

Otto, Rudolf. *India's Religion of Grace*. Londres, 1930.

_____. *Mysticism East and West*. Londres, 1932.

PATANJALI. *Yoga Aphorisms*. Trad. e comentário de Swami Vivekananda. Nova York, 1899.

PLOTINO. *The Essence of Plotinus*. Nova York: G. H. Turnbull, 1934. Uma boa antologia das vastas obras desse místico importantíssimo.

PONNELLE, L.; BORDET, L. *St. Philip Neri and the Roman Society of His Time*. Londres, 1932.

POULAIN, A. *The Graces of Interior Prayer*. Londres, 1910.

POURRAT, P. *Christian Spirituality*. 3 vols. Londres, 1922.

PRATT, J. B. *The Pilgrimage of Buddhism*. Nova York, 1928.

RADHAKRISHNAN, S. *The Hindu View of Life*. Londres; Nova York, 1927.

_____. *Indian Philosophy*. Londres; Nova York, 1923-1927.

_____. *Eastern Religions and Western Thought*. Nova York, 1939.

RAMAKRISHNA, Sri. *The Gospel of Sri Ramakrishna*. Trad. da narrativa de "M", em bengalês, por Swami Nikhilananda. Nova York, 1942.

RUMI, Jalaladim Maomé. *Masnavi*. Trad. de E. H. Whinfield. Londres, 1898.

RUYSBROECK, Jan van. *The Adornment of the Spiritual Marriage*. Londres, 1916. Recomendo consultar também os estudos de Evelyn Underbill (Londres, 1915) e Wautier d'Aygalliers (Londres, 1925).

SALES, são Francisco de. *Introduction to the Devout Life* (várias edições).

_____. *Treatise on the Love of God* (nova edição).Westminster, Md., 1942.

_____. *Spiritual Conferences*. Londres, 1868.

THE SECRET of the Golden Flower. Trad. do chinês de Richard Wilhelm. Comentário do dr. C. G. Jung. Londres; Nova York, 1931.

SPURGEON, Caroline. *Mysticism in English Literature*. Cambridge, 1913.

STOCKS, J. L. *Time, Cause and Eternity*. Londres, 1938.

STOUT, G. F. *Mind and Matter*. Londres, 1931.

SUTRA Spoken by the Sixth Patriarch, Hui Neng. Trad. de Wung Mou-lam. Xangai, 1930. Reeditado em *A Buddhist Bible* (Thetford, 1938).

A filosofia perene 485

SUZUKI, B. L. *Maaiana Buddhism*. Londres, 1938.

SUZUKI, D. T. *Studies in Zen Buddhism*. Londres, 1927.

_____. *Studies in the Lankavatara Sutra*. Kioto; Londres, 1935.

_____. *Manual of Zen Buddhism*. Kioto, 1935.

TAGORE, Rabindranath. *One Hundred Poems of Kabir*. Londres, 1915.

TAULER, Johann. *Life and Sermons*. Londres, 1907.

_____. *The Inner Way*. Londres, 1909. Recomendo consultar *Christian Mysticism*, de Inge, *Studies in Mystical Religion*, de Rufus Jones, e *Christian Spirituality*, de Pourrat.

TENNANT, F. R. *Philosophical Theology*. Cambridge, 1923.

THEOLOGIA Germanica. Trad. de Winkworth (nova edição). Londres, 1937.

TILLYARD, Aelfrida. *Spiritual Exercises*. Londres, 1927.

TRAHERNE, Thomas. *Centuries of Meditation*. Londres, 1908. Recomendo consultar *Thomas Traherne, A Critical Biography*, de Gladys I. Wade (Princeton, 1944).

UNDERHILL, Evelyn. *Mysticism*. Londres, 1924.

_____. *The Mystics of the Church*. Londres, 1925.

UPANIXADES. *The Thirteen Principal Upanishads*. Trad. de R. E. Hume. Nova York, 1931.

_____. *The Ten Principal Upanishads*. Trad. de Shree Purohit; W. B. Yeats. Londres, 1937.

_____. *The Himalayas of the Soul*. Trad. de J. Mascaro. Londres, 1938.

WATTS, Alan W. *The Spirit of Zen*. Londres, 1936.

WHITNEY, Janet. *John Woolman, American Quaker*. Boston, 1942.

_____. *Elizabeth Fry, Quaker Heroine*. Boston, 1936.

ÍNDICE REMISSIVO

101 Histórias Zen, 198

Abu Sa'id, 444
Ação, 73, 240, 257, 434, 477
Acton, 199
Adoração, 289
Advogados, 99, 378
Aforismo, Sufi, 177
Agostinho, Santo, 120-121, 155, 287, 334, 353, 465, 477
Algazali, 127, 206, 355
Alma, 31-32, 37, 152, 163, 174-175, 212, 292, 337
Amelot, 357
Amental (no-mind), 127
Amor, 9, 139-150, 175-176, 216, 393, 449, 477
  carnal, de Cristo, 97
  espiritual, 97
Animais, atitude de cuidado pelos, 313
Ansari de Herat, 145, 151, 353, 414, 441
Anseio 84, 140, 363
Anselmo, Santo, 358-359
Aquino, São Tomás de, 141, 206, 217, 470-471, 475

Aridez, 467
Aristóteles, 41, 44, 115
Arnold, Thomas, 402
Arte, artista, 193, 214, 223, 275
Asoka, 318-319
Asvagosa, 460-464
Atenção, 433
  concepções apanhadas pela, 461
Atman, 16, 22-24, 27, 100, 213, 307
Aurobindo, Sri, 110
Autoridade espiritual, 203, 256, 436
  exercícios, 437
Avatar, 89-90, 93-94, 101, 210, 307

Bagehot, W., 382
Bajazeto de Bastam, 31, 442
Baker, Augustine, 170, 358, 360, 467
Barclay, Robert, 34
Beatitude, 183, 333
Becket, Thomas, 425
Beleza, 223
Bem, 287, 294-295, 310, 365
Benet Canfield, 88, 448-450, 453
Bernardo, São, 31, 51, 97, 104, 120, 144, 234, 264, 280, 340, 421

Bérulle, 74
Bhagavad Gita, 18, 22, 85-86, 91, 240-241, 246, 287, 305, 422-423, 434
Bhagavata Purana, 145, 318, 340
Blake, W., 304
Bodisatva, 109, 114, 116, 371
Boécio, 261, 297-298
Boehme, Jacob, 95, 330, 338
Bourgoing, 356
Brahman, 16, 23-24, 64, 100
Brihadaranyaka, Upanixade, 64, 419
Broad, C. D., 423
Buda, 15, 26, 85, 92, 168, 195, 207-208, 231, 262, 324, 415, 426, 433
Budagosa, 475
Butler, S., 135
Byron, 120

Caminho Óctuplo, 195
Camus, Jean-Pierre, 81, 153, 168, 201-202, 414, 438, 466-467
Cântico dos Cânticos, 268
Caridade, 97, 143, 146, 152, 171, 246, 264, 273, 280, 378, 438
Carma, 86, 380, 382, 385
Carnal, amor 307
de Cristo, 97
Cassiano, 444
Castas, sistema, 256
Castellio, Sebastian, 15, 34, 397
Catarina de Gênova, Santa, 31, 145, 174
Catarina de Siena, Santa, 235, 263, 266, 369
transcrito por Tommaso di Petra, 235

Catolicismo, 248
Causação, 220
Caussade, J. P. de, 81, 130
Chandogya, Upanixade, 20, 329
Chapman, Abade John, 174, 214-215
Cheng'en, Wu, 208, 230
Chiang, Chih-chi, 394-395
Chuang-Tzu, 25, 133, 154, 171-172, 175, 191-192, 227, 263, 274-275, 347, 392, 477
Civilização, 255
Claver, Pedro, 313
Coisas, Natureza das, 13, 29, 83, 99, 101, 125, 190, 192, 203, 229, 233, 267, 331, 367-368, 377, 403, 419, 435, 437, 452, 471, 478
"Como os homens se comportam em crise", 77
Concentração, 476
Condren, Charles de, 289-290, 409, 414
Conhecimento, 7-10, 12, 32, 44, 45, 49, 61, 66, 83-84, 101, 137, 139-142, 156, 166, 183, 185, 212-213, 215, 219, 234-235, 237-239, 247, 298, 323, 363, 384
Constituição e temperamento, 237, 248, 474
Contemplação, 153, 240, 257, 362, 421-422, 448, 469-473, 475-477, 479
Conversão, 251
Coomaraswamy, Ananda K., 94
Coué, 391
Corpo, 54
Cristo, 33, 88-90, 97-100, 178, 181, 254, 397, 402, 431

amor carnal de, 97
círculo cristão, 429
  imitação de, 290, 369, 473
  seguidores, 290, 369
Cuidado pelos animais, atitude 313
Cultura, 181–182
Cura d'Ars, 124
Cura, 415

Daishi, Yoka, 208
D'Ars, Cura, 124
Darwin, 476
De Condren, Charles, 290, 409, 414
De Caussade, J. P., 81, 130
De Vigny, Alfred, 135
Denk, Hans, 15, 33, 157, 393
Desapego, 146, 148, 173, 175 180, 246
Descartes, 57-58
Descentralização, 160
Desejo, 52, 128, 147, 174, 232, 283, 348, 354
Destino, 298
Deus, natureza de, 47-51, 123, 128, 143
  ver especialmente capítulos II, III e IV
Devoção, 147, 240, 246, 359
Dhammapada, 158, 287-288
Dharma, 229, 248, 252, 254, 365, 436
Dhyana, 105
Diamante, Sutra do, 208, 338, 420
Dionísio Areopagita, 65-66
Distração, 349, 452, 457
Divindade, 48, 53-54, 60-62, 74, 76, 147, 163, 183, 212, 224, 285, 363, 380, 430, 472

Divina, Ideia, 103-104
Doença, 366
Donzelas gopi, 268

Eckhart, 16, 32, 37, 53, 59-60, 64, 74-75, 104, 117, 128, 131, 144-145, 148, 150, 163, 179, 205, 212, 216, 262-263, 281, 287, 288, 304, 338, 369, 451, 457, 465-466, 479
Ectomorfismo, 242
Educação, 21, 399
Emoção, sentimento, 146, 405, 410
Encarnação, 48, 89, 92, 98
Encarnações, 97
Endomorfismo, 242
Erígena, Escoto, 65
Escoto de Erígena, 65
Escravidão, 313
Escrituras, 11, 34-35, 41, 208, 318
Especialização, 365
Espinosa, 384
Espírito, 72, 74, 92, 94, 98, 146, 190, 235, 301, 359
Espiritualidade, 125
Ésquilo, 134
Eternidade, 59, 93, 123, 155, 229, 236, 383, 385-386
Evangelhos Sinópticos, 90
Everard, John, 157, 394
Experiência, 215-216, 220, 407
Extroversão, 243

Fé, 375
Fénelon, 151, 189, 265-266, 347, 354, 406, 409, 457-458
"figuras do apascentar do boi", 125, 347
Filipe Néri, São, 359, 369

A filosofia perene 489

Fílon, 36, 63, 122, 165, 252, 479

Filosofia Perene, 7, 9, 15-16, 24, 37, 41-42, 65, 67, 74, 91, 93, 95, 127, 133, 137, 160, 163, 175, 192, 209, 224, 237, 267, 285, 295, 297, 299, 301, 323, 341, 378, 387, 397, 399, 406, 432, 469

Final do ser humano, 137, 153, 195, 249

Folclore, 352

Forma, 293, 298

Fox, George, 34, 330

Francisco de Assis, São, 327

Francisco de Sales, São, 53, 152, 166, 168, 173-174, 176, 202, 274, 280, 347, 354, 360-361, 314-315, 326, 330

Garrigou-Lagrange, R., 249, 413, 339

Gilson, Étienne, 264

Gita, Bhagavad, 18, 22, 57, 91, 240-241, 246, 287, 305, 421-422, 312

Graça, 119, 267, 368, 403 gratuita, 119

Green, T. H., 44

Gregório, o Grande, São, 139, 334

Grellet, Stephen, 432

Grou, N., 186

Guénon, René, 106

Guerra, 162, 196, 376

Guia dos Anacoretas, 347-347

Hakuin, 116-117

Hillel, 36

Hilton, Walter, 179, 471

Hinaiana, 28, 116

Hinaianistas, 28

Hipócrates, 238

História, 94

Hobbes, 299

Huang Po, 75, 106, 127

Húbris, 133, 268, 352, 401

Hugo, Victor, 135

Huineng, 100, 115, 207, 226

Humanitarismo, 133

Hume, 73, 220-221

Humildade, 151-152, 165, 262-265, 359, 406, 473

Idealistas, 390

Idólatras, 30, 155, 160

Idolatria, 30, 83, 160, 181, 224, 228, 333, 387-388, 399, 437, 452, 476

Inácio de Loiola, Santo, 172

Ignorância, 261

Iluminação, 99-100, 106, 109, 115

Imaginação, 405-406

Imanência, 16

Imanente, 16, 49

Imitação de Cristo, A, 473

Imortalidade, 337

Inge, Dean, 398

Inquietude, 173

Inquisição, 310

Inspiração, 193, 272, 275, 275

Intelecto, 217, 229

Intercessão, 355-356

Introversão, 448-449

Introvertido, 244

Itivuttaka, 331

James, William, 9

Japam, 446

Jeanne de Chantal, Santa, 361

Jerônimo, São, 169
Jesuítas, 440
Jesus, 90, 124, 198, 211, 384
  Logia Iesu, 109
Jnana, 213
Jó, 278
João, 1:4, 139
João da Cruz, São, 53, 99, 146, 148,
  155, 169, 173-176, 211-212, 216,
  272, 303, 345, 348, 408, 465,
  473, 478
Johnson, Samuel, 80, 87
Jones, Rufus, 33
Judeus, 429
Juliana de Norwich, 383
Jung, C., 240

Kabir, 29, 87, 175, 318, 354
Kierkegaard, S., 278
Kokushi, Dai-o, 207
Krishna, 92-94
Kung-chia Ta-shih, 144

Lacordaire, 265
Lallemant, Padre L., 123
  Lankavatara, Sutra, 25-26, 106,
  114, 217, 332, 448
Lao Zi, 52, 158, 174, 190, 197, 207,
  235-234, 267, 272, 345, 435
Law, William, 15-16, 74-75, 86, 95,
  140, 144, 146, 164-165, 181, 212-
  214, 226, 268-269, 272, 281, 285-
  286, 289, 314-317, 330, 345, 347,
  355-356, 358, 389
Lawrence, Irmão, 456
Legalismo, 50, 99
Leibniz, 7
Liberdade, 159, 200

Liberação, 22-23, 168, 177, 183,
  196, 263, 331, 419
Liberal, Protestantismo, 252
Língua, 29, 39, 222, 268, 372
Linguagem, 209, 220, 233, 372
Línguas, 67
Livramento, 22-23, 50, 76, 87, 96,
  155, 218, 304, 321, 341, 349
Livre-arbítrio, 267
Logia Iesu, 109
Logos, 33, 49, 58, 88-91, 96, 156,
  158, 190, 269, 433
Lutero, 377, 397-398
Luz Interior, 35, 196, 312

Maaiana, 27, 48, 64, 91, 94, 100,
  303, 447
Maaianistas, 27, 92, 96, 116
Macaco, 232
Mágico, poder, 427
Magno, Alberto, 185
Maitrayana, Upanixade 186, 329,
  334
Mal, 287, 292, 295, 323, 354, 383
Mallarmé, 225
Mantram, 444
Máquinas, 276
Maxwell, Clerk, 376
Meditação, 153
Medo, 264
Memória, 303
Mental, Oração, 439
Mente, 26, 28, 54, 100, 103, 106-
  109, 114, 128, 148, 207
e corpo, 54, 340
Mesomorfismo, 242
Meyerson, E., 21
Milagres, 415

A filosofia perene 491

Milton, 227
Misticismo, 97
More, Dama Gertrude, 165, 169
Mortificação, 124, 163, 168, 178-180, 191, 275, 304, 346
Mozi, 109

Natureza, 121, 132-135, 158, 178
Nêmesis, 133-134, 137, 140
Nicolau de Cusa, 212, 273, 299
Niffari, 335
Nirvana, 85, 109, 111, 114, 123, 150, 304, 331-332, 379, 464
Nuvem do não saber, A, 72, 410, 442-443, 449-450, 454

O livro tibetano dos mortos, 64, 451
Obediência, 202
Objeções, 168
Olier, J. J., 62, 413, 458
Oman, Dr. J., 12, 123-124
Oração, 165, 351, 386, 477
    mental, 439
Otto, Rudolf, 213

Paciência, 473
Palavras, 51, 130, 205, 210-211, 216-218, 346, 420
Panchadasi, 361
Pascal, 142
Paz, 149-150, 311
Pecado, 290, 393, 443
Pedro Claver, 313
Pelágio, 465
Penitência, 98, 308, 370
Penn, William, 34
Personalidade, 69-70, 73-74, 79, 90, 271, 342

selfness, 70
Petição, 351
Pintura de paisagem, 111, 133
Platão, 35
Plotino, 21
Plutarco, 393
Po, Huang, 75, 106, 127
Pobreza, 197
Poder, 134, 157, 161, 202-203, 430, 436
Polêmica, 226-227
Previsão, 298
Profecia, 413
Progresso, 133, 135-137, 155, 230, 469
Protestantismo Liberal, 252
Providência, 299
Prunabuddha, Sutra, 109
Psíquico, 43
    meio, 423
Psiquismo, 43, 167
Publicidade, 322, 349, 469

Quacres, 15, 33, 196, 312, 316
Quatro Nobres Verdades do Budismo, As, 363
Queda, A, 292, 365-366
Quididade, 96, 127, 156
Quietismo, 116

Rabia, 171
Radin, Dr. Paul, 44-45, 239
Raven, Canon, 123-124
Realidade, 7-13, 22, 77, 82, 88, 103, 235
Religião Revolucionária, 309
Remorso, 408
Retórica, 222, 345

Richelieu, Cardeal, 141
Ritos, 423
Ritual, 419
Rumi, Jalaladim, 9, 37, 139, 155, 198, 226, 228, 279, 286, 302-303, 338-339, 355, 381
Ruskin, 276
Ruysbroeck, 32, 62, 104, 235, 264, 281, 477
Ryonen, 225

Sa'id, Abu, 444
Sacramentos, 107, 419, 429
Sales, São Francisco de, 81, 152, 166, 168, 174, 176, 202, 274, 280, 347, 354, 361, 438, 458-459
Salvação, 321, 330-331
Salvadores, 331
Samsara, 109, 111, 122-123
Sangue, 429
Santa Catarina de Gênova, 31, 145, 174
Santa Catarina de Siena, 235, 263, 266, 369
transcrito por Tommaso di Petra, 235
Santa Jeanne de Chantal, 361
Santa Teresa, 98, 146, 165, 466
Santo Agostinho, 99, 120, 155, 287, 334, 353, 465, 477
Santo Anselmo, 358-359
Santo Inácio Loiola, 172
Santos, 83
São Bernardo, 31, 51, 97, 104, 120, 144, 234, 264, 280, 340, 421
São Filipe Néri, 359, 369
São Francisco de Assis, 455
São Gregório, o Grande, 139, 334

São Jerônimo, 169
São João da Cruz, 53, 63, 99, 146, 148, 155, 169, 172-176, 211-212, 216, 272, 303, 345, 348, 408, 465, 473, 478
São Paulo, 89, 91, 100, 149, 211, 268, 305
São Tomás de Aquino, 141, 206, 217, 470-471, 475
São Vicente de Paulo, 479
Saunders, Kenneth, 433
Seccho, 111
Seguir a Cristo, 290, 369
Selfness, personalidade, 69-70, 90
Sen T'sen, 35
Sentimento, emoção, 146-147, 152, 405, 410
Sermão do Fogo, do Buda, 286
Shakespeare, 139-140
Shânkara, 11, 22, 24, 52, 146, 331, 340, 380, 470
Sheldon, William, 239, 242-243
Shitou Xiqian, 208, 361
Shruti, 11
Si mesmo, 18, 166, 286-289, 389
conhecimento, 261, 265, 455
Silêncio, 127, 345, 348-349
Símbolo, 393, 419, 432, 452
Simplicidade, 186, 188
Sinceridade, 186
Singh, Sadhu Sundar, 319
Sinópticos, evangelhos, 90
Smith, John, 211, 234, 337
Smriti, 11
Sobrevivência, 337, 339, 341
Sofrimento, 363
vicário, 369
Sterry, Peter, 236

A filosofia perene 493

Stout, G. F., 220
Sufi, 302
  aforismo, 177
Sufis, 15, 49, 91, 414, 441
Sufismo, 127, 335
Superstição, 393
Suso, 103-104, 168
Sutra do Diamante, 208, 338, 420
Sutra Lamkara, 207, 330
Sutra Lankavatara, 25-26, 106, 114, 217, 332, 448
Sutra Prunabuddha, 109
Sutra sobre a distinção e proteção do *dharma*, 171
Sutra Surangama, 150, 426-427
Sutra Tevigga, 92
Sutra Metta, 145
Swift, Dean, 156

Tao, 58, 191-192, 235, 273, 367
Taoismo, 25, 433
Taoísta, 24
Ta-shih, Kung-chia, 144
Tathagata, 28, 92, 106, 338
Tattva, Tantra, 117
Temperamento e constituição, 234, 248
Temple, Arcebispo, 386
Tempo, 95-96, 155, 160, 297, 299, 386
Tennant, F. R., 12, 215, 380
Tentação, 431
Teologia, 97, 214-215, 247
Terceiro Patriarca do Zen, O, 130
Teresa, Santa, 99, 146, 165, 168, 466
Theologia Germanica 34-35, 100, 185, 286, 329-330, 334-335

Tolstói, Liev, 274
Traherne, Thomas, 117-119, 131, 178, 183
Transcendência, 17, 49
Transcendente, 17, 49
Trench, Richard, 29, 233-234
Três Corpos, O, 48
Trindade, 48
T'sen, Sen, 35
Tzu, Chuang, 24-25, 133, 154, 171-172, 175, 191-192, 227, 263, 274-275, 347, 392, 477

Upanixade, Brihad Aranyaka, 64-65
Upanixade, Chandogya, 20
Upanixade, Katha, 332
Upanixade, Maitrayana, 186, 329, 334
Upanixade, Svetasvatara, 338
Upanixades, 22, 24, 64, 110, 331, 433

Vedanta, 61, 100, 433, 445
Vedantistas, 61
Verdade, 117, 127-128, 140, 145, 185, 205, 206, 223, 229, 420, 470
  verdadeiro, 127, 206, 214-215
Vicário, Sofrimento, 369
Vicente de Paulo, São, 479
Vida correta, 196
Vigny, Alfred de, 134
Violência, 311
Virtude, 448, 470
Visvanatha, 224-225
Viveka-Chudamani, 22
Vontade própria, 170

Vontade, 39, 76, 127-128, 147, 166, 169, 219, 269, 273, 280-281, 357, 398, 473
Waley, Arthur, 230
Whichcote, Benjamin, 340
Woolman, John, 313, 371
Wordsworth, 120, 277
Wu Cheng'en, 208, 230

Yengo, 114
Yoga Vasistha, 338
Yung-chia Ta-shih, 27, 361
Zen, 25, 106, 111-112, 209, 225, 394

ESTE LIVRO, COMPOSTO NA FONTE FAIRFIELD,
FOI IMPRESSO EM PAPEL POLEN NATURAL 70G, NA RETTEC.
SÃO PAULO, BRASIL, OUTUBRO DE 2022.